指挥自动化系统
辅助决策技术

周献中 郑华利 田卫萍 梁维泰 著

国防工业出版社

·北京·

图书在版编目（CIP）数据

指挥自动化系统辅助决策技术/周献中等著. —北京：国防工业出版社，2012.9

ISBN 978-7-118-08189-3

Ⅰ.①指… Ⅱ.①周… Ⅲ.①指挥自动化—自动化系统—研究 Ⅳ.①E072

中国版本图书馆 CIP 数据核字（2012）第 164928 号

国防工业出版社出版发行
（北京市海淀区紫竹院南路23号 邮政编码 100048）
北京嘉恒彩色印刷有限责任公司
新华书店经售

开本 710×960　1/16　印张 17¼　字数 300 千字
2012年9月第1版第1次印刷　印数 1—3000 册　定价 85.00 元

（本书如有印装错误，我社负责调换）

国防书店：（010）88540777　　　发行邮购：（010）88540776
发行传真：（010）88540755　　　发行业务：（010）88540717

Xian-Zhong Zhou

Hua-Li Zheng

Wei-Ping Tian

Wei-Tai Liang

Aided Decision-Making Techniques in Command and Control System

National Defense Industry Press
Beijing, China

致 读 者

本书由国防科技图书出版基金资助出版。

国防科技图书出版工作是国防科技事业的一个重要方面。优秀的国防科技图书既是国防科技成果的一部分，又是国防科技水平的重要标志。为了促进国防科技和武器装备建设事业的发展，加强社会主义物质文明和精神文明建设，培养优秀科技人才，确保国防科技优秀图书的出版，原国防科工委于1988年初决定每年拨出专款，设立国防科技图书出版基金，成立评审委员会，扶持、审定出版国防科技优秀图书。

国防科技图书出版基金资助的对象是：

1. 在国防科学技术领域中，学术水平高，内容有创见，在学科上居领先地位的基础科学理论图书；在工程技术理论方面有突破的应用科学专著。

2. 学术思想新颖，内容具体、实用，对国防科技和武器装备发展具有较大推动作用的专著；密切结合国防现代化和武器装备现代化需要的高新技术内容的专著。

3. 有重要发展前景和有重大开拓使用价值，密切结合国防现代化和武器装备现代化需要的新工艺、新材料内容的专著。

4. 填补目前我国科技领域空白并具有军事应用前景的薄弱学科和边缘学科的科技图书。

国防科技图书出版基金评审委员会在总装备部的领导下开展工作，负责掌握出版基金的使用方向，评审受理的图书选题，决定资助的图书选题和资助金额，以及决定中断或取消资助等。经评审给予资助的图书，由总装备部国防工业出版社列选出版。

国防科技事业已经取得了举世瞩目的成就。国防科技图书承担着记载和弘扬这些成就，积累和传播科技知识的使命。在改革开放的新形势下，原国防科工委率先设立出版基金，扶持出版科技图书，这是一项具有深远意义的创举。此举势必促使国防科技图书的出版随着国防科技事业的发展更加兴旺。

设立出版基金是一件新生事物，是对出版工作的一项改革。因而，评审工作需要不断地摸索、认真地总结和及时地改进，这样，才能使有限的基金发挥出巨大的效能。评审工作更需要国防科技和武器装备建设战线广大科技工作者、专家、教授，以及社会各界朋友的热情支持。

让我们携起手来，为祖国昌盛、科技腾飞、出版繁荣而共同奋斗！

国防科技图书出版基金
评审委员会

国防科技图书出版基金
第六届评审委员会组成人员

主 任 委 员　刘成海

副主任委员　宋家树　蔡　镭　程洪彬

秘 书 长　程洪彬

副 秘 书 长　彭华良　贺　明

委　　　员　于景元　才鸿年　马伟明　王小谟
（按姓氏笔画排序）
　　　　　　甘茂治　甘晓华　卢秉恒　邬江兴
　　　　　　刘世参　芮筱亭　李言荣　李德仁
　　　　　　李德毅　杨　伟　吴有生　吴宏鑫
　　　　　　何新贵　张信威　陈良惠　陈冀胜
　　　　　　周一宇　赵万生　赵凤起　崔尔杰
　　　　　　韩祖南　傅惠民　魏炳波

前　言

决策是人类有目的和目标的基本活动与行为之一。无论是人们日常生活安排，还是国家宏观政策制定，时刻都离不开决策。当决策面临的环境较复杂、决策依赖的信息存在不完备或者决策者的能力与认知水平有一定局限时，决策者在决策制定过程的诸多环节就会存在辅助决策的需求。

中国很早就出现了辅助决策活动与工具。古代的算筹、算盘，乃至战争中使用的烽火、信鸽、军事作战地图、沙盘、兵棋等是以"工具"的形态辅助决策；而谋士、军师、幕僚、师爷等则是以"智囊团"的形式辅助决策。现在，服务于辅助决策的组织机构及活动更复杂，信息获取、处理与利用的工具更先进，或者说，实现辅助决策的手段、技术提升了，能力也提升了。但它们和早期辅助决策的基本功能是相同的，本质上都是为了决策。

信息化已成为21世纪新军事变革的核心，人类战争形态也已从机械化战争转变为信息化战争。决策作为军队作战指挥的核心也变得越来越复杂，特别是在具有风险性、欺骗性、对抗性、信息不完备、复杂多变等特征的战场环境下，辅助决策的作用越来越重要，辅助决策系统更是军队指挥自动化系统的核心。

在国外，各国军队都十分重视研究和发展辅助决策系统。从20世纪60年代开始，美国各军种已逐步发展本部队的作战方案辅助生成和评估系统，到70年代，开始在指挥、控制、通信和情报（Command, Control, Communication and Intelligence, C^3I）系统中集成各种辅助决策功能。海湾战争期间，美军的联合作战计划与执行系统（Joint Planning and Execution System，JOPES）、战区级战役作战方案评估系统、防空混成旅射击指挥决策系统等辅助决策系统的应用大大提升了作战指挥决策的速度和效能。

21世纪初期，美军总结作战决策的经验教训，从3个方面对作战指挥决策手段进行了改进：一是大力提高辅助决策系统的快速反应能力，以适应高技术条件下战场不确定因素增多、战场态势瞬息万变的特点；二是将辅助决策系统与联合作战仿真模拟系统集成为一个整体，以便作战方案能得到充分评估与论证；三是提高了各系统的互通能力。通过上述改进，美军基本上形成了以支持作战指挥决策全过程为核心的信息系统,即作战指挥辅助决策系统。美军的参谋计划与辅助决策系统是机动控制系统的核心,为军和军以下指挥官提供作战指挥辅助决策,并已装备到陆军营至军级。2010 年,美军基本实现了与 C^{4}ISR(Command,Control,Communication,Computer,Intelligence,Surveillance,Reconnaissance)系统完全集成的系列化作战辅助决策系统,为作战和训练中的指挥决策活动提供有效的支持。

我国关于辅助决策的研究起步较晚,作战指挥辅助决策系统的研究则是 20 世纪 80 年代以后才开始有文献加以论述。经过近 30 年的发展,作战辅助决策在理论研究和基本工具与系统开发等方面已经取得了一定的成效。在理论研究方面,尤其是近几年来,学术界对军队指挥辅助决策技术研究的重视程度不断提高,典型成果如指挥控制系统的辅助决策需求工程、军事信息系统体系结构技术、军事运筹新方法、军事战略运筹分析、联合战役决策支持系统(Decision Support System,DSS)模型体系、信息时代作战体系的概念模型及其描述、未来一体化辅助决策平台框架设计、决策问题模型体系的规范化描述与表示、系统服务组件设计等。在应用研究方面,不少科研院(所)开发了一些可用于作战指挥的辅助决策原型系统,如辅助决策系统开发工具 GFKD-DSS、战役机动智能化辅助决策系统、作战方案评估智能辅助决策系统、野战防空智能辅助决策系统等。

目前在我军已装备使用的各类指挥自动化系统中均配有辅助决策系统应用于部队,一定程度上提升了指挥员的决策水平。但审视这些系统不难发现,它们在诸如系统服务的开放性、知识体系的完备性、人机交互的协调性、对不同决策问题的适应性、问题求解过程的灵活性、决策支持的智能性等方面均值得进一步思考和研究。

目前,方兴未艾的云计算、语义 Web 等新技术对信息化战争的影响与日俱增,决策(特别是敏捷决策)支持的需求变大,对辅助决策系统的性能要求也变得更高。这对辅助决策系统的研究与开发又提出了新的挑战。

基于此,本书是在现有决策理论与技术的基础上,并结合我们的一些相关科研成果撰写而成,以求通过基于先进的服务架构技术而构建的新型辅助决策系统技术体系的介绍,为我军作战指挥自动化辅助决策技术的发展尽绵薄之力,对能实现符合未来指挥自动化系统要求的辅助决策系统提供可发展的思路和技术。

本书共 7 章。第 1 章是决策与辅助决策概述,为全书提供概念基础;第 2 章介绍指挥自动化系统中辅助决策的需求、内涵、特点及辅助决策系统的目标与任务、组成与要素、结构与体系等,突出军事辅助决策系统的特殊性和复杂性;第 3 章是对指挥自动化系统中常用的基本辅助决策模型及求解技术的简要描述和讲解，可为简单决策问题求解提供支持；第 4 章主要介绍指挥自动化系统中基于本体的复杂决策问题形式化描述，基于贝叶斯网和模糊理论的复杂决策问题建模方法及有关的复杂决策问题的求解技术等内容，可为非（半）结构化决策问题求解提供模型和算法支撑；第 5 章介绍辅助决策系统总体设计技术，包括基于 MAS 的辅助决策系统、基于研讨厅的辅助决策系统等的架构和设计，重点描述了基于服务的辅助决策系统的设计模式，可为未来一体化决策系统的研发设计提供理论支撑；第 6 章结合指挥自动化系统中辅助决策技术的新需求，详细描述了一种基于服务架构的未来一体化辅助决策平台（IADP-S）设计方案及相应的任务分解、服务发现、服务组合等关键技术，可为快速生成领域决策问题的服务组合方案及"即需即用"的决策服务提供技术支持；第 7 章则选取军队指挥决策中典型的指挥决策问题，分别采用基本的辅助决策技术对物资陆路输送配载问题、利用自行研制的一体化辅助决策平台原型系统对炮兵火力分配问题进行了求解、验证和演示。

  本书是对作者十多年来在辅助决策领域理论研究、系统开发、实践应用等方面工作的阶段性小结，其中也包含了井祥鹤博士、吴奎博士、萧毅鸿博士、施爱博硕士学位论文中的部分成果，还参阅了很多相关的资料，在此表示深切的谢意。在撰写过程中，中国电子科技集团第二十八所的赵宗贵研究员提出了许多有益的建议，博士吴奎、萧毅鸿、黄孝鹏、盛寅、杨洁，硕士赵实、陆晓明、王宝祥、毛可等研究生承担了大量的文档编辑和实例系统设计工作，借此机会一并致谢！

  特别地，作者要衷心感谢李德毅院士，是他多次的指导与鼓励让我们坚定了撰写本书的信心，同时也深深感受到一种义务和责任。

  感谢国防科技图书出版基金为本书出版提供的资助，感谢总装重点基金的项目支持，感谢国防工业出版社王京涛主任、牛旭东编辑从本书申请到立项再到出版的全程帮助和倾心支持！

  由于作者水平所限，书中难免有疏漏和不足之处，殷切期望广大读者批评指正。

作 者
2012 年 7 月

目 录

第1章 决策与辅助决策概述 ... 1
1.1 决策 ... 1
- 1.1.1 基本概念 ... 1
- 1.1.2 决策的系统认知 ... 5
- 1.1.3 决策理论的发展 ... 5

1.2 辅助决策基本概念与相关技术 ... 9
- 1.2.1 辅助决策 ... 9
- 1.2.2 辅助决策的相关技术 ... 11

1.3 辅助决策系统 ... 13
- 1.3.1 辅助决策系统的发展 ... 13
- 1.3.2 传统辅助决策系统体系结构 ... 15
- 1.3.3 辅助决策系统的定义与研究话题 ... 17
- 1.3.4 建立辅助决策系统的不同切入点 ... 19
- 1.3.5 辅助决策系统部件与Web的相互影响 ... 20

第2章 指挥自动化系统中的辅助决策 ... 21
2.1 指挥自动化与指挥自动化系统 ... 21
- 2.1.1 基本概念 ... 21
- 2.1.2 指挥自动化系统的演变 ... 22
- 2.1.3 指挥自动化系统与"四域" ... 25

2.2 指挥自动化系统对辅助决策的需求 ... 27
- 2.2.1 军队指挥决策问题 ... 27
- 2.2.2 指挥自动化系统辅助决策的内涵 ... 33
- 2.2.3 指挥自动化系统辅助决策的特点 ... 34

2.3 指挥自动化系统辅助决策系统的概念 ... 35
- 2.3.1 对军队辅助决策系统的两个描述性定义 ... 35
- 2.3.2 军队辅助决策系统的任务及特点 ... 37
- 2.3.3 军队辅助决策系统的基本组成 ... 38
- 2.3.4 军队辅助决策系统的软件结构 ... 39

2.3.5 关于辅助的"深度"与"广度"……………………………………42

第3章 指挥自动化系统辅助决策基本模型及求解技术……………………43

3.1 指挥决策中的数学规划模型及求解技术……………………………43
3.1.1 线性规划模型及求解技术……………………………………43
3.1.2 动态规划模型及求解技术……………………………………44
3.1.3 军事应用案例…………………………………………………45

3.2 指挥决策中的对策论模型及求解技术………………………………48
3.2.1 对策论基本模型及求解技术…………………………………48
3.2.2 指挥决策中的矩阵对策示例…………………………………52
3.2.3 冲突分析………………………………………………………53

3.3 指挥决策中的网络模型及求解技术…………………………………55
3.3.1 统筹法…………………………………………………………56
3.3.2 统筹图的拟制…………………………………………………56
3.3.3 统筹图的优化…………………………………………………58
3.3.4 网络优化决策的军事应用示例………………………………58

3.4 指挥决策中的排队模型及求解技术…………………………………61
3.4.1 军队指挥决策中的排队问题…………………………………61
3.4.2 服务系统的决策变量…………………………………………62
3.4.3 排队问题的决策模型及求解技术……………………………62
3.4.4 军队指挥决策中的排队决策示例……………………………63

3.5 指挥决策中的Lanchester模型及求解………………………………64
3.5.1 Lanchester线性律……………………………………………65
3.5.2 Lanchester平方律……………………………………………67

3.6 指挥决策中的不确定型决策模型及求解技术………………………68

第4章 指挥自动化系统辅助决策复杂模型及求解技术……………………71

4.1 指挥决策问题的复杂性分析…………………………………………71
4.2 复杂决策问题的表示及建模方法概述………………………………77
4.3 基于本体的复杂决策问题形式化描述………………………………80
4.3.1 引言……………………………………………………………80
4.3.2 本体和描述逻辑………………………………………………85
4.3.3 基于本体的决策问题知识表示………………………………90

4.4 基于贝叶斯网的复杂决策问题建模方法……………………………96
4.4.1 传统概率方法的局限…………………………………………96
4.4.2 贝叶斯网及其推理……………………………………………97

4.4.3 描述逻辑的概率扩展 100
　　　4.4.4 决策任务本体的概率扩展 101
　4.5 基于模糊理论的复杂决策问题建模方法 109
　　　4.5.1 理论基础 109
　　　4.5.2 描述逻辑的模糊扩展 119
　　　4.5.3 决策任务本体的模糊扩展 126
　4.6 复杂决策问题的求解技术 130
　　　4.6.1 复杂决策问题的解 130
　　　4.6.2 复杂决策问题求解方法 131
　　　4.6.3 多目标粒子群算法 138

第5章　指挥自动化系统辅助决策系统总体设计技术 142
　5.1 辅助决策系统的基本组成及相关技术 142
　　　5.1.1 数据库系统 142
　　　5.1.2 模型库系统 144
　　　5.1.3 知识库系统 146
　　　5.1.4 方法库系统 148
　　　5.1.5 人机交互系统 149
　　　5.1.6 对辅助决策系统提出的新要求 151
　5.2 基于MAS的辅助决策系统 152
　　　5.2.1 Agent概念 152
　　　5.2.2 MAS的特性及技术特点 154
　　　5.2.3 基于MAS的指挥自动化系统辅助决策系统架构 155
　5.3 基于研讨厅的辅助决策系统 158
　　　5.3.1 综合集成研讨厅体系原理 158
　　　5.3.2 综合集成研讨厅系统的设计思想 159
　　　5.3.3 综合集成研讨厅中的关键问题 160
　　　5.3.4 基于研讨厅的辅助决策系统架构 163
　5.4 基于服务的辅助决策系统 164
　　　5.4.1 Web服务 165
　　　5.4.2 SOA架构 167
　　　5.4.3 基于服务架构的辅助决策系统 169

第6章　未来一体化辅助决策平台关键技术 174
　6.1 平台总体方案设计 174
　　　6.1.1 基本设计思想 174

XV

  6.1.2 平台总体结构 175
  6.1.3 关键技术介绍 176
  6.1.4 IADP-S 工作流程 179
  6.1.5 IADP-S 的特点 181
 6.2 任务分解技术 182
  6.2.1 任务的定义 183
  6.2.2 层级任务网络（HTN）规划 184
  6.2.3 应用示例 189
 6.3 服务发现技术 191
  6.3.1 Web 服务语义匹配 192
  6.3.2 Web 服务聚类管理 200
  6.3.3 基于形式概念分析的服务发现 200
  6.3.4 实验分析 214
 6.4 服务组合技术 216
  6.4.1 基本假设 216
  6.4.2 基于图搜索的 Web 服务组合问题描述 217
  6.4.3 服务连接关系矩阵构造 218
  6.4.4 服务组合规划 221
  6.4.5 实验分析 222
 6.5 原型系统主要模块设计 223
  6.5.1 用例分析 224
  6.5.2 模块设计 226

第 7 章 应用案例 230
 7.1 物资陆路输送辅助决策 230
  7.1.1 引言 230
  7.1.2 平车装载问题 231
 7.2 炮兵火力分配辅助决策 237
  7.2.1 问题描述 237
  7.2.2 领域知识建模 238
  7.2.3 模型设计 239
  7.2.4 服务开发 239
  7.2.5 服务管理 239
  7.2.6 流程设计 240
  7.2.7 决策应用 243

参考文献 245

Contents

Chapter 1　Introduction to Decision and Aided Decision-making ········ 1
- 1.1　Decision ········ 1
  - 1.1.1　Basic Concepts ········ 1
  - 1.1.2　Understanding Decision from System View ········ 5
  - 1.1.3　The Development of Decision Theory ········ 5
- 1.2　Basic Concepts and Related Techniques of Aided Decision-making ········ 9
  - 1.2.1　Aided Decision-making ········ 9
  - 1.2.2　Related Techniques of Aided Decision-making ········ 11
- 1.3　Aided Decision-making System ········ 13
  - 1.3.1　The Development of Aided Decision-making System ········ 13
  - 1.3.2　Traditional Architecture of Aided Decision-making System ········ 15
  - 1.3.3　Definition and Research Topics of Aided Decision-making System ········ 17
  - 1.3.4　Different Viewpoints for Building Aided Decision-making System ········ 19
  - 1.3.5　The Interaction Between Aided Decision-making System's Component and Web ········ 20

Chapter 2　Aided Decision-making in Command and Control System ········ 21
- 2.1　Command and Control System ········ 21
  - 2.1.1　Basic Concepts ········ 21
  - 2.1.2　The Evolution of Command and Control System ········ 22
  - 2.1.3　Command and Control System and "four-Domains" ········ 25
- 2.2　Requirements of Aided Decision-making in Command and Control System ········ 27
  - 2.2.1　Decision Problems in Military Command and control ········ 27
  - 2.2.2　The Connotation of Aided Decision-making in Command and Control System ········ 33
  - 2.2.3　The Characteristics of Aided Decision-making in Command and Control System ········ 34
- 2.3　Concepts of Aided Decision-Making System in Command and Control System ········ 35
  - 2.3.1　Two Descriptive Definitions of Military Aided Decision-making System ········ 35
  - 2.3.2　Tasks and Characteristics of Military Aided Decision-making System ········ 37

		2.3.3	Basic Components of Military Aided Decision-making System ········· 38
		2.3.4	Software Architecture of Military Aided Decision-making System ······· 39
		2.3.5	"Depth" and "Breadth" of Aided Decision-making ················· 42

Chapter 3 Basic Models and Solving Techniques for Aided Decision-making in Command and Control System ················· 43

3.1 Mathematical Programming Model and Solving Techniques ············· 43
- 3.1.1 Linear Programming Model and Solving Techniques ············· 43
- 3.1.2 Dynamic Programming Model and Solving Techniques ············ 44
- 3.1.3 Military Applications ··· 45

3.2 Game Theoretic Model and Solving Techniques ······················· 48
- 3.2.1 Basic Model and Solving Techniques of Game Theory ············ 48
- 3.2.2 Matrix Game Examples in Military Command Decision ········· 52
- 3.2.3 Conflict Analysis ··· 53

3.3 Network Model and Solving Techniques ································ 55
- 3.3.1 Method of Overall Planning ····································· 56
- 3.3.2 Design of Overall Planning Graph ······························ 56
- 3.3.3 Optimization of Overall Planning Graph ······················· 58
- 3.3.4 Military Applications of Network Optimization Decision ········ 58

3.4 Queuing Model and Solving Techniques ······························ 61
- 3.4.1 Queuing Problems in Military Command Decision ··············· 61
- 3.4.2 Decision Variables in Queuing System ························· 62
- 3.4.3 Decision Model and Solving Techniques of Queuing Problems ··· 62
- 3.4.4 Military Applications of Queuing Decision ···················· 63

3.5 Lanchester's Model and Solving Techniques ························· 64
- 3.5.1 Lanchester Linear Law ··· 65
- 3.5.2 Lanchester Square Law ··· 67

3.6 Uncertain Decision Model and Solving Techniques ···················· 68

Chapter 4 Complex Models and Solving Techniques for Aided Decision-making in Command and Control System ················· 71

4.1 Complexity Analysis on Command Decision-making Problems ············· 71
4.2 Representation and Modeling for Complex Decision-making Problems ······ 77
4.3 Formal Description of Complex Decision-making Problems Based on Ontology ··· 80
- 4.3.1 Introduction ··· 80

XVIII

    4.3.2 Ontology and Description Logic ··· 85
    4.3.3 Representation of Decision-making Problems Based on Ontology ········· 90
  4.4 Modeling for Complex Decision-making Problems Based on Bayesian Network ··· 96
    4.4.1 Limitations of Traditional Probabilistic Methods ································ 96
    4.4.2 Bayesian Network and Reasoning ·· 97
    4.4.3 Probability Extension of Description Logic ····································· 100
    4.4.4 Probability Extension of Decision Task Ontology ····························· 101
  4.5 Modeling for Complex Decision-making Problems Based on Fuzzy Theory ·· 109
    4.5.1 Theoretical Basis ··· 109
    4.5.2 Fuzzy Extension of Description Logic ·· 119
    4.5.3 Fuzzy Extension of Decision Task Ontology ···································· 126
  4.6 Techniques for Solving Complex Decision Problems ····························· 130
    4.6.1 Solutions of Complex Decision Problems ······································· 130
    4.6.2 Solving Methods of Complex Decision Problems ···························· 131
    4.6.3 An Improved Multi-objective Particle Swarm Algorithm ··················· 138

Chapter 5 Design Technology for Aided Decision-making System in Command and Control System ··· 142

  5.1 Basic Components and Related Technology of Aided Decision-making Systems ·· 142
    5.1.1 Database System ··· 142
    5.1.2 Model Base System ··· 144
    5.1.3 Knowledge Base System ··· 146
    5.1.4 Method Base System ··· 148
    5.1.5 Human-Machine Interaction System ··· 149
    5.1.6 New Requirements on Aided Decision-making System ···················· 151
  5.2 Aided Decision-making System Based on MAS ····································· 152
    5.2.1 Concepts of Agent ·· 152
    5.2.2 Characteristics and Technical Features of MAS ······························· 154
    5.2.3 Architecture of Aided Decision-making System in Command and Control System Based on MAS ·· 155
  5.3 Aided Decision-making System Based on the Hall for Workshop of Meta-synthetic Engineering ·· 158
    5.3.1 Principle of the Hall for Workshop of Meta-synthetic Engineering ······· 158

  5.3.2 Design Ideas of the Hall for Workshop of Meta-synthetic Engineering ········· 159

  5.3.3 Key Problems of the Hall for Workshop of Meta-synthetic Engineering ········· 160

  5.3.4 Aided Decision-making System Architecture based on the Hall for Workshop of Meta-synthetic Engineering ········· 163

5.4 Aided Decision-making System Based on Service ········· 164

  5.4.1 Web Service ········· 165

  5.4.2 Service-Oriented Architecture ········· 167

  5.4.3 Aided Decision-making System Based on SOA ········· 169

Chapter 6 Key Techniques for the Future Integrated Aided Decision-making Platform ········· 174

6.1 Overall Design of the Platform ········· 174

  6.1.1 The Basic Design Idea ········· 174

  6.1.2 Platform's Overall Structure ········· 175

  6.1.3 Some Key Techniques in the Platform ········· 176

  6.1.4 Working Flow of IADP-S ········· 179

  6.1.5 The Characteristics of IADP-S ········· 181

6.2 Technique for Task Decomposition ········· 182

  6.2.1 Definition of Task ········· 183

  6.2.2 Hierarchical Task Network (HTN) Planning ········· 184

  6.2.3 Applications ········· 190

6.3 Technique for Service Discovery ········· 191

  6.3.1 Semantic Matching of Web Services ········· 192

  6.3.2 Web Services Cluster Management ········· 200

  6.3.3 Service Discovery Based on Formal Concept Analysis ········· 200

  6.3.4 Experimental Analysis ········· 214

6.4 Technique for Service Composition ········· 216

  6.4.1 Basic Idea ········· 216

  6.4.2 Description of Web Service Composition Problem Based on Graph Search ········· 217

  6.4.3 Constructing the Matrix of Service Connection Relationships ········· 218

  6.4.1 Planning of Service Composition ········· 221

  6.4.5 Experimental Analysis ········· 222

6.5 Main Modules Design of Prototype System ········· 223

  6.5.1 Case Analysis ········· 224

  6.5.2 Module Designing ········· 226

Chapter 7　Applications ······ 230
　7.1　Aided Decision-making on Land Material Transportation ······ 230
　　7.1.1　Introduction ······ 230
　　7.1.2　Pallet Loading Problem ······ 231
　7.2　Aided Decision-making on Assignment of Artillery Firepower ······ 237
　　7.2.1　Description of the Problem ······ 237
　　7.2.2　Modeling of Domain Knowledge ······ 238
　　7.2.3　Model Designing ······ 239
　　7.2.4　Service Development ······ 239
　　7.2.5　Service Management ······ 239
　　7.2.6　Flow Designing ······ 240
　　7.2.7　Decision-making Applications ······ 243
References ······ 245

第1章 决策与辅助决策概述

1.1 决　策

决策是人类的基本活动之一，它广泛存在于社会、经济、军事等领域的诸多工作环节中。有关的决策理论和技术不仅是（军事）运筹学与管理科学的重要研究内容之一，也是信息科学特别是辅助决策系统研究的主要内容。

1.1.1 基本概念

1. 决策定义

决策是指人类在生存与发展过程中，以对事物发展规律及主客观条件的认识为依据，寻求并实现某种最佳（满意）的准则和行动方案而进行的活动[1]。

决策是人的行为；是一种用脑行动、智力活动；是一种选择；是一类决定；是一整套活动；是一个过程。决策通常有广义、一般和狭义的三种解释：广义决策包括信息收集、准则设计、方案优选和方案实施等全过程；一般决策是指人（们）按照某个（些）准则在若干个备选方案中的选择，它只包括准备和选择两个阶段的活动；狭义决策就是作决定，即抉择，像系统工程中普遍认同的霍耳（A.D.Hall）三维方法结构[2]逻辑维中的决策，就是狭义的决策。本书主要采用一般意义下的决策概念。

2. 决策的特点

决策是一个主观思维的活动过程，无论是对目标的选择还是对实现目标手段的选择，都是由决策者或决策分析者做出。因此，决策具有主观性、目的性、系统性、协调性、实效性、风险性、科学性、动态性、优化准则的模糊性等特点。此外，军事领域最近出现的新型作战任务——猎击时敏目标（Time-Sensitive Targeting，TST）[3]，还产生对决策快速性的迫切需求。

3. 决策要素

在决策过程中，决策的要素主要有：决策单元、准则体系、决策结构和环境、决策规则等。

决策单元包括决策者、决策分析者及用以进行辅助信息处理的设备，其职能（功能）是接受任务、输入情报、生成信息和智能化利用信息，从而产生决策。在现实决策问题中，准则常具有层次结构，包含有目标和属性两类，形成多层次的准则体系，如图 1-1 所示[1]。设定准则体系是为了评价、选择备选方案（或优选系统参数）。决策的结构和环境属于决策的客观态势（情况），为阐明决策态势，必须尽量清楚地识别决策问题（系统）的组成、结构和边界以及所处的环境条件。它需要标明决策问题的输入类型、决策变量（备选方案）集和属性集以及测量它们的标度类型、决策变量（方案）和属性之间以及属性和准则之间的关系、同一层次的属性（准则）之间的关系等[1]。决策的环境条件可以分为确定性和非确定性两大类。决策是要从众多的（有限的或无限的）备选方案中选择一个用以付诸实施的方案，作为最终的抉择。促使方案有序化以便选择的规则，即为决策规则，它一般可粗分为最优规则和满意规则两类。

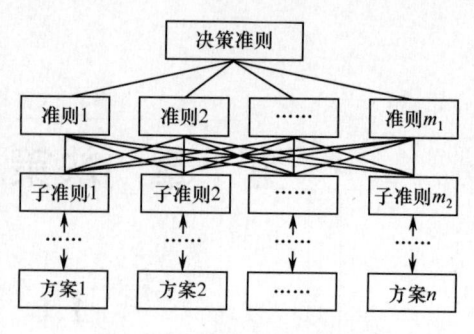

图 1-1 准则体系的层次结构

4．决策过程和模型

决策过程是指人（们）为实现某个（些）目标而进行的情报收集、方案设计、方案选择，并组织实施的全部活动。该决策过程模型由著名学者西蒙（H.A.Simon）提出[4]。它不仅刻画了提出、分析和解决问题的全部过程，而且反映了完整的理性决策制定特征，同时，建模是这一过程的必需部分。决策模型可以不同形式和不同粒度的抽象（图形模型、模拟模型、思维模型、数学模型等）来表示待决策问题。一般地，决策问题的数学模型涉及的基本概念有状态集、决策方案集、目标函数、决策准则、属性、决策指标等。决策模型的求解是为了获取一系列解（方案）的排序，决策者可从中依据某种规则（偏好）来选择解（方案）。

决策制定和建模过程如图 1-2 所示，从情报收集到方案设计再到方案选择与实施阶段，包含了一系列的活动，是一个动态过程，要不断根据决策执行结果的反馈信息和决策环境的变动信息来做出新的决策，直到达到预设目标为止，同时在决策的每个阶段也存在着决策。

5．决策的分类

决策的分类方法很多，从研究方式上可分为描述性决策和规范性决策。描述性决策研究着重于研究决策者的决策思维过程，解释各种实际决策行为的机理，旨在帮助决策者提高决策思维的素质。规范性决策研究则着重探索有效决策的规律，提供有效决策的理论、方法和规则，旨在提高决策的科学性。根据决策要解决问题所涉及的范围大小可分为宏观决策和微观决策；根据环境情况可分为确定型决策和非确定型决策；根据决策目标的多少可分为单目标决策和多目标决策；根据决策问题的复杂程度可分为复杂决策和简单决策等。

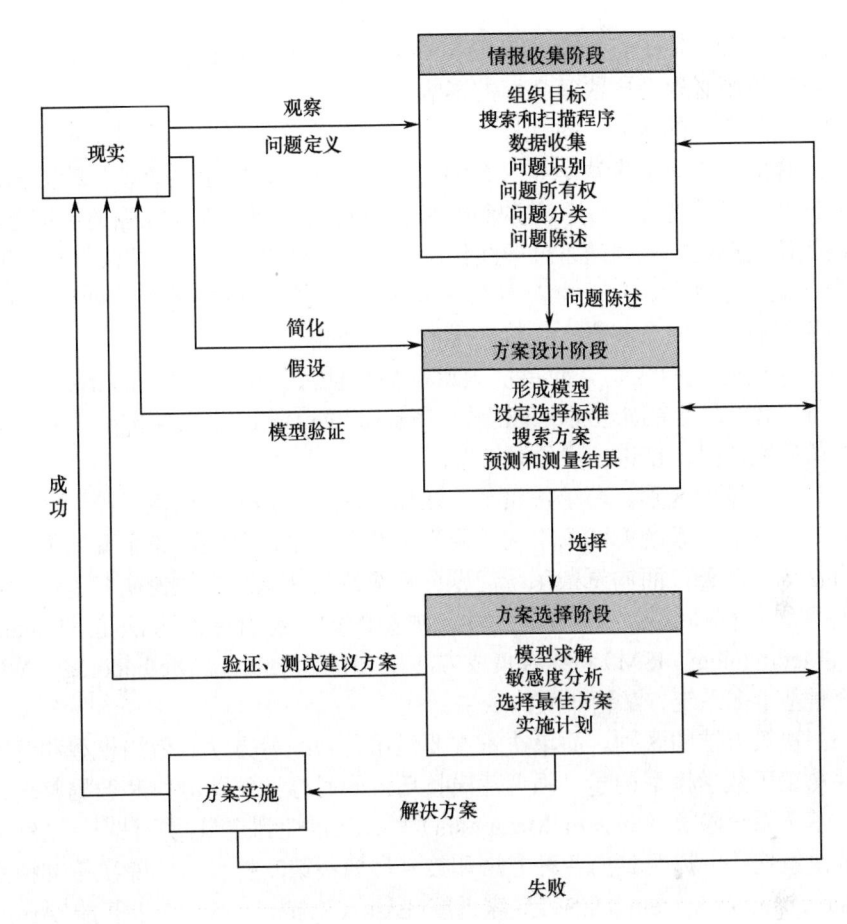

图 1-2　决策制定和建模过程[5]（本书略有修改）

传统决策理论并没有把自身划分为简单决策和复杂决策两种类型，但很多决策研究的文献中却经常使用"复杂问题"、"复杂决策"等术语。目前虽然没有关于复杂决策的统一定义，但可以通过复杂决策和简单决策的比较分析来揭示复杂决策的含义[6]。

（1）思维模式的区别。首先在决策目标上，简单决策认为存在可以量化表达或者显式的决策目标，决策者在一开始就明确知道求解的步骤和决策结果的形态，一般是基于主观效用，而复杂系统决策总是以系统的目标形式出现，这种目标往往是模糊的，并非在一开始就是明确的，而是在决策过程中由于"应该更好"思想的存在逐步逼近最优或者满意的目标，并且没有固定模式可遵循；其次在对人的假设上，简单决策基于人的完全理性，复杂决策则基于有限理性、复杂人的假设；再次在决策者的定位上，简单决策认为决策者是在决策问题之外的，决策只针对决策对象，复杂决策认为"决策者在环"，并构成决策系统内嵌的一个关键环节；最后在决策环境上，简单决策很少考虑，一般通过前提条件或者假设加以屏蔽，复杂决策则必须考虑决策环境的影响。

（2）决策概念的区别。首先在决策定义上，简单决策定义为对决策目标的选择或者选择的过程，复杂决策定义为通过有意识的活动推进系统朝目标方向的演化；其次在定义的特点上，简单决策严格依赖价值准则的选择或强调决策过程，复杂决策认同模糊，只强调系统的演化；再次在理论背景上，简单决策基于数学、运筹学、认知心理学、社会学，复杂决策除传统决策理论依托的学科背景外，还强调对系统科学、复杂科学、思维科学的理论依托。

（3）研究范式的区别。简单决策遵循规范性决策范式（Normative Decision Paradigm, NDP）或者描述性决策范式（Describtive Decision Paradigm, DDP），复杂决策的研究范式正在进一步的研究中。

（4）方法论的区别。简单决策基于还原方法论，强调还原性、简约性和分析性，同时部分借鉴系统方法论中的"硬"系统方法论，复杂决策主要依据"软"系统方法论。此外，面向复杂系统问题分析解决的新系统方法论研究引起了系统科学与系统工程领域广大学者的关注，典型的如：综合系统方法论（Integrated System Methodology, ISM）和综合集成方法论（Meta-synthesis Methodology, MM），这些都是基于多系统方法论研究的成果。

（5）决策方法的区别。简单决策主要运用各种运筹方法、效用模型和解的结果，并热衷于数学模型构建，强调建模技巧，同时强调统计分析和数据整理；复杂决策基于系统隐喻（System Metaphors）[7]、从定性到定量的方法[8]，当然也关注传统决策理论中提及到的各种方法和技术，如决策支持技术。除决策支持系统（Decision Support System, DSS）、专家系统（Expert System, ES）、人工智能（Artificial Intelligence, AI）等技术外，还广泛采用新的专家—信息结合技术，如灵境技术、研讨厅技术等，这是在综合集成思想指导下决策方法的应用体现。

6. 决策科学化

决策科学化，就是指按照科学的精神、科学的态度，运用科学的知识和方法进行决策[1]。这里，科学化的含义比科学性更为广泛，它更侧重于用科学的态度、方法、程序来行事，更侧重于指活动的过程特点而非结论的性质。决策过程的科学化是达到决策结论的科学性的保障和必要条件，但并非说其结论就必然具有科学性。这样来做决策，其可靠性要高些，但并不是说就绝不会出错，得出的结论就一定是科学的、正确的，即正确的决策不一定有正确的结论。决策科学化是一过程，包括三层意思：①评价准则体系是合理的、科学的；②评价方法要科学、数据要可靠；③评价过程要遵循一定的程序和规则。

目前，对决策活动具有实际指导意义的科学决策措施是：决策过程中一定要作定性和定量相结合的决策分析；重大决策还要作历史分析、现状分析和发展趋势预测；同时，还要建立完善的信息系统予以支持，使决策者能迅速得到各种有用的信息和数据；要建立一整套严格的决策制度和决策程序，建立和健全决策支持、咨询、评价、监督和反馈系统，从而使决策的科学性得到保证，而决策的失误可以受到及时有效的监督[1]。

有关决策理论、方法及应用的详细内容，请参阅文献[1]、[9]等，在此不再赘述。

1.1.2 决策的系统认知

从系统的视域来看，任何一项决策都可以看成一个系统，决策问题也可以看成是一个系统问题。首先，从系统的组成要素来看，决策要素包含了主体（决策者或决策小组）、客体（决策对象）、环境（决策相关的利益相关人、群体、影响因素和矛盾），输入（决策问题、现有条件、相关信息）和输出（决策结果）；其次，从系统的内外联系来看，决策联系包含了决策主体—主体之间、主体—客体之间、客体—客体之间、系统—环境之间等的联系；再从系统的结构来看，任何决策都具有特定的结构，这种结构取决于各种决策要素及其联系的方式；此外，任何一项决策都具有内部的矛盾性，都是在特定的外部环境中围绕某种（些）决策准则和目标而开展的，这些构成了决策系统的内部矛盾、环境和目标。因此，可以认为任何一项决策（活动及过程）都构成一个系统，这样就可以用系统理论来研究决策，用系统的思维和方法来理解和认识决策问题。

1.1.3 决策理论的发展

决策科学作为人类文明的产物，一直伴随着时代、实践和科学的发展而发展。"决策"一词源远流长。早在古代，中国就产生了大量的有关决策思想、概念与方法。《六韬》、《三略》、《周易》、《孙子兵法》、《史记》、《二十四史》等古代经典著作中都有很多关于如何做决策的论述，但决策者作出决策更多的是依赖其个人才能、经验和艺术，并未达到规范化、程式化与科学化的地步。

16世纪到17世纪法国宫廷设有赌博顾问，他们是研究概率论、对策论的先驱，是决策理论的先导。早期，克来默（Crammer）和伯努里（Bernouli）就有对如何在不确定环境下进行决策的最初思考，并提出"效用值"概念，为规范性决策理论的研究奠定了基础。1896年，法国经济学家帕累托（V.Pareto）首先提出向量优化的概念，他从政治经济学的角度，把本质上不可比较的多个目标转化成单个目标进行优化，从而提出向量优化概念以处理多目标决策问题。

决策理论最初是在行政学和统计学的基础上发展壮大的，主要是围绕决策标准和不确定状态展开研究。20世纪20年代以后，决策论从对策论中分离出来。1926年，拉姆齐（Ramsey）在效用和主观概率的基础上提出制定决策的理论[10]。

20世纪40年代因战争需要，推动了统计决策的研究和应用。人们普遍认为，现代决策学起源于此，并以诺依曼—摩根斯坦（J.V.Neumann-O.Morgenstern）提出的期望效用理论为标志[11]。应该特别指出的是，在第二次世界大战中，因军事需要而发展起来的军事运筹学，在决策科学的发展过程中，起了巨大的推动作用。

此后，在理论上有突出贡献的代表人物有：1948年，布莱克（Black）首次提出群决策的概念，并依据成员行为准则进行了分类；1950年，沃尔德（Wald）奠定了统计决策的基础，将其用于随机策略方案的选择；1951年，库普曼斯（Koopmans）从生产和分配问题中提出了多准则问题，引入了有效解的重要概念，并得到了一些基本结果；同年库恩（Kuhn）和塔克尔（Tucker）从数学规划的角度提出向量极值问题，引入库恩—塔克尔（K-T）有效解概念，并研究了它存在的必要和充分条件；1954年，萨维奇（Savage）在诺依曼—摩根斯坦理论的基础上提出主观概率的概念，从决策角度研究统计分析方法，建立了贝叶斯决策理论[12]；同年，爱德华（Edwards）在文献[13]中对"风险"和"不确定性"两个概念作了区分，对现在的研究仍具参考价值，他在决策技术和行为决策理论领域作了大量开创性研究，推动了主观期望效用模型研究，并为贝叶斯推论的早期研究奠定了基础。西蒙、爱德华、阿莱斯（M.Allais）等人在20世纪60年代开创了行为决策模式，这种理论经过拉索[14]（Russo）、图尔斯基（Tvrsky）、卡尼曼（Kahneman）等人的努力，得到了长足的发展。

1961年，拉菲（Raiffa）和施莱弗尔（Schlaifer）发表著作《应用统计决策理论》，奠定了现代决策理论的基础——效用理论[15]。1963年，扎德（Zadeh）从控制论方面提出多指标优化问题，也给出了一些基本结果。霍华德（Howard）于1966年在第四届国际运筹学会议上发表《决策分析：应用决策理论》一文，并首先提出"决策分析"一词，系统概括总结了应用贝叶斯决策理论进行决策活动的步骤，使之逐渐形成一门学科，这标志着现代决策分析理论基本形成[16]。随后，决策分析及研究成果在许多非概率支配的应用领域获得极大发展，并在理论基础和研究方法上已超出单纯的统计领域，扩展到规划、优化和行为科学等领域，成为决策科学研究的代名词。1968年，麦克里蒙（MacCrimmon）总结了多属性决策方法和实践应用[17]。1970年，贝尔曼（Bellman）与扎德提出模糊决策的基本模型，对决策者不能精确定义的参数、概念、事件等可转化为某种适当的模糊集合来处理[18]。1976年，凯尼（Keeney）和拉菲出版了决策分析的经典著作《多目标决策》一书，进一步发展了多目标决策分析的理论和方法[19]。扎德在1978年又提出可能性理论，从本质上把随机与模糊现象进行区别，并奠定了用模糊集理论处理不确定决策的历史地位[20]。

20世纪80年代以后，决策分析研究的一个趋势是包含了行为科学和心理学的内容，它试图从人类行为的根本上探讨决策行为的一般性规律，将其模式和过程总结为如图 1-3 的形式[21]，行为科学和心理学方面的内容主要包含在选择和偏好的研究中。

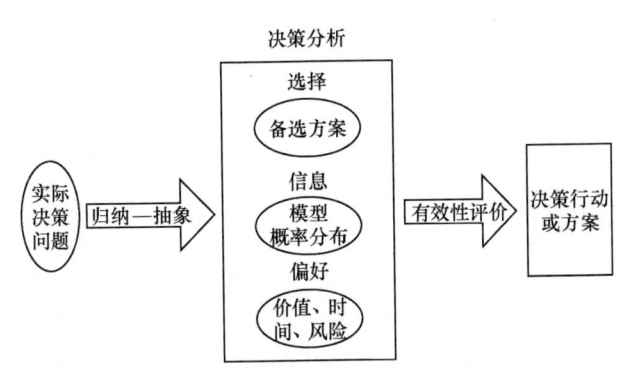

图 1-3　20世纪80年代以后决策分析研究基本模式和过程

1982年，波兰学者帕拉克（Pawlak）提出粗糙集[22]，经过国内外众多学者的共同努力，在理论和决策应用方面取得了积极的进展[23]。1984年弗雷泽（Fraser）和希培尔（Hipel）提出了冲突分析策略（Conflict Analysis）[24]。1986年始，爱德华又致力于将贝叶斯定理和决策分析的思想应用于人工智能系统的研究[25]。随着复杂系统研究的兴起，新的系统方法论推动决策理论研究向复杂决策问题研究方向发展，但还处于探索阶段，尚无系统的理论出现。20世纪90年代至今的研究主要集中在行为决策、群决策、复杂决策、不完备信息决策[26]、多维信息决策及各种不确定性决策方法的综合上。

与国外相比，我国决策科学研究起步稍晚，但进展很快，是一个不断充实、完善和提高的过程。从20世纪80年代开始，我国决策分析研究人员陆续撰写出版了很多有关决策理论研究的专著或教材，多达80余部。其中具代表性的著作有文献[1]、[9]、[27]等。可以看出，从1982年到2002年，国内的著作主要是关注决策理论与多目标（多属性）决策的研究，2002年至今的著作主要转向复杂决策、群决策、智能决策、不确定性决策等方向的研究。

值得一提的是，上述著作中文献[27]是国内第一本系统介绍决策理论和方法的著作，对推动国内决策理论和方法的研究起到了不可估量的作用；文献[28]是国内第一本系统介绍军事运筹学理论和方法的著作，对学习和运用运筹学理论和方法于不同军事目的的优化起到了积极的推动作用；而文献[1]则是国内较早研究多属性决策理论方法及其在军队指挥自动化系统中应用方面的专著。

近年来，我国决策理论、技术与应用等方面研究获得各类科研基金资助数量逐年呈指数增长趋势。以国家自然科学基金为例，把"决策"作为项目主题词，统计得到1999年至今每年资助的项目总数如图1-4所示，研究主要集中在复杂系统决策、不确定性决策、模糊决策、粗糙决策、灰决策、行为决策等决策理论、方法、技术与应用领域（军事、供应链、金融、应急系统等）。

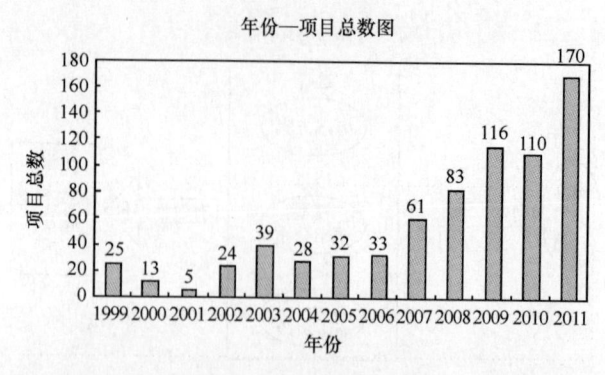

年份—项目总数图

年份	项目总数
1999	25
2000	13
2001	5
2002	24
2003	39
2004	28
2005	32
2006	33
2007	61
2008	83
2009	116
2010	110
2011	170

图 1-4　国家自然科学基金资助"决策类"项目总数

总之，决策理论的发展大致经历了 3 个阶段：第一个阶段就是决策的规范化、程序化；第二个阶段是决策的数学化、模型化、计算机化；第三阶段决策的特点是硬技术与软技术的结合，是定量与定性的结合，也是技术与艺术的结合。国外在 20 世纪 70 年代中期，不仅提出了硬技术的软化问题（例如最优标准改为满意标准，出现了模糊决策和决策模拟等新的发展趋向），还提倡发展决策的软技术并使软技术科学化等。国内称这种定性与定量相结合、硬技术与软技术相结合、技术与艺术相结合的宏观决策为软科学。总结以上，可得决策理论与技术研究的发展脉络，如图 1-5 所示。

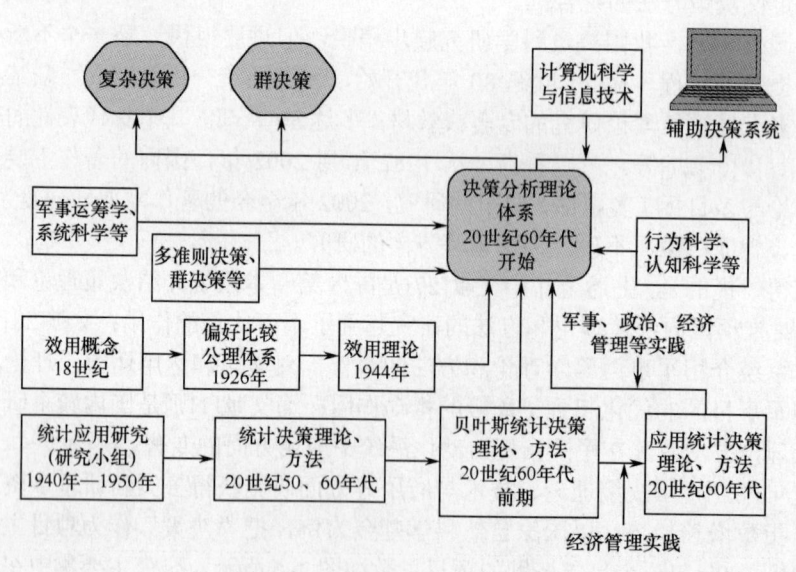

图 1-5　决策理论研究发展脉络图

1.2 辅助决策基本概念与相关技术

20世纪70年代，结合决策理论的许多研究成果，用计算机来辅助决策成为新的研究热潮。这个时期最突出的成果是辅助决策系统，它是辅助决策的重要工具，并初步具备对复杂决策问题的求解功能。

1.2.1 辅助决策

决策属于"认知域"范畴，涉及价值观、偏好、决策风格等因素，在决策过程的每个环节均有辅助决策的需要。特别是在风险性、欺骗性、对抗性、信息不完备的情况下，辅助决策发挥了重要作用。

1. 辅助决策活动与现象

因决策者的能力、认知水平的局限与决策者所处系统内外扰动的存在，故需要有人或工具来辅助决策。自人类有决策行为开始，即有辅助决策的需求。中国古代很早就出现了辅助决策活动、现象与工具。公元前10世纪的周朝，我国已使用"算筹"这种计算工具，并至少使用了2000多年，到唐代被算盘所代替，它们都是辅助决策的工具。古代战争使用的烽火、信鸽、军事作战地图、计算尺、沙盘、兵棋等也是辅助决策的工具。古代的谋士、军师、幕僚、师爷等是以"智囊团"的形式辅助决策者决策。这些都是早期出现的辅助决策活动与现象。

在现代信息战的军事背景下，涌现了大量的新型作战辅助决策工具，譬如卫星（包含侦察、气象、导弹预警等类型）、雷达、声呐、红外遥感等，它们是伴随着新功能的产生而发展起来的新的物化形态。这也说明了实现辅助决策的手段、技术、水平提升了，功能也提升了。但它们和早期辅助决策的基本作用相同，都是为了决策。

近年来，计算机科学与信息技术的发展为决策提供了重要的辅助工具，大大提高了决策效率。

2. 辅助决策的概念形态

辅助决策是指借助决策者之外的人（如谋士、参谋、智囊团等）和工具（如计算机等），利用科学决策方法和先进的信息技术，辅助决策者完成决策的过程，即一切有助于决策者更好、更快、更有效率地制定决策的理论、技术、手段和措施，都属于辅助决策的范畴。辅助决策贯穿于决策全过程的每一个阶段，在收集情报、方案设计、方案选择、方案实施等阶段均有辅助决策的需求，不同阶段的辅助决策技术见表1.1所列。

表 1.1　决策过程中的辅助决策技术

决策过程	辅助决策技术（仅考虑软技术）
情报收集	主要依靠人类特有的经验及统计技术、预测技术等
方案设计	主要依靠大量的人类经验，包括一些基于人工智能的工具（事例推理、神经网络、基于框架的模型选择等）
方案选择	大量的优化工具（数学规划等），一些人工智能的支持工具（禁忌搜索、基于规则的推理与黑板结构）
方案实施	灵敏度分析、可靠性分析等

3．辅助决策的实现

根据被辅助对象和辅助过程（活动）的关注点不同，辅助决策的实现方式也不尽相同，大致有以下 4 类。

1）基于决策者判断的辅助决策

这是一种传统的辅助决策方式。辅助决策工具为决策者提供一个用计算机装备的助手来"按部就班"地提供基本信息（如公式计算等），并不考虑决策应如何处置，决策者在各种方案中依据个人能力与经验判断选出最优方案。这种方式常表现为简单的数据处理，缺乏与决策者的深层交互，实质上是一种表面化的辅助，易流于形式。

2）基于决策理论的辅助决策

这是一种规范性的辅助决策方式，强调的是决策方法论及具体方法，主要工作就是考虑如何改善决策的问题。但决策研究者认为，这些理论和方法过于要求决策者应该如何去做，而忽略了决策者能否这样做，并且这些决策分析方法虽然有用，但限制其可用性的诸多约束条件在实际决策问题情景中一般很难满足。

3）基于组织机构的辅助决策

主要是指从组织机构设置和人员配备上对决策者进行辅助。基本措施是：为决策者配备参事（参谋等）和设立参事室（参谋机构、智囊团等），使参谋工作和决策工作相对分离。这种方式可充分利用专家群体的智慧和专业性很强的业务人员协助决策者分析情报信息、设计可行决策方案等，而辅助人员与决策者的有效沟通和价值判断的一致性则是该方式能否成功的关键。

4）基于不同技术手段的辅助决策

传统的技术辅助只在于通过扩充决策工具功能和改进性能来辅助决策。现代技术辅助的实质是将决策工作划分为适合机器完成的和只能由人承担的两部分。主要手段有基于数据分析与机器学习、多模型组合与适配、智能交互与协同、知识获取与在线更新等形式的辅助决策。

现代辅助决策方式既考虑到决断的重要影响，也注意到决策者的思维和偏好，充分考虑决策者对于辅助决策工具的期望和态度，并努力影响和指导决策者做出决策。它在上述几种方式间进行了折中，弥补了它们的缺陷。它不局限于已有辅助决策技术与软件，而在辅助决策过程中引入来自其他领域的适用理论与技术，并重视系统开发人员的作用。这样，既利用信息技术，又利用思维技术，在更大程度上可提高决策的效能。

新出现的高性能计算技术，如网格计算、云计算、网络超算等，都直接或间接地影响着辅助决策。基于 Web 的系统对决策过程的各阶段均有辅助作用，并对辅助决策产生越来越深远的影响，见表 1.2 所列。

表 1.2　基于 Web 的系统对决策过程的辅助

决策过程	基于 Web 的辅助决策
情报收集	利用搜索引擎、网络爬虫等技术收集信息；用贝叶斯网和其他的数据挖掘方法识别问题和信息；通过 Workflow 进行协作；远程学习可以获得知识使问题更具结构化。
方案设计	获取数据、模型和求解方法；使用 Web Service，SOA 架构等技术；基于 Web 的协作工具（GSS）和分布式知识管理系统（DKMS）进行协作；从 DKMS 中获得求解方法。
方案选择	获取评价方案的方法，从而选择方案。
方案实施	GSS 和 DKMS 能够帮助决策方案实施工具用于监控电子商务和其他网站、内部网、外部网和互联网自身的绩效。

1.2.2　辅助决策的相关技术

自然科学、社会科学的理论从不同侧面提供了辅助决策的技术与方法，也影响着决策者制定决策和选择方案的能力。每个学科体系的方法和技术都为人们作决策提供了独特的、有效的视域，在辅助决策中发挥了重要作用。当然，辅助决策可以由一种或者多种技术同时提供。

1. 预测技术

决策与预测有不可分割的关系，决策前必先进行预测。预测是决策的前提和基础，其目的是为了更有效地辅助决策。预测是一个认识过程，而决策则是根据认识到的将来的事物变化，按决策人的价值观和偏好做出决策，达到某种利益和目标。

预测模型支持对事物的发展方向、进程和可能导致的结果进行推断和测算。预测模型又分为定性预测模型和定量预测模型。定性预测模型主要有德尔菲法（专家调查法）、情景分析法、主观概率法和对比法等。定量预测方法主要有回归预测法、确定型时间序列预测法、随机时间序列预测法、概率预测法、经济生命周期预测法、趋势平移法、指数平滑法、交叉影响分析法、因素相关分析法、先行指标分析法等。其他预测技术还有灰色预测[33]、模糊预测、基于混沌理论的分析预测、拟合预测等。

它应用在军队指挥上，可辅助战场态势、天气、我方后勤补给、危机预测、敌主攻方向的判断、敌方兵力增援等方面的决策。

2．规划技术

规划是产生决策方案并进行排序的方法与求解技术，规划本身不是决策，但规划技术可用来辅助决策。规划技术是研究如何合理使用有限资源，以最小代价取得最优效果。规划问题大致可分为两类：①用一定数量的资源去完成最大可能实现的任务；②用尽量少的资源完成给定的任务。

解决这类问题一般都有几种备选方案。在规划问题中，必须满足的条件称为约束条件，要达到的目标用目标函数来表示。规划问题可归结为在约束条件的限制下，根据一定的准则从若干个备选方案中选择一个最优方案。实质是用数学模型来研究系统的优化决策问题。如果把给定条件定义为约束方程，把目标函数看作目标方程，把目标函数中的自变量看作决策变量，这三者就构成规划模型。规划模型包括：线性规划、非线性规划、动态规划、目标规划、网络规划、更新理论和运输问题等。

在军事上，它可辅助调配武器、兵力部署、兵器（火力）动态择优分配、武器更新、后勤运输、指挥活动的网络分析等方面的决策。

3．决策方案优化技术

建立辅助决策模型后，依据该模型可获得决策方案（实质是建议的方案）。除特殊情况，一般会有多个方案，但哪一种方案最优？需经实战或实兵演习检验。然而，实战或实兵演习耗资巨大，不宜过多采用。因此，多用计算机模拟技术，按照想定生成敌我双方的作战态势，用想定的程序和数据来描述和研究作战过程，检验各种决策方案的作战效果，作战效果"最佳者"为最佳方案。用模拟技术评价作战效果常用兰彻斯特（Lanchester）方程或马尔可夫（Markov）过程描述作战过程，同时基于直观或经验构造的启发式优化技术可用于许多非结构化决策问题的求解。

最佳方案除应使作战效果最佳外，还应考虑其快速性、敏捷性、自适应性、科学性、可实现性、操作简单性等。这对实时决策问题尤为重要。对于实时辅助决策问题，往往是确定方案和优化方案综合在一起的。

确定出最佳（或满意）的方案后，便输出决策结果，提出建议供指挥员选择。由于在不同的约束条件下，会有不同最佳（或满意）决策方案，因此，提供的建议方案应是多个，并附有最优性成立的先决条件。当决策方案确定后，需细化环节并对其进行优化，实施过程中再进行调整，以达到最佳（满意）结果。还应指出，即使优选出高明的方案，还会因执行不到位而达不到预期的效果，因此，执行环节的配合也是重要因素。

4．灵敏度分析技术

按一定规则改变决策模型的各项参数，观察其对方案的影响幅度，直至方案的排序发生了变更为止，此时即找到了各项参数的最大容许变化范围，这样有助于增加决策（分析）者对最佳（满意）备选方案的信任程度。其主要研究内容有：①决策问题的某（些）指标或参数的一个微小扰动，是否会影响决策的结论，即讨论该参数的灵敏性；②确定决策问题中某参数在什么范围内变化不会（或会）影响决策方案的排序结论。决策要素灵敏度分析技术，包括基于线性优化的、基于连环替代法的多因素灵敏度分析、多目标决策下权系数的灵敏度分析等。

在军事上的应用案例有机场目标选择方案的灵敏度分析、军事后勤运输系统路径优化的灵敏度分析、指挥决策效能的灵敏度分析等。

5．评估技术

评估技术有层次分析法、模糊综合评估法、灰色综合评估法、相似度辨识评估法、逼真度评估法、专家系统评估法、人机评估法等。

军事应用案例有作战指挥效能评估、通信系统生存能力评估、汽车运输指挥效能评估、大型仿真系统的射击诸元计算子系统可信度评估、防空信息战作战效能评估、军事信息网络风险评估、作战想定预案效能评估等。

1.3 辅助决策系统

1.3.1 辅助决策系统的发展

由于决策者面临的决策环境日益复杂，决策者在决策过程中，加大了对辅助决策广度与深度的要求。随着决策理论与方法研究的推进，计算机科学与信息技术的飞速发展，一种重要的辅助决策工具——辅助决策系统应运而生。自从它被提出以来，研究者和实践家们就一直在努力构建更合理、更完善的系统体系。

为实现办公自动化，20世纪50年代到60年代出现了基于电子计算机的电子数据处理系统（Electronic Data Processing System，EDPS），主要用于数据处理和编制报表。这是层次较低的、主要面向业务的辅助决策系统。20世纪60年代到70年代，在 EDPS 的基础上发展了管理信息系统（Management Information System，MIS），它由数值计算领域拓展到数据处理（非数值计算）领域，可通过较固定模式的数据处理与分析来辅助决策。同时，学术界也开始系统地研究如何在决策过程中把运筹学、系统工程和计算机技术等结合起来以形成基于模型的辅助决策系统，其中较具代表性的是斯考特（Scott）在1967年撰写的博士论文中提出的一个

13

基于模型的管理决策系统（Management Decision System）[34]。因辅助决策系统是基于数学模型构建的，其辅助决策的能力主要表现为定量分析。

1971年，高瑞（Gorry）和斯考特认为 MIS 主要关注结构化决策问题，首次建议把支持半结构化和非结构化决策的信息系统称为"决策支持系统"（Decision Support System，DSS）[35]。后来，肯尼（Keen）和斯考特把 DSS 的应用范围限定在对半结构化管理决策的支持[36]。DSS 是在 MIS 和基于模型的辅助决策系统基础上发展起来的可形式化、可模型化的、层次较高的辅助决策系统。它主要以模型库系统为主体，通过定量分析进行辅助决策，其辅助决策能力已从运筹学、管理科学的单模型辅助发展到多模型综合辅助，使得数值计算和数据处理融为一体。它的出现标志着利用计算机与信息技术辅助决策的研究与应用进入了一个新的阶段，并形成了决策支持系统新学科。

自 DSS 的概念提出以来，在人工智能、数据库、模型库、知识管理、联机分析（On-Line Analytical Process，OLAP）、语义 Web 服务等新技术的不断推动下，DSS 的研究已经取得了一系列重要的进展，如：对 DSS 定义和基本框架的拓展和改进、面向组织和团队的群体决策支持系统（Group Decision Support System，GDSS）、商业智能（Business Intelligence，BI）技术、基于知识工程（Knowledge Engineering，KE）和多主体（Multi-Agent）技术而发展起来的智能决策支持系统（Intelligent Decision Support System，IDSS）以及基于网络技术而发展的分布式决策支持系统（Distributed Decision Support System，DDSS）等，其演化进程见表 1.3 所列[37]。

表 1.3　DSS 演化进程表

时　　期	有代表性的 DSS 研究
20 世纪 60 年代	Scott 的管理决策支持；组织的交互式系统研究；决策支持理论发展
20 世纪 70 年代	BrandAid, Alter, Holsapple 的研究
20 世纪 80 年代	主要的 DSS 书籍；群决策支持系统原型；经理信息系统（EIS）；基于计算机的专家系统
20 世纪 90 年代	商业智能/联机在线分析；数据仓库；基于 Web 服务的系统/门户网站；数据挖掘

一般而言，决策支持系统按驱动方式大致可以分为模型驱动（Model-Driven）、数据驱动（Data-Driven）、知识驱动（Knowledge-Driven）、文本驱动（Document-Driven）和通信驱动（Communications-Driven）等 5 种基本类型[38]。其中模型驱动的决策支持系统是最重要的一种类型，而模型管理系统是系统用户创建、存储、查询、操作和利用模型的核心部件，也是模型驱动的决策支持系统走向实用和成功的关键，因此也得到了国内外学者的重点关注[39]。

事实上，无论在企业或非企业组织中，因 DSS 以"模型驱动"为动力的设计思想严重制约了它的动态适应性，缺乏对变化问题进行实时调整的能力，故目前 DSS 的实际应用程度远远低于传统的业务系统（如 ERP、OA 等）。近年来，基于数据仓库（Data Warehouse，DW）、联机在线分析和数据挖掘（Data Mining，DM）的商业智能技术得到了迅速发展，再加上 Microsoft、Oracle、IBM 等数据库厂商的大力开发与支持，使得数据驱动的 DSS 相对于模型驱动的 DSS 具有更高的标准化程度和产品成熟度。

在决策支持模式的相关研究中，国内外学者更多的是关注在离线思路下的问题数学模型及其求解算法，而对于问题数学模型及其算法的在线构建过程和实现机制研究较少[40]。但在实际决策问题中，更需要在多类决策问题之间共享建模与求解的过程知识，需要实现处理多类问题、具有较强动态环境适应能力的在线辅助决策系统。

伴随着信息技术的快速发展以及对决策理论、方法的深入研究，辅助决策系统本身呈现出了以不同技术为主要表征的多种形态。但无论是哪种形态的辅助决策系统，都需要经过系统调查、可行性论证、系统规划、系统分析、系统设计、系统实施和系统评价等各阶段。

综上所述，EDPS、MIS、DSS 等各自代表了辅助决策系统发展过程中的某一阶段，至今仍各自不断地发展着，并表现出相互融合的趋势。我们认为，不论是何种形态的信息系统，从其内涵和功能上都可看作是辅助决策系统的不同表现形态，是辅助决策系统在某一特定应用情境下的具体功能体现。它们在军队指挥、商品销售、高校管理、电网调度、危化品事故应急处置、海洋环境监测与防护、减灾防震、载人航天等领域的应用，均说明了辅助决策功能的多样性，也预示着辅助决策系统必将有更大的发展和更广阔的应用空间。

1.3.2 传统辅助决策系统体系结构

系统的体系结构是指构成系统的各组成部分的关系、组织和相互作用的方式。根据系统科学的基本原理[41]，系统功能决定于系统结构，系统结构影响着系统功能的实现与发挥，因而对系统体系结构的研究是研究系统的前提和基础。

目前的辅助决策系统体系结构总的来说分为两大类：一类是以 Sprague 两库结构为基础的"三部件"体系结构，另一类是 Bonczek[42]的基于知识的"三系统"体系结构。前者以各种库及其管理系统作为辅助决策系统的核心，而后者则以问题处理子系统作为系统的主要部分。这两种框架结构各有优缺点，都为辅助决策系统的发展做出了重要贡献。

1. 三部件体系结构

三部件体系结构是 Sprague 于 1980 年在两库结构的基础上提出来的，它由数据部件、模型部件和对话部件组成，如图 1-6 所示。

(1) 数据部件：数据部件包括数据库及其管理系统，它负责存储和管理辅助决策系统使用的各种数据，并实现各种不同数据源间的相互转换。

(2) 模型部件：模型部件包括模型库及其管理系统，它是决策支持系统的核心，也是最难实现的部分。其中模型库用于存放各

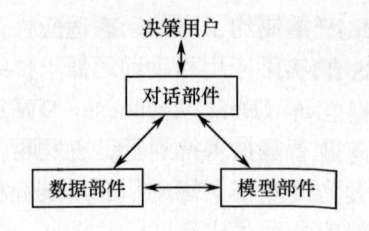

图1-6　辅助决策系统的三部件体系结构

种决策模型，模型库管理系统支持决策问题的定义、建模和模型的运行、修改、增删等操作。模型部件与对话部件之间的交互，使用户能够添加、修改、管理和使用其中的模型；它与数据部件的交互，为模型运行提供所需的数据环境，实现模型输入、输出和中间结果存取的自动化。

(3) 对话部件：对话部件是决策支持系统的人机接口界面，它负责接收和检验用户的请求，协调数据部件和模型部件之间的通信，为决策者提供信息收集、问题识别以及模型构造、使用、改进、分析和计算等功能。通过对话部件，决策者能够依据个人经验，利用辅助决策系统的各种功能，制定最优的决策方案。

Sprague 的两库结构对后来的辅助决策系统结构产生了很大的影响。在此基础上，随着方法库和知识库的加入，辅助决策系统又发展成目前较为流行的四库（数据库、模型库、方法库、知识库）结构。另外如果需要强化 DSS 某些方面的功能，还可加入文本库、图形库等，形成 DSS 的五库、六库结构等[43]。

基于多库的结构模式明确了部件之间的接口关系和集成方式，便于决策支持系统的设计和关键技术的解决。随着各种库的增加，辅助决策系统的功能由定量计算增强到定量计算与定性分析相结合，方便了对模型的管理，也使人机界面变得更为友好，对辅助决策系统的发展产生了积极的推动作用。然而由于各种库的增加使系统的知识表示变得十分复杂，各部件之间的接口和知识的处理也更难以实现。如果不采用统一的信息组织与处理模式，势必会使 DSS 成为毫无特色的"杂烩"系统，从而导致 DSS 结构的松散和处理的低效。

2. 三系统体系结构

三系统体系结构是 Bonczek 于 1981 年提出的，它由语言子系统、问题处理子系统和知识子系统组成，如图 1-7 所示。

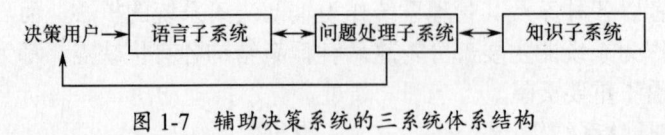

图1-7　辅助决策系统的三系统体系结构

(1) 语言子系统：是用户与系统联系的工具，用于处理语言翻译、图形解释、人机交互。语言子系统是决策者与辅助决策系统通信的桥梁，决策用户利用语言

子系统的语句、命令、表达式等来描述决策问题，交给问题处理子系统处理，得出决策结果。

（2）问题处理子系统：是辅助决策系统的核心部分，它能够针对实际问题提出问题处理的方法途径，并利用语言子系统对问题进行形式化描述，写出问题求解过程，最后利用知识子系统提供的知识进行实际问题求解，产生辅助决策所需要的信息。

（3）知识子系统：是辅助决策系统能够解决用户问题的智囊，它包含问题领域的各种事实和知识（如数据、模型、规则等）。知识子系统中存储的知识增强了辅助决策系统解决问题的处理能力。

辅助决策系统的三系统体系结构将专家系统中的问题处理技术引入到辅助决策系统的体系结构中，克服了辅助决策系统缺乏知识的弱点，较好地解决了对决策问题求解过程的控制，符合辅助决策系统智能化发展的趋势，对辅助决策系统的发展起到了很大的促进作用。但该体系结构仍然保留着专家系统的求解思路，未能充分体现出决策者在模型建造、模型选择等方面的作用和辅助决策系统模型驱动的特点。

上述两种辅助决策系统结构分别从不同的角度揭示了辅助决策系统的内部结构和功能模块特征，奠定了现有辅助决策系统研究工作的基础。但随着以网络为平台的各项业务活动的兴起，网络环境下的决策活动日益增多且更变化莫测，传统的辅助决策系统体系结构已无法满足人们对辅助决策的需求，必须寻求新的应对之道。

1.3.3 辅助决策系统的定义与研究话题

1. 辅助决策系统的描述性定义

目前，对"辅助决策系统"并无公认定义，已有定义更多的显见于军队指挥控制领域。典型定义如下：

（1）辅助决策系统是以现代信息技术为手段，综合运用计算机技术、管理科学、系统科学、经济学、社会学、人工智能技术、网络技术等多种学科知识针对某一类型的半结构化或非结构化决策问题，通过提供背景材料、协助明确问题、修改完善模型、列举备选方案等方式，为管理者做出正确决定提供帮助的人—机系统[44]。

（2）辅助决策系统以人工智能、军事运筹学和信息处理技术作为工具，以数据库、专家系统和数学模型为基础，通过计算、推理和仿真等辅助手段来实现上述功能，以辅助指挥人员制定作战方案，组织实施作战指挥，并在平时借此完成作战模拟和进行部队训练[45]。

（3）作战辅助决策系统是专门用于支持决策的人—机系统，以作战指挥学、军事运筹学、控制论、思维科学和行为科学为基础，以计算机技术、模拟技术和信息技术为手段，面向作战指挥决策问题，支持指挥员和指挥机构作战指挥决策活动全过程的、具有智能作用的人—机系统[46]。

后两个定义是从军事角度定义的。但上述定义均可进一步完善，因辅助决策系统并没有标准模式或标准规范。我们认为，凡是能达到辅助决策目标的所有技术均可用于构造辅助决策系统。因不同时期、用途、技术所构造的辅助决策系统可能不相同，但均能起辅助决策的作用。

辅助决策系统的概念是在发展中的概念，随着相关理论和技术的发展，其内涵和外延都在不断丰富之中，在此给出一种描述性定义，力求阐述其基本特征和基本构成，并为该领域的发展留有可扩充空间。

可用辅助决策系统的构成部件来表达辅助决策系统的结构特征，这也是对辅助决策系统一般结构的基本理解。它应具备以下几个主要构件：

（1）数据库及其管理系统；
（2）模型库及其管理系统；
（3）多通道人机交互系统（含适合的硬件和软件）；
（4）知识库及其管理系统。

这些构件间的相互关系如图1-8所示[5]。

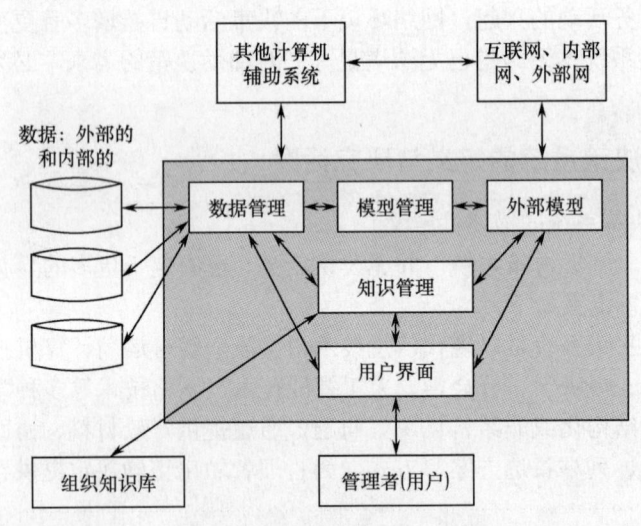

图1-8 辅助决策系统示意图

从基本特征的角度对辅助决策系统进行定义可以得到：

（1）对各级、各层次决策者进行辅助决策，特别是面向上层管理人员经常面临的结构化程度不高、说明不够充分的问题；
（2）把模型或分析技术与传统的数据存取技术及检索技术结合起来；

（3）易于为非计算机专业人员以交互会话的方式使用；
（4）强调对环境及用户决策思维模式改变的灵活性及适应性；
（5）辅助决策而不是代替决策者制定决策。

2．辅助决策系统的研究内容

辅助决策系统的研究内容很广，而且在不断丰富发展中，主要有：
（1）辅助决策系统的设计理论与模式；
（2）辅助决策系统的执行行为与性能演化；
（3）决策问题定义、决策目标、约束条件、适用范围及问题求解的方法和手段；
（4）设计和/或选择建模方法、模型集成方法及模型求解技术；
（5）获取不同时间、不同类型、不同层次的数据，以满足解决决策问题的需要；
（6）确定数据与模型的结合方法，包括数据库设计与管理、数据库与模型的数据交互格式与传输方式；
（7）确立知识工程和专家系统的思想方法，构成基于知识的交互系统；
（8）辅助决策系统的动态适应性，以进行动态辅助决策；
（9）完善已有概念，制订评价辅助决策系统的标准等。

成功建立辅助决策系统的关键是弄清需求[47]：能够提供什么样的数据？要求回答什么样的问题或执行什么样的动作？建立什么样的评价准则？

1.3.4 建立辅助决策系统的不同切入点

李德毅院士在文献[47]中阐述了建立辅助决策系统的不同切入点，大致可分3个主流学派：

（1）符号主义学派（逻辑学派），以西蒙和纽厄尔（Newell）为代表。把认知基元用符号表示，智能行为通过符号操作来实现，以美国科学家鲁宾森（Robinson）提出的归结原理为基础，以 Lisp 和 Prolog 语言为代表；着重于问题求解中启发式搜索和推理的过程，在逻辑思维的模拟方面取得成功，如自动定理证明、专家系统等。

（2）联结主义学派（仿生学派），以霍菲尔德（Hopfield）为代表。因为人的思维基元是神经元，把理智理解为相互联结的神经元竞争与协作的结果。如人工神经网络、遗传算法等。

（3）行为主义学派（控制论学派）。因智能行为体现在系统与环境的交互之中，反馈是基石，功能、结构和智能行为不可分割。

当前，以实际问题驱动的人工智能研究成为主流，但需要解决知识表示的问题，其中一个重要的定性定量转换方法是云模型。云是用自然语言值表示的某个定性概念与其定量表示之间的不确定转换模型，它给出了这个定量表示能够代表该定性概念的确定程度[48]。这些为研究和构建未来一体化辅助决策平台提供了先进的思路。

1.3.5 辅助决策系统部件与 Web 的相互影响

表 1.4 中列举了 Web 和辅助决策系统部件间的相互影响[5]，这些影响是双向的。

表 1.4　Web 和辅助决策系统部件间的相互影响

部　　件	Web 产生的影响	对 Web 影响
数据库管理系统 DBMS	一致的、易使用的图形用户界面；提供直接途径查询数据库；为数据、信息和知识提供一致的通信渠道；使用移动商务装置存取数据；内部网和外部网；Web 开发工具；新程序语言和系统；贯穿机构企业范围的系统可行性以提高数据的使用；使用数据库相关信息	一种管理电子商务的方式（交易需储存并据此行动）；数据库网络服务器；存储关于 Web 的数据以使用模型分析，确定其有效性和效率
模型库管理系统 MBMS	使用由 Java 程序和其他 Web 开发程序执行的模型和解决方法；由未经训练的经理使用模型因为它们易于使用；在 DSS 中使用 Web 人工智能工具建议模型和解决方案；访问模型相关信息	改进基础设施设计和更新；Web 基础设施问题的模型和解决方法；Web 消息路由绩效提升；评估硬件和软件的模型预测有效性
用户界面对话（UI）系统	Web 浏览器提供了柔性的、一致的和相似的 DSS 图形用户界面；使用关于用户面板的信息；实验性的用户界面通过 Web 测试和部署	初始图形用户界面和计算机鼠标有助于定义 Web 浏览器如何运作；语音识别和发生通过 Web 部署
知识管理系统 KBMS	访问人工智能方法；访问人工智能方法的信息；访问知识；Web 人工智能工具如 Java 程序或其他 Web 开发系统工具部署	人工智能方法易于管理 Web 设计问题和通信线路；专家系统诊断互联网中的问题和工作区的失败原因；专家系统诊断硬件问题并建议特定的修复；智能搜索引擎学习用户模式

第 2 章　指挥自动化系统中的辅助决策

2.1　指挥自动化与指挥自动化系统

2.1.1　基本概念

1. 指挥与控制

指挥是军队指挥员和指挥机关对所属部队的作战行动和其他军事活动实施指挥及组织领导而采取的一系列措施。控制是指挥的要素之一，其目的是为保证指挥命令得以正确地贯彻执行，并能不断地根据战场形势和环境因素对已定的决策作相应的调整。

信息战背景下，我们需要越来越认真地研究指挥与控制的关联。指挥是正向的引导，主要是对人而言；控制是反向的约束，主要是对物而言；两者是相辅相成、不可分割的整体。"作战重心前移"是信息战的一大特征，主要体现在：作战重心从打击移向控制，从控制移向指挥，从指挥移向情报，也就是从行动移向认知，从认知移向感知。具体地说，即是以物质和能量的对抗为主要形态的火力战演变为对武器的控制战，进而演变为认知的对抗——智战和心理战；作战重心再进一步前移，又更多地演变为以信号对抗和信息对抗形态为主的情报战，即电子战和网络战。

2. 指挥自动化及系统

《中国军事百科全书》将指挥自动化定义为：在军队指挥系统中，运用以电子计算机为核心的一系列自动化设备和软件系统，辅助指挥员自动或半自动地生成作战指挥决策，以实现对所属部队和战斗行动的快速和优化处理。

指挥自动化系统则是为指挥员提供作战辅助决策的（参谋）人员和硬/软件设备按一定的结构关系组成的有机整体，以实现军事情报（信息）的收集、传递、处理自动化。

《中国人民解放军军语》[49]对指挥自动化和指挥自动化系统的定义分别为：指挥自动化是指利用现代科学技术，对指挥所需信息的收集、存储、传递和处理实现自动化。指挥自动化系统是指建立在计算机技术、信息技术和系统工程方法基础之上的，对指挥所需信息的收集、存储、传递和处理具有自动化功能的系统，能把指挥、控制、通信、情报等有机地结合在一起，提高指挥效能。

指挥自动化系统不能代替指挥员指挥作战，但系统中的所有软件都应能体现指挥员（或指挥员群体）的意志、思想和风格，它的一切功能都是为指挥员了解情况、分析判断、指挥决策、使用部队、完成战斗（战役）的指挥任务服务的，它是指挥员各种器官（五官、大脑、神经等）的延伸。利用指挥自动化系统可大大拓展指挥员作战指挥的能力及提高指挥决策的效率，从而能最大限度地发挥部队的战斗力和作战效能。指挥自动化是一个渐进过程，是系统发展追求的目标。通常，人仍然是处于主导地位，离开人，系统就不可能正常发挥作用。

2.1.2 指挥自动化系统的演变

李德毅院士等人在《发展中的指挥自动化》[50]一书中对信息时代的指挥自动化理论、系统与技术、发展思想及外军的发展情况作了精细的论述。20 世纪 80 年代我军曾提出过作战指挥自动化、军队指挥自动化、指挥系统电子化、自动化指挥等术语，以后通过军事百科词条的编纂工作，逐渐统一为军队指挥自动化，简称指挥自动化。并在此概念下衍生出一系列术语，如指挥自动化部队、指挥自动化系统、指挥自动化技术等，指挥自动化系统是实现指挥自动化的实体或平台。指挥自动化等同于美军的 C^4ISR 及其发展方向，指挥自动化系统等同于 C^4ISR 系统及其发展方向，这在业内已经形成共识。

在过去，军事行动的作战计划一直是由参谋人员根据敌情、我情、战场环境而辅助制定的，只是在电子数字计算机出现之后，作战的辅助决策才可能（部分地）由机器自动完成。能够提供威胁度判断、火力任务分配的早期炮兵指挥系统是美国于 20 世纪 50 年代开发的 SAGE 半自动化防空系统。

在 20 世纪 50 年代，美军首先提出指挥与控制（Command & Control，C^2）的概念，它是指挥官在完成任务过程中对所属部队行使权力和下达指示的活动。C^2 这一名词的出现，是对第二次世界大战以来逐步形成的军队指挥控制系统的肯定。20 世纪 60 年代，在 C^2 的基础上增加了通信（Communication）内容，成为 C^3。其背景是随着远程武器的发展，特别是各种战略导弹和战略轰炸机的大量装备部队，指挥决策机关与作战行动执行单位之间可能彼此相隔数千公里甚至更远，单一的 C^2 系统已无法胜任现代化战争的指挥与控制任务，无法实时地进行大量情报信息的传输。C^3 的出现，表明在现代高技术战争中，指挥、控制与通信已经逐渐融合为一个整体，其中，指挥控制是目的，通信是达到目的必不可少的手段。1977 年以后，美国首次正式提出将 C^3 与情报（Intelligence）结合起来成为 C^3I。这种新提法把情报作为指挥自动化不可缺少的一个要素，显然，这是指挥自动化的又一个重大发展。电子、通信、计算、控制技术的飞跃发展，满足各种不同需求的、多种多样的自动化系统相继问世，部队中的技术装备也越来越多，如战略防空 C^3I

系统以及战术级的集团军、师、团、营……直到单兵 C^3I 系统等。

1983 年以后，美国武装部队通信电子协会（AFCEA）在 C^3 的基础上又增加了一个新的"C"（Computer），使之成为 C^4（指挥、控制、通信与计算机），强调了计算机在军队指挥控制系统中的核心地位和在信息处理、自动控制中的重要作用。但是，C^4 并不完全等于 C^2、C^3 或 C^3I。在以往的 C^2、C^3 或 C^3I 系统中，都是以通信为核心。虽然在所有的指挥控制系统中都毫无例外地使用计算机，但计算机只是处于从属的地位，它是代替手工作业进行指挥控制和情报分析的辅助工具。而 C^4 则更强调了在最新一代军队指挥控制系统中计算机所应有的核心地位与关键作用，它使指挥控制系统具有了前所未有的多种特殊功能，如自动化情报分析与综合、数据融合、方案制定与辅助决策等。于是，在 C^3I 的基础上便自然产生了 C^4I。C^4I 系统与指挥自动化系统的概念更加一致。

C^4I 系统的出现，确保了各种兵力、兵器之间在探测、情报、识别、跟踪、火控、指挥、攻击等方面信息的通畅，实现"总体力量结合"，使各种武器平台的作战效能成十倍甚至数十倍地提高，最终引发了武器装备的信息化和数字化，为"信息战"这一新的战争样式的产生提供了直接的物质基础。

从本质上讲，上述各术语代表的意思是相似的，指挥自动化离不开通信和情报，因为 C^2 内含有通信、情报要素。术语上的差别仅反映在细节上，是时代的印记。指挥自动化系统是现代先进的信息技术和军队指挥相结合的产物，它的概念内涵是随着时代的发展而发展的。

科索沃战争是典型的高技术"非对称战"，阿富汗战争是到目前为止人类历史上的"最精确之战"。而海湾战争则是宣告了由数字化部队进行的信息战争时代的到来，是具有划时代意义的信息战，是一种依托于大量先进技术装备的作战体系之间的对抗，其特点是分散配置、统一指挥、快速反应、机动作战、隐蔽突然、准确打击。为了保证这一目标的实现，一个把指挥、控制、通信、计算机、情报、监视（Surveillance）与侦察（Reconnaissance）有机地结合在一起，使指挥系统、作战系统和保障系统高度集成的 C^4ISR 系统被美军初步建立起来。它的一个重要功能就是按战区综合电子信息系统的需求和规范，建立各种武器平台综合控制系统，并在战区综合电子信息系统的统一管理与控制下，共同执行战斗任务。C^4ISR 系统的开发与运用和数字化战场的建立以及数字化部队的使用实际上是一致的。

我国于 1959 年开始研究半自动化防空系统，20 世纪 80 年代以后，军队指挥自动化系统建设得以迅速发展。军内外科研院所、部分高校及一些学术团体跟踪外军发展，对指挥自动化系统展开了一系列的研究，取得了丰硕的理论与应用成果[51,54,55]。21 世纪初颁发的《中国人民解放军指挥自动化条例》是我军指挥自动化理论研究成果的具体体现。

根据信息技术的新发展，近几年，军队指挥自动化系统又被称为综合电子信息系统或指挥信息系统，与西方的 C^4ISR 系统相对应。指挥自动化系统是现代化军队指挥系统的核心，或者说是军队决策（指挥）人员得以了解和掌握战场情况、指挥和控制所属参战单位执行作战任务的桥梁，从某种意义上说，C^4ISR 既是一种军事信息系统，也是一种武器（$C^4ISR+Kill$，C^4KISR）。C^4KISR 的要素及其结构模式、基本模式如图 2-1、图 2-2 所示。

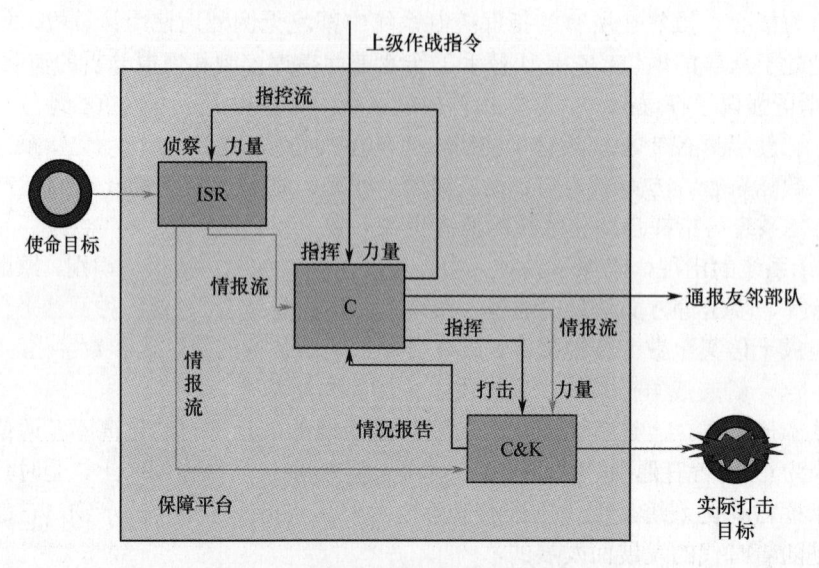

图 2-1 C^4KISR 的要素及其结构模式

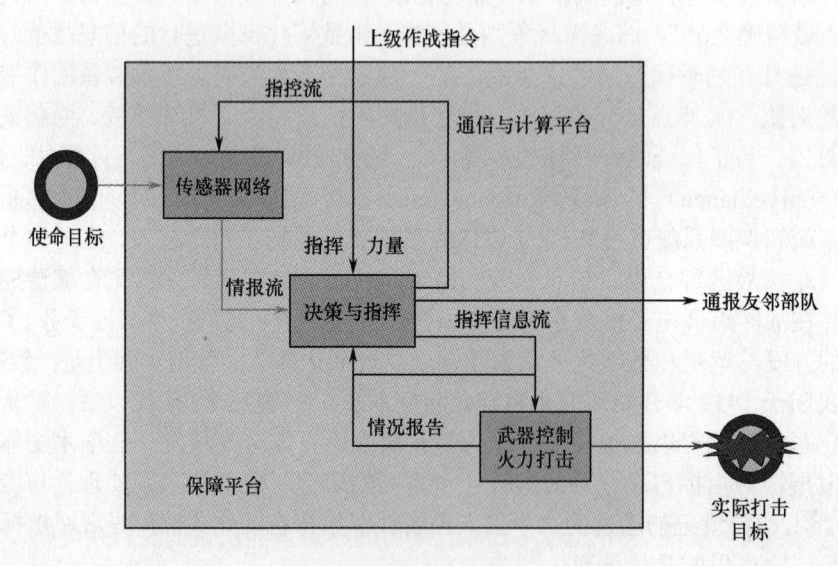

图 2-2 C^4KISR 的基本模式

目前，发达国家建设了不少战略级指挥自动化系统和战术级指挥自动化系统，并重视这些系统的实战应用和不断改进[50]。指挥自动化几乎受到了所有国家和军队的重视，其功能在不断完善，应用范围也在不断扩大，已成为军队战斗力的重要组成部分。

2.1.3 指挥自动化系统与"四域"

在信息化战争中，作战进程加快，"发现即摧毁"是其一大特征，主要体现在①认知的作用和信息优势的地位上升了；②一体化联合作战的意识加强了；③指挥自动化的杠杆作用突出了。由此特征已对态势感知与共享的实时性和准确性、计划制定与决策的快速性和智能性、指挥与控制的精确性和灵活性等提出了更高的要求。

1987年，美国空军上校博伊德（John Boyd）曾提出OODA循环模型，如图2-3所示，它是信息化战争的基本指控模型[56]。该模型系统地描述了信息系统在物理域、信息域、认知域、社会域的基本行为方式和周期循环过程，是研究信息化战争和信息系统综合集成的有效方法论基础。后他又根据军事技术的发展，对模型作了修正，如图2-4所示。文献[57]描述了四域的基本框架，并详细定义了多层面上的相互交互方式。

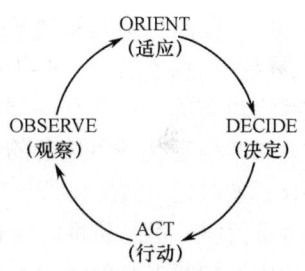

图 2-3 OODA 循环模型

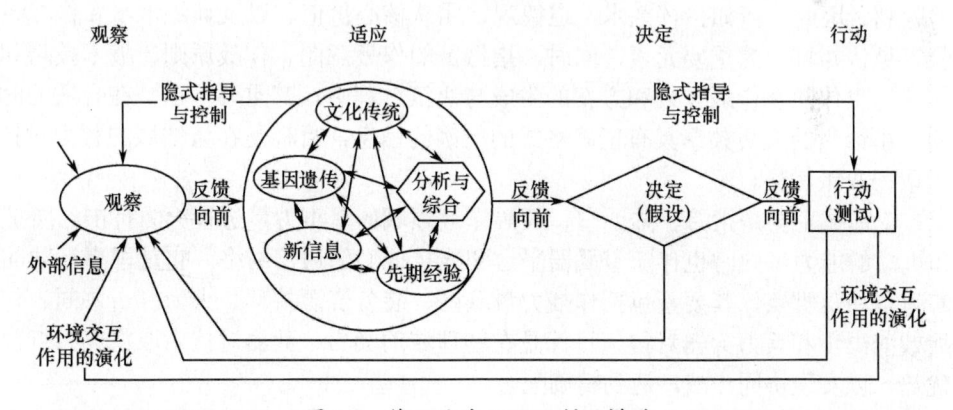

图 2-4 修正后的 OODA 循环模型

在指挥自动化系统中，信息域对应（态势）感知，认知域对应（指挥）决策，物理域对应（军事）行动（如火力打击），社会域对应存在于三域中的各类人员间的交互与协同，如图2-5所示，"四域"的内涵、本质和决策的过程相对应，每个域中均有辅助决策需求。

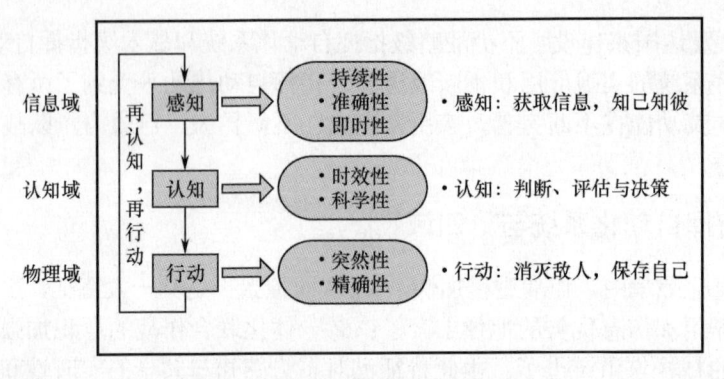

图 2-5 指挥自动化系统的"四域"

信息域主要是进行信息获取、传递、处理、存储与利用，是军队行动的信息产生、复制、增值和共享的领域，主要涉及战场态势统一、传送等问题，目标是确保在信息攻防中获取优势。其要素包括系统联网，信息共享、协同乃至同步，网络攻防等，主要有各类传感器和进行共享与获取传感器数据的处理器组成。信息时代信息化战争信息的特殊影响力客观要求作战指挥控制信息的一体化、主导化、实时化、实用化[58]。在信息战背景下，指挥自动化系统要突出地关注信息源、信息流程、信息质量、信息融合、信息分发、信息决策与信息优势等。

认知域主要包括了所有参与军队指挥的相关人员的思维、感知、预测、决策、适应、协调等智能性活动。很多战斗、战役乃至战争均是在认知域中取得关键性的胜利。因此，诸如指挥艺术、道德观、团队核心价值、以及训练水平和作战经验等是认知域中的重要元素，同时，指挥员的作战意图、作战原则、战术技巧和方法等也伴随在作战计划和方案的生成与决策过程中，其重要特征是在合适的时间、由恰当的人员共享具有正确格式的准确的信息，目标是在认知域的智力对抗中取得决策优势。

物理域主要是指海、陆、空、天等作战领域的军事力量进行火力打击、防护和机动的能力，同时也伴随着武器平台和连接他们的通信网络，它是军事行动的着眼点和落脚点。其要素包括作战力量联网、装备资源共享、火力打击协同、作战效能同步和兵力兵器对抗，目标是在物理域的兵力、兵器对抗中取得火力打击优势，以实现协同作战，达到精确配合。

社会域是人之间的交互、交换信息、共享感知和理解以及协同决策等活动存在的领域，是部队实体内部和它们之间进行一系列交互、交流的领域，可用个体、实践活动、社会结构和文化等关键要素来描述。目前，指挥自动化系统研究中对社会域的关注在逐渐增加。

在每个域中都有共享、协同和同步三个活动要件，它们通过社会域中的互动过程形成与其他三域的协作关系，如图 2-6 所示。

在信息化战争中，指挥关系没有改变，但网络和信息的使能作用，促进了上下级作战单元、同级作战单元、作战保障力量和火力打击力量等作战要素更有效地在信息域、认知域和物理域共享、协同乃至完全同步。

指挥控制过程中的信息从物理域和/或社会域中来，经过信息域、认知域（或通过感知直接进入认知域），再到物理域和/或社会域中，形成不同的战斗或战役指控活动。指挥员的决策和行动，直接或间接影响战场态势的发展，反过来改变了进入信息域和认知域的信息，循环往复。贯穿于战争过程中信息的任何中断、缺损、恶意修改，都可能改变战争的进程。也就是说指控过程是动态变化的，每个域中的所有元素和活动都与其他域中的元素和活动有关。

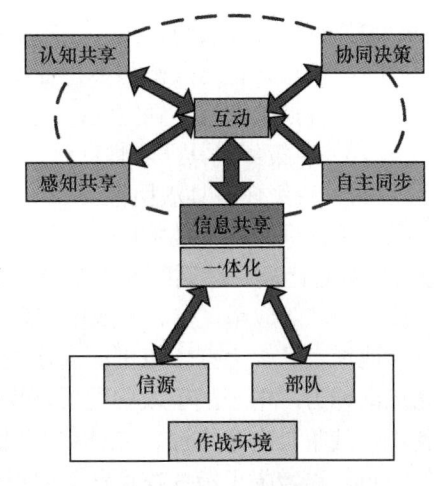

图 2-6 "四域"协作关系图

2.2 指挥自动化系统对辅助决策的需求

在指挥自动化系统中，决策问题始终贯穿其所有的运作过程和各个环节。随着决策问题的复杂性、不确定性的增强以及加入考虑人类思维的模糊性等，已有的决策方法已经不能完全满足求解要求，这就迫切需要有新的或者是改进的决策方法与工具来帮助人们解决新遇到的难题。

2.2.1 军队指挥决策问题

1. 军队指挥决策的特征

由于决策个体的知识结构、逻辑思维、能力等因素不同，决策的简单和复杂具有相对性。对同一决策问题，决策个体不同，对简单决策、复杂决策的认识也不同。军队指挥决策也是如此，主要具有如下特性：

（1）决策目的具对抗性；
（2）决策准则具层次性；
（3）敌我双方具相互制约性；
（4）强调指挥官的权威性；
（5）军事决策具敏捷性；
（6）指挥决策具艺术性；

(7) 可用资源具约束性；
(8) 信息具有局限性和不完备性；
(9) 决策条件具不确定性；
(10) 决策环境具严峻性；
(11) 决策任务具艰巨性。

由于先进的科学技术广泛应用于军事领域，现代作战条件还出现了很多新的变化，如远距离传感系统和卫星监视系统，极大增加了获取敌方纵深情报的能力；计算机的广泛应用，扩大了战场信息处理的规模；远程袭击兵器和精确制导武器，空前地增大了火力打击范围；高速战车和武装直升机的普遍装备，显著提高了战场机动能力；电子战手段的发展，使指挥协同和战场信息传输日益复杂。这一切使现代战争具有全纵深、立体化、快速多变、协同复杂、指挥困难以及伤亡巨大等特点，更增强了指挥决策任务的艰巨性。

军队指挥是指挥员或指挥机关对所属部队进行的组织、领导活动，其内涵是组织、领导和控制所属部队和武器装备，是实施决策方案的过程。军队指挥决策则是指军队指挥员根据敌我双方各方面情况的分析判断，对作战意图和行动策略做出决定（即定下决心）的过程。在作战指挥过程中，依据千变万化的战场态势，还需进行实时的决策。

军队指挥决策是作战行动的基础，正确的行动来源于正确的决策。军队指挥决策的任务是定下决心和制定实现决心的行动计划。定下决心的实质是确实作战准则和达到准则的行动及所需要的资源（兵力、兵器和时间）。在军队指挥活动中，定下决心是最重要、核心的活动，其他活动如制定作战计划，组织协同动作等指挥活动都依赖于正确的决心。

军队指挥决策往往需要制定多个可能作战方案，并由指挥员在多个可能作战方案中做出选择。它是指挥员的用脑行为、智力思维活动。指挥员的思维活动是一个复杂的过程，分为经验思维、心理思维、辨证思维、形象思维和灵感思维。想用一个或某些自动化系统完全代替人的思维来做决策，实现作战指挥决策的完全自动化，理论上是荒谬的，实践上注定要失败。也就是说，最终的作战指挥决策者必须是指挥员。

显然，军队指挥决策本质上讲是指挥员的决策，其具有明显的预测性、优选性和实战性。这种决策与决策者的利益和命运密切相关，风险和利益并存，决策者总是想使其做出的决策风险最小、效益最高。可见，存在于军队指挥系统中的决策，本质是人（指挥员）的决策。

2. 军队指挥决策的分类

军队指挥系统中的决策因作战层次、决策时机、决策地点、决策内容、决策环境、决策方式、决策性质、决策要求、决策者等不同，变得十分广泛而复杂。

为有效决策，依据不同的标准，结合军队指挥决策问题的性质、特点等，可对决策问题作以下分类，见表 2.1 所列。当然，理想的辅助决策系统应能对表中所有决策均能提供辅助功能。

表 2.1　军队指挥决策分类

序号	分 类 标 准	内　　容
1	军事决策问题的结构化程度	结构化、半结构化、非结构化决策
2	作战决策问题的层次	战略决策、战役决策、战术决策
3	决策对象	情报决策、作战决策、组织决策
4	作战目标数目	单目标决策、多目标决策
5	作战行动的环境	确定型、风险型、不确定型决策
6	作战性质	对抗性决策、非对抗性决策
7	作战业务	作战决策、联勤决策、政工决策、装备决策等
8	作战时机	战前决策、战时决策、战后决策
9	决策者数目	个体决策（单一首长）、群决策
10	指挥决策使用方法	定性决策、定量决策、定性定量综合决策
11	军事决策过程的连续性	单阶段决策、序贯决策
12	合理评价依据	理性决策、行为决策
13	指战员是否在环	在环决策、不在环决策
14	作战决策要求	最优决策、满意决策
15	指挥职权的集中程度	集成指挥决策、分散指挥决策
16	指挥员作用于指挥对象的层次	按级指挥决策、越级指挥决策
17	作战决策地点	同一工作平台的集中式、多个工作平台的分布式决策

现就表 2.1 中的两种主要决策分类进行说明。

1）按军事决策问题的结构化程度进行划分

结构化程度是指对某一军事决策问题的过程、环境和规律，能否用数学或逻辑学、形式或非形式、定量或定性等明确的语言，给予说明或描述的清晰程度或准确程度。据此可将军事决策分为结构化决策、非结构化决策和半结构化决策三类。

结构化决策是指某一军事决策问题可以明确界定，结构清晰，决策过程和方法有固定的规律可以遵循，能用确定的模型或语言描述其数量关系，并可依据一定的通用模型和决策规则实现其决策过程的基本自动化。结构化决策完全可以用计算机来代替。

非结构化决策问题是指某一军事决策问题复杂，决策过程和方法无固定规律可以遵循，无固定决策规则和通用模型可依，指战员的主观行为（学识、经验、直觉、判断力、洞察力、个人偏好和决策风格等）对各阶段的决策效果有相当影响，往往是指战员根据掌握的情况和数据临时做出决定，更无所谓最优解的决策。

半结构化决策问题是介于上述两者之间的一种情况，其决策过程和方法有一定规律可以遵循，问题的描述有不同程度的模糊，所涉及到的数据不完全确定或不完整，一般可适当建立模型，但决策准则因决策者的不同而不同，无法确定最优解，只能得到相对优化的解。

2）按决策对象进行划分

实质上是按决策对象所在"四域"的不同而进行的划分。

情报决策的基本任务是适时收集战场情报，优化配置情报力量，对采集的信息进行分析综合，去伪存真，去粗取精，做出情况判断结论，如进行目标识别、态势评估、威胁估计等。

组织决策的任务是根据预定目标和作战任务，对现有人员、武器、装备进行科学编组，使之发挥最大效用，如确定编制体制，人员配备、战斗编成，兵力剖分，优化配置情报、通信、筑城、航空等各种战斗实体和保障实体。

战斗决策的基本任务是根据上级意图、敌情及我情，考虑地形、气象等环境因素的影响，确定自己的行动目标，制定战备等级，明确主要作战方向，部署兵力兵器，确定作战模式，规定部队任务，组织协同保障等。

3. 军队指挥决策问题的一般模型

军队指挥过程中的各类决策问题，可统一表述为下列决策模型（DM1）[59]：

$$(DM1) \begin{cases} 求 x^* \in X 使得 \\ U(\cdot)=u[F(X,Y,Z,\Theta)] \\ 极大化 \end{cases}$$

式中：$U(\cdot)$为综合效用（效能），一维实变量；$F(\cdot)$为准则函数，m维实变量，即$F(\cdot)=[f_1(\cdot),\cdots,f_m(\cdot)]^T$；$u(\cdot)$为准则到效用的映射；$X$为备选方案集，即$X=\{x_1, x_2, \cdots, x_n\}$；$Y$为敌情要素集；$Z$为我情要素集；$\Theta$为环境状态变量集。依决策者对决策所需信息（$Y, Z, \Theta$）、备选方案$X$、准则函数$F(\cdot)$和决策规则$u(\cdot)$及它们之间关系的明确程度，可将由（DM1）表达的具体决策问题区分为结构化、半结构化和非结构化问题。

如决策者对决策所需信息（Y, Z, Θ）、备选方案X、准则函数$F(\cdot)$和决策规则$u(\cdot)$即所有决策要素的描述信息以及关系可用确定形式刻画，就称为简单模型（基本模型）。如任一决策要素的描述信息以及关系包含有复杂性，则称为复杂模型。

根据决策者掌握的决策信息不同，采用的模型也不同。考虑复杂性时，不能回避人的作用，人在决策过程中表现出的经验、技巧、偏好等都具有复杂性。即与人相关的、包含不确定性的决策要素信息关系都是复杂模型形成的根源，比如战争中主攻方向的判断等。

据此，可得如表 2.2 所列的决策问题结构化程度与决策问题模型的关系。

在军队指挥系统中，上述 3 类决策是共存甚至是互含的，并以半结构化问题出现的频率为最高。严格地说，在作战指挥中，除非是战略性决策问题，军队指挥员所面临的非结构化问题并不多见。这是因为在战役特别是战术级上所出现的决策问题，指挥员只有在不违背战术条例的前提下来发挥个人的主观能动性和聪明才智，而从战术条例中又总能对决策问题的某些方面明确化。如在一个部队单位拟对野战防御阵地之敌发起进攻的主攻方向决策中，军队指挥员确定突破口所依据的 3 个主要因素是符合上级意图、位置恰当和地形有利。尽管这 3 个因素是很难直接量化的上层概念，但却不是不能描述和识别的。因此，可以说，在战役特别是战术级上的作战指挥，指挥员们的工作主要是拟定可行方案、预测每种方案与单项准则及总目标的符合程度，定下决心。

表 2.2　决策问题结构化程度与模型

决策问题的结构化程度	决策问题模型
结构化问题	基本模型
半结构化问题	基本模型、复杂模型
非结构化问题	复杂模型

4．军队指挥决策问题的求解

解决军队指挥决策问题需经历的步骤如图 2-7 所示。

1）决策问题分析

与解决任何问题一样，决策问题分析的目的是为了详尽、透彻地理解所要解决的决策问题，即明确所要解决决策问题的类型、目标和影响目标的诸多因素、诸因素的特征和相互关系以及与决策目标之间的相互关系，为建立辅助决策模型创造条件。

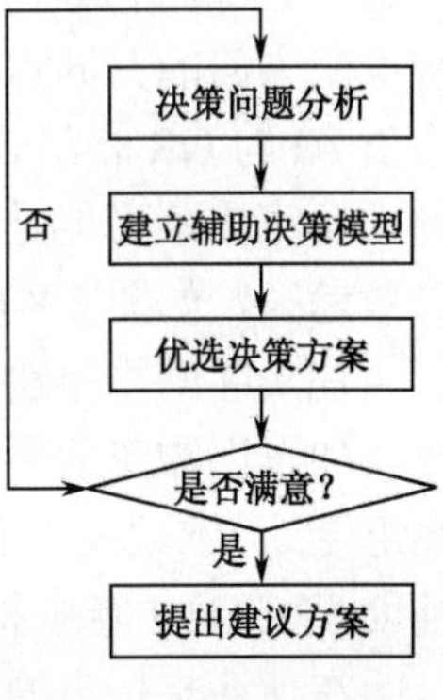

2）建立辅助决策模型

建立辅助决策模型是解决决策问题和建立辅助决策系统的关键。辅助决策模型视决策问题不同而不同。在第 3 章、第 4 章中将详细论述军事决策建模方法与求解技术。

图 2-7　决策步骤示意图

3）优选决策方案

依据决策者的偏好和经验，对备选的决策方案进行排序，然后从中选择一个综合意义（经济、时间、伤亡、效果、政治等）上的最满意方案。当然，什么方案都不选，也是一种决策。

5．关于军队指挥决策问题求解技术的讨论[60]

在求解方法上，如对敌搜索力的最优配置、火力的最优分配及后勤保障的运筹等决策，可近似为结构化问题，从而可采用传统运筹学（Operations Research, OR）技术求解，实用的方法有：线性规划、非线性规划、整数规划、网络计划技术（PERT、CPM 等）和排队论等。对如情报分析、目标识别和威胁估计、攻击（防御）样式确定、主攻（防御）方向和突破口（要点）的选择、兵力剖分、阵地布防等决策，需要决策者的大量经验、偏好和价值判断信息，均应看作半结构化决策问题，多属性决策（Multiple Attributes Decision Making，MADM）技术是解决该类问题的有效技术之一，实用的方法有：常规 MADM 方法、人机交互式定性定量相结合的决策方法、模糊 MADM 方法和随机 MADM 方法；解决该类问题的其他技术还有贝叶斯推理技术和序贯决策技术，它们提供了根据新信息修正或改进设定概率分布的方法，而军事决策人员又总是处理最新的信息，因此，它们对于论证新的情报信息如何影响对今后军事行动的预测是有用的。

对于非结构化问题，普遍公认的有效求解技术是人工智能（AI）技术。目前用于辅助决策的 AI 技术主要是专家系统或更广泛意义上的知识基系统，该系统是一组"智能"的计算机程序，它利用知识和推理步骤来求解通常依靠专家经验才能解决的问题。当然 AI 技术并不是求解非结构型决策问题的唯一方法，相反，在对该类问题的求解过程中，将 AI 与 OR 技术相结合，仍是值得关注和加强的方向。例如，文献[61]在对 OR 和 AI 这两门学科的发展历史作了简单回顾后得到：OR 通过应用领域的不断扩大而 AI 通过关心的范围不断缩小，使它们在共同关心的领域走到一起了；并进而通过对 AI 与 OR 在问题求解策略方面的共同点和不同点的分析和对比，指出 AI 与 OR 相结合，建立定性定量一体化问题求解策略，可能是满足更高决策支持要求的有效途径，如图 2-8 所示。

在实际的军事决策问题里，有一类决策问题（如军用物资的平车配载问题）将面临着方案组合的"维数灾"，自然智能的研究成果为该类问题的求解提供了有益的帮助（即辅助），在第 7 章中将通过一个案例来对此问题进行探讨。

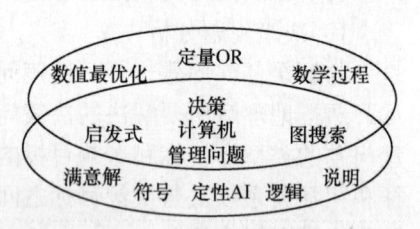

图 2-8　OR 和 AI 问题求解策略的结合

在此还想指出的是，在求解半结构化问题时，将 MADM 技术与 AI 技术相结合，也是值得着力研究的方向。现有各种 MADM 方法的共同信息基础是决策矩阵，即 N 个方案在 M 个属性（或准则）下的实现值或（定性）评定值。从理论上讲，如何获得该决策矩阵并不属于 MADM 技术所解决的范围。当决策问题较简单时，可通过分析和仿真技术来确定决策矩阵；对较复杂特别是存在无法施以常规分析和模型化的决策问题，确定或预测方案实现结果本身便是一个棘手的问题，显然，AI 技术特别是其中的专家系统（ES）是解决该类问题的有力工具。

2.2.2 指挥自动化系统辅助决策的内涵

军事信息是指挥决策活动必备的资源，是保证军事决策活动顺利进行的材料、条件和基础。随着先进的传感技术和数据融合系统在指挥控制系统中更深更广的应用，信息采集分系统（情报机构）能提供的有关战斗进展和战场状态数据的能力正在迅速提高。尽管信息处理分系统已能够把大量异常的数据变换和整理成有用的信息，但这些合成信息仍会多得使军事决策人员应接不暇；而且，当今现代化武器系统的管理任务也变得日益复杂，在这些情况下，决策人员想依据显现在他面前的各类信息来做出正确决策的能力将受到很大的限制。这些问题在运行指挥自动化系统的几乎所有环节上都会碰到。

很显然，指挥员要解决这样广泛而复杂的决策问题，必然需要得到某种程度的帮助（辅助），辅助决策技术便是提供这种帮助的有效途径。应该说，在军事系统中利用辅助决策技术帮助人们解决问题并不是一个新概念，然而，它却是各类指挥自动化系统建设过程中应重点解决的理论和技术问题之一。

在指挥自动化系统中，辅助决策是指参谋、参谋机构或军队指挥自动化系统帮助指挥员进行决策。古代战争是由谋士辅助决策；随着战争规模的扩大和复杂化，出现了由多种参谋人员组成的参谋机构，参谋们使用某些工具辅助决策；随着科学技术的发展，出现了多种用于辅助军队指挥决策的自动化系统，参谋们利用这些自动化系统辅助决策或指挥员利用这些自动化系统进行决策。

指挥自动化系统帮助指挥员决策，实际上是基于计算机和网络的信息系统在帮助决策，可简称为计算机辅助决策。计算机辅助决策是计算机帮助指挥员了解情况、判断情况、制定作战方案、拟定作战/管理计划和执行作战/管理计划、下定决心。计算机按照事先选定的对抗模型和作战原则，进行信息处理、传递和显示，帮助指挥员迅速估计和预测作战态势，制定相应的静态的、动态的作战方案，以保证作战顺利进行。这就要求计算机所处理的信息是实时的、准确的，所采用的决策方法是科学的。

计算机辅助决策，实质上是用计算机模拟指挥员（或参谋人员）的思维活动。然而，计算机永远不能完全代替人的思维活动，它只是进行数值运算和常规的逻辑推理，即便是人工智能系统也仅能模拟指挥员在特定问题情景下部分决策的思维过程。特别是对具有创造能力的思维活动，计算机是根本办不到的。因此，还必须在人的参与和交互情景下进行辅助决策。因为决策问题是广泛而复杂的，所以，计算机辅助决策的内涵随着科学技术的发展会越来越丰富，辅助参谋人员或指挥员的工作也会越来越多。

2.2.3 指挥自动化系统辅助决策的特点

如前所述，根据作战时间、规模和级别的不同，辅助决策分为战略级、战役级和战术级。当然，根据指挥对象的不同，又有单军（兵）种、多军（兵）种合成作战指挥等的辅助决策。然而，不管哪类辅助决策都应具有如下基本特点：

（1）有效性。有效性是指辅助决策的决策方案能得到指挥员的认可和采纳，在执行过程中能保证高效益、低风险地持续发展。这就要求辅助决策的备选方案不仅能被指挥员采纳，而且能向有利于或较有利于我方的态势方向发展。

（2）实时性。作战中，敌我双方的参战因素是瞬息万变的，战场态势不断变化，因此，军队指挥决策是一个实时性很强的动态过程，特别在战术级。如果不能及时地做出决策，就会贻误战机，甚至导致战败。因此，辅助决策必须具有较强的实时性，或称快速性。这就要求信息的获取、传递、处理和显示都必须快速进行。为了满足实时性要求，一般在建立和求解战场态势和辅助决策模型时，常采用满意的或简单的优化模型和求解方法，而避免采用复杂的优化模型和求解方法，同时要求计算机具有快速处理能力。

（3）多样性。多军兵种合成作战中，多军兵种各有自己的作战对象和目标，各有自己的一套作战原则和方式。因此，相应的辅助决策模型和使用方式必然多样化。联合和合成作战的辅助决策要求，又使多样化的决策模型相互交织在一起，表现为多目标要求。多目标之间有时相互冲突，因此，在决策模型建立和求解中存在巨大的复杂性。经常出现多领域优化模型的统一优化问题，它们的求解与具体战役战术要求联系在一起。

一般地，多军种联合作战的辅助决策主要属于战略、战役级；多兵种合成作战的辅助决策属于战役、战术级；单兵种作战及武器控制的辅助决策属于战术级。因此，解决辅助决策问题时，必须明确是哪一级的辅助决策，应解决哪些问题。

（4）灵活性。在战役、战术进程中，由于战场态势千变万化，造成辅助决策不可能套用固定的模式解决辅助决策问题。这就要求辅助决策模型的输入和输出参数要充分、辅助决策模型要灵活多变，能适应辅助决策各阶段的相互交织性，能够循环反馈。为了充分体现指挥员灵活多变的决心和意志，应具有良好的人—机交互辅助决策能力。

（5）不确定性。作战过程是一个诸多因素不完全确定的过程，作战因素随时间的变化具有偶然性。因此，辅助决策具有不确定性，其解也不具有唯一性。从某种意义上讲，指挥员的哪种决策都可能是可行的、有道理的、不违反作战目标、上级意图和作战原则的，决策的好坏取决于指挥员的指挥艺术。

（6）核心性。如同在战役战术进程中指挥员的决策指挥是主宰战场态势变化的核心行为一样，辅助决策系统在指挥自动化系统中也应处于核心地位。

2.3 指挥自动化系统辅助决策系统的概念

2.3.1 对军队辅助决策系统的两个描述性定义

对于军队辅助决策系统大致有以下两种定义方式。

一种是面向决策过程的,即将由军事分析/参谋人员和计算机硬、软件系统构成的,在军队指挥过程中能辅助指挥员做出正确决策的人—机系统称为军队辅助决策系统(记为 AS_1)。该定义是以决策活动的一般步骤为基础的,并将导致独立系统形态的出现。

在该定义下,各种军事数据处理系统、军事模拟系统、军事信息管理系统、军事决策支持系统、军事指挥专家系统等都属于军队辅助决策系统的范畴。辅助决策系统与军队指挥员相结合构成作战决策系统,作战决策系统进而与指挥自动化系统结合构成军队指挥系统。由此可得如图 2-9 所示的 AS_1 与指挥自动化系统的关系。

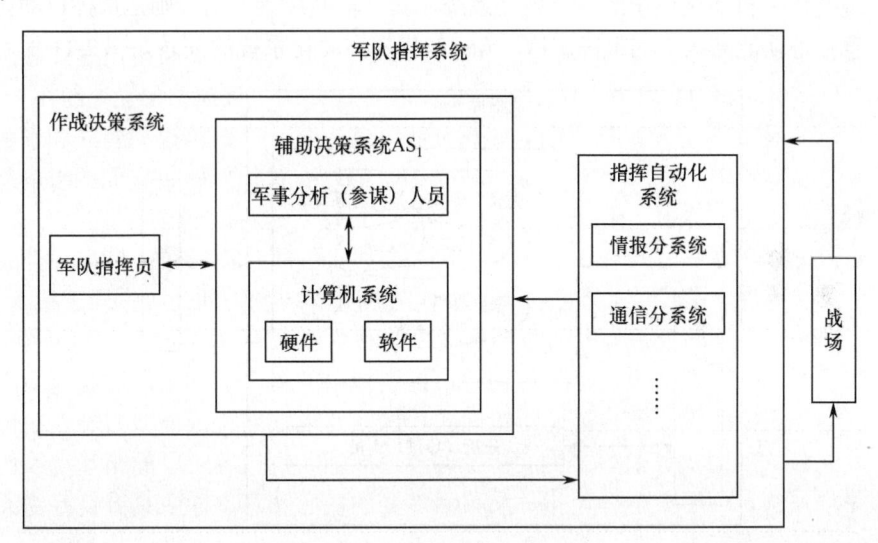

图 2-9 AS_1 与指挥自动化系统的关系

另一种是面向决策问题的,即辅助决策系统是对指挥员面临的决策问题能直接提供求解方法和策略支持的人—机系统(记为 AS_2)。该种定义所表述的内涵实际上可理解为 C^3I 系统中较高层次的信息处理功能。

指挥自动化系统中的信息处理功能不仅包含对原始数据的处理(称为一级处理),而且包含对一级处理结果的再处理(称为二级处理),还包含了问题求解和知识推理过程（称为三级处理），这三级之间的结构关系如图 2-10 所示。

对作战部队来说，其各级指挥机关（所）里参谋人员所从事的一般性工作如数据文件的建立（包括作战文书的拟制），数据的存储、分类、查询、检索、计算、统计、组织、筛选、传送及打印等属一级处理级；基于一级数据处理结果来对指挥和控制对象状态的可能发展趋势做出预测等工作则

图 2-10　信息处理的三级结构关系

是查询分析级的主要任务，严格地讲，在这两级（特别是一级处理）中需要指挥和参谋人员做出决策的成分较少且大多是结构化决策问题。而辅助决策级在实现方式及过程上与上述两级任务有着本质的区别，尽管它必须以前两级任务的执行结果为基础。辅助决策级的任务应是根据当前的状况和将要出现的趋势，向指挥人员提供有效即最佳的或令人满意的方案（决心案）；或者说，要对多因素、多变量、多准则（目标）、时间性强的动态过程进行处理，为指挥员提供多种备选（可行）方案和对这些方案的后果做出评估，以供指挥员选择。

由此分析可得，辅助决策系统 AS_2 并不是作战指挥系统的一个独立分系统，而是现有指挥自动化系统的一个内嵌系统，其"辅助决策"功能则是指挥自动化系统信息处理功能结构中的最高层次。AS_2 与指挥自动化系统的关系如图 2-11 所示。

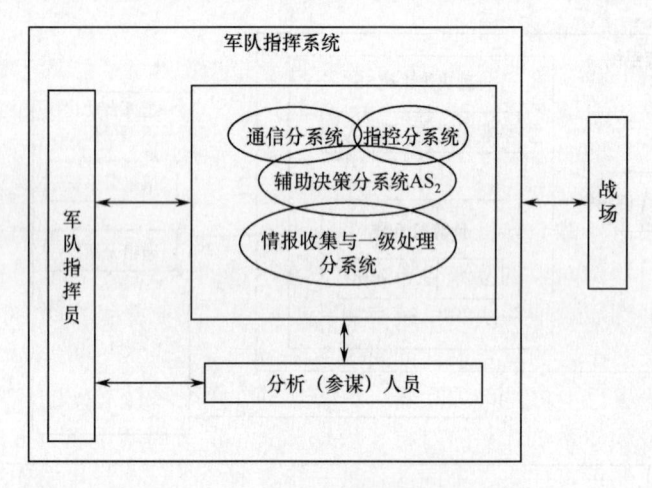

图 2-11　AS_2 与指挥自动化系统的关系

比较 AS_1 和 AS_2，可知在辅助决策系统的研究和开发过程中，以 AS_2 为概念基础是合适的。这种选择至少有以下两个优点。

（1）可充分利用指挥自动化系统中的信息资源，特别是可共享的"服务"资源，使辅助决策系统研究人员将注意力更多地注入到军事决策问题的求解方法和策略的探索上。

（2）可充分利用现有指挥自动化系统中的设备资源，使辅助决策系统开发人员将工作重点放在为更有效地辅助决策所需的基础平台及特殊装置（如模拟系统）的开发和设计上。而且，指挥自动化系统功能能及的地方均可开发或设计成能辅助指战员们进行决策的窗口，避免了当把辅助决策系统看成独立系统进行设计和开发时造成的与现有指挥自动化系统中可用设备资源的重复和浪费。这点对开发适合我国国情的指挥自动化系统来说特别重要。

据此分析和认识，本书将以 AS_2 为基础概念，论述相关的辅助决策系统技术。

2.3.2 军队辅助决策系统的任务及特点

1. 军队辅助决策系统的任务

作为指挥自动化系统的一部分，辅助决策系统的主要任务有：

（1）提供实时战场态势信息和非实时情况信息，为指挥员提供数据支持；

（2）提供战场态势要素、威胁要素、决策要素的分析、处理结果，为指挥员提供信息支持；

（3）为指挥员提供备选方案。

（4）基于人—机交互完成决策过程。

这 4 个任务实际上体现了辅助决策系统的 4 个等级。

2. 军队辅助决策系统的特点

作战决策不同于其他领域的决策，指挥者与指挥对象、指挥手段、上级、友邻、任务对象、现场态势、社会环境、自然环境、技术环境、指挥允许时间等之间产生复杂性，增加了指挥决策的难度。它具有敌我双方相互制约性、指挥官的权威性、对信息的分析判断、适时决策与跟踪决策、决策的多解性等特点。这些特点决定了军事决策尤其是作战决策的辅助系统在处理信息的能力、考虑决策者的参与、应对决策对象的复杂性、决策方案生成的时效性、决策过程的动态性等方面都比其他领域的辅助决策系统有更高的要求，需要更强的理论和技术支撑。

同时，未来作战环境要求辅助决策系统应具有适应态势的能力。信息化条件下的未来战争，已不再是单项兵器、单个兵种、单一系统之间的较量，而是多军兵种联合作战和体系与体系的对抗，信息量大、决策周期短成为指挥决策的基本特点。多样化的军事任务、不同的作战与指挥对象、越来越快的作战节奏、复杂变化的战场态势、海量的决策信息、动态的决策过程使得联合作战中军事决策的复杂性、困难性问题日益凸现。

因此，势必要求指挥自动化系统能够快速提供综合的作战决策支持功能，克服作战决策复杂性和困难性，提出适应态势且符合指挥员意图的决策，以辅助指挥员科学、及时地进行决策和指挥。

辅助决策技术在现有的指挥自动化系统中，为指挥员迅速估计和预测作战态势，制定相应的静态、动态作战方案，保证作战顺利进行做出了一定的贡献。针对未来复杂作战环境，新型的辅助决策系统的能力应该更加强大，辅助的深度和广度将得到进一步的扩展，提供开放式的模型管理和知识管理，可以适应瞬息万变的战场局势，在指挥员的直接参与下进行动态决策过程调整和再决策支持能力。

2.3.3 军队辅助决策系统的基本组成

辅助决策系统因其使用范围、使用目的及辅助决策任务等的不同而不同，但其组成却基本类似。主要有：

（1）情报融合分系统。情报融合分系统是辅助决策系统不可缺少的要素，它为辅助决策系统提供来自包括多平台多（类）传感器在内的多种收集手段获得的情报和情况信息，包括敌情、我情、天候气象、地形地理、战区社会政治经济等各类实时、非实时信息及融合判定信息（态势和威胁估计），其输出是辅助决策系统生成决策方案以及为指挥员定下决心的主要依据。

（2）数据库分系统。数据库分系统一般包括下列数据库：

① 静态数据库。静态数据库存储作战指挥决策所需要的各类静态情况信息，这些信息在一段时间内相对不变。如我军部队情况、作战原则、武器性能、战区兵要地质、地理信息、天候气象、社会政治经济情况、主要战例、敌军的有关情况等。这些信息对战前辅助决策是十分必要的，是战前辅助决策的原始信息。

② 动态数据库。动态数据库存储战场上收集到的各类随时间变化的动态情报信息，这些信息将影响预定作战计划和方案是否调整或者继续执行。

③ 专用数据库。专用数据库存储为各军（兵）种辅助决策所必须的各种专业战术技术数据。

（3）决策模型分系统。决策模型分系统是辅助决策系统的核心，其中包括结构化模型和某些半结构化模型。不能笼统地称为"模型库"，因为决策模型系统是为特定的辅助决策功能建立的具体模型，可以是一个程序（服务）系统。

（4）决策知识分系统。决策知识分系统可以提高辅助决策系统的智能化水平，其中主要存储辅助决策的非结构化知识。决策知识分系统也是从某特定的辅助决策功能出发，收集、存储该类决策所需要的各类启发性、经验性知识，建立相应的知识库，为决策推理提供依据。

（5）决策推理分系统。决策推理分系统指为解决非结构化决策问题所建立的模仿人的逻辑思维的推理系统，又称为推理机。它使用知识分系统、数据库分系统中的知识和数据，采用功能驱动或事实（证据）驱动方式工作。推理分系统一般须考虑不确定性推理，包括知识和事实的不确定性度量及其传播等。

（6）人—系统界面。人—系统界面（Man-System Interface，MSI）是任何辅助决策系统直接面对使用者的那一部分，自然是不可或缺的。它用来实现某种决信息的输入，指挥员对辅助决策过程进行体现其意志的干预以及对多个备选决策方案的选择和修改等。在非结构化决策中，须在人—系统界面上进行知识库、数据库的维护、修改和更新等操作。当前，多媒体技术已成为设计具个性化、可视化、全信息化MSI的主流技术。

2.3.4 军队辅助决策系统的软件结构

1. 军队辅助决策系统的程序结构

辅助决策系统的程序结构可以从作业结构和模块结构两方面描述。这里的作业是从功能角度来讲的，在计算机操作系统控制下，以多个进程形式出现，每个作业完成一类战术功能，占用一幅（或指定几幅）显示画面，操作人员通过操作系统对各作业进行前后台控制。模块是从程序实现的意义上讲的，是对作业的功能支持程序。当然，某一公用模块会对多类作业提供支持，一类作业又需要多个模块支持。由于不同辅助决策的功能要求不同，因此，无法具体描述程序模块的划分，这里仅给出辅助决策一般作业结构。战役、战术级辅助决策系统作业是依据战役战术要求划分的。而战役战术要求包括功能需求和作战指挥工作方式需求两部分。

由功能需求所产生的作业包括情报融合作业、DB（数据库）作业、MSI作业（包括图形图像及其显示处理）、决策模型作业、KB（知识库）作业、推理作业、通信传输作业等内容。由工作方式需求产生的作业包括战况记录作业、系统控制管理作业、实时决策作业、非实时决策作业、作战模拟作业、战况重演作业等内容。其中，战况记录作业包括实时决策作业的输入信息的记录和输出信息的记录。图2-12给出了一种辅助决策作业程序结构图。

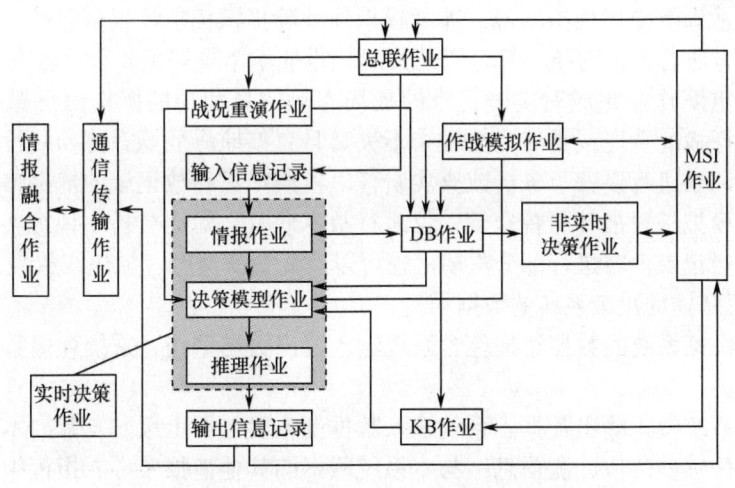

图2-12 辅助决策作业程序结构图

总联作业又称系统管理控制作业。其功能是在操作系统和共用系统软件（网络软件、MSI 驱动软件等）支持下，完成对辅助决策系统的管理和运行控制。包括输入输出信息管理，多工作方式下功能作业和模块的调度运行、各作业（模块）之间通信控制及接口管理以及内外存储器的分配等。在单用户操作系统中，总联作业基本上是由软件开发人员完成的，其工作量大，但透明性好，易于查找问题和程序调试。在多用户操作系统中，总联作业功能是由软件开发人员结合操作系统提供的功能共同完成的。虽然，工作量相对小些（工作量依赖于系统的复杂程度），但透明性差，不利于程序调试和查找问题。

实时决策作业是辅助决策系统的核心，有时又称为主作业。它实现实时辅助决策功能，其决策依据主要是实时输入的真实战场（实战或实兵演习）态势和指挥员的实时干预请求信息。实时决策作业的运行几乎涉及（调用）每一个功能作业。实时决策作业中所调用的功能作业和模块一般采用并行工作方式，以尽量减少时间延误，提高辅助决策的快速反应能力。实时决策作业一般是完成战役战斗进程中的辅助决策功能，如兵力的实时调整、协调方案、重大的战役战术武器的实时指挥控制等。非实时决策作业功能一般在战役准备阶段或战役初始阶段使用，其决策依据主要是静态数据库和已有的情报信息。其主要功能有：生成兵力布防（部置）预案、作战样式选择方案、多军兵种作战和训练业务管理、各类战役战术计算等。非实时决策作业一般由 MSI 上的干预功能请求驱动。非实时决策作业功能较多，一般取并行工作方式。

作战模拟作业主要是按模拟作战剧本的要求产生实时模拟信息，包括态势信息、功能要求信息等。对模拟作业可以进行控制，即可具有导演功能。模拟作业的目标有两个，一个是模拟演示和检验辅助决策的各项功能；一个是为指挥员的战役、战术训练提供模拟环境。作战模拟作业除提供模拟情报信息外，还需要模拟敌我双方进行模拟对抗计算，因此，对战役战术军事知识要求比较高。

战况重演作业完成对实时记录的战场态势信息和功能操作信息重新释放演示，以进行战况重现或重演。重现指不失真且完整地将战场态势和战役战斗进程展现出来，以进行讲评、分析或查实责任。重演指只释放记录的情报信息，供各级指挥员模拟战役战斗指挥决策，以进行战术研究、对比分析、训练实习等。根据需要可对记录内容进行部分重演，也可以改变重演速度（加快或放慢）。

2．军队辅助决策系统的数据结构

辅助决策系统的数据结构包含系统输入输出数据结构、系统存储数据结构两方面内容。

（1）系统输入输出数据。系统输入数据源主要包括上级、友邻；本系统所配置的各类传感器的侦、测信息；与本系统联网的其他情报中心、指挥中心和自动化系统；本系统所属指挥中心、各业务部门等内容。输入信息格式包括文字型文电、实时格式数据、动态或静态图像、图形或图形—文字数据等。

系统输出信息的内容包括对上级的态势分析和行动方案请示报告；对友邻的情况通报；对本级所属各兵种专业席和所属各部队的情况通报、行动方案下达；对所属各部队的指挥命令；对重大（主要）作战武器的直接指挥控制命令；本系统内决策方案的显示；本系统内非实时决策（包括管理类作业）方案的显示和打印等方面。输出信息格式包括如下诸类：文字型文电、实时格式数据、图形、表格输出显示和打印。

（2）系统存储数据。从当前信息技术发展水平和辅助决策系统的需求来看，系统应包含综合数据库，存储共享静态信息；情报数据库（包括态势图），存储动态信息；各军兵种专业数据库；地图库；地理信息库（GIDB）；文电库；决策方案数据库；系统状态（监控）数据库等。

由此，可描绘出辅助决策系统的数据结构如图 2-13 所示。

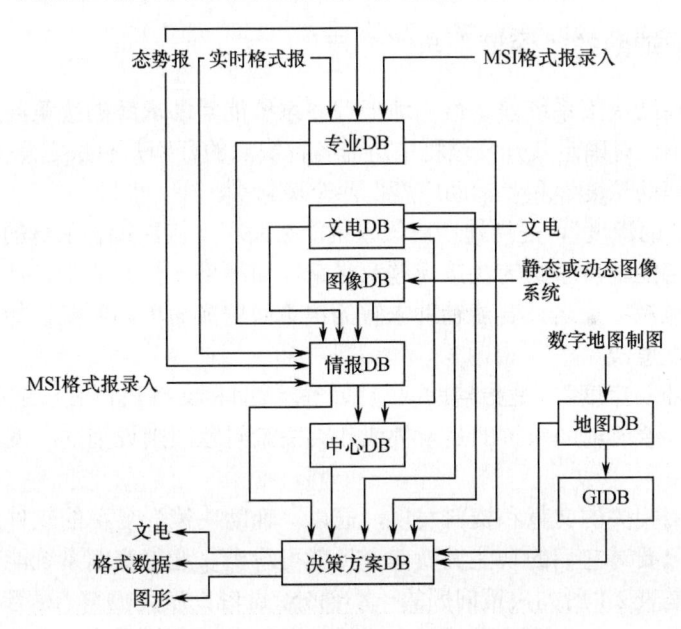

图 2-13　辅助决策系统数据结构

图 2-13 中只列出辅助决策系统中各数据库之间的支持关系与输入输出信息的关系，没有画出各数据本身的人—机交互维护操作。各数据库之间的支持关系不是数据在各库间的直接存取关系，而是指通过调用或人—机交互查询某些库的内容经功能作业处理后生成所支持的数据库的内容。比如生成决策方案 DB 中的决策方案，需调用或查阅 GIDB、地图 DB、情报 DB 等 7 个数据库的内容。图 2-13 中，文电 DB、图像 DB 对情报 DB 的支持是通过人工提取交互输入情报 DB 的。

情报 DB 经过时间推移和数据浓缩有些趋于稳定的数据,如敌我双方编制序列和武器数据,战区地形和社会经济情况等可以转进存入 DB,各专业数据库中某些对综合作战决策直接有影响的数据,也可以适时转进到综合 DB。

建立这些数据库应遵循如下原则:

(1) 数据库的选取要符合国军标或工程标准,以利于与其他系统互通。

(2) 分布式原则,由辅助决策系统的功能不难得知,数据库必须选用分布式,既可分布式查询,又可分布式修改和更新,以减少存储冗余,提高系统数据的一致性。

(3) 数据库编码的一致性,数据库的编码既要相互之间保持一致性,又要与互通的其他指挥控制系统的数据库编码保持一致。

(4) 安全保密性,数据库系统涉及国家重大军事机密,因此,其安全保密存取至关重要。在加密存储、查询和修改权限控制等方面务必做到安全保密。

2.3.5 关于辅助的"深度"与"广度"

在研制辅助决策系统前,恰当地把握该系统能辅助求解的决策问题的复杂程度和分布范围,对确定其开发过程中所需各种资源的开销是有决定意义的。为此,我们引入"辅助深度"和"辅助广度"两个概念[60]。

所谓"辅助深度",是指辅助决策系统能帮助和支持决策者求解的决策问题的复杂程度。若能辅助求解的决策问题愈复杂,如战略(役)决策、情报决策,则称辅助深度愈深;反之,若能辅助求解的决策问题愈简单、明确,如组织决策,则称辅助深度愈浅。

所谓"辅助广度",是指辅助决策系统能帮助和支持决策者求解的决策问题的分布范围。若能辅助求解的是一类或几类决策问题,则说辅助广度较宽;反之较窄。

通过查阅相关的文献和资料发现,冠以"辅助决策"名称的软件或应用系统林林总总。只要对它们的功能做简单分析就可看出,这些实例系统能辅助求解的决策问题仅是表 2.1 所列决策问题的一小部分,即辅助广度偏窄,尽管有的系统的辅助深度较深。目前仍有大量的军事决策问题及辅助决策系统需要我们去研究和开发。

同时,现状又提示我们要思考这样一个问题:在现阶段辅助决策系统的开发目标上,是以辅助解决单一决策问题(如阵地布防、防御重点选择)为主呢?还是应以辅助解决一类决策问题(如情报决策)为主?或者说,开发目标应定在由"辅助深度"和"辅助广度"构成的二维坐标系中的点上呢?还是线上或面上?显然,"点"上开发具有目标明确、设计相对简单、实现容易等特点,但由此却造成了大量的重复性开发和资源浪费,我们应对此有足够重视。

第3章 指挥自动化系统辅助决策基本模型及求解技术

建立辅助决策模型是解决辅助决策问题和构建辅助决策系统的关键。每一个基本模型都有其独特的适用范围，应正确、科学、严谨地慎用模型。

随着计算机技术的飞速发展以及智能计算技术的不断涌现，许多复杂决策问题已能通过计算机求解，但问题的关键在于如何在信息战的背景下提出更加丰富的军队指挥决策建模思想，建立问题的优化模型和设计现代优化算法。

3.1 指挥决策中的数学规划模型及求解技术

数学规划是军事运筹学的基本工具，是在一些数学等式或不等式约束条件下，求一个（或一组）函数极值的方法。它从数学方法论的观点出发，通过研究优化问题中各种因素之间的数学关系，构造模型并进行求解，保证所制定的军队作战行动计划在特定约束条件下使目标函数值达到最优，从而更有效地完成作战任务。

常见的数学规划有线性规划、非线性规划、多目标规划、目标规划、动态规划、组合规划、随机规划、模糊规划、粗糙规划、随机模糊规划等。它们在军队指挥辅助决策中均有不同程度的应用，能解决诸如武器调配、兵力部署、兵器（火力）动态择优分配、武器更新、后勤运输、指挥活动的网络分析、最优多梯次防卫、按不同类型武器分配资源等问题。

这里只简要介绍军队指挥中基于线性规划与动态规划的辅助决策基本模型及求解技术，其余参见相关文献如[62]等。

3.1.1 线性规划模型及求解技术

线性规划是规划论中起源较早、理论较为成熟、应用最广泛的分支之一。它具有适应性强、应用广泛、计算技术较简单等特点。

1947年，美国学者丹兹格（Dantzig）为解决空军分时分阶段的训练进度及后勤供应的规划问题，在《结构为线性型的规划》一文中首次提出"线性规划及其通用算法——单纯形法"，它奠定了线性规划的基本理论。此后，线性规划在理论上趋于成熟，在实际中的应用日益广泛。特别是在能用计算机来处理成千上万个约束条件和变量的大规模线性规划问题之后，其适用领域更加广泛。

线性规划方法被成功用来解决军队作战行动的组织指挥和后勤保障问题，譬如兵力的快速集中与疏散、兵力兵器的分配、武器弹药等物资的运输、武器系统的选择等问题。

作为优化领域最基本的工具之一，线性规划是在线性约束条件下，寻找线性函数的极值问题。一个线性规划问题的标准型可表示为

$$\max \quad Z = CX$$
$$s.t. \begin{cases} AX = B \\ X \geq 0 \end{cases}$$

式中：$C = (c_1, c_2, \cdots, c_n)$，$A = (a_{ij})_{m \times n}$，$B = (b_1, b_2, \cdots, b_m)^T$ 为已知系数，$X = (x_1, x_2, \cdots, x_n)^T$ 为决策变量。

若 X 满足 $AX = B$ 且 $X \geq 0$，则 X 称为线性规划的可行解。所有可行解构成的集合称为可行解集（可行域）。若 X^* 是可行解，且对所有的可行解 X，有 $CX \leq CX^*$ 成立，则 X^* 为最优解。

假设 S 是 n 维欧式空间的一个点集，若对于 S 中的任意两点 x_1, x_2，有 $\lambda x_1 + (1-\lambda)x_2 \in S$（$\lambda \in [0,1]$），则称集合 S 为凸集。若线性规划问题存在可行域，则其可行域 $D = \{X \mid AX = B, X \geq 0\}$ 是凸集。

若 $X \in S$，且 X 不能表示成 S 中其他任何两点的凸组合，则称 X 为凸集 S 的一个顶点（极点）。若可行域有界，则线性规划问题的目标函数值一定可在其可行域的有限的顶点上达到最优，这是单纯形法的理论基础。由丹兹格最先提出的单纯形法目前已成为相继发展的许多线性规划求解方法中较为实用、最为有效的算法。为了解决大规模的或特殊结构的线性规划问题，一些学者相继提出了一些改进的技术，如修正单纯形法、对偶单纯形法、原始对偶单纯形法、Wolfe-Dantzig 分解法以及 Karmarkar 内点算法。

因军队指挥决策实际问题需要，当所求得的解为整数问题时，称为整数规划问题。若所有的变量都限制为整数时，称为纯整数规划；若部分变量限制为整数时，称为混合整数规划问题；若变量取值仅限于 0 或 1 时，称为 0-1 规划，如指派问题等，它们均有对应的模型与求解技术，可见文献[62]。

3.1.2 动态规划模型及求解技术

动态规划是美国贝尔曼等学者在 20 世纪 50 年代根据一类多阶段决策问题的特点提出和发展起来的一种解决多阶段决策过程最优化问题的一种数学方法。它涉及的基本概念有阶段、状态、决策、策略、状态转移方程、指标函数和最优值

函数等。

策略是在多阶段决策问题中由一系列互相联系的各个阶段所确定的决策而构成的一个决策序列，并且决策随时间而变动。多阶段决策过程就是寻求使整体决策过程达到最优化的策略。贝尔曼提出了动态规划问题的最优性原理："作为整个过程的最优策略具有这样的性质：即无论过去的状态和决策如何，对前面的决策所形成的状态而言，余下的诸决策必须构成最优策略"，并于1957年出版了著作《动态规划》。由于它具有易于确定全局最优解；能得到一组解，有利于分析结果；能利用经验，提高求解的效率等优点，使得它在工程技术、企业管理、工农业生产及军队指挥等方面的辅助决策中起着重要作用。

由于实际问题不同，其动态规划模型也相应的有所差异。到目前为止，没有一个统一的标准模型可供应用。但将一个实际问题建成动态规划模型时，需满足以下关键点：

（1）实际问题须能够分成几个相互联系的决策阶段；

（2）在每个决策阶段都须有若干个与该阶段相关的状态，状态变量可数值化且具无后效性，识别每一阶段的状态是建立动态规划模型的关键内容；

（3）要有明确的指标函数 $V_{k,n}$，且阶段指标值 $d(s_k, u_k)$ 可计算，并能正确列出最优指标函数 $f_k(s_k)$ 的递推公式和边界条件。

由于动态规划方法有逆序和顺序求解技术，其关键在于根据实际问题的特点正确写出动态规划的递推关系式（逆推或顺推）。一般地说，当初始状态给定时，用逆推关系式；当终止状态给定时，用顺推关系式。

3.1.3 军事应用案例

例3.1 线性规划在武器调配运输上的应用。

假设在基地 A_1、A_2、$\cdots$、A_m 存放了数量分别为 a_1、a_2、$\cdots$、a_m 的同类武器，现有 B_1、B_2、$\cdots$、B_n 个作战地域需要数量分别为 b_1、b_2、$\cdots$、b_n 的该武器，且各基地存放的武器总数与各作战地域所需要的武器总数相等，即

$$\sum_{i=1}^{m} a_i = \sum_{j=1}^{n} b_j \tag{3.1}$$

并知道从任何基地向任何作战地域分配单个武器的代价是 C_{ij}。试给出代价最小的武器调配方案。

该武器调配问题的线性规划目标函数为

$$\min Z = \sum_{i=1}^{m} \sum_{j=1}^{n} C_{ij} X_{ij} \tag{3.2}$$

式中：X_{ij} 为从 A_i 基地向 B_j 作战地域调配武器的数量。

约束条件为

$$\sum_{j=1}^{m} X_{ij} = a_{ij} \quad \text{(A)}$$

$$\sum_{i=1}^{m} X_{ij} = b_{ij} \quad \text{(B)}$$

$$X_{ij} \geqslant 0 \quad \text{(C)}$$

式（A）表示已将基地 A_i 的武器全部调配完；式（B）表示所有作战地域均得到了所需的武器；式（C）表示调配到的武器数量不可能是负数。

这类问题是确定型辅助决策问题，模型看起来简单，但因其变量很多，组合起来的方案也就很多，要想从众多方案中选出满足式（3.2）的调配方案并不容易。

例 3.2 整数规划在火力分配中的应用。

以防空为例进行说明。假设空中有 m 批来袭目标，地面有 n 个防空火力单位，记火力单位为 $X_i, i=1,2,\cdots,n$，目标为 $T_j, j=1,2,\cdots,m$，目标 T_j 被火力单位 X_i 击毁的概率为 P_{ij}。则可以得到如下的信息矩阵：

$$\begin{array}{c} \\ X_1 \\ \vdots \\ X_i \\ \vdots \\ X_n \end{array} \begin{array}{cccccc} T_1 & T_2 & \cdots & T_j & \cdots & T_m \end{array} \\ \begin{bmatrix} P_{11} & P_{12} & \cdots & P_{1j} & \cdots & P_{1m} \\ \vdots & \vdots & \cdots & \vdots & \cdots & \vdots \\ P_{21} & P_{22} & \cdots & P_{2j} & \cdots & P_{2m} \\ \vdots & \vdots & \cdots & \vdots & \cdots & \vdots \\ P_{n1} & P_{n2} & \cdots & P_{nj} & \cdots & P_{nm} \end{bmatrix}$$

由于某一火力单位在一次分配中，拦截哪一批目标都是可能的，记第 i 个火力单位拦截第 j 批目标这一事件为 X_{ij}。又由于一次分配中，一个火力单位只能拦截某一批目标，因此 X_{ij} 只能取 0 或 1。如果要求一次作战中总的击毁概率最大，则有目标函数：

$$\max F = \sum_{i=1}^{n} \sum_{j=1}^{m} P_{ij} X_{ij} \tag{3.3}$$

约束条件为

$$\begin{cases} \sum_{j=1}^{m} X_{ij} = 1 & \text{表示一个火力单位只能截击一批目标；} \\ X_{ij} = 0 \text{ 或 } 1 & \text{布尔变量。} \end{cases}$$

显然，这是一个具有布尔约束的 0-1 整数规划问题。

这一例子仅简单说明了基于矩阵信息建立辅助决策模型的方法。实际解决火力单位分配问题时，还需要详细考虑影响击毁概率的诸多因素。如来袭目标对被防卫物的威胁大小、火力单位射击范围和目标的飞行高度等。

例 3.3 动态规划在火力分配中的应用[63]。

设有 m 个目标，目标价值（重要性或危害性等）各不相同，用数值 $A_K(K=1,2,\cdots,m)$ 表示，计划用 n 枚导弹突击。导弹击毁目标 K 的概率为 $P_K = 1 - e^{-a_K u_K}$，其中 a_K 为常数，取决于导弹精度、威力和目标性质；u_K 为向目标 K 发射的导弹数。问题：做出分配方案，使预期突击效果最大。

上述问题可表述为

$$\max V = \sum_{K=1}^{m} A_K (1 - e^{-a_K u_K})$$

约束条件为

$$\sum_{K=1}^{m} u_K = n \quad (u_K \text{为非负整数}) \tag{3.4}$$

这是一个非线性整数规划，目前一般只能用动态规划法求解。下面通过一个示例进行说明。

设目标数为 4 ($m=4$)，导弹数为 5 ($n=5$)，A_K，a_K 的取值情况见表 3.1 所列。

表 3.1 A_K，a_K 的取值情况

目标 K	1	2	3	4
A_K	8	7	6	3
a_K	0.2	0.3	0.5	0.9

将火力分配看作一个 4 阶段过程，各阶段的指标函数为

$$V_1(u_1) = 8(1 - e^{-0.2 u_1}) ; \quad V_2(u_2) = 7(1 - e^{-0.3 u_2}) ;$$
$$V_3(u_3) = 6(1 - e^{-0.5 u_3}) ; \quad V_4(u_4) = 3(1 - e^{-0.9 u_4}) 。$$

u_K 的可能取值范围为 $0 \leq u_K \leq 5$ 且为整数，将其函数值列入表 3.2 中。

表 3.2 函数值

u	$V_1(u_1)$	$V_2(u_2)$	$V_3(u_3)$	$V_4(u_4)$	u	$V_1(u_1)$	$V_2(u_2)$	$V_3(u_3)$	$V_4(u_4)$
0	0	0	0	0	3	3.61	4.15	4.66	2.81
1	1.45	1.81	2.36	1.79	4	4.41	4.89	5.19	2.93
2	2.64	3.16	3.79	2.51	5	5.06	5.44	5.51	2.97

动态规划的基本方程为

$$\begin{cases} f_K(x_K) = \max_{0 \leq u_K \leq 5} \{ V_K(u_K) + f_{K+1}(x_K - u_K) \}, \\ f_5(x_5) = 0. \end{cases}$$

$K = 4$

$$f_4(x_4) = V_4(u_4) = 3(1 - e^{-0.9 u_4}) ;$$

$K=3$

$$f_3(x_3) = \max_{0 \leq u_3 \leq 5} \{V_3(u_3) + f_4(x_3 - u_3)\} = \max_{0 \leq u_3 \leq 5} \{6(1-e^{-0.5u_3}) + f_4(x_3 - u_3)\};$$

$K=2$

$$f_2(x_2) = \max_{0 \leq u_2 \leq 5} \{V_2(u_2) + f_3(x_2 - u_2)\} = \max_{0 \leq u_2 \leq 5} \{7(1-e^{-0.3u_2}) + f_3(x_2 - u_2)\};$$

$K=1$

$$f_1(x_1) = \max_{0 \leq u_1 \leq 5} \{V_1(u_1) + f_2(x_1 - u_1)\} = \max_{0 \leq u_1 \leq 5} \{8(1-e^{-0.2u_1}) + f_2(x_1 - u_1)\};$$

将由此所得结果列入表 3.3 中。

表 3.3 结果表

x_3	$f_3(x_3)$	u_3^*	x_2	$f_2(x_2)$	u_2^*	x_3	$f_3(x_3)$	u_3^*	x_2	$f_2(x_2)$	u_2^*
0	0	0	0	0	0	3	5.58	2	3	5.96	1
1	2.36	1	1	2.36	0	4	6.45	3	4	7.39	1
2	4.15	1	2	4.17	1	5	7.17	3	5	8.47	2

$$f_1(5) = \max[0+8.74, 1.45+7.39, 2.64+5.96, 3.61+4.17, 4.41+2.36, 5.06+0]$$
$$= \max\{8.74, 8.84, 8.60, 7.78, 6.77, 5.06\} = 8.84,$$

从而得：

$$u_1^* = 1, \quad u_2^* = 1, \quad u_3^* = 2, \quad u_4^* = 1。$$

即：对目标 1 射击 1 发导弹，对目标 2 射击 1 发导弹，对目标 3 射击 2 发导弹，对目标 4 射击 1 发导弹，能取得最大的效果。

3.2 指挥决策中的对策论模型及求解技术

军队指挥决策问题往往带有显著的对抗性特征，因此对抗性决策的定量化方法研究具重要军事价值。经典对策论（博弈论）是一个十分重要的定量分析工具。在军事上，对策论可用于解决选择与敌对抗的武器种类、战术战法、电子对抗措施等问题[63]。

3.2.1 对策论基本模型及求解技术

对策论研究人与人之间的对抗，是为在互相冲突的局势中做出最优决策的运筹分支。对策论讨论的模型都带有矛盾、冲突、对抗以及谈判、妥协、合作等因素。许多对策现象虽然表现形式不同，却具有一些共同的、本质的东西，因而可利用特定的模型进行描述和刻画。

应用对策论对军事问题进行辅助决策，需建立有关作战行动的对策模型，以找出最优对抗策略。对策模型明确指出了作战双方可能采取的行动策略及在每一局势下的收益或得失。

1. 对策论基本概念

在对策论中，将诸如军事对抗、政治角逐、商业竞争、体育竞赛，甚至竞争性游戏等存在利益冲突的决策问题统称为对策，一个对策就是对现实世界中某个对抗局势的抽象，即现实对抗局势的数学模型。

对策论涉及的基本概念包括局中人、行动、信息、策略、结果、支付函数、均衡等。局中人是指参与对抗或竞争的个人或利益集团选择行动以最大化自己效用的决策主体。策略是指局中人可选择的行动策略。一个策略就是局中人在对策中的一套完整的行动方案。所有策略组成的集合称为策略集。支付函数是指所有局中人战略或行动的函数，是局中人从对抗中获得的效用水平。其余概念与理论可参阅文献[64]。

局中人、行动和结果统称为对策规则，对策分析的目的是使用对策规则决定均衡。

2. 对策类型

对策的种类很多，可依据不同标准进行分类。主要的对策模型分类如图 3-1 所示。

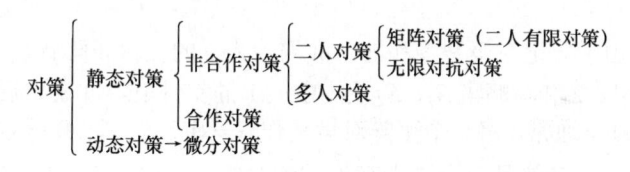

$$\text{对策}\begin{cases}\text{静态对策}\begin{cases}\text{非合作对策}\begin{cases}\text{二人对策}\begin{cases}\text{矩阵对策（二人有限对策）}\\\text{无限对抗对策}\end{cases}\\\text{多人对策}\end{cases}\\\text{合作对策}\end{cases}\\\text{动态对策}\rightarrow\text{微分对策}\end{cases}$$

图 3-1 对策模型分类

3. 二人有限零和对策模型

二人有限零和对策（矩阵对策）的特点：①对抗只有两方参与；②每方只有有限多个可选策略；③任一局势中，双方的胜利和失败均具有对称性，双方的支付之和为零。它是一种具更强对抗性的对策类型，因而适合于描述战役、战斗层次的战场对抗态势。

例 3.4 甲方由 200 架飞机组成的机群，可采用 3 种方案 A_1，A_2，A_3 去突破乙方防空体系，而乙方也可采用 3 种方案 B_1，B_2，B_3 抗击甲方的空袭，对双方每一个选定的策略组 (A_i, B_j)，表示甲方能突破乙方防御体系的飞机数的支付函数 f 有不同的值：

$f(A_1,B_1)=90, f(A_1,B_2)=40, f(A_1,B_3)=50$；
$f(A_2,B_1)=80, f(A_2,B_2)=90, f(A_2,B_3)=60$；
$f(A_3,B_1)=60, f(A_3,B_2)=70, f(A_3,B_3)=30$。

把支付函数值和与它对应的策略列成表3.4的形式。

表 3.4 支付函数值与策略对照表

支付函数值		乙方		
		B_1	B_2	B_3
甲方	A_1	90	40	50
	A_2	80	90	60
	A_3	60	70	30

支付矩阵就是由所有支付函数值按一定规则排列所构成的矩阵，也称为对策矩阵或博弈矩阵。支付矩阵的元素可明确地表示出双方用选定的策略进行对抗时的结果，其中正值表示己方的赢得数，负值表示己方的损失数。

4．矩阵对策

定义 3.1 设局中人 1 有 m 个纯策略 $\alpha_i(i=1,2,\cdots,m)$；局中人 2 有 n 个纯策略 $\beta_j(j=1,2,\cdots,n)$，则局中人 1，2 的策略集分别为 $S_1=\{\alpha_1,\alpha_2,\cdots,\alpha_m\}$，$S_2=\{\beta_1,\beta_2,\cdots,\beta_n\}$；若局中人 1 选择 α_i 策略，局中人 2 选择 β_j 策略后，就形成了一个纯局势 (α_i,β_j)。对任一纯局势 (α_i,β_j)，局中人 1 从局中人 2 得到的支付函数值为 $a_{ij}(i=1,2,\cdots,m; j=1,2,\cdots,n)$，则称 $A=(a_{ij})_{m\times n}=\begin{pmatrix} a_{11} & a_{12} & \cdots & a_{1n} \\ a_{21} & a_{22} & \cdots & a_{2n} \\ \vdots & \vdots & \vdots & \vdots \\ a_{m1} & a_{m2} & \cdots & a_{mn} \end{pmatrix}$ 为局中人 1 的支付矩阵。由于假定对策是零和的，故局中人 2 的支付矩阵就是 $-A$。

当局中人 1、2 和策略集 S_1、S_2 及局中人 1 的支付矩阵 A 确定后，一个矩阵对策模型就给定了。通常，将一个矩阵对策记作 $G=\{1,2;S_1,S_2;A\}$ 或 $G=\{S_1,S_2;A\}$。

可见，矩阵对策就是一个二人有限零和对策。任何二人有限零和对策一定可用矩阵的形式表出，任何形式的矩阵也唯一地确定了一个二人有限零和对策。在矩阵对策中给定支付矩阵是进行决策的必要条件。

如果一个对策问题已表示成矩阵形式，则该对策已化为标准型。其模型可以用表3.5更直观地表示出来。

矩阵对策是一种较简单的对策模型，在理论上较成熟，是其他对策问题求解的基础，也能较好地与战斗行动中遇到的实际情况相吻合，所以，矩阵对策的求解方法及其应用是对策论中的研究重点。

例 3.5 海战对策。设某次海战中，红方和蓝方各有3种作战方案可供选择，在双方各种方案组合的局势下，红方的战果如表3.6所列，此时就构成了矩阵对策。

矩阵对策可以分为两大类，一类是有鞍点的矩阵对策，另一类是无鞍点的矩阵对策。

表 3.5 矩阵对策模型

支付函数		乙方策略			
		B_1	B_2	⋯	B_n
甲方策略	A_1	a_{11}	a_{12}	⋯	a_{1n}
	A_2	a_{21}	a_{22}	⋮	a_{2n}
	⋮	⋮	⋮	⋮	⋮
	A_m	a_{m1}	a_{m2}	⋯	a_{mn}

表 3.6 海战对策

支付函数		蓝 方		
		方案1	方案2	方案3
红方	方案1	−3	1	−1
	方案2	3	2	4
	方案3	3	−1	−2

定义 3.2 设 $G=\{S_1,S_2,A\}$ 为矩阵对策。其中 $S_1=\{\alpha_1,\alpha_2,\cdots,\alpha_m\}$，$S_2=\{\beta_1,\beta_2,\cdots,\beta_n\}$，$A=(a_{ij})_{m\times n}=\begin{pmatrix} a_{11} & a_{12} & \cdots & a_{1n} \\ a_{21} & a_{22} & \cdots & a_{2n} \\ \vdots & \vdots & \vdots & \vdots \\ a_{m1} & a_{m2} & \cdots & a_{mn} \end{pmatrix}$，若等式 $\max\limits_{i}\min\limits_{j} a_{ij}=\min\limits_{j}\max\limits_{i} a_{ij}=a_{i^*j^*}$ 成立，记 $V_G=a_{i^*j^*}$，则称 V_G 为矩阵对策 G 的值（鞍点），称使等式成立的纯局势 (α_i^*,β_j^*) 为 G 在纯策略下的解，α_i^*、β_j^* 分别称为局中人 1、2 的最优纯策略。

定理 3.1 矩阵对策 $G=\{S_1,S_2;A\}$ 在纯策略意义下有解 ⇔ 存在纯局势 (α_i^*,β_j^*)，使得对一切 $i=1,2,\cdots,m;j=1,2,\cdots,n$，均有 $a_{ij^*}\leqslant a_{i^*j^*}\leqslant a_{i^*j}$ 成立。

定义 3.3 设有矩阵对策 $G=\{S_1,S_2;A\}$，其中 $S_1=\{\alpha_1,\alpha_2,\cdots,\alpha_m\}$，$S_2=\{\beta_1,\beta_2,\cdots,\beta_n\}$，$A=(a_{ij})_{m\times n}$，记：$S_1^*=\{x\in E^m\mid x_i\geqslant 0;i=1,2,\cdots,m;\sum\limits_{i=1}^{m}x_i=1\}$，$S_2^*=\{y\in E^n\mid y_j\geqslant 0;j=1,2,\cdots,n;\sum\limits_{j=1}^{n}y_j=1\}$，则 S_1^* 和 S_2^* 分别称为局中人 1、2 的混合策略集；$x\in S_1^*$ 和 $y\in S_2^*$ 分别称为局中人 1 和 2 的混合策略；对 $x\in S_1^*$ 和 $y\in S_2^*$，称 (x,y) 为一个混合局势，局中人 1 的支付函数记为

$$E(x,y)=x^{\mathrm{T}}Ax=\sum_i\sum_j a_{ij}x_iy_j,$$

记 $G^*=\{S_1^*,S_2^*;E\}$，称 G^* 为对策 G 的混合扩充。

定义 3.4 对于 $G^*=\{S_1^*,S_2^*;E\}$，若 $V_G=\max\limits_{x\in S_1^*}\min\limits_{y\in S_2^*} E(x,y)=\min\limits_{y\in S_2^*}\max\limits_{x\in S_1^*} E(x,y)$，称 V_G 为对策 G^* 的值，称使 $V_G=\max\limits_{x\in S_1^*}\min\limits_{y\in S_2^*} E(x,y)=\min\limits_{y\in S_2^*}\max\limits_{x\in S_1^*} E(x,y)$ 成立的混合局势 (x^*,y^*) 为 G 在混合策略意义下的解，x^*、y^* 分别称为局中人 1、2 的最优策略。

定理 3.2 矩阵对策 $G=\{S_1,S_2;A\}$ 在混合策略意义下有解 ⇔ $\exists x\in S_1^*,y\in S_2^*$，使对 $\forall x\in S_1^*$，$y\in S_2^*$，有 $E(x,y^*)\leqslant E(x^*,y^*)\leqslant E(x^*,y)$，也即 (x^*,y^*) 为函数 $E(x,y)$ 的鞍点。

一般矩阵对策在纯策略意义下的解往往是不存在的,但在混合策略意义下的解却总是存在。关于矩阵对策解的存在性及解的有关性质的讨论,请参见文献[64]。

3.2.2 指挥决策中的矩阵对策示例

对有鞍点矩阵对策可用最大最小值法解决。本节讨论无鞍点的矩阵对策在混合策略意义下求解矩阵对策的技术。

所谓2×2对策是指局中人1的支付矩阵为2×2阶的,即 $A = \begin{bmatrix} a_{11} & a_{12} \\ a_{21} & a_{22} \end{bmatrix}$,若 A 有鞍点,则很快可求出各局中人的最优纯策略;若 A 没有鞍点,则可证明各局中人最优混合策略中的 x_i^*, y_j^* 均大于零。

例 3.6[63] 设红方有两种防空武器:A_1——采用对付高空目标射击效率高的防空武器;A_2——采用对付低空目标射击效率高的防空武器。蓝方有两种行动策略:B_1——高空飞行;B_2——低空飞行。由毁伤概率所购成的支付矩阵如表3.7所列。问红、蓝双方各采用什么样的行动策略较为合适。

可以验证,这是一个没有鞍点的矩阵对策,因而没有纯策略意义下的解,任何一方不应采用单一的行动策略。下面求混合策略意义下的解。

(1) 代数法。由相关公式得:

$$x_1 = \frac{a_{22} - a_{21}}{(a_{11} + a_{22}) - (a_{12} + a_{21})} = \frac{0.6 - 0.2}{(0.4 + 0.6) - (0.2 + 0.2)} = \frac{0.4}{0.6} = \frac{2}{3}$$

$$x_2 = \frac{a_{11} - a_{12}}{(a_{11} + a_{22}) - (a_{12} + a_{21})} = \frac{0.4 - 0.2}{0.6} = \frac{1}{3}$$

$$y_1 = \frac{a_{22} - a_{12}}{(a_{11} + a_{22}) - (a_{12} + a_{21})} = \frac{0.6 - 0.2}{0.6} = \frac{2}{3}$$

$$y_2 = \frac{a_{11} - a_{21}}{(a_{11} + a_{22}) - (a_{12} + a_{21})} = \frac{0.4 - 0.2}{0.6} = \frac{1}{3}$$

$$V = \frac{a_{11} \times a_{22} - a_{12} \times a_{21}}{(a_{11} + a_{22}) - (a_{12} + a_{21})} = \frac{0.4 \times 0.6 - 0.2 \times 0.2}{0.6} = \frac{1}{3}$$

(2) 表上作业法。

也可以在支付矩阵表3.7上直接进行求解,结果如表3.8所列。

所以

$$x_1 = \frac{0.4}{0.4 + 0.2} = \frac{2}{3}, \quad x_2 = \frac{0.2}{0.4 + 0.2} = \frac{1}{3},$$

$$y_1 = \frac{0.4}{0.4+0.2} = \frac{2}{3}, \quad y_2 = \frac{0.2}{0.4+0.2} = \frac{1}{3}.$$

表 3.7 无鞍点矩阵对策

支付函数值		蓝方	
		B_1	B_2
红方	A_1	0.4	0.2
	A_2	0.2	0.6

表 3.8 无鞍点矩阵对策例

支付函数值			蓝方		
			y_1	y_2	
			B_1	B_2	
红方	x_1	A_1	0.4	0.2	0.4
	x_2	A_2	0.2	0.6	0.2
			0.4	0.2	

上面结果表明：红方应以 $\frac{2}{3}$ 和 $\frac{1}{3}$ 的概率随机地交替使用高空和低空两种防空兵器最为合适。蓝方就以 $\frac{2}{3}$ 和 $\frac{1}{3}$ 的概率随机地交替使用高空和低空两种方式飞行最为合适。

2×2 矩阵对策虽然简单，但它对理解对策问题中的概念有帮助。实际应用对策论的主要困难是所建立的作战对策模型相当复杂，对各预期的行动结果进行定量评定相当不易，稳妥、不冒险的原则在实际问题中难以做到。因而，对策的方法仅是军事行动中指挥员进行正确指挥的一种辅助手段，可作为指挥员定下决心的定量依据之一。

3.2.3 冲突分析

冲突分析是一种新型的对抗决策定量分析方法，是分析多人决策和解决多人竞争问题的有效工具之一。其主要特点是最大限度地利用信息，通过对许多难以定量描述的现实问题的逻辑分析，进行冲突事态的结果预测（事前分析）和过程分析（事后分析），帮助决策者科学周密地思考问题。目前，它已在社会、政治、军事、经济等不同领域得到应用。

应用冲突分析理论来研究军事决策问题，就是在定性研究的基础上，抽象成冲突分析模式，用形式化与定性研究相结合的方法，对决策问题展开讨论，这一方法将大大提高战略决策问题研究的质量[65]。

1. 冲突分析的要素及一般过程

冲突分析的要素是使现实冲突问题模型化、分析规范化所需的基本信息，也是对冲突事件原始资料处理的结果。一个冲突模型有局中人、选择或行动、结局、优先序或优先向量等要素所构成。

冲突分析的过程是一个动态的过程，其一般过程如图 3-2 所示。

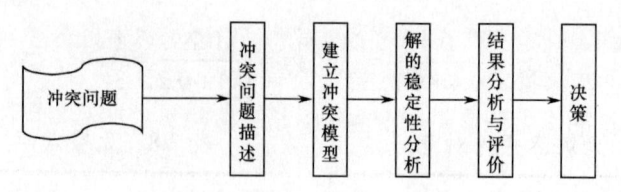

图 3-2 冲突分析过程示意图

2．冲突分析建模及求解技术

冲突分析建模是在初步信息处理之后，对冲突事态进行稳定性分析用的冲突分析或冲突分析要素间相互关系及其变化情况的模拟模型。建立的模型应具有动态性、阶段性、可变性等特征，一般用表格形式比较方便。

建立模型的方法步骤：①确定分析的时间点；②确定局中人；③确定局中人的选择；④删除不可行结果；⑤确定局中人的偏好变量。

在问题的冲突分析模型建立之后，对冲突的所有结果进行稳定性分析，它须考虑有关各方的优先选择和相互制约。如果一个局势对所有的局中人都稳定的话，这即为冲突分析的解。它是使冲突问题得以"圆满"解决的关键，其目的是求得冲突事态的平稳局势。稳定性分析的计算流程如图 3-3 所示[65]。

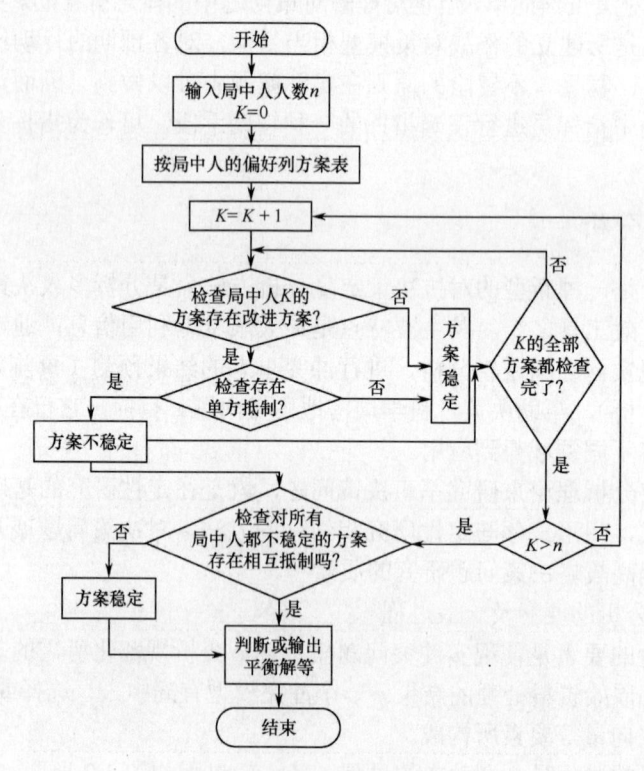

图 3-3 稳定性分析计算流程

根据解的稳定性定义[24]，每一个结局的稳定性可以在以下 3 种情况中确定：①理性稳定；②连续稳定；③不稳定。

在冲突对抗的军事环境中做出决策，与一般决策的环境与特征不同，要准确地预测到可能的结果，必须具备以下适用条件[66]：①构成冲突态势的局中人必须能独立地做出决策；②局中人必须具有主观能动性，不一定理智，但要有一定的偏好和有一定的规律可循；③局中人的偏好不一定具有传递性；④局中人可以相互制约。

现代冲突分析研究的发展趋势是研究在不完全信息、模糊环境或随机环境下且状态为动态的复杂系统冲突决策，即把风险性、可信性、鲁棒性、可靠性等因素融入到冲突分析理论与实践中。其研究方法除进行数学分析外，还使用数值分析、模拟仿真等方法来描述冲突态势，并建立起辅助系统等来帮助冲突分析。

3.3 指挥决策中的网络模型及求解技术

网络决策通过对系统的网络化描述，应用网络理论研究系统并寻求方案优化的方法。网络决策模型主要有两大类型，一类是沿时间展开的决策模型，研究工作进度、顺序、设备更新等问题的优化；另一类是沿空间展开的决策模型，研究路径、网络流（物流、能流、信息流）等问题的优化。网络决策在军事上的应用有作战指挥、训练演习、武器装备研制、后勤运输等军事活动的组织计划、管理控制等方面。

网络计划技术是沿时间展开的一种网络决策模型，研究的是如何用网络形式表示一项工程、一项任务中各工序之间的逻辑关系与时间关系，并作出合理优化。它的发展始于 20 世纪 50 年代，美国杜邦公司开发的 CPM（1956 年）和美国海军在 CPM 基础上开发的 PERT（1958 年）在北极星导弹、潜艇等大型工程中的成功运用，引起了世界的瞩目和重视。CPM 是一种以确定性的经验数据为基础来计算完成各项工作工时的方法，是一种肯定型网络技术。PERT 是一种根据 3 种估计时间来计算完成各项工作工时的方法，是一种非肯定型网络技术。现已有软件可实现计算机绘图、优化计算和资源平衡、项目进度控制等工作自动化。此外还有 GERT、VERT 等新的网络计划技术，这些方法都是建立在网络模型的基础上，故也称为网络计划技术。

20 世纪 60 年代初期，钱学森将网络计划技术引入我国，并在航天系统应用。著名数学家华罗庚在综合研究各类网络方法的基础上，将这些方法总结概括称为统筹法，并于 1965 年发表了《统筹方法平话及其补充》，为推广应用统筹法奠定了基础。

空间网络决策问题，主要包括最小支撑树、最短路径、最大流、最小费用最大流等问题。其中最短路径问题是一类典型的网络决策问题，其路径权重不限于物理上长度的概念，可以为时间、费用等；最大流问题是另一类典型问题，其目标是寻求一个网络上最大的可行流。空间网络决策问题有的可用线性规划或整数规划求解，但由于节点数与支路数是有限的，所以属于组合优化范畴。当节点数和支路数很少时，用枚举法就能解决，节点支路数多的时候，计算量会很大，需要利用一些试探方法，并利用计算机实现。

目前，这些方法被世界各国广泛应用于工业、农业、国防、科研等管理计划中，在缩短工期、节约人力、物力和财力，提高经济效益等方面发挥了重要作用。

3.3.1 统筹法

统筹法可作为对各种军事任务进行计划、指挥和管理的一种科学方法，其基本思想是统筹兼顾、合理安排。当统筹法应用于部队管理、训练、保障、演习、作战等军事行动时，也称其为军事统筹法[63]。

军事统筹法可对军事行动计划进行优化调整，也可利用定量分析中反馈的各种信息加强军事行动的指控，取得可能达到的最佳效果，缩短指挥周期，提升快速反应能力和指挥效能，以"倍增"战斗力。

军事统筹法主要是应用有向图来刻画计划编排的方法，其基础是统筹图。它用统筹图来表示某项军事行动计划中各项具体工作的先后顺序和逻辑关系，再通过定量计算，确定各项工作的时间参数，找出关键作业和路线；然后，以最优地完成整个计划为目标，对时间、资源和费用进行综合平衡，不断优化网络结构及参数，选择最优方案；最后，以此为根据组织、调整和控制计划进度，以达到预期目标。

国内外应用网络计划技术的实践表明，它具有一系列优点，特别是在复杂多变、规模庞大的军队指控体系中，能与计算机结合以收到更大的成效。它不受计划规模和复杂性的制约，较为直观、易于掌握，并具系统性、协调性、可控性、动态性、科学性等特性，故便于推广与普及。

3.3.2 统筹图的拟制

统筹图是用圆圈、箭头等图形或符号，把军事行动计划的各个环节和工作项目，按其内在联系以及指挥员的设想拟制成的网络图。它是统筹计划的表现形式，由作业、事项和路线三要素组成。

1. 统筹图的组成

1) 作业

（1）作业（又称工作、工序、活动）：指完成某一任务而进行的各项活动过程及其联系，可分为实作业和虚作业。

（2）实作业：指需要一定人力、物力，并消耗一定时间的实践活动。如行军、炮兵准备或行军途中的休息、宿营等。在统筹图中，用箭线"——▶"表示，箭线上方标注作业名称（或代号），下方标注作业需要的时间。

（3）虚作业：是一项虚设的活动，不是具体的实践活动，仅用来表明一项作业与另一项作业间的逻辑关系或内在联系。如各连组织现地侦查与组织开进两项工作时间的制约关系。在统筹图中用虚箭线"------▶"表示，所需时间为零。

（4）紧前作业：是指紧排在本作业之前的作业，且仅当该作业开始并完成后，才能开始本作业。紧后作业：是指紧排在本作业之后的作业，且本作业开始并完成后，才能做的作业。

2）事项（节点、事件）

表示某项作业开始或结束的时刻，在统筹图中用圆圈表示。事项本身既不消耗资源也没有持续时间，其逻辑意义为既是前一项作业的结束，又是后一项作业的开始，即当所有进入某一节点的作业全部完成时，从该节点引出的各项工作才能开始。有了事项和作业，就可以按照作业的先后次序绘制统筹图。

3）路线

路线是指作业的连贯流程，即从最初节点顺箭头方向连续不断地到达终点的一条通路。路线反映了作业之间的逻辑顺序关系。路线可以通过虚作业。路线的长度就是通过路线上各项作业长度之和。

从网络图可以计算出各路线所需时间。其中持续时间最长的路线称为关键路线，其持续时间决定整个计划的总时间。

2．统筹图的拟制原则

拟制统筹图是统筹计划的基础。为正确地用统筹图的符号表达计划内各项工作间的内在联系或逻辑关系，需遵循如下规则：

（1）表达作业的箭线应尽量指向右方，不许出现回路和缺口；

（2）任何两相邻节点间只能有一条箭线，只表示一项作业，否则将造成逻辑上的混乱；

（3）一个节点只能有一个编号且不能重复，节点编号顺序应随箭线方向增大；

（4）一般地，一张完整的统筹图要求只有一个最初节点和一个最终节点；

（5）统筹图中的虚作业应尽量少。

其基本画法是拟制统筹图的基础，主要包括作业画法和规定画法。从接受任务到拟制出该任务的统筹图大致需要5步：调查研究、列出清单、绘制草图、调整草图、检查定稿。

如果草图已做到符合上级意图、正确地反映了指挥员的决心计划、无逻辑错误和构图错误、已标绘出关键路线即可定稿使用。

根据实际需要，统筹图可分为总计划网络图、分级计划网络图、局部计划网络图等，可以用计算机进行计划网络图的分解和合并，以便显示不同粗细程度的网络计划。

3．统筹图的时间参数计算

统筹图上的时间参数计算方法有多种，典型的双代号网络计划有工作计算法和节点计算法；单代号网络计划有节点计算法。

在确定型网络中，关键路线是指路线中工作总持续时间最长的线路，在路线上无机动时间，工作总时差为零。在非确定型网络中，关键路线是估计工期完成可能性最小的线路。

详细计算方法可参见文献[62][63]。

3.3.3 统筹图的优化

绘制统筹图，计算出时间参数和确定关键路线，只得到一个初始计划方案。然后根据上级要求和实际资源的配置，需要对初始方案进行必要的调整和完善，即进行统筹图的优化。目标是科学地安排工作流程、合理分配资源、缩短任务期限、降低费用等。

统筹法研究的问题不同（如作战指挥、训练、演习、后勤保障等），各问题预期的目的不同，实现优化的要求和方法也不同。通常有时间优化、资源优化和流程优化等。

3.3.4 网络优化决策的军事应用示例

例 3.7[63] 某团根据组织战斗的工作计划方案拟制出原始统筹图，如图 3-4 所示。完成组织战斗的时间为 240min，现上级要求 210min 完成。问：如何进行优化以完成任务。

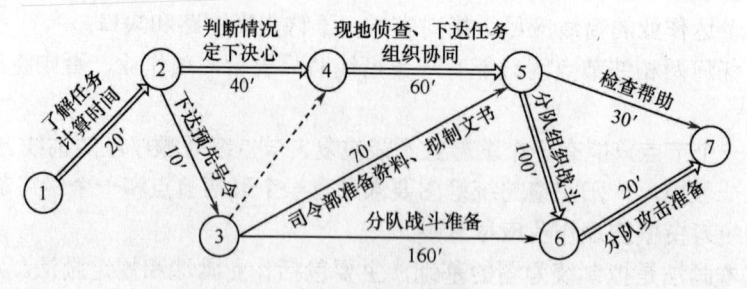

图 3-4 原统筹图

首先分析关键路线上的工作，看有哪些工作可以进行平行作业。

（1）工作（1，2）"了解任务、计算时间（20min）"，可分成"了解任务（10min）"和"计算时间（10min）"；

（2）工作（4，5）"现地侦察、下达任务、组织协同（60min）"，可由团长和副团长分别在主攻、助攻两个方向同时进行，时间变为"主攻（40min）"，"助攻（30min）"；

上述两项共节约时间30min，时间由240min缩减为210min。符合上级要求，如图3-5所示。

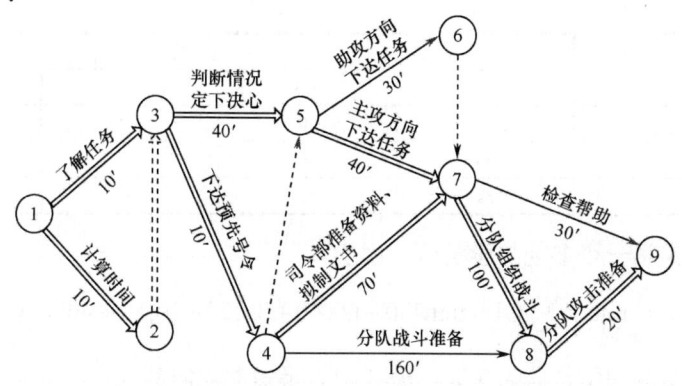

图 3-5 统筹图调整

如对图3-5继续调整，还可缩短总的完成时间，继续分析如下：

（3）工作（7，8）"分队组织战斗"，各分队采用分组进行的方法，时间变为"主攻方向（70min）"、"助攻方向（50min）"；

（4）工作（4，8）"分队战斗准备"，可分为3项工作、两步进行。第一步"战斗动员（20分）"、第二步"组织准备（30min）和物资准备（110min）"同时进行。

通过调整，使总完成时间又缩短了60min，计划得到进一步优化，如图3-6所示。

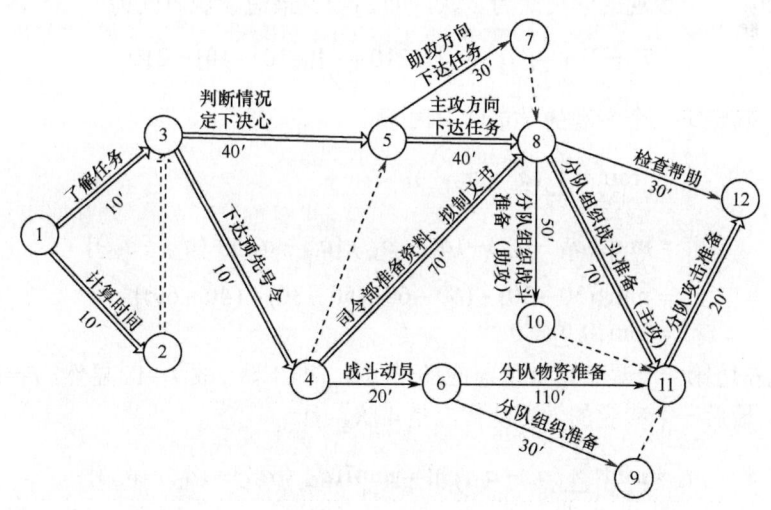

图 3-6 进一步优化的结果

例 3.8[63] 某军事院校组织 4 个学员队分别参观 A、B、C 新武器展览馆,各队参观各馆所需时间见表 3.9 所列。由于场地的限制,每馆每次只能容纳一个队,并要求按 A、B、C 这 3 个馆的顺序进行参观。问:如何安排这 4 个队的参观顺序,使参观的总时间最少且各学员队在参观期间没有中断现象。

表 3.9 各队参观各馆所需时间

展览馆 \ 时间	参 观 队			
	1 队	2 队	3 队	4 队
A	30	40	20	50
B	60	30	10	40
C	30	60	70	20

(1) 确定第一个参观的学员队。由于

$$t_1 = \min_{j=1,2,3,4}\{\sum_{i=1}^{2} a_{ij}\} = \min\{30+60, 40+30, 20+10, 50+40\} = 30$$

所以第一个参观的学员队为 3 队,即 $J_1=3$。最短参观时间为

$$T_1 = t_1 + \sum_{j=1}^{4} a_{3j} = 30+30+60+70+20 = 210$$

(2) 确定第二个参观的学员队。由于

$$t_2 = \min_{\substack{j=1,2,3,4 \\ j \neq j_1=3}}\{\sum_{i=1}^{2}(a_{ij} - a_{i+j_1})\} = \min_{\substack{j=1,2,3,4 \\ j \neq j_1=3}}\{\sum_{i=1}^{2}(a_{ij} - a_{i+1,3})\}$$

$$= \min_{j=1,2,4}\{(a_{1j} - a_{23}) + (a_{2j} - a_{33})\} = \min\{10, -10, 10\} = -10$$

从而得知第二个参观的学员队为 2 队,即 $J_2=2$。最短参观时间为

$$T_2 = T_1 + \frac{1}{2}[|t_2| + t_2] = 210 + \frac{1}{2}[|-10| - 10] = 210$$

(3) 确定第三个参观的学员队。由于

$$t_3 = \min_{\substack{j=1,2,3,4 \\ j_2 \neq 2,3}}\{\sum_{i=1}^{2}(a_{ij} - a_{i+1 j_2})\}$$

$$= \min_{j=1,4}\{(a_{11} - a_{22}) + (a_{21} - a_{32}), (a_{14} - a_{22}) + (a_{24} - a_{32})\}$$

$$= \min\{(30-30)+(60-60), (50-30)+(40-60)\}$$

$$= \min\{0, 0\} = 0$$

此时,选左边第一个最小值 0 所对应的学员队,即 1 队,故 $J_3=1$。显然,$T_3=T_2=210$。

(4) 最后一个参观的学员队肯定是 4 队,且

$$t_4 = \min_{j=4}\{\sum_{i=1}^{2}(a_{ij} - a_{i+1 j_3})\} = \min_{j=4}\{(a_{14} - a_{21}) + (a_{24} - a_{31})\}$$

$$= 50 - 60 + 40 - 30 = 0$$

从而 $T_4=T_3=210$。

故最优排序为 3 队→2 队→1 队→4 队。各学员队的最短参观时间都是 210 分钟。

采用最短操作时间规则方法具有概念明确、应用简便和便于编制计算机程序等特点，是目前应用较广的一种流程调优法。

无论哪一种形式的优化都遵循同一原则：向关键路线要时间，从非关键路线挖潜力。

由于计算机在军事指挥中的广泛应用，特别是军队指挥自动化系统的快速发展，使军事上的大部分计划与指挥任务都可用统筹法来完成。经过实践检验的传统方法与统筹法的结合使用可取得更大的效果。

在军事决策方案的筹划中应用统筹法是指挥决策科学化方面的飞跃，也是行之有效的辅助指挥方法和手段。它已成为军队指挥中一系列过程自动化的基础，为提高军队的快速反应能力和指挥决策水平发挥了重要作用。

3.4 指挥决策中的排队模型及求解技术

排队论是研究关于公用服务系统的排队和拥挤现象的随机特征和规律的理论。它通过对服务过程进行定量分析，计算各种数量指标，以使服务系统效率最优化（静态最优、动态最优），已被成功地应用于交通运输、电信、计算机、公用服务业、军队指挥和管理等方面。

在指挥系统中，排队论可应用于估计各种武器及指挥、通信系统的效率；分析各类军事后勤保障部门的组织机构效能和导弹、航空兵、炮兵等的作战效能；C^3I 系统的运行管理；以最优方式组织武器装备的维修供应及伤员救护等方面，是科学组织、合理安排各项军事行动的科学方法，是提高军队指挥决策能力的基本技术。

3.4.1 军队指挥决策中的排队问题

在军队作战行动中，经常会遇到影响战斗过程的"拥挤或等待"现象。比如在某前沿阵地，某连队有 6 门火炮，而空中敌机多，防空射击时产生"等待"现象，此时如何安排射击才能使作战效能达到最大；在某防御阵地，由于反坦克武器数量不足，导致了某些装甲目标排队"等待"射击的现象，若等待时间过长，将对战斗产生不利的影响；在某修理所，由于损坏武器数量超出修理所的能力，部分武器必须排队等待修理，若等待时间过长，将影响部队的战斗力等问题，这些都是军队行动和指挥中经常遇到的问题。

一般地，一个服务（排队）系统由顾客、服务机构、队列、服务规则等几部分构成，其基本运行流程可由图 3-7 表示。由此出发，军队指挥与行动中常见的排队问题见表 3.10 所列。

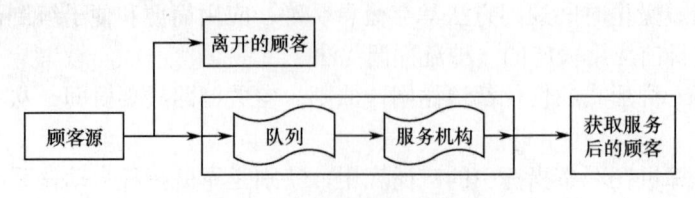

图 3-7　服务系统的运行流程

表 3.10　军队行动中常见的排队问题

到达顾客	服务内容	服务机构	到达顾客	服务内容	服务机构
进入敌机	射击	高炮群	敌方目标	侦察与监视	侦察与监视的资源与工具
返航机群	降落	跑道	情报	分析与处理	计算机、情报分析员
损坏武器	修理	修理所（机构）	伤病员	治疗	医生、各种器械
敌坦克	摧毁	反坦克兵器	部队装备	过河	船、桥

3.4.2　服务系统的决策变量

决定一个服务系统运行效率的指标变量有：顾客到达服务系统的平均速率 λ 和规律，服务机构的平均服务率 μ 和规律以及服务通道的数目。

输入过程是一种特殊的随机过程，最常见最重要的输入过程是泊松输入过程，其次还有定长输入过程和爱尔朗输入过程。

对于同时具有平稳性、无后效性和普通性的泊松流，数学上已证明，在时刻 t，系统有 n 个顾客到达的概率服从泊松分布：

$$P_n(t) = \frac{(\lambda t)^n}{n!} e^{-\lambda t}, t > 0, n = 0, 1, 2, \cdots$$

其数学期望为 $\mu = \lambda t$，均方差为 $\sigma = \lambda t$。

对一顾客的服务时间常假设服从负指数分布，其分布函数和密度函数分别是：

$$F_v(t) = 1 - e^{-\mu t}, \quad f_v(t) = \mu e^{-\mu t}$$

3.4.3　排队问题的决策模型及求解技术

为使用上的方便，肯达尔（D.G.Kendall）在 1953 年提出排队模型分类法，影响最大的特征有 3 个，即顾客相继到达间隔时间的分布、服务时间的分布、服务台的个数。据此特征，他归纳了一种服务系统的符号表示法（Kendall 记号）：

式中：X 处表示相继到达间隔时间的分布；Y 处服务时间的分布；Z 处并列的服务台的数目。如：$M/M/1$ 表示相继到达间隔时间为负指数分布、服务时间为负指数分布、单服务台的模型；$D/M/c$ 表示确定的到达时间间隔、服务时间为负指数分布、c 个平行服务台的模型；$M/M/c$ 表示相继到达间隔时间为负指数分布、服务时间为负指数分布、c 个平行服务台的模型。

1971 年，Kendall 记号被扩充为 $X/Y/Z/A/B/C$，前三项意义不变，A 表示系统容量限制 N，B 表示顾客源数目 m，C 表示服务规则。

把一个实际问题作为排队问题求解时，首先需研究它的模型类型，其中只有顾客到达的间隔时间分布和服务时间的分布需实测数据来确定，其他要素均是在问题提出时给定的。

解排队问题的目的是研究排队系统运行效率，估计服务质量，确定系统参数的最优值，以决定系统结构是否合理、是否需要改善设计等。最常用的描述排队系统运行特征的指标有排队长度、停留时间、等待时间、忙期、系统损失率等。排队问题主要研究这些数量指标的概率分布和反映它们平均特性的数学期望。

3.4.4 军队指挥决策中的排队决策示例

例 3.9[63] 设乙方坦克队对甲方某防御阵地实施突袭，坦克数量为 N=10 辆，突袭的规律符合泊松过程，强度为 $\lambda = 0.3$ 辆/min。在甲方防区内配置一架反坦克装置，该装置对一个目标的射击时间平均为 2.5min，射击时间服从负指数分布，当目标区内的坦克数多于一辆时，后到目标按顺序处于等待射击的状态，设条件毁伤概率 $P_h = 0.7$。目标通过目标区（可射击区）的时间为 10min。问：反坦克兵器的效率如何？

由假设，问题可作为一个等待制的 $M/M/1$ 系统处理。根据给定条件

$$\lambda = 0.3, \mu = \frac{1}{2.5} = 0.4$$

$$\rho = \frac{\lambda}{\mu} = \frac{0.3}{0.4} = 0.75 (\rho < 1)$$

兵器（装置）处于空闲状态的概率为 $P_0 = 1 - \rho = 1 - 0.75 = 0.25$；兵器处于繁忙状态的概率为 $P\{N > 0\} = 1 - P_0 = 0.75$，这个概率也是目标进入系统后必须等待的概率。

系统中分别有 1，2，3 个目标的概率为

$$P_1 = \rho(1-\rho) = 0.75 \times 0.25 = 0.186 ,$$

$$P_2 = \rho^2(1-\rho) = 0.75^2 \times 0.25 = 0.141 ,$$

$$P_3 = \rho^3(1-\rho) = 0.75^3 \times 0.25 = 0.105$$

系统中平均等待射击的目标数为 $L_q = \rho \dfrac{\lambda}{\mu - \lambda} = 0.75 \times \dfrac{0.3}{0.4 - 0.3} = 2.25$（辆）

系统中平均包含的目标数为 $L_s = \dfrac{\lambda}{\mu - \lambda} = \dfrac{0.3}{0.4 - 0.3} = 3$（辆）

目标在系统中的平均停留时间为 $W_s = \dfrac{1}{\mu - \lambda} = \dfrac{1}{0.4 - 0.3} = 10$（min）

目标在系统中的平均等待时间为 $W_q = \dfrac{\rho}{\mu - \lambda} = 0.75 \times \dfrac{1}{0.4 - 0.3} = 7.5$（min）

由于停留时间 T 服从参数为 $(\mu - \lambda)$ 的负指数分布，即 $W(t) = 1 - e^{-(\mu-\lambda)t}, t \geq 0$，若目标通过目标区的时间 $t_0 = 10\text{min}$，则

$$P\{T_s \leqslant 10\} = W(10) = 1 - e^{-(\mu-\lambda)t} = 1 - e^{-(0.4-0.3)\times 10} = 0.632$$

目标在目标区内没有受到射击的概率为 $P_u = 1 - W(10) = 0.368$

目标在目标区内受到射击的概率为 $P_s = 1 - P_u = 0.632$

目标被毁伤的概率为 $P_H = P_s \times P_h = 0.632 \times 0.7 = 0.44$

目标受到射击数的期望值为 $M_S = N \times P_s = 10 \times 0.44 = 4.4$（辆）

突破防线的目标数的期望值为 $M_t = N \times (1 - P_H) = 10 \times 0.56 = 5.6$（辆）

从上面的各效率指标可看出：在该系统中，等待射击的目标数较多，平均等待的时间长，容易给对方造成喘息和反攻机会，对己方很不利。再者能突破甲方防线的敌目标也较多，除毁伤概率的原因外，还包括甲方兵器数量不足，为了更好地打击对方目标，有必要增加兵器的数量。

3.5　指挥决策中的 Lanchester 模型及求解

兰彻斯特（F.W.Lanchester）是第一个对作战过程中对抗双方的力量关系进行系统数学描述的工程师。早在第一次世界大战期间，他就构建了几个预测战争结局的数学模型，即用微分方程的形式来刻画在特定的初始兵力（兵器）条件下交战双方战斗结果变化的数量关系，从而把一种半经验半理论的描述方法引入到作战过程的描述中。其中有传统的正规战争模型，也有稍微复杂的游击战争模型，以及双方分别使用正规部队和游击部队的所谓混合战争模型。

Lanchester 模型被公认为是现代战争理论的经典基础。在军事上的应用主要有作战指挥、作战预测（预测交战双方的获胜方；预测作战过程的大致持续时间；预测战斗结束时胜方战斗损失等）、军事训练、武器装备论证等方面。

在各种不同的条件下进行的作战过程，需要用不同的模型予以描述，其典型

形式是线性律和平方律。

3.5.1 Lanchester 线性律

1. 第一线性律

1）方程基本形式

设 x_0，y_0 为作战双方在 $t = 0$ 时刻的初始兵力，x，y 为作战双方在 t 时刻的瞬时兵力（或剩余兵力），即 $x_0 = x|_{t=0} = x(0)$，$x = x|_{t=t} = x(t)$，$y_0 = y|_{t=0} = y(0)$，$y = y|_{t=t} = y(t)$，α 为 x 方的兵力损耗系数，β 为 y 方的兵力损耗系数，t 为时间变量，则微分方程组：

$$\begin{cases} \dfrac{dx}{dt} = -\alpha \\ \dfrac{dy}{dt} = -\beta \end{cases}$$

称为 Lanchester 第一线性律。

利用初始条件可得方程组的解：

$$\begin{cases} x(t) = x_0 - \alpha t \\ y(t) = y_0 - \beta t \end{cases}$$

即任何一方的瞬时兵力，等于初始兵力减去损耗。

令 $u = \dfrac{y}{x}$，$\dfrac{du}{dt} = \dfrac{\alpha y - \beta x}{(x_0 - \alpha t)^2} = \dfrac{\alpha y_0 - \beta x_0}{(x_0 - \alpha t)^2}$，此式表明了兵力比随时间变化的规律。

由状态方程可得：$\alpha y - \beta x = \alpha y_0 - \beta x_0$。式中，$\alpha y_0$，$\beta x_0$ 分别称为 y 方和 x 方的初始战斗力，αy，βx 分别称为 y 方和 x 方的瞬时战斗力。上述结果表明，在整个作战过程中，双方的战斗力之差为恒定。

既然 αy_0 为 y 方的（初始）总战斗力，y_0 为 y 方的（初始）作战单位总量，那么 $\dfrac{\alpha y_0}{y_0} = \alpha$ 就是 y 方每一个作战单位所具有的战斗力，称其为 y 方作战单位的平均战斗力，简称为 y 方的平均战斗力。同理，β 称为 x 方的平均战斗力。因此，一方的平均损耗率系数就是另一方的平均战斗力。

2）战斗结局预测

下面利用线性律的状态方程讨论战斗结局。

1）当 $\alpha y_0 > \beta x_0$ 时，y 方胜。其剩余兵力为 $y_e = \dfrac{\alpha y_0 - \beta x_0}{\alpha}$，战斗持续时间为 $t_0 = \dfrac{x_0}{\alpha}$；

2）当 $\alpha y_0 < \beta x_0$ 时，x 方胜。其剩余兵力为 $x_e = \dfrac{\beta x_0 - \alpha y_0}{\beta}$，战斗持续时间为 $t_0 = \dfrac{y_0}{\beta}$；

3）当 $\alpha y_0 = \beta x_0$ 时，双方势均力敌。

在上面的讨论中，x，y 称为瞬时兵力，而 βx，αy 称为瞬时战斗力。

第一线性律表明：初始战斗力占优势的一方一定取胜。但初始兵力占优势的一方并不一定取胜。

第一线性律适用于同兵种、损耗系数为常数、能进行直接瞄准的一对一格斗。

2．第二线性律

1）方程基本形式

对第二线性律首先假定：战斗双方进行远距离的间瞄射击；火力集中在对方战斗单位的集结地区，不对个别目标实施瞄准；集结地域大小几乎与部队的集结数量无关。在上述假定之下可得兰彻斯特第二线性律方程：

$$\begin{cases} \dfrac{\mathrm{d}x}{\mathrm{d}t} = -\alpha xy \\ \dfrac{\mathrm{d}y}{\mathrm{d}t} = -\beta xy \end{cases}$$

式中：x，y，α，β 的意义同前。两式相除并积分得 $\beta(x_0 - x) = \alpha(y_0 - y)$，这是对应于第二线性律战斗过程的状态方程，与第一线性律的状态方程形式完全一样。

第二线性律的解可表示为

$$\begin{cases} x(t) = \dfrac{-x_0(k-1)}{\mathrm{e}^{-\alpha y_0(k-1)t} - k} \\ y(t) = \dfrac{-y_0(k-1)\mathrm{e}^{-\alpha y_0(k-1)t}}{\mathrm{e}^{-\alpha y_0(k-1)t} - k} \end{cases}$$

式中：$k = \dfrac{\beta x_0}{\alpha y_0}$ 为 x 方对 y 方的初始总战斗力之比。

y 方对 x 方的瞬时兵力比为

$$u = \dfrac{y(t)}{x(t)} = \dfrac{y_0}{x_0}\mathrm{e}^{-\alpha y_0(k-1)t}$$

2）战斗结局预测

下面利用线性律的状态方程讨论战斗结局。

（1）当 $k < 1$ 时，y 方胜。其剩余兵力为 $y_e = \dfrac{\alpha y_0 - \beta x_0}{\alpha}$；

（2）当 $k > 1$ 时，x 方胜。其剩余兵力为 $x_e = \dfrac{\beta x_0 - \alpha y_0}{\beta}$；

（3）当 $k=1$ 时，双方势均力敌。

这里要特别强调，在计算剩余兵力的公式中，假定了在战斗结束时一方的兵力变为零。但从理论上讲，对第二线性律这种结果只有当 $t \to \infty$ 时才能实现。因此，第二线性律中的"获胜"是一个相对的概念，即作战过程发展到某一时刻时，负方的兵力接近于零，胜方的兵力接近于某一个常数。

3.5.2 Lanchester 平方律

Lanchester 线性律没能反映出现代战争中集中优势兵力会影响作战过程这一重要因素，为此，Lanchester 又推广了已取得的结果，这就是 Lanchester 平方律。

1）方程的基本形式

若假定作战双方中的每一方兵力的战斗损耗除与己方的损耗率有关外，还与对方的作战单位数量成正比，由此得

$$\begin{cases} \dfrac{dx}{dt} = -\alpha y \\ \dfrac{dy}{dt} = -\beta x \end{cases}$$

式中：x、y、α、β 的意义同线性律，双方的初始兵力分别为 x_0、y_0。

两式相除，在 $(0,t)$ 区间上积分并利用初始条件有：$\dfrac{\alpha}{2}(y_0^2 - y^2) = \dfrac{\beta}{2}(x_0^2 - x^2)$，整理后得：$\alpha(y_0^2 - y^2) = \beta(x_0^2 - x^2)$。

这是双方兵力在作战过程中应满足的状态方程。由于双方兵力以平方的形式在方程中出现，因而称其为平方律。在平方律描述的作战中，任何一方的兵力都以平方的形式对战斗进程和结局产生作用。

2）方程的精确解

由 Lanchester 平方律可得

$$\begin{cases} \dfrac{d^2 x}{dt^2} - \alpha\beta x = 0 \\ \dfrac{d^2 y}{dt^2} - \alpha\beta y = 0 \end{cases}$$

再利用初始条件：$x(t)|_{t=0} = x_0$，$y(t)|_{t=0} = y_0$ 和 $\dfrac{dx}{dt}\big|_{t=0} = -\alpha y_0$，$\dfrac{dy}{dt}\big|_{t=0} = -\beta x_0$，可得 Lanchester 平方律方程的精确解：

$$x(t) = x_0 \cdot \text{ch}(\sqrt{\alpha\beta}\,t) - (\sqrt{\alpha/\beta}\,y_0) \cdot \text{sh}(\sqrt{\alpha\beta}\,t)$$
$$y(t) = y_0 \cdot \text{ch}(\sqrt{\alpha\beta}\,t) - (\sqrt{\beta/\alpha}\,y_0) \cdot \text{sh}(\sqrt{\alpha\beta}\,t)$$

式中：$\text{sh}x = \dfrac{e^x - e^{-x}}{2}$，$\text{ch}x = \dfrac{e^x + e^{-x}}{2}$ 为双曲函数。由双曲函数解的性质，在过程趋于结束时，过程将加快，失败一方后一半兵力被歼灭的时间比前一半要短。

3）战斗结局分析

利用平方律的状态方程讨论战斗结局，由状态方程可推出：
$$\alpha y_0^2 - \beta x_0^2 = \alpha y^2 - \beta x^2$$

式中：αy_0^2，βx_0^2 分别称为双方的初始战斗力，αy^2，βx^2 解分别称为双方瞬时战斗力。因而，在 Lanchester 平方律所描述的作战过程中，交战双方有效战斗力正比于作战单位数的平方与每一个作战单位平均战斗力的积。而且，双方战斗力之差在作战过程中保持恒定。

Lanchester 构建的模型非常简洁，只考虑交战双方的兵力和战斗力。兵力数量因战斗减员和非战斗减员而减少，又因后备力量的增援而增加。战斗力强弱是指杀伤对方的能力，与射击率（单位时间的射击频率）、射击命中率及战争的类型（正规战、游击战）等因素有关。这些模型当然没有考虑交战双方的政治、经济、社会等因素，而仅靠战场上兵力的优劣是很难估计战争的胜负的，所以我们认为用这些模型判断这个战争的结果是不可能的，但对于局部战役来说或许还有参考价值。

第二次世界大战之后，从事军事运筹学和作战模拟研究的研究者们依此为基础，根据现代战争的实际情况，从不同角度对方程进行了改进和扩展，包括多兵种多武器协调作战的战斗模型和莫斯（Moose）模型等。1967 年，彼得森（Peterson）提出了另一种形式的 Lanchester 方程。假设是在战斗中每一方的损耗仅与本身的数量有关，得到的方程被称为对数律。服从对数分布的参战双方在作战过程中的数量比例保持不变。

人们通过对模型的完善与扩展，成功地分析和解释了历史上一些著名战争，如第二次世界大战中的美日硫磺岛之战和 1975 年结束的越南战争等。

特别地，Lanchester 模型是军队作战指挥中应用最广泛的辅助决策模型之一，受到了极大重视。Lanchester 方程除应用在防空作战、水雷战、海战、炮兵对抗、信息战、多维战争等方面，还可应用在作战效能评估、作战能力需求、作战过程建模及仿真等方面。

3.6　指挥决策中的不确定型决策模型及求解技术

决策是在认知域工作，依据认知的充分程度，可把决策划分为确定型决策、风险型决策和不确定型决策，如图 3-8 所示[5]。

确定型决策是在明晰的环境中构建的，知识可以完全获取，决策者知道每种备选方案未来将产生怎样的结果，并可以产生最优解。

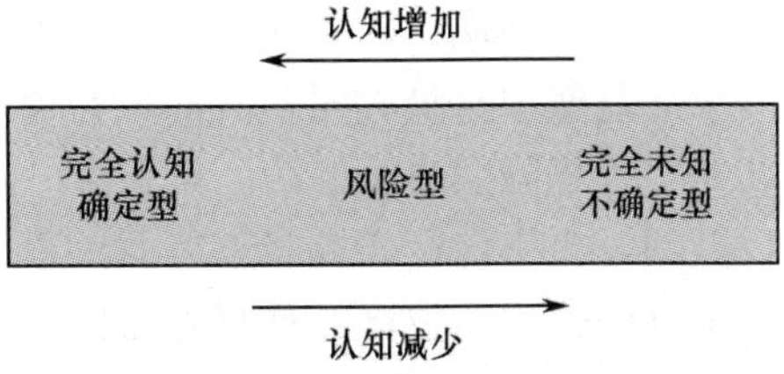

风险型决策也称为概率决策或随机决策，决策者对面临的决策环境不是完全确定地掌握，这时必须考虑每种备选方案的多种可能性结果，并且每种结果具有一定的发生概率（可通过调查、根据过去经验或主观估计等途径获得这些概率）。决策者可以评估每种备选方案的风险大小。一般采用期望值作为决策依据，分析过程可采用决策树方法等。

图 3-8 决策制定区域图

在不确定型决策过程中，因信息缺失，使决策变得很困难，决策者一般不知道或无法估计产生每种方案结果的发生概率，这时建模工作必须考虑决策者对于风险的态度。在军队作战指挥决策中，决策者会试图获取更多的信息，通过统计分析或主观估计来得到各种自然状态发生的概率，使其转化为风险决策。非确定型决策问题的求解方法有：悲观法（小中取大准则）、乐观法（大中取大准则）、折中法（乐观系数准则）、最小后悔值法（大中取小准则）、等可能性法等。

例 3.10 在敌我双方坦克作战中，我方有甲、乙、丙作战方案，敌方有 A、B、C 作战方案。敌我双方作战方案的不同组合，会产生不同的作战效果，见表 3.11 所列。

表 3.11 中的数值表示敌我双方采用相应作战方案时，坦克的损失数。正值表示我方击毁敌方的坦克数，负值表示我方损失的坦克数。问我方应采取哪种作战方案更有利？

（1）悲观法（又称瓦尔德（Wald）准则法）：针对我方的每一作战方案先找到最不利的情况，然后在这些最不利的情况中，选择相对有利的情况所对应的我方作战方案作为实施方案。这是一种避险型决策方法，或者说是一种比较保守的辅助决策方法，见表 3.12 所列。

表 3.11 不同组合产生不同的作战效果

我＼敌	A	B	C
甲	25	20	15
乙	15	30	5
丙	60	40	−10

表 3.12 悲观法

我＼敌	A	B	C	最小数值
甲	25	20	15	15
乙	15	30	5	5
丙	60	40	−10	−10
最小数值中的最大值				15
应取的决策方案				甲

（2）乐观法：首先从我方每个方案中选择一个最大的效益值，然后再从这些最大效益值中选择相对最大的效益值，它所对应的我方作战方案作为实施方案。这是一种趋险型决策方法，见表3.13所列。

（3）折中法：先以我方方案的最好与最差收益值为变量，然后给出反映决策者偏好的折中系数α，计算各自的期望，选择期望最大者所对应的方案为实施方案，见表3.14所列。

表3.13　乐观法

敌\我	A	B	C	最大数值
甲	25	20	15	25
乙	15	30	5	30
丙	60	40	−10	60
最大数值中的最大值				60
应取的决策方案				丙

表3.14　折中法（设α=0.7）

敌\我	A	B	C	期望收益
甲	25	20	15	25×0.7+15×0.3=22
乙	15	30	5	30×0.7+5×0.3=22.5
丙	60	40	−10	60×0.7+(−10)×0.3=39
期望收益中的最大值				39
应取的决策方案				丙

（4）最小后悔值法：先在各个方案中选择最大后悔值，然后比较各方案的最大后悔值，从中选择最小者对应的方案为实施方案，见表3.15所列。

（5）等可能性法：认为敌方采用所有方案中任一方案的可能性是均等的（此例中为1/3），据此计算我方各个方案的期望收益值，然后进行比较，选期望收益最大值对应的方案为实施方案，见表3.16所列。

表3.15　最小后悔值法

敌\我	A	B	C	最大后悔值
甲	35	20	0	35
乙	45	10	10	45
丙	0	0	25	25
最小后悔值				25
应取的决策方案				丙

表3.16　等可能性法

敌\我	A	B	C	期望收益
甲	25	20	15	1/3×(25+20+15)=20
乙	15	30	5	1/3×(15+30+5)=50/3
丙	60	40	−10	1/3×[60+40+(−10)]=30
期望收益中的最大值				30
应取的决策方案				丙

在解决不确定型决策问题时，既不能过于乐观也不能过于悲观，要审时度势地选择恰当的解决方法，这取决于指挥员的经验、指挥艺术和心理素质。

第4章　指挥自动化系统辅助决策复杂模型及求解技术

在复杂性研究兴起以前，人们并没有从简单—复杂这一维度去划分决策。传统的系统和决策划分总是基于要素的多少、联系的强弱、系统或决策的规模、目标、演化方式、环境等角度展开的，相应的系统和决策分类见表4.1所列。

表 4.1　传统的系统/决策划分维度

划分维度	系 统 分 类	决 策 分 类
要素数量	单要素—多要素系统	无
目标数量	单目标—多目标系统	单目标—多目标决策
层次性	单层—多层（递阶）系统	单层—多层决策
规模	简单系统—复杂巨系统	无
环境	封闭—开放系统	封闭—开放决策
演化方式	定常—时变系统	单步—多步（序贯）决策
结构明确性	结构化—半结构化—非结构化系统	结构化—半结构化—非结构化决策
联系方式	协同—矛盾系统	合作—冲突决策
输入输出关系	线性—非线性系统	线性—非线性决策
确定性	确定性—非确定性系统	确定性—非确定性决策
决策主体数量	无	单人—多人—群体决策

针对这些传统的划分维度，人们较多的是采用还原论的思想从效用角度对决策系统进行分析和研究，并获得了广泛的认可和应用，如（军事）运筹学等，本书第3章介绍的指挥决策问题的基本模型和求解技术即是这种思维的体现。然而，在军事系统各分、子系统中普遍存在的指挥决策问题并非总能用这些简单的模型来描述，经常表现为复杂的问题形态[67]。因此，本章将重点讨论复杂指挥决策问题的建模方法和求解技术。

4.1　指挥决策问题的复杂性分析

1. 复杂性理论和复杂决策

复杂决策主要来源于复杂的决策环境，决策环境的复杂性决定着复杂决策问题的描述方式与求解进程。复杂决策环境、复杂决策主体和复杂决策客体构成了一个复杂系统。复杂系统的研究是1999年4月2日由美国 Science 杂志出版的《复杂系统》专辑而成为研究热点的。事实上，复杂性认识早已萌芽，古代中国的《周易》、《道德经》等古籍，"阴阳"、"五行"、"道"等概念以及中医理论，古希腊的"本原（Arkhe）"、"理念（Eidos）"等概念，都蕴含着古代人对事物复杂性的认识和理解。复杂问题的提出起源于奥地利，1928年贝塔朗菲（Bertalanffy）在他的《生物有机体系统》论文中首次提出复杂性问题，在此后的20年，复杂性问题研究的主要贡献有：维纳（Wiener）的控制论、冯·诺依曼的元细胞自动机以及麦卡洛克（Mcculloch）和皮茨（Pitts）的神经网络等。

随着科学技术的发展和研究的深入，很多学科领域都先后涉及复杂性，如无机物质领域的耗散结构理论、协同学、突变理论、分形理论、混沌理论、分子生物领域的超循环理论、低智能生物领域的复杂适应系统理论等。这种现象一方面是因为客观事物本质上是复杂的，另一方面也是这些学科研究发展已经十分深入，到了用简单性理论无法解释的新的层次，从另一个角度说，人脑在处理复杂问题时表现出的认知复杂性也是这种现象产生的重要原因之一。但由于科学研究中长期存在的还原认识论传统，对复杂性研究也产生了深刻影响，以至于在这一时期有些学者或不承认复杂性的存在，或坚信复杂性可以化为简单性，只是尚未找到适当的化解途径。

到了20世纪80年代，人们的研究认识逐渐统一到复杂性这一概念上来，认识到复杂性是世界上客观事物存在、发展的一种共同的本质的属性，由此引发了复杂性研究，出现了一些专门的研究机构，1984年美国国家洛斯阿拉莫斯实验室（Los Alamos National Lab）建立了圣菲研究所（Santa Fe Institute，SFI）专门致力于复杂性科学的研究，为复杂性问题的建模与仿真做出了突出贡献。我国的复杂性研究主要以钱学森为代表，重要的学术活动有钱学森组织的系列的面向复杂性研讨的香山会议等。事实上，在系统科学领域，从复杂性研究兴起以后，"复杂性"已经不再是一个概念的问题，而是提供了认识系统的新思维和划分系统的新维度。从思维角度来说，带来了对传统的系统认识、系统问题处理方法和方法论的冲击，使人们认识到，我们周围的世界并不都是遵循简单的规则；从划分维度来说，使人们认识到，在简单系统之外，还存在着复杂系统，例如指挥自动化系统就是一种复杂系统。同样，在决策科学领域，人们也同样认识到，在简单决策之外，还存在着复杂决策。随着复杂系统科学的兴起，新的系统方法论推动决策理论向复杂系统问题决策阶段发展，但还处于探索阶段，尚无系统的理论出现。20世纪90年代至今的研究主要集中在行为决策、复杂系统问题决策和各种不确定性决策方法的杂合上[68]。

从系统角度看，决策问题是一个系统问题，如果说决策系统是指处于一定的决策环境下，由相关决策要素及其关系形成的具有特定决策任务、目标和功能的综合体的话，那么决策问题则是指在决策主体看来决策系统初始状态与目标状态之间的差别性内容。决策的复杂性根源于系统的复杂性，复杂决策系统所针对的问题、求解的目标称为复杂决策问题。

人类的决策活动通常面临的大多是复杂问题，只不过在传统的解决方法中对这些复杂问题做了一些简化以便于求解出结果。复杂决策问题与认知科学有着密切的关系，换句话说，除了前面论述的复杂决策问题由于复杂决策系统所带来的复杂性以外，还有人脑在处理复杂决策问题时所表现出的认知复杂性。

决策问题的复杂性体现在决策问题的结构复杂和计算复杂两个方面。结构复杂是指问题组成元素及其关系的复杂，表现为问题结构不良，问题目标不确定等。文献[69]认为问题结构与问题的可表示性有关，弱结构问题不能像良结构问题一样得到精确的表示，主要是因为问题的可能状态及状态间的变换是未知的。文献[69]总结这些观点后，提出了问题结构度的概念，并认为问题结构度实质上是问题求解过程中对决策主体解决问题所拥有的知识充分性的度量。充分理解这些关于问题结构化的观点，可以看出，对于任何弱结构或非结构问题，通过对求解这些问题的知识的不断学习、掌握并运用，可以有效提高这些问题的结构度。这一点说明，问题的充分理解在于关于问题的知识丰富与否，构造丰富的与问题领域有关的知识库，有助于复杂决策问题的形式化。计算复杂是指问题所含有的数据量大、计算时间长，在人的计算效率所允许的时间与空间范围内手工无法解决，需要借助计算工具利用一些智能优化算法来完成决策问题求解，同时，人的参与也是必须的（人的经验、人的偏好、人的技巧）。针对复杂决策问题解决办法的研究和成果较多，如人工神经网络、进化计算等[70]。

2. 军事指挥决策问题的复杂性

军事系统是由许多具有自主特性和适应能力的分系统、子系统组成，这些分系统、子系统之间存在广泛的非线性作用机制，并具有物质、能量与信息的全面开放性。同时，军事决策问题受到很多偶然因素的影响，其结果具有不可重复性。这些因素造成了军事决策问题求解的困难。文献[71]对战争的复杂性做了较好的论述，因战争研究是军事研究的核心，军队指挥决策系统又是军事系统的重要组成部分，所以下文关于军事指挥决策问题的复杂性分析和综述的内容，部分来源于此文献，特此说明。

从军事实践角度看，自从历史上有战争以来，军事行动的结果大多数是无法预料的，即使能大体根据双方实力预测出哪一方会获胜，但在军事行动过程中的每一次决策都是慎重的，并且随着军事行动的进行而不断调整，任何一个偶然的因素都有可能改变军事行动行进的方向，甚至影响整盘战局。中国古代史和近代史上几次著名的以少胜多的战役就充分体现了军事实践的复杂性以及军事行动中决策的复杂性。

从传统军事理论角度看,军事尤其是战争从本质上来讲是复杂的。虽然在传统的军事理论中没有从"复杂性"这个方面来研究军事,但从古代的军事家到近代的军事首领直到今天的军事理论研究者,他们的研究都离不开军事的复杂性。从前文的论述中可以看出,复杂性是有多个维度多个层次的,传统的军事理论中的很多理论和方法往往都涉及了军事系统中某个层面或者维度的复杂性,体现了复杂性在某些层面的内涵。

在古代的军事理论中就体现了复杂性的端倪。例如《孙子兵法》这部被今人奉为经典并且在很多领域还具有广泛影响的军事理论著作,处处显露出军事复杂性的痕迹,"故经之以五事,……,一曰道,二曰天,三曰地,四曰将,五曰法。……"体现了军事所涉及的要素和环境的复杂,"故兵无常势,水无常形。能因敌变化而取胜者,谓之神"说明了战争的不确定性和对敌作战的自适应性,"故曰:胜可为也。敌虽众,可使无斗。故策之而知得失之计……"说明了战争结果的非必然性,同时也说明了决策的重要性。虽未提及"复杂性"这个词,却处处体现复杂性。又如《战争论》中提到"只要再加上偶然性,战争就变成赌博,而战争中是不会缺少偶然性的",同时提到"形成战争气氛的4个要素,即危险、劳累、不确定性和偶然性",充分体现了作者对军事系统中不确定性和偶然性的认识。然而古代传统军事理论虽然意识到了军事系统的复杂性,但没有形成规范性的解决办法,完全依靠军事家和军事将领的个人才能来应付这些复杂情况。

到了近现代,随着军事实践经验的积累、军事理论的完善和军事技术的发展,现代军事理论研究范围涉及了军事系统工程、指挥自动化、军事预测决策、军事心理学、军事管理学、军事后勤学、军事博弈论、军事对策论等方面,无不是针对军事系统中某个方面的复杂问题进行研究。这个时期的研究主要是采用还原方法论来简化复杂问题的处理,或者是通过定性分析来应对与军事指挥决策有关的复杂性。

从复杂系统理论在军队指挥决策问题中的体现看,在军事领域,从20世纪90年代以来,对军事复杂系统的研究不断深入,复杂系统理论被越来越多地运用于研究包括军队指挥决策问题在内的诸多军事问题。1992年,阿伦(Alan)博士发表论文"克劳塞维茨:非线性和战争的不可预测性"[72],认为克劳塞维茨在《战争论》中已经意识到了战争的"非线性、不可预测性"等复杂性体现,1994年,美国海军陆战队以复杂性理论和非线性动力学研究为基础,为陆战队机动作战条令提供了理论支持。1996年,应美军统帅部与海军作战发展司令部的要求,美国海军分析中心评估了将"新科学"(即非线性科学与复杂性科学)应用于地面战争研究的可行性[73,74]。同年11月,美国国防大学与兰德公司举办了题为"复杂性、全球政治与国家安全"的研讨会,讨论了复杂性科学在国际事务、国家安全以及相关军事领域的应用问题，分析了非线性以及复杂系统理论在军事指挥控制决策中的应用。1997年9月，美国军事运筹学学会发起了题为"战争分析与复杂性（新科学）"的专题研讨会，来自圣菲研究所、海军分析中心、国防先进研究项目机构、兰德公司等多家机构的专家一起讨论了"新科学"与战争分析的关系及在战争分析中的应用。2000年，在美国海军上将塞布罗夫斯基（Cebrowski）的关于"网络中心战"的报告中指出"它（网络中心战）是一种新兴的战争理论，其早期朦胧概念是从'复杂性理论'发展而来的，它的主要特征是非线性、复杂性和混沌"。在国内，主要是利用钱学森的"定性与定量相结合的综合集成研讨厅"的方法对复杂战争系统进行研究。2003年，军事运筹学学会在北京召开了我国第一次"战争复杂性与信息化战争模拟"学术研讨会，成为我国在军事系统复杂性研究方面的一次标志性会议。2005年，国防大学举办了主题为"战争系统复杂性"的研讨会，对战争系统复杂新性研究的理论和方法进行了深入探讨。同年，由中国人民解放军军事科学院发起的第262次香山科学会议，基本思想是提倡采用综合集成法对军事系统进行研究。2006年9月，中国系统工程学会军事系统工程专业委员会召开第十六届学术年会，主题为"战争复杂性与军事系统工程"。

国内外对军事指挥决策系统复杂性的研究主要集中体现在如下3个方面[71]：经典复杂系统理论、建模仿真方法以及综合集成方法在军事决策系统研究中的应用。

经典复杂系统理论在军事决策系统研究方面的现状见表4.2所列。

表4.2 经典复杂系统理论在军事指挥决策系统中应用研究现状

经典复杂系统理论	研究内容或结论
耗散结构理论	军事系统或其子系统是耗散结构系统
自组织理论	军事系统或其子系统具有自组织特性
突变理论	运用突变理论描述战场态势
混沌理论	分析军事系统中的混沌现象；利用混沌理论研究保密通信技术
分形理论	用分形描述战场多尺度特征；分形理论用于某些军事技术领域
非线性理论	描述和刻画军事复杂系统中非线性现象
涌现性理论	军事领域中运用多智能体仿真中表现的涌现性；某些领域的涌现现象分析

建模仿真方法主要包括在CAS（Complex Adaptive System，复杂自适应系统）理论的基础上采用多智能体建模仿真方法、基于复杂网络理论的军事复杂系统结构建模方法等，最具代表性的是美国海军分析中心开发的ISAAC（Irreducible Semi-autonomous Adaptive Combat）[75]和EINSTEIN（Enhanced ISAAC Neural Simulation Toolkit）[76]，这两个系统采用基于多智能体的仿真技术对各种军事问题进行仿真分析。在国内，国防大学以胡晓峰教授为首的研究团队提出"战争工程"的概念，

并应用 CAS 理论为指导,以基于多智能体的战争模拟平台为手段对战争问题进行研究[77]。空军工程大学刘兴堂教授带领的研究团队长期从事系统建模与仿真研究工作,在全面论述系统建模基本理论和常用建模方法的基础上,重点研究面向复杂系统数学建模的新方法与技术以及仿真建模环境和工具,并深入讨论了大型复杂仿真系统建模方法和可信度评估技术[78]。

综合集成方法在解决军事决策系统复杂性问题方面具有优势,被认为是"最可能完全适应军事系统中各种复杂情况的一种方法",是最终体现虚拟全球战争空间建模的最后形式。美军的"联合能力集成与开发制度"以一套严密的程序与规范的制度,充分集成和发挥军事人员与其他各类主题领域专家的作用,从本质上看走的是一条定性定量相结合的装备体系规划道路。2002 年 5 月,兰德公司完成了一份题为《信息时代海军的效能度量(MOE):网络中心行动对战果的影响》的研究报告,采用定性定量相结合的综合集成法分析未来武器系统和战术运用结合问题,以应对未来战争。国内关于综合集成法的研究大多建立在钱学森提出的"综合集成研讨厅"的思想基础上,较具代表性的理论研究有军事科学院徐根初研究员的"关于军事决策科学化的思考"[79]。在系统研制方面,胡晓峰教授及其所在团队,以综合集成研讨厅为基础,从 1998 年开始研制"决胜"系列战争决策综合集成研讨与模拟环境 SDE98,目前已发展到第四代,主要用于指导高层次的战略决策研讨与模拟。

除上述 3 个方面外,还有作战实验室的建设、讨论式模拟的应用等,也为军事指挥决策系统的研究、分析、设计和实践提供了很好的思路和技术方法。

从上述国内外关于军事指挥决策系统复杂性的研究现状分析可以看出,相关的研究成果很多,应用的技术方法也很多样,表现出人们已经越来越认识到军事系统和军事指挥决策系统中复杂性的存在,但同时还存在以下值得进一步研究的方向。

(1)军事指挥决策系统的复杂性研究才刚刚兴起,正处在一个探索发现、百家争鸣的阶段,军事复杂决策系统的研究不能仅仅套用经典复杂系统理论解释和分析某个侧面的复杂性,也不能照搬还原论的方法来证实一些已发现的一般性军事指挥决策规律,更需要面向未来战争,系统地分析军事复杂决策系统的结构、描述方法和求解方法。

(2)军事指挥决策系统建模仿真方法是解决复杂决策问题的有效方法,揭示了一些军事指挥决策系统的本质和核心要素,并可以用来验证在特定想定下某些决策方案的合理性。但是在现实决策环境中,仅仅揭示决策系统的本质是不够的,要做出正确且有效的决策必须要考虑尽可能多的现实环境的影响。现实决策系统充满了随机性、不明确性等不确定性,还存在信息不完备、结构不清晰、数据不精确、情报不准确等各种给科学决策带来困难的情况(复杂性的一种表现),建模仿真方法往往是做一些简化和抽象，同时设定一些假设，这些假设的合理性常常无法得到验证，因此所建立的模型通常无法给决策者提供满意的答案。

（3）综合集成法作为解释复杂系统的一个重要方法，被越来越多地应用于求解复杂军事指挥决策问题，尤其是国内的专家学者，在这个方向上进行了大量的研究工作。但是现有研究中没有形成能获得广泛共识的规范化综合集成框架，对于哪些对象需要定性分析、哪些对象需要定量研究、定性和定量如何有机结合等问题没有给出很好的答案。在运用综合集成方法时，很多研究注重体系的建立、形式的搭建、人与人在具体研讨过程中的沟通和协作等问题，而对于知识的管理和积累、复杂决策问题规范性分析和求解、计算机智能性的提高等方面则关注的较少。

4.2 复杂决策问题的表示及建模方法概述

在决策科学领域，主流的决策问题建模方法可以归纳为 3 个流派：结构化建模、逻辑化建模和图文法，同时还存在几十种建模语言。

结构化建模是由高尔夫荣（Groffrion）在 1987 年提出，并实现了一个结构化建模环境 FW/SM，设计了结构化建模语言 SML。这种模型描述方法是把模型抽象为 3 个层次：基础层、聚类层和模式层，相应有基础图、聚类图和模式图。基础图反映了具体问题的细节，与模型数据直接相连；聚类图把具有相似性对的实体、相约束条件进行分类；模式图提供对模型正文描述的结构。这种方法能简化问题描述规模，能够识别模型的基本组成成分以及这些成分之间的关系。但是这种方法的缺点也是明显的，就是在问题求解前需要明确问题的结构，或者对问题进行简化以获取其结构，现实中的复杂决策问题往往在开始求解以前无法明确其结构，而是在求解过程中逐步清晰，并且每一次求解由于环境等因素的不同也会造成模型结构（如参数的数量和取值等）的改变，而对问题进行简化又往往无法获得在现实情况下的解。

对于逻辑化建模，波恩切克（Bonczek）、霍耳萨普尔（Hlosapple）和温斯顿（Winston）利用一阶谓词演算和归结过程描述模型；杜塔（Dutta）和巴苏（Basu）利用一阶逻辑描述模型间的输入输出关系。上述两种模型描述方法是较早的利用逻辑思想来进行模型的建立，这种建模方法将谓词分为两种：领域谓词和模型谓词。领域谓词用于表示领域知识并有一个谓词固定解释；模型谓词用于定义模型输入输出接口。这种方法优点是将领域知识引入模型管理，使用户不必清楚如何建模以及如何为每个模型提供输入参数，同时由于这种方法是基于数理逻辑的，因此可以利用逻辑理论中的表示、推理、规则等元素和方法，从一个结构并不清晰的问题描述逐步推进直至得到问题的解。但领域知识若是在一个范围较宽领域内，则知识组合过于庞大，推理和搜索效率也就变得低下。此外伊拉姆（Elam）、亨德森（Henderson）和米勒（Miller）利用语义网描述模型结构；梁（Liang）提出用 and/or 图描述复合模型和基于图形的推理过程；多尔克（Dolk）和孔斯基（Konsynki）使用把框架和一阶谓词演算集成的概念描述优化模型；耶姆（Yeom）和李（Lee）定义了 11 种逻辑操作，并以此高水平地表示了整数规划模型，为整数规划模型构造奠定了基础。这些方法原理上都是基于数理逻辑思想（主要是一阶逻辑），都是属于逻辑化建模方法。

图文法指的是用图形和文字对模型进行描述，人们更倾向使用图形。这种描述方式能使用户对模型结构有更加直观清晰的了解。但是，现实决策问题中的有些关系是无法用图形来描述，而且即使是一个稍微复杂一点的模型，用图形描述也会显得相当庞大。同时也存在着计算机存储、显示与处理速度上的技术问题。因此该方法不适用于构造计算机求解的复杂模型。

此外还有基于框架的领域知识表示方法，利用面向对象的程序设计概念方法构建模型的方法，利用类比推理和基于 CASE 的学习机制的自动建模方法等，基本上是上述 3 种主流建模方法的分支或变形。

决策问题的表示方法大致包括子程序表示、实体关系表示、传统逻辑表示、结构化表示、数据表示和面向对象表示等几种[80]。

1）子程序表示

早期的 DSS 研究中，一般将决策模型看作是需要管理的可执行程序，即模型是一个可以由主程序调用的具有完整输入、输出参数和执行次序的子程序。DSS 模型库由许多子程序实体构成，每个模型实际上是无序堆放的，很难反映各模型间的逻辑关系，模型管理缺乏理论基础。

2）实体关系表示

布兰宁（Blanning）在 1986 年提出实体关系模型，将决策模型视为输入与输出间的一个虚关系，模型的集成则可看成是多个关系的自然连接。文献[81]对 1998 年布兰宁所提出的关系模型库又作了进一步的发展，将关系模型库和关系数据库的异同作了明确的对比，在模型的运算方面给出了明确的定义，并给出了关系模型库的一个较完整的概念结构体系。

尽管实体关系模型能够借鉴关系数据库的成熟理论来实现对模型的管理，但由于关系模型所要求的第一范式，只有使用关系嵌套，才可引入数组和矩阵类型，属性名必须具有唯一性，不同的模型不能有相同的输入输出等，使该方法在实践中受到严格限制[80]。

3）传统逻辑表示

决策模型的传统逻辑表示以一阶谓词逻辑为代表，波恩切克等提出用一阶谓词表示模型，杜塔和巴苏进一步发展和完善了这种表示方法，克斯腾（Kersten）

等随后提出用一阶谓词的子集——产生式规则来表示模型。

模型的逻辑表示方法将谓词分为领域谓词和模型谓词，领域谓词表示领域知识，模型谓词用来定义模型和输入输出，解决了用户模型的自动建立，使决策者避免了复杂的编程工作[82]。

虽然传统逻辑表示方式引入了领域知识，但在实际应用中存在组合爆炸问题和规则空间的搜索效率问题。同时，作为模型中重要组成部分的变量转换关系、约束条件没有得到很好的表示，对于新的约束和规则的维护缺乏灵活性，因此在满足模型组合所需要的知识维护机制方面存在局限性。

4）结构化表示

高尔夫荣设计的结构化建模语言（SML）发布于 1992 年，拉古那善（Raghunathan）在 1996 年进一步给出了一个基于 SML 的 DSS 开发方法论。

SML 表示方法通过引入基本实体（PE）、复合实体（CE）、属性实体（ATT）、变量实体（VA）、函数实体（FE）和测试实体（TE）等来表示模型。使用层次组织的、分割的、带属性的非循环图来表示模型的数学结构和语义关系。该方法可以直观地建立模型，但是缺乏计算机程序运行所需要的算法，另外在模型与方法、模型与数据的集成方面存在局限性，从而限制了其实际应用。

5）数据表示

模型的数据表示方法由勒纳德（Lenard）和多尔克（Dolk）分别在 1986 年和 1988 年提出，该方法将由 SML 表示的模型转换成关系数据库的形式，从而用数据库管理系统将 DSS 的模型、数据和对话 3 个功能统一起来。

虽然这种方式在基于数据库的应用系统中能够很好地把数据和模型集成起来，但不能对模型的组合和合成进行有说服力的实现。

6）面向对象表示

胡（Huh）、拉兹密（Lazimy）和勒纳德分别提出了面向对象的模型表示方法，胡将由 SML 定义的模型与方法封装成模型类，通过操作的多态实现模型与数据集的集成。拉兹密将模型类划分为一般模型与领域模型，领域模型是一般模型的特例化，利用类的继承实现渐近式建模。勒纳德类比了结构建模与面向对象的程序设计的共同之处，使用 Smalltalk 列举了结构建模中的对象类，定义了这些类之间的关系，实现了面向对象的模型集成。

从上述的模型表示技术的研究现状中可以看出，尽管目前已经有了很多的方法来表示与管理决策模型，但实际应用中还存在很多的问题，还没有一套完备统一的模型描述体系，众多模型之间的关系不自然，模型和数据之间的联系缺乏统一性，缺少一种控制和使用模型的机制和方法，也缺少统一操作模型的可理解的界面。这些问题导致了模型的输出难以进一步使用，模型所需要的数据常常难以产生，复杂问题的模型库难以建立和维护，决策用户难以理解专业领域模型等困难。

在决策问题建模过程中，主要由专业人员在同时具备具体问题领域的专业知识和软件架构设计能力的基础上完成的。而多数情况下对具体问题领域有着深入了解的领域专家并不熟悉软件开发，软件设计人员对具体领域的工作机理也并不了解，因此，团队中从事同一领域不同工作环节的人员便会使用他们各自熟悉的理论和技术来进行决策问题描述和模型设计。由于这种知识构成上的差异，团队中很少有人同时精通领域知识和软件开发过程，领域专家只能含糊地描述他们的需求，开发人员费力地去理解领域中那些对他们来说很陌生的东西，也只能含糊地理解领域专家的思想，因此必须提供一套高层的知识描述方法促进相关人员的沟通交流。辅助决策发展深度方面的要求正是以决策问题模型的规范化描述为基础，研究模型的存储、运行和组合方式，提高对复杂问题的决策求解能力。而辅助决策发展广度方面的要求，就是在模型描述基础上，研究决策问题模型的共享和重用机制，提高对问题的适应性和敏捷性，从而实现决策过程的即需即用。随着决策问题越来越复杂，模型描述技术对辅助决策系统的开发和应用的影响越来越大，针对这一问题本章第3节将介绍基于本体的复杂决策问题形式化描述方法。

随着计算机技术的发展，人们求解复杂问题的能力越来越强。在建立复杂问题的数学模型时，不可避免地要涉及事物的不确定性。不确定性主要包括随机性和模糊性。随机性是指事件发生与否的不确定性，模糊性则指事物本身从属概念的不确定性，也可称为不明确性。随着数学理论和人工智能技术的发展，研究者们提出了多种不确定问题的处理方法，如证据理论、定性推理、确定因子理论、贝叶斯网、模糊集、粗糙集、灰色理论等。其中贝叶斯网是以概率论为数学基础的图模式，同时又解决了概率理论的局限性，能够很好地解决随机性决策问题，而模糊集理论本身就是用来描述模糊性的逻辑，并且由于模糊逻辑尝试模拟人类的语感、决策制定和常识，因此获得了广泛的应用。本章第4、第5两节将分别介绍基于贝叶斯网和基于模糊逻辑的复杂决策问题建模方法。

4.3 基于本体的复杂决策问题形式化描述

4.3.1 引言

1. 传统决策方法在求解复杂决策问题时的局限性

决策问题的描述往往是自然语言化的、不完全的和不精确的，例如"以最小损失和最大毁伤效果攻击某目标"，这样的描述是计算机无法理解的，甚至于人类在缺乏背景知识的情况下也难以对问题进行求解。

在传统的决策技术和方法体系中，决策问题求解的一般途径是：首先确定一个求解效果的期望值，例如允许的最大兵力损失为多少，最大弹药量消耗为多少，对目标达到压制或是歼灭的毁伤效果等，然后选择合适的模型（数学模型或者决策者潜意识里存在的计算方法），根据已获得的信息和知识以及决策者的经验设置模型的参数，然后推导出解决问题的行动方案和效果，并和期望值进行比较，最后修正期望值，调整行动方案，得出结果，这个过程可以用图4-1表示。

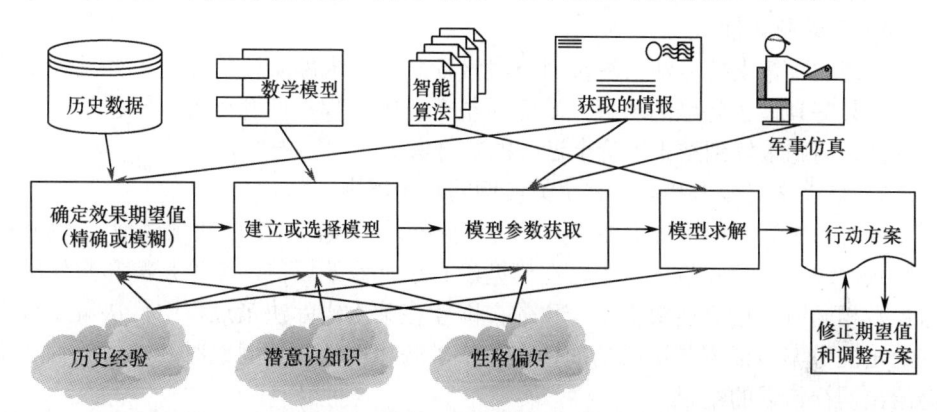

图 4-1 决策问题求解的一般途径

从求解决策问题的一般途径可以看出，决策者做决策是一个定性和定量综合集成的推理、控制和求解过程，既受决策者的个人偏好、性格等影响（如给出求解效果的期望值），也受决策者的经验影响（如调整模型的部分参数），同时很明显地存在大量数学计算和逻辑推理等定量化方法。传统的决策方法往往注重定量化模型的建立，通过消除一些非主要的影响因素、约束决策环境等手段简化实际的决策问题，建立有效的分析模型。这是一种还原论的思想，在帮助人们理解具体环境具体决策问题的特征和规律方面起到了很好的效果，并且有效地解决了很多确定性、精确化的决策问题，例如第二次世界大战期间产生的运筹学在解决诸如武器调配、武器性能评价、器材库存管理等问题时取得了良好的效果。但传统的决策方法在解决不确定环境中的复杂决策问题时显得力不从心，表现出很大的局限性，主要体现在以下几方面[83]。

1）与实际决策问题差别较大

传统的决策方法大多从定量化的角度来求解问题，没有很好地体现人类解决决策问题的思维模式，对实际决策问题的支持功能很有限。为了能够实现定量化的求解，不得不制造假设，限定条件，硬套还原论的思想，造成实现的数学模型跟实际的决策问题相距甚远。

2）决策问题结构化困难

由于决策问题结构的复杂性，往往难以马上给出明确的问题描述，需要一个渐进的过程，而传统的决策技术不能对这一过程给予很好的支持，造成当数学模型被验证为不合理时只能重新建模。

3）决策者的意图难以获取

传统决策支持方法在处理决策者意图上缺少有效的工具，这在一定程度上阻碍了决策者参与决策全过程，引起了决策者对决策方法的不信任感。

4）缺乏整体性

传统的决策支持方法仅注重对方案设计和问题求解阶段的支持，并且大多数是针对某些具体子问题的求解，缺乏对整个决策过程从问题分析、问题确定、方案设计、问题求解到结果评价全过程的综合考虑。

5）缺少学习能力和对已有决策实例的利用能力

目前的决策支持系统主要是由使用者选择求解模块（对应数学模型），输入相关参数后进行运算并给出结果，在模型没有进行修改以前，无论是第几次使用，当参数相同时，运算结果都是一样的，即使在某次实际决策过程中，决策支持系统给出的方案被证明是不成功的，在下次求解相同的决策问题时，求解软件还是会给出同样错误的结果。

因此，本节重点讨论复杂决策问题的形式化方法，这是决策问题求解的初始阶段，也是最基础的工作，后续的问题建模、问题求解等阶段都依赖所采用的形式化方法及决策问题形式化后的结果。

2. 决策问题形式化的含义

决策问题的形式化是指认识、理解并表达问题的结构，确定问题域中包含的变量及变量间关系的过程。理想的形式化方法既能够清晰地描述决策问题的结构和行为特征，又能够进行实际操作。不同的形式化方法适用于不同的描述对象，并且描述的能力也各不相同，因此选择一个适合于求解复杂决策问题的形式化方法并利用其对问题进行有效的形式化是一项基础且非常重要的工作。

通过对决策问题的复杂性分析可以知道，复杂决策问题包含结构复杂和计算复杂两个方面的复杂性，其中的结构复杂性与问题求解主体对该问题相关知识的掌握程度有着密切的关系。为了理解待求解的决策问题，问题解决者可以通过对求解这些问题的知识的不断学习、掌握并运用以达到理顺或简化问题结构的目的，更好的办法是构建与问题域有关的知识库。知识库的构建是问题形式化过程中的一个重要环节，同时内容丰富的知识库又有助于决策问题的形式化。

问题形式化的必要性表现在：

（1）根本目的是进行问题求解；

（2）需要将问题描述成计算机可以理解或者人机协同解决的表达方式；

（3）问题本身很复杂，通过形式化理清内部结构，提高其结构度，并将其置于某个成熟理论框架之中使问题变得可以求解。

3. 问题形式化的要点和步骤

一般来讲，问题形式化主要包括问题识别、问题定义和问题结构化 3 个阶段，通常这 3 个阶段反复进行，最终达成良好的形式化结果。具体来说，问题结构化应包括下列 4 类概念化问题的解决。

（1）目标状态概念化。这一观点认为，问题目标的不确定性是问题之所以成为弱结构或非结构的主要原因。

（2）问题空间概念化。西蒙为良结构的问题定义了 6 条准则，他认为问题结构与问题的可表示性有关，弱结构问题不能像良结构问题一样得到精确的表示，主要是因为问题的可能状态及状态间的变换是未知的。

（3）知识概念化。梅森（Mason）和米特罗夫（Mitrof）等人认为问题的非结构性主要是由于求解主体对问题的相关状态及状态转换的不熟悉，非结构问题的求解主体缺乏良结构问题求解主体所拥有的知识。

（4）过程概念化。问题之所以非结构，是由于求解主体缺乏有效的求解程序。

更为明确和实际的决策问题形式化步骤主要有 5 点。

（1）对问题进行抽象化。识别问题所属的问题域，明确问题所涉及的要素以及要素之间的关系，确定问题的初始状态和目标状态，并用规范化的、易于形式化的表达方式（如图文法、UML 等）对问题进行抽象化描述。

（2）选择一个或多个成熟基础理论框架。例如分形理论、粗糙集、一阶逻辑、描述逻辑等。

（3）将抽象化后的问题映射成所选理论框架中的元素。

（4）选取一个或几个基于所选理论的技术和方法。

（5）根据所选技术和方法对映射后的问题进行表示和修正。

上述的决策问题形式化过程可用图 4-2 表示，图的左侧是形式化步骤，右侧是采用本体论进行决策问题形式化时的示例。

4. 几类形式化方法

形式化方法的一个重要研究内容是形式规约（Formal Specification，也称形式规范或形式化描述），它是对描述对象"做什么"的数学描述，是用具有精确语义的形式语言书写的决策问题功能描述，它是分析和求解问题的出发点，也是验证求解结果是否正确的依据。形式规约的方法主要可分为两大类：一类是面向模型的方法，也称为系统建模，该方法通过构造系统的

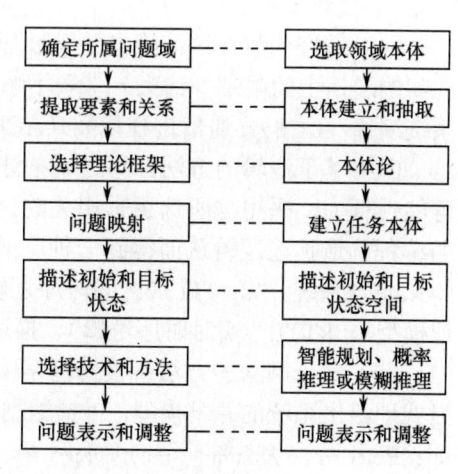

图 4-2 基于本体的问题形式化步骤

计算模型来刻画系统的不同行为特征；另一类是面向性质的方法，也称为性质描述，该方法通过定义目标系统必须满足的一些性质（属性）来描述一个系统，间接定义系统行为。不同的形式规约方法要求不同的形式规约语言，如代数语言 OBJ、Clear、ASL、ACT One/Two 等，进程代数语言 CSP、CCS、π 演算等，时序逻辑语言 PLTL、CTL、XYZ/E、UNITY、TLA 等。这些规约语言由于基于不同的数学理论及规约方法，因而也千差万别，但它们有一个共同的特点，即每种规约语言均由基本成分和构造成分两部分构成。前者用来描述基本（原子）规约，后者把基本部分组合成大规约。构造成分是形式规约研究和设计的重点，也是衡量规约语言优劣的主要依据。形式化方法的另一重要研究内容是形式验证（Formal Verification）。形式验证与形式规约之间具有紧密的联系，形式验证就是验证已有的问题描述（系统）P 是否满足其规约(φ, ψ)的要求。传统的验证方法包括模拟和测试，都是通过试验的方法对系统进行查错。模拟和测试分别在系统抽象模型和实际系统上进行，这些方法花费很大，而且由于试验所能涵盖的系统行为有限，很难找出所有潜在的错误。因此，早期的形式验证主要研究如何使用数学方法严格证明一个系统描述的正确性（一致性和完备性）。

根据表达能力，形式化方法可以分为以下 5 类。

（1）基于模型的方法：通过明确定义状态和操作来建立一个系统模型（使系统从一个状态转换到另一个状态），给出系统状态和状态变换操作的显式但抽象的定义，这种方法可以表示非功能性需求（诸如时间需求），不过对于并发性没有显式的表示，如：Z 语言、VDM、B 方法等。

（2）代数方法：通过将未定义状态下不同的操作行为相联系，给出操作的显式定义，但不定义状态。同样，它也没有给出并发的显式表示，如：OBJ、CLEAR、Larch 族代数规约语言等。

（3）进程代数方法：给出并发过程的一个显式模型，并通过过程间允许的可观察的通信上的限制（约束）来表示系统行为，如：通信顺序过程（CSP）、通信系统演算（CCS）、通信进程代数（ACP）等。

（4）基于逻辑的方法：用逻辑描述系统预期的性能，包括底层规约、时序和可能性行为。采用与所选逻辑相关的公理系统证明系统具有预期的性能。用具体的编程构造扩充逻辑从而得到一种广谱形式化方法，通过保持正确性的细化步骤集来开发系统。如：ITL（区间时序逻辑）、模态逻辑、时序逻辑、TAM（时序代理模型）、RTTL（实时时序逻辑）、描述逻辑等。

（5）基于网络的方法：根据网络中的数据流，采用具有形式语义的图形语言显式地给出系统的并发模型，包括数据在网中从一个结点流向另一个结点的条件。如：Petri 网、状态图、谓词变换网等。

在形式化方法的使用中，这些方法之间的区别并不总是很清楚的，有些是结合多种方法的多个方面而形成的混合方法,大多数方法都以集合论和谓词为其根本基础,所以,这些方法在技术上都有相似性。不过,在表达能力上,这些方法之间有一定的区别,这也是上述分类的主要依据。

尽管目前已经有了很多的形式化方法来描述决策问题,但实际应用中还存在很多的困难,例如元数据难以获取、推理复杂、映射困难、不易于被领域专家理解和掌握等。同时,一些方法对实际的决策问题做了过多的简化处理,虽然利于揭示问题的本质,但也忽略了环境中很多现实因素对决策问题的影响。另外还有一些方法对数据完备性的要求较高,而这在现实情况下是很难保证的。

4.3.2 本体和描述逻辑

本体(Ontology)起源于哲学领域,是关于存在的学说,即回答"存在的本原是什么",它把世界的存在归结为某种物质的、精神的实体或某个抽象原则。1993年美国斯坦福大学的格鲁伯(Gruber)给出了第一个在信息科学领域中本体的正式定义[84]:本体是共享概念化的明确的形式化规范,它通过概念之间的关系来描述概念的语义。本体作为一种能在语义和知识层次上描述信息系统的概念模型建模工具,自从被提出以来就引起了国内外众多科研人员的关注,并在许多领域得到了广泛的应用,如知识工程、软件工程、数字图书馆、信息检索和自然语言处理等。所建立的领域本体知识模型可为基于知识的系统提供概念基础,为计算机和计算机之间、人和计算机之间建立起对事物的一致理解。

1. 本体论基本定义

定义 4.1 概念(Concept),也称为类(Class),是指具有相似特性的实体集合的名称。通常用内涵和外延来刻画具体概念,所谓概念内涵是对概念本质属性的反映,如"行星"的内涵为:必须是围绕恒星运转的天体;质量必须足够大,自身的吸引力必须和自转速度平衡使其呈圆球状;不受到轨道周围其他物体的影响,能够清除其轨道附近的其他物体。外延是指概念适用的范围,包括该概念的每一个实体对象,如"太阳系行星"的外延为水星、金星、火星、地球、木星、土星、天王星、海王星。

概念分为本原概念(Primitive Concept)和定义概念(Defined Concept),所谓本原概念,就是其意义不依赖于其他概念解释的概念,最基本的本原概念是"事物 Thing"和"谬物 Absurdity"。除了本原概念之外的概念都是定义概念,即在已有概念的基础上定义的新概念。

定义 4.2 如果概念 A 具有概念 B 的内涵,则称概念 A 是概念 B 的子概念,记为 $A \sqsubseteq B$,它们之间的关系 $\sqsubseteq$ 称为子类关系,也称为继承。如果概念 A 除了具有概念 B 的内涵,还有概念 B 所不具备的其他性质,则称概念 A 是概念 B 的真子概念,记为 $A \sqsubset B$。相应地,也可以定义父概念和真父概念。

如"行星"是"天体"的真子概念，它不但具备天体的特征（如：具有一定质量、处于宇宙空间中），还具有其他的特征（如：围绕恒星运转）。而反过来，不是所有的天体都围绕恒星运转，围绕恒星运转不是天体的特征。

容易验证，概念之间的继承关系满足自反性、反对称性和传递性，符合偏序关系的定义，因此某个领域本体的概念集合在继承关系下构成偏序集，可以将偏序集中的相关理论引入到本体论中。特别是，若在某个领域的概念集合中，概念 A 是概念 B 的子概念，且不存在既是概念 A 的父概念又是概念 B 的子概念的概念，那么称概念 A 是概念 B 的直接子概念。如果概念 $A \sqsubseteq C$ 且 $B \sqsubseteq C$，则称概念 C 是概念 A 和概念 B 的公共父概念，类似地可以定义公共子概念。

定义4.3 概念的具体对象称为个体，每个个体至少属于一个概念。

如"地球"是"太阳系行星"中的个体，同时它还是"行星"、"天体"等概念的个体。

定义4.4 个体之间的联系称为关系。

从集合的观点看，关系就是概念直积集的一个子集。如"地球"和"太阳"分别是"行星"和"恒星"概念中的个体，二者之间具有关系"围绕运转"。

定义 4.5 本体是一种领域知识表示手段，可以被表示为 $O=(C,R,I,A)$，其中 C 表示概念集合，R 表示关系集合，I 表示个体集合，A 表示相关公理集合。

2. 描述逻辑基础

本体论的理论基础是描述逻辑，它是一种基于对象的知识表示的形式化方法，是一阶逻辑的一个可判定的子集，具有合适定义的语义和很强的表达能力。描述逻辑是在语义网络和框架的基础上，为了完善和处理概念的语义而逐渐发展起来[85]。

描述逻辑系统包含3个基本组成部分：表示概念、关系和个体的符号集、术语公理集和个体断言集。概念和关系是描述逻辑中的两个基本元素，其中概念解释为领域个体的集合，可视为一元谓词；关系则表示个体之间的联系，可视为二元谓词。一般地，描述逻辑依据构造算子，在原子概念和关系上构造出复杂的概念和关系。构造算子决定了描述逻辑的表达能力，基本的描述逻辑至少包含以下算子：交（$\sqcap$），并（$\sqcup$），非（$\neg$），存在量词（$\exists$）和全称量词（$\forall$）。最基本的描述逻辑称为 ALC（Attributive Language with Complement），它是施密特—肖布（Schmidt-Schauß）和斯莫尔卡（Smolka）于1991年提出的[86]，施密特—肖布已证明 ALC 是最小命题封闭的描述逻辑。在 ALC 基础上添加其他的构造子可以扩展为表述能力更强的描述逻辑，例如添加数量约束算子">"和"<"，则构成描述逻辑 $ALCN$。

定义4.6 AL 语法。最小的描述逻辑 AL 中的概念描述的语法规则如下：

$$C, D \rightarrow A \mid \quad \text{（原子概念）}$$
$$\top \mid \quad \text{（顶概念）}$$
$$\bot \mid \quad \text{（底概念）}$$

$$\neg A \mid \quad \text{（原子否定）}$$
$$C \sqcap D \mid \quad \text{（概念交）}$$
$$\forall R.C \mid \quad \text{（全称量词）}$$
$$\exists R.\top \quad \text{（全局存在量词）}$$

其中 C, D 表示概念，R 表示关系。若假设 Person 和 Male 是原子概念，则 Person ⊓ Male 和 Person ⊓ ¬ Male 都是概念，分别表示男人和女人。假设 hasChild 是原子关系，则 Person ⊓ ∃hasChild.⊤ 和 Person ⊓ ∀hasChild.Male 也是概念，分别表示有孩子的人（父母）和所有孩子都是男孩子的人。

AL 中否定算子只用于原子概念，关系上的存在量词作用域必须是全局范围，添加更多的构造子可以扩展其表达能力，如概念并、任意概念否定、任意域存在量词等，这样便构成最基本的描述逻辑 ALC。

定义 4.7 ALC 语义。ALC 的语义是存在解释 $I = (\Delta^I, \cdot^I)$，其中 Δ^I 是个非空集合表示论域中所有个体集合，$\cdot^I$ 表示解释函数，它将每个原子概念 A 映射到集合 $A^I \subseteq \Delta^I$，将每个原子关系 R 映射到集合 $R^I \subseteq \Delta^I \times \Delta^I$。

定义 4.6 中的构造子语义解释见表 4.3 所列。

表 4.3 描述逻辑 ALC 的语法和语义

构造算子	语法	语 义	例 子
原子概念	A	$A^I \subseteq \Delta^I$	Person
原子关系	R_A	$R_A^I \subseteq \Delta^I \times \Delta^I$	hasChild
顶概念	$\top$	Δ^I	Thing
底概念	$\bot$	$\varnothing$	Absurdity
概念交	$C \sqcap D$	$C^I \cap D^I$	Person ⊓ Male
概念并	$C \sqcup D$	$C^I \cup D^I$	Father ⊔ Mother
概念否定	$\neg C$	$\Delta^I \setminus C^I$	¬Male
全称量词	$\forall R.C$	$\{a \in \Delta^I \mid \forall b.(a,b) \in R^I \to b \in C^I\}$	∀hasChild.Male
存在量词	$\exists R.C$	$\{a \in \Delta^I \mid \exists b.(a,b) \in R^I \lor b \in C^I\}$	∃hasChild.Male

3. 扩展描述逻辑

基本描述逻辑 ALC 具有较强的表达能力和较低的推理复杂度。但 ALC 不足以描述各种应用的领域知识，因此人们又提出了表达能力更强的描述逻辑，它们都是 ALC 的扩展，可以分为以下两类。

（1）典型扩展。即引入新的构造子，不改变 ALC 的语义形式 $I = (\Delta^I, \cdot^I)$，但包括了关系数量约束概念构造子、枚举概念构造子、关系层次和关系构造子等内容，这样就演变成了 $ALCN$、$ALCF$、$ALCQ$ 等。在实际应用中，不仅需要描述概念，还要增强对关系的表达能力，具有传递性的关系常用于构造复合对象，这种带有传递性关系 R$^+$ 的 ALC 又简称为 S。若加入关系包含公理形成关系分层则得到 SH 语言。若 S 中对关系的逆是封闭的，即存在"逆关系"构造子，那么就是 SI 语言。既能通过整体刻画部分，又能由部分描述整体，这就是 SHI 的优势。在 SHI 的基础上再添加数量约束、函数性约束或受限数量限定，自然就有了 SHIN、SHIF、SHIQ。如果需要对个体实例进行刻画，可以通过枚举实例来实现。在描述逻辑中加入枚举算子，可将一些个体名整合成一个集合的概念，如 SHOQ、SHOIN 就是在 SHQ、SHIN 的基础上扩展而来。

（2）非典型扩展。即引入具体域以描述现实世界实体的度量特性，如数值域、时间域等，使得描述逻辑形式系统的表达能力更强，具体域的引入使得语义解释中需要添加表示具体域的非空集合。如 SHIF(**D**)、SHOQ(**D**)，SHOIN(**D**) 等。

目前流行的 Web 服务描述语言 OWL DL 便是以描述逻辑 SHOIN(**D**) 为基础，其对 ALC 的扩展见表 4.4 所列[87]：

表 4.4　SHOIN(**D**) 对 ALC 的扩展语法和语义

构造算子	语 法	语 义
函数性约束	$\leq 1R$	$\{a \in \Delta^I \mid \#\{b \mid (a,b) \in R^I\} \leq 1\}$
关系数量约束	$\geq nR$	$\{a \in \Delta^I \mid \#\{b \mid (a,b) \in R^I\} \geq n\}$
	$\leq nR$	$\{a \in \Delta^I \mid \#\{b \mid (a,b) \in R^I\} \leq n\}$
定性数量约束	$\geq nR.C$	$\{a \in \Delta^I \mid \#\{b \in \Delta^I \mid (a,b) \in R^I \wedge b \in C^I\} \geq n\}$
	$\leq nR.C$	$\{a \in \Delta^I \mid \#\{b \in \Delta^I \mid (a,b) \in R^I \wedge b \in C^I\} \leq n\}$
枚举对象	$\{a_1, a_2, \cdots, a_n\}$	$\{a_1, a_2, \cdots, a_n\}$
关系交	$R \sqcap S$	$R^I \cap S^I$
关系并	$R \sqcup S$	$R^I \cup S^I$
关系补	$\neg R$	$\Delta^I \times \Delta^I / R^I$
关系连接	$R \circ S$	$\{(a,c) \in \Delta^I \times \Delta^I \mid \exists b.(a,b) \in R^I \wedge (b,c) \in S^I\}$
关系逆	R^-	$\{(b,a) \in \Delta^I \times \Delta^I \mid (a,b) \in R^I\}$
传递闭包	R^+	$\bigcup (R^I)^i$
同一关系	$id(C)$	$\{(a,a) \in \Delta^I \times \Delta^I \mid a \in C^I\}$
具体数值域	语 法	语 义
数据类型	D	$D^D \subseteq \Delta^I_D$
数据域关系	U	$U^I \subseteq \Delta^I \times \Delta^I_D$
数据值	v	$v^I = v^D$
数据域存在量词	$\exists U.D$	$(\exists U.D)^I = \{a \mid \exists v.(a,v) \in U^I \wedge v \in D^D\}$
数据域全称量词	$\forall U.D$	$(\forall U.D)^I = \{a \mid \forall v.(a,v) \in U^I \rightarrow v \in D^D\}$
数据域关系数量约束	$\geq nU$	$(\geq nU)^I = \{a \mid \#\{v.(a,v) \in U^I\} \geq n\}$
	$\leq nU$	$(\leq nU)^I = \{a \mid \#\{v.(a,v) \in U^I\} \leq n\}$

(续)

公　理	语　法	语　　义
概念蕴含	$C \sqsubseteq D$	$C^I \subseteq D^I$
关系蕴含	$R \sqsubseteq S$	$R^I \subseteq S^I$
数据域蕴含	$U \sqsubseteq V$	$U^I \subseteq V^I$
个体声明	$C(a)$	$a^I \in C^I$
个体等价	$a = b$	$a^I = b^I$
个体不等价	$a \neq b$	$a^I \neq b^I$
概念存在	$\exists C$	$C^I \neq \emptyset$

4．本体的推理

基于本体的领域问题建模，就是定义具体领域中的概念、关系、个体及其相互之间的关系，形成领域本体知识。建立领域本体知识系统的目的除了用于表示领域中的概念和关系，更重要的是实现计算机推理，即验证已有知识的一致性或从已有的显式描述的语句中推出未知的知识。领域知识库由术语集 TBox 和断言集 ABox 构成，TBox 的典型推理问题包括满足性和概念蕴含。ABox 的典型推理问题包括一致性和实例检查。满足性和一致性推理用于确保知识系统是有意义的。概念蕴含用于构造知识系统的概念层次结构。实例检查可以归结为检索出满足概念查询语句的个体。

1）术语公理集中的推理问题

在建立领域知识模型时，首先需要定义该领域相关的概念集，其中大部分概念需要根据已有概念描述。这一过程中，每定义一个新概念必须要判断是否有意义，是否会引入矛盾，即概念的"概念满足"问题。有的时候我们可能还想知道某个概念是否比另一概念更为"一般"，这就是"概念蕴含"问题。另外还包括"概念等同"，即两个概念的语义是否一致；"概念脱节"，即两个概念是否不相关。从逻辑上，这些推理问题定义如下[85]：

概念满足（Satisfiability）：在术语集 T 约束下，概念 C 是可满足的，当且仅当存在 T 的解释 I 使得 $C^I \neq \emptyset$。

概念蕴含（Subsumption）：在术语集 T 约束下，概念 C 蕴含于概念 D，记为 $C \sqsubseteq_T D$ 或 $T \vDash C \sqsubseteq_T D$，当且仅当 T 中任意一个解释 I 均有 $C^I \subseteq D^I$。

概念等同（Equivalence）：在术语集 T 约束下，概念 C 等同于概念 D，记为 $C \equiv_T D$ 或 $T \vDash C \equiv_T D$，当且仅当 T 中任意一个解释 I 均有 $C^I \equiv D^I$。

概念脱节（Disjointness）：在术语集 T 约束下，概念 C 与概念 D 脱节，当且仅当 T 中任意一个解释 I 均有 $C^I \cap D^I = \emptyset$。

概念的满足性问题是最基本的推理任务，可以证明，其他推理任务都可以归结为满足性问题。

命题 4.1：C、D 是概念，在术语集 T 约束下，有以下结论：
a. C 是不可满足的，等价于 C 蕴含于 $\bot$；
b. C 和 D 是概念等同的，等价于 C 蕴含于 D 且 D 蕴含于 C；
c. C 和 D 是概念脱节的，等价于 $C \sqcap D \sqsubseteq \bot$。

命题 4.2：C、D 是概念，在术语集 T 约束下，有以下结论：
a. C 蕴含于 D，等价于 $C \sqcap \neg D$ 是不可满足的；
b. C 和 D 是概念等同的，等价于概念 $C \sqcap \neg D$ 和 $\neg C \sqcap D$ 都是不可满足的；
c. C 和 D 是概念脱节的，等价于 $C \sqcap D$ 是不可满足的。

命题 4.3：C 是概念，在术语集 T 约束下，下面几个语句是等价的：
a. C 是不可满足的；
b. C 蕴含于 $\bot$；
c. C 和 $\bot$ 是概念等同的；
d. C 和 $\top$ 是概念脱节的。

上述几个命题由描述逻辑的基本概念很容易得证，表明了它们之间彼此等价。

2）个体断言集的推理问题

在领域知识术语集建立并经过满足性检查后，需要定义断言集 ABox 声明该系统的知识个体实例，包括概念断言 $C(a)$ 和关系断言 $R(b,c)$，这些断言也必须是一致的，不会与已有概念产生矛盾。实例检查问题，即确认某个断言是否属于某概念。检索问题，即将检索语句看作是一条概念，检查属于这个概念的实例。从逻辑上讲，这些推理任务可以定义如下。

一致性（Consistency）：在术语集 T 约束下，断言集 A 是一致的，当且仅当存在解释 I 是 T 和 A 的模型。若 T 为空集，A 是一致的等价于存在 A 的解释 I。

实例检查（Instance Checking）：在断言集 A 约束下，$C(a)$ 成立，记为 $A \vDash C(a)$，当且仅当对 A 的任意解释 I，有 $a^I \in C^I$，也等价于 $A \cup \{\neg C(a)\}$ 是不一致的。

检索问题（Retrieval Problem）：给定断言集 A 和概念 C，找出 A 中满足 $A \vDash C(a)$ 的个体集合；或给定断言集 A 和个体 a，找出满足 $A \vDash C(a)$ 的概念集合。

同样从定义就可以看出后两个问题可以归结为一致性问题，其他推理问题基本上都可以转换为这种推理或利用这种推理结果，比如断言公式的推导等。描述逻辑 $ALCN$ 的 ABox 一致性检测可以通过传统的 Tableaux 算法完成，并且这种算法的复杂度是多项式时间的。其证明过程请参见文献[85]。

4.3.3 基于本体的决策问题知识表示[89]

决策问题表示是针对决策问题而建立的描述方案，决策算法是为求解一个决策模型而运用的数学方法，决策数据是在特定决策问题背景中，供决策算法运行所用的输入输出信息。决策算法一般是固定的,如各种优化算法、搜索算法等,决策问题表示是根据决策问题的不同而变化的。每个决策问题模型可以采用不同的决策算法,每个决策算法也可应用于不同的决策问题模型,如线性规划算法可用于路径规划问题模型中,也可用于任务分配问题模型中。

决策模型与决策算法相分离,决策模型与决策数据相分离,不同的决策模型可以有相同的决策算法,相同的决策模型可以有不同的针对具体决策问题的决策数据。这些原则可大大提高辅助决策系统开发中决策方案、决策模型与决策算法的可重用性和决策领域专家的建模效率。

1. 决策问题抽象表示

模型是对原问题的抽象表示,它与所用的描述语言和表达方式无关。因此,此处研究的决策问题表示方案也不涉及具体的语法结构。

定义 4.8 概念化序列是一组概念个体的有序集,其每个元素都是某个概念的实例,如序列 $X(x) :=< X_1(x_1), \cdots, X_n(x_n) >$ 中变量 x_i 是概念 X_i 的个体。用 $|x|$ 表示序列 x 的长度,若 $|x|=n$ 则称序列 x 为 n 元序列。

概念化序列的实质是具体领域中的一组个体声明,这些个体可以用来代表决策问题的输入输出,这样决策问题便可定义如下。

定义 4.9 决策问题可以表示为一个六元组 $M =< ID, B, D, I, O, F >$,其中 ID 为决策问题模型的标识符,B 为模型的基本信息,包括名称、开发者、版本、创建时间等,D 表示该模型所属的领域本体,I 表示模型的输入序列,O 表示模型的输出序列,F 表示模型的功能,是与这些个体相关的断言集合。

定义 4.10 决策问题模型语义。对于某个决策问题模型 M,如果在领域本体 D 的术语集 T 和断言集 A 中存在某个个体序列 $a =< a_1, \cdots, a_n >$ 使得 $< T, A > \vDash I_i(a_i)$ 成立,则

(1) 该模型能够以序列 $a =< a_1, \cdots, a_n >$ 作为其输入;

(2) 当模型 M 以序列 a 为输入运行后,其输出序列 $b =< b_1, \cdots, b_m >$ 必然使得 $< T, A > \vDash (O(b) \bigcup F(a,b))$ 成立。

例如:针对火力分配问题,已知我方现有部队和待打击目标,现分配各个部队的任务,使得对每个目标的毁伤效果最大。该模型可如下描述:

$M_{FA} =< ID\_FireAssign, D_{FA}, < Troop(x), Target(y) >, < ShotPlan(z) >,$
$\exists e(z\, itsTroop\, x \wedge z\, itsTarget\, y \wedge MaxEffect(e) \wedge z\, hasEffect\, e) >$

式中,假定已建立领域本体 D_{FA},第 7 章将详细阐述有关应用案例。

定义 4.11 设 A、B 是问题领域 D 中的两个模型,如果模型 B 是 A 的等价模型,则二者必然满足如下条件:

$$< T, A > \vDash A.I \equiv B.I \tag{4.1}$$

$$<T,A> \vDash A.O \equiv B.O \tag{4.2}$$
$$<T,A> \vDash A.F \equiv B.F \tag{4.3}$$

即模型 A、B 的输入输出都为等价概念序列,且其功能也为等价断言。

定义 4.12 设 A、B 是问题领域 D 中的两个模型,如果模型 B 是 A 的精化模型,记为 $B \sqsubseteq A$,则二者满足如下条件:

(1) 相容性:模型 B 的输入输出概念都是 A 的子概念,即 $<T,A> \vDash B.I \sqsubseteq A.I$ 且 $<T,A> \vDash B.O \sqsubseteq A.O$;

(2) 一致性:即模型 B 的输入输出也符合 A 的功能,即 $<T,A> \vDash A.F(B.I, B.O)$。

模型精化反映了模型的继承性,通过对精化关系的分析可以构造问题领域模型的层次结构。除了精化外,模型之间还存在其他的关系,称之为模型间的运算关系。

2. 运算关系

决策问题模型是对决策问题的抽象描述,一个决策问题可以分解为若干个子问题,各个问题之间存在一定的关联关系。相应地,决策模型也可以分解为若干子模型,各个模型之间也存在一定的交互组织关系。

定义 4.13 设模型 A 和 B 是问题领域 D 中的两个不同模型,若先运行模型 A,再将 A 的结果传至模型 B,就称模型 A 和模型 B 之间的关系为顺序结构关系,简称为顺序结构或顺序运算,记作 $A \mapsto B$,如图 4-3 所示。

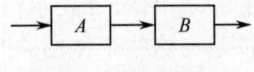

图 4-3 模型顺序运算

显然,两个模型 A 和 B 通过顺序运算复合而成的模型 $A \mapsto B$ 仍然是 D 的一个模型,且满足下列性质:

(1) 相容性:$A.O \sqsubseteq B.I$

(2) 一致性:$<T,A> \vDash (B.F(A.O, B.O) \bigcup A.F(A.I, A.O))$

在顺序运算关系中,虽然复合模型 $C := A \mapsto B$ 仍然是领域 D 的模型,但是模型 B 的部分输入信息来自模型 A 的输出,因此模型 C 的端口显然是不等于模型 A 和 B 单独提供的端口数之和,模型 C 的定义如下:

定义 4.14 设模型 A 和 B 是领域 D 的两个不同模型,如果模型 $C := A \mapsto B$,则有:

$$C.I = A.I \bigcup (B.I / A.O) \tag{4.4}$$
$$C.O = A.O \bigcup B.O \tag{4.5}$$
$$C.F = A.F \bigcup B.F \tag{4.6}$$

定理 4.1 设模型 A、B、C 是决策问题领域 D 中的 3 个模型,则它们对 $\mapsto$ 运算满足结合律，即：

$$(A \mapsto B) \mapsto C = A \mapsto (B \mapsto C) \tag{4.7}$$

要证明上式成立，只要证明等式两边形成的复合模型满足等价性条件。为便于推导，令 $M = A \mapsto B$，$E = M \mapsto C$，$N = B \mapsto C$，$G = A \mapsto N$

输入端口等价性。

左边的输入端口为 $E.I = M.I \cup (C.I / D.O)$
$= (A.I \cup (B.I / A.O)) \cup (C.I / (A.O \cup B.O))$
$= A.I \cup (B.I / A.O) \cup (C.I / (A.O \cup B.O))$

右边的输入端口为 $G.I = A.I \cup (N.I / A.O)$
$= (A.I \cup ((B.I \cup (C.I / B.O)) / A.O)$
$= A.I \cup (B.I / A.O) \cup (C.I / (A.O \cup B.O)) = $ 左边

故输入端口等价。

同理可得，输出端口和功能也等价，故定理 4.1 成立。

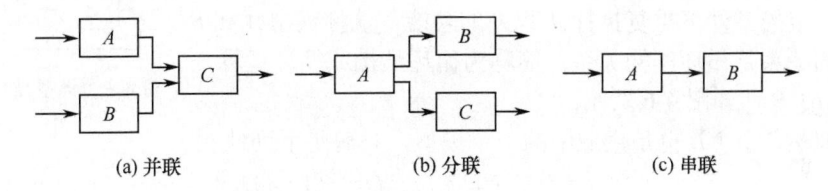

定义 4.15 设模型 A、B、C 是领域 D 的 3 个不同模型，如果同时存在口 $A \mapsto C$ 和 $B \mapsto C$ 则称模型 A 和模型 B 并联至模型 C；如果存在 $A \mapsto B$ 和 $A \mapsto C$，则称模型 A 分联至模型 B 和 C；如果存在 $A \mapsto B$，且 A、B 均与其他模型间没有顺序运算，则称 A、B 为串联，如图 4-4 所示。

(a) 并联　　　　　　(b) 分联　　　　　　(c) 串联

图 4-4　模型顺序运算的 3 种形式

分联、并联和串联都是顺序运算的一种形式。

定义 4.16 设模型 A 和模型 B 是领域 D 中的两个不同模型，若根据前置条件选择性地执行 A 或 B 来完成某一功能，则称 A 和 B 之间的关系为选择结构关系，简称为选择结构或选择运算，记作 $A \downarrow B$，如图 4-5 所示。

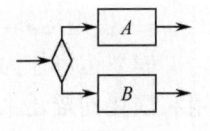

图 4-5　模型选择运算

在执行选择运算过程中，是先根据事先条件进行判断，然后再有选择地沿着模型 A 或者 B 的路径执行。显然 $A \downarrow B$ 也是一个模型，且满足下面性质：

$$(A \downarrow B).I = A.I \vee B.I \tag{4.8}$$

$$(A \downarrow B).O = A.O \vee B.O \tag{4.9}$$

$$(A \downarrow B).F = A.F \vee B.F \tag{4.10}$$

由定义 4.13 和定义 4.16 可以看出，在选择运算中，A 和 B 的功能实现是独立的，只是在功能执行上存在二选一的关系；而在顺序运算中，A 和 B 的功能实现是非独立的，模型 B 的运行依赖于模型 A，模型之间需要传递数据。

定理 4.2 设 A 和 B 是领域 D 的两个存在选择运算的模型，它们对 $\downarrow$ 运算满足交换律，即

$$A \downarrow B = B \downarrow A \tag{4.11}$$

证明：要证明上式成立，只需证明等式两边满足定义（等价）的条件，此处仅证明输入等价，其他的证明类似。

对于 $\forall x \in (A \downarrow B).I$，则有 $x \in A.I$ 或者 $x \in B.I$，根据性质，显然有 $\forall x \in (B \downarrow A).I$，即 $(A \downarrow B).I \equiv (B \downarrow A).I$。

同理有 $(A \downarrow B).O \equiv (B \downarrow A).O$ 和 $(A \downarrow B).F \equiv (B \downarrow A).F$，因此定理成立。 □

与顺序运算类似，选择运算也满足结合律。

定理 4.3 设 A、B、C 是领域 D 的 3 个模型，则它们对选择运算满足结合律，即

$$(A \downarrow B) \downarrow C \equiv A \downarrow (B \downarrow C) \tag{4.12}$$

证明：此证明与定理 4.2 的证明类似，此处略。 □

定义 4.17 设 A 和 B 是领域 D 中的两个不同的模型，若在一定的条件下重复执行 A 和 B 的功能，就称模型 A 和 B 之间的关系是循环结构关系，简称为循环结构或循环运算，记作 $A \updownarrow B$，如图 4-6 所示。

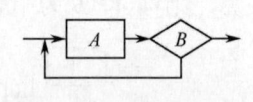

图 4-6 模型循环运算

显然，$A \updownarrow B$ 也是领域中的一个模型，且满足下列性质

$$(A \updownarrow B).I = A.I / B.O \cup B.I / A.O \tag{4.13}$$

$$(A \updownarrow B).O = A.O \cup B.O \tag{4.14}$$

$$(A \updownarrow B).F = A.F \cup B.F \tag{4.15}$$

3. 模型运算性质

模型运算作为描述模型组装方案的一种新方法，它在对决策模型的构造、重用和演化的描述上具有许多良好的性质，如通过对运算关系的修改构造出新的模型。本节在前述章节的基础上，进一步讨论模型运算的一些性质。

性质 4.1 设决策问题领域 D 中 $M_1, M_2, \cdots, M_n$ 是任意 n 个模型，如果它们之间存在顺序运算，则运算结果仍然是领域 D 的一个模型。

证明：令 $T_n = M_1 \mapsto M_2 \mapsto \cdots \mapsto M_n$，则

$$T_n = (M_1 \mapsto M_2 \mapsto \cdots \mapsto M_{n-1}) \mapsto M_n = T_{n-1} \mapsto M_n \tag{4.16}$$

要证明 T_n 是一个模型，只需证明 T_{n-1} 是一个模型。因为如果 T_{n-1} 是一个模型，则由定义 4.13 知 $T_{n-1} \mapsto M_n$ 也是一个模型，即 T_n 是一个模型。

由式(4.16)可以得到以下递推关系：
$$T_{n-1} = T_{n-2} \mapsto M_{n-1},\ T_{n-2} = T_{n-3} \mapsto M_{n-2}, \cdots, T_3 = T_2 \mapsto M_3,\ T_2 = M_2 \mapsto M_1$$

由定义 4.13，显然有 T_2 是一个模型，则通过式(4.16)的递推关系，显然 T_{n-1} 是一个模型，T_n 也是一个模型。 □

性质 4.2 设领域 D 中 $M_1, M_2, \cdots, M_n$ 是任意 n 个模型，如果它们之间存在选择运算，则运算结果仍然是领域 D 中的一个模型。

证明：与性质 4.1 的证明类似，此处略。 □

性质 4.3 设领域 D 中 $M_1, M_2, \cdots, M_n$ 是任意 n 个模型，如果它们之间存在循环运算，则运算结果仍然是领域 D 中的一个模型。

证明：与性质 4.1 的证明类似，此处略。 □

通过对模型运算性质的探讨，可以发现，有限个不同的模型通过不同的运算组合，能够生产出实现不同功能的新模型，从而为模型的组装和重用提供依据。通过若干个模型的组合，可以构造出复杂问题的模型，因此可以通过对模型间关系的研究来获得复杂问题模型。下面证明通过模型运算能够形成任意复杂问题的模型，即模型及其运算关系可以构成一个完整的代数系统。

定义 4.18 设 $M = \{M_1, M_2, \cdots, M_n\}$ 是领域 D 中所有模型的集合，$R = \{\mapsto, \downarrow, \updownarrow\}$ 是运算关系的集合。如果 M_i 和 M_j 是任意两个模型，且 M_i 和 M_j 通过关系 R 相关，记作 $M_i R M_j$，则由模型集 M 在运算关系 R 上生成的复合模型称为决策模型组装方案，记作 $MC = R(M)$。

定义 4.19 模型运算系统的完整性是指：

（1）MC 中的任意一个模型都属于 MC。

（2）MC 中的模型对每一种运算是封闭的。

（3）通过模型运算关系生成的模型也属于 MC。

定理 4.4 模型运算系统是一个完整的代数系统，可以描述任意决策问题的模型组装方案。

证明：该定理的证明分为两部分，第一部分证明模型运算系统是一个完整的代数系统，第二部分证明模型运算系统可以描述任意决策问题的模型组装方案。

先证明模型运算系统具有定义 4.19 的 3 个特征。

（1）显然每个 MC 中的模型都属于 MC。

（2）要证明顺序、选择和循环运算是封闭的，只要证明通过这些运算关系所产生的模型是封闭的，性质 4.1-4.3 已给出证明。

（3）设 A, B, C 分别是领域 D 中的由单一的顺序、选择和循环运算构成的复合模型，显然由性质 4.1～性质 4.3，这 3 个模型都是领域 D 中的模型。

同样根据上述性质可知，如果模型 A, B, C 之间存在运算的话，那么所形成的

模型也是领域 D 中的模型。

因此通过模型运算关系生成的模型也属于 MC，即模型运算系统是一个完整的代数系统。

再证明模型运算关系可以描述任意问题的组装方案。

由于任何一个程序都可以由顺序、选择和循环 3 种运算实现，而任何一个决策问题的求解算法最终都必须通过程序设计实现。因此，顺序、选择和循环 3 种模型运算关系和对应的程序设计结构是等价的，即模型运算关系可以描述任意决策问题模型组装方案。□

定理 4.5 领域 D 的所有模型组成的集合与其上的 $\mapsto$ 运算构成一个半群，记作 $<M,\mapsto>$。

证明：$\forall A,B \in M$，由定义知 $A \mapsto B \in M$，即 $\mapsto$ 运算是封闭的，所以 M 与运算 $\mapsto$ 构成一个代数系统。又根据定理 4.1，$\mapsto$ 运算满足结合律，所以 $<M,\mapsto>$ 是一个半群。□

定理 4.6 领域 D 的所有模型组成的集合与其上的选择运算构成一个交换半群，记作 $<M,\downarrow>$。

证明：$\forall A,B \in M$，由定义知 $A \downarrow B \in M$，即 $\downarrow$ 运算是封闭的，所以 M 与运算 $\downarrow$ 构成一个代数系统。又根据定理 4.2，$\downarrow$ 运算满足结合律和交换律，所以 $<M,\downarrow>$ 是一个交换半群。□

定理 4.7 模型运算系统描述的复合模型具有封闭性、层次性和可扩充性。

证明：由定理 4.4 的证明可知，模型运算系统是封闭的，故其描述的复合模型也是封闭的。

复合模型可由基本模型通过运算关系连接而成，假设 $MC_1, MC_2, \cdots, MC_n$ 是由运算关系形成的复合模型。

由性质 4.1～性质 4.3 可知，$MC_1, MC_2, \cdots, MC_n$ 也是模型，故 $MC_1, MC_2, \cdots, MC_n$ 通过顺序、选择和循环运算组合后，可以得到更为复杂的模型，故具有层次性。

假设 MC 是由复合模型，对满足条件的模型 C 而言，显然 $MC \mapsto C$、$MC \downarrow C$ 和 $MC \updownarrow C$ 仍然是能够描述的模型，故其具有可扩充性。□

4.4 基于贝叶斯网的复杂决策问题建模方法

4.4.1 传统概率方法的局限

现代战争的时空背景高度复杂，随机因素的作用广泛存在，无论是发现、射击，还是命中、摧毁，从本质上说都是随机的，随机性是作战过程的重要特点，因此，作战过程的描述就是对随机现象的描述。传统的概率方法被广泛的应用于解决决策问题，在解决随机性问题中起到了很大的作用，但是存在概率获取困难、不能进行预测等缺陷。为了解决这些缺陷，随着研究的继续深入，产生了概率论中的另一个学派——贝叶斯学派。贝叶斯学派认为概率是存在主观性的，是人们的主观思想对事件真实状态的一种置信度，这种置信度会随着人们获取信息的增加而不断变化。比如在炮弹试射实验中，如果前几次连续出现精确度在10m以内，那么人们就会认为下一次试射精确度在10m以内的概率会非常大。贝叶斯学派的思想比较符合人类思考问题的方式，已被广泛的应用于解决决策问题。由于概率的获取可以通过专家的估计得出，是人们的主观行为，解决了概率获取困难的问题，同时这种主观的置信度可以有效地根据已有的实验结果预测未来事件，因此弥补了上述的传统概率方法的几个局限。

4.4.2 贝叶斯网及其推理

现实世界中的问题并不总是像掷骰子、丢硬币这么简单，很多复杂的决策问题涉及非常多的因素，而这些因素之间存在着各种各样的关系，如果在进行概率推理时都是用要素对应变量的联合概率分布，会造成指数级的复杂度。人们研究发现，利用变量之间的条件独立性，使用条件概率分布代替联合概率分布，能大幅度地降低计算的复杂性，同时能够保持概率的一致性。在此基础上，随着图论的发展，人们开始尝试将图论的研究成果引入概率理论，用图形的方法表达变量之间的条件独立关系，并研究基于图形的概率推理方法。

贝叶斯网又称概率网（Probability Networks）或信念网（Belief Networks），是表示变量间连接概率的图形模式。它是一种有向无环图，图中的节点表示随机变量，有向边表示变量之间的相关关系，并用条件概率分布表达相关的程度，实现了将先验知识与样本信息相结合、依赖关系与概率表示相结合。总的来说，贝叶斯网具有如下优点[90]：

（1）贝叶斯网将贝叶斯方法和图论有机结合，既有严谨的数学理论支持，又有直观的表示形式。

（2）贝叶斯网是人类大脑中知识结构的自然表述方式，贝叶斯网中知识的表示和解释比较容易。

（3）图形表示方式可容易维持概率分布的完整性和一致性。

（4）贝叶斯网的简便表达和运用独立关系节省了存储空间，简化了知识获取和领域建模过程，降低了推理过程的复杂性，且具有对不精确数值的鲁棒性。

（5）图形表示使得高效推理成为可能，采用分布式信念更新方法大大提高了运算效率。信念更新算法不仅分离了原因对结果的作用和结果对原因的影响，而且避免了因果关系的反复相互作用。

（6）预言推理和诊断推理的结合克服了第一代专家系统遇到的很多问题，贝叶斯网广泛应用到需要自上而下和自下而上双向推理的认知任务领域。

（7）贝叶斯网中嵌入的因果关系便于分析动作序列、动作结果与观察间的交互及动作的预期功效，从而能够在不确定性下做出规划和决策。

（8）贝叶斯网拓扑结构具有和外部环境的同构性，容易反映环境变化，处理异常情况。

这些优点使得贝叶斯网技术成为目前不确定知识表达和推理领域最有效的理论模型之一，在决策领域以及人工智能的机器学习、模式识别、数据挖掘、知识发现等领域起着越来越重要的作用。

贝叶斯网的详细定义及其基本概念与结构如下：

定义 4.20 设 $U=\{\alpha,\beta,\cdots\}$ 是一个离散变量的有限集合，$P(\cdot)$ 为 U 中变量的概率分布，X、Y 代表 U 中两个不相交的节点集，称 X 与 Y 是独立的，记作 $I(X,Y)$，如果满足：$P(xy)=P(x)P(y)$，其中 x 表示 X 的取值。

定义 4.21 条件独立。令 X,Y,Z 代表 U 中 3 个不相交的节点集，则称在给定 Z 的情况下，X 与 Y 条件独立（conditionally independent），记作 $I(X,Z,Y)$，如果满足：$P(x|y,z)=P(x|z)$。

定义 4.22 d-分离（d-separation）。设 $X,Y,Z \subseteq U$ 代表有向无环图 S 中 3 个不相交的节点集，称 Z d-分离 X 与 Y，记为 $<X|Z|Y>$，如果从 X 中一个节点到 Y 中的一个节点的任一路径都不同时满足以下两个条件：

（1）所有具有会聚箭头的节点都在 Z 中，或者有子孙节点在 Z 中；

（2）所有其他的节点都不在 Z 中。

如果 X 与 Y 之间存在一条通路并且是活动的，则称 X 与 Y 是 d-连接的（d-connected）。

定义 4.23 I-map。称有向无环图 S 是关于概率分布 P 的一个 I-map，如果 S 中的所有 d-分离关系均对应 P 中一个条件独立关系，即 $<X|Z|Y> \Rightarrow I(X,Z,Y)$。

如果 I-map 中任意一个有向箭头都不能删除，称其为最小 I-map。

定义 4.24 贝叶斯网。设 $U=\{\alpha,\beta,\cdots\}$ 是一个离散变量的有限集合，P 为 U 中变量的联合概率分布，称有向无环图 $S=(U,E)$ 是一个关于概率 P 分布的贝叶斯网，当且仅当 S 是一个最小 I-map。

于是可以定义贝叶斯网的结构如下：

定义 4.25[91] 贝叶斯网结构。关于一组变量 $U=\{\alpha,\beta,\cdots\}$ 的贝叶斯网由以下两部分组成：

（1）一个表示 U 中变量条件独立断言的网络结构 S，S 为一有向无环图，图中的节点与 U 中的变量一一对应，图中的有向边表达了变量之间的条件依赖关系；

（2）与每一个变量相联系的条件概率分布 P。S 和 P 定义了 U 的联合概率分布。

根据贝叶斯网结构的定义，确定建立贝叶斯网的步骤为

（1）确定为建立模型有关的变量及其解释。

（2）建立一个表示条件独立断言的有向无环图。一般通过两步完成：

①决定节点的顺序；②决定每个节点的父节点。其中②是最关键的一步。

由于贝叶斯网的结构蕴含了所有变量的联合概率分布，并用条件概率的形式表现出来，即：

$$P(U) = P(X_1, X_2, \cdots, X_n) = \prod_{i=1}^{n} P(X_i | Pa_i)$$

式中：Pa_i 表示 X_i 的父节点集。

另有，在父节点给定的情况下，X_i 与其他节点都是条件独立的，即：

$$\prod_{i=1}^{n} P(X_i | Pa_i) = \prod_{i=1}^{n} P(X_i | X_1, \cdots, X_{i-1})$$

所以，对每个变量 X_i，有子集 $\pi_i \subseteq \{X_1, \cdots, X_{i-1}\}$ 使得 X_i 与 $\{X_1, \cdots, X_{i-1}\} \setminus \pi_i$ 是条件独立的，即对任何 X_i，有：

$$P(X_i | X_1, \cdots, X_{i-1}) = P(X_i | \pi_i) \tag{4.17}$$

由式（4.17）可知，变量集合 $(\pi_1, \cdots, \pi_n)$ 与 $(Pa_1, \cdots, Pa_n)$ 对应，也就是说，确定父节点的过程可以通过寻找变量之间的条件独立关系完成，确定了条件独立关系，也就确定了每个节点的父节点。

（3）为每个节点指派条件概率分布 $P(X_i | Pa_i)$。

以上两步可能是交叉进行的，而不是简单的顺序进行就可以完成。在结构确定以后，下一步工作是确定条件概率分布 $P(X_i | Pa_i)$，可以从历史数据中学习得到，也可以由专家凭经验确定。

在使用贝叶斯网求解决策问题的过程中，研究者发现经典的贝叶斯网只适用于静态过程和离散变量，无法适应更为复杂的决策环境。于是人们从不同的角度对经典贝叶斯网进行了扩展，使其具有更强的表达能力，其中获得较大成功的有动态贝叶斯网、面向对象的贝叶斯网、决策网、定性贝叶斯网等。

贝叶斯网推理是利用其表达的条件独立性，快速计算待求概率值的过程，目的是通过联合概率分布公式，在给定的网络结构和已知证据下，计算某一事件发生的概率。贝叶斯网推理形式包括自上而下的递归推理（或因果推理）、自下而上的诊断推理以及混合推理（或解释推理）。在使用条件独立关系简化计算过程的前提下，简单的贝叶斯网的推理是可行的，但实际决策任务的网络结构一般都比较复杂，使得其概率推理难以实现。为此，很多优秀的推理方法被提出，包括采用

数学和图论方面的技巧降低推理的计算复杂度的精确推理，包括变量消去法、超树（Polytree）的推理方法、割集（Cutset）的推理方法、连接树（Junction Tree，或 Join Tree，或 Clique Tree）的推理方法等，和采用抽样技术来得到一个近似解的近似推理，如基于仿真的方法和基于搜索的方法。

4.4.3 描述逻辑的概率扩展

前文关于描述逻辑的介绍中提到，描述逻辑是一种基于对象的知识表示形式化方法，是一阶逻辑的一个可判定的子集，具有合适定义的语义和很强的表达能力。基于其推理机制的有效性，目前已经成为国内外相关领域的研究热点，在信息检索、智能诊断、知识推理、语义网构建等领域获得了较好的应用。

虽然经典的描述逻辑及其典型扩展如 *SHIF*，*SHOQ*，*SHOIN* 等可以有效地处理精确信息，然而随着应用领域的扩大和需解决的问题越来越复杂，人们越来越希望描述逻辑可以处理不确定的信息。针对现实复杂决策任务中可能存在的随机性，本节将贝叶斯网技术引入到描述逻辑对其进行概率扩展。由于 *SROIQ*[88]是目前表达力最强同时又可判定的描述逻辑，是 OWL2 的形式基础，因此本节将选择 *SROIQ* 作为扩展的对象，介绍其概率扩展版本 P-*SROIQ*。在 *SROIQ* 中，每个描述逻辑公理关联一个事件，而在 P-*SROIQ* 中则是通过贝叶斯网关联一个概率值。

SROIQ 可以明确表示或推理获得概念之间的包含或不相交关系，但却不能表示两个概念之间的重叠关系，例如在高校里，有人既是老师又是学生，有人既是老师又是管理人员，这种概念重叠关系作为一种典型的不确定性知识在领域中是非常普遍的。P-*SROIQ* 是描述逻辑 *SROIQ* 的概率扩展版，支持主观 *SROIQ* 概念间的概率包含关系和一个关于概率概念断言的专有类。任何的 *SROIQ* 本体都可以用作 P-*SROIQ* 本体的基础，后者使得经典本体到概率本体的转换更为容易[92]。

1. P-*SROIQ* 的语法

P-*SROIQ* 的语法构成元素包含所有的 *SROIQ* 语法构成元素，并在此基础上增加条件约束（conditional constraints），引入概率来表示概念之间的不确定关系。条件约束的形式是 $(D|C)[l,u]$，其中 D 和 C 是 *SROIQ* 中的概念，分别称为结论概念和证据概念，$[l,u] \subseteq [0,1]$ 是一个闭合实值区间。当证据概念 $C \equiv \top$ 时条件约束的特例称为无条件约束。P-*SROIQ* 中的概念、关系和个体等基本元素和 *SROIQ* 中的一致，不同是对知识库进行了概率扩展。一个概率知识库 PKB=(PT, PR, PA, BN)，其中 PT、PR、PA 分别是 *SROIQ* 中 TBox、RBox 和 ABox 的概率形式，BN 是一个贝叶斯网。详细的形式化定义如下。

PTBox PT=(T, π)，其中 T 是 *SROIQ* 的 TBox，π是条件约束的一个有限集合，是 PTBox 的概率组成部分。例如一个 PTBox 公理 $(D|C)[l,u]$ 的含义是如果一个随机选择的个体 c 是概念 C 的一个实例，那么 c 也是概念 D 的一个实例的概率落在

区间[l, u]中。

PRBox PP=(P, π)，其中 P 是 SROIQ 的 RBox，π是条件约束的一个有限集合，是 PTBox 的概率组成部分。

PABox PA=(I_C, I_P, π)，其中 I_C 是传统的描述逻辑个体集，I_P 是概率个体集（注意 I_C 和 I_P 不相交），π是关于 I_P 中每个概率个体的条件约束集合。

BN = ((U, E), Pr)，是在传统 SROIQ 知识库基础上扩展的概率注解，其中 U 是贝叶斯网上的节点，其含义是对于描述逻辑中的概念 C 可以添加如下形式的概率注解：X=x，$X \subseteq U$ 且 $x \in D(X)$，D(X)是 U 中与 X 概念相等的节点上关联的有限概率区间。

2．P-SROIQ 的语义

通过在传统的描述逻辑解释中加入概率分布可以对 P-SROIQ 的概率知识库进行形式化的语义定义。

定义 4.26 标注解释（Annotated Interpretations）。标注解释是在标准的一阶解释的基础上，通过贝叶斯网为每一个变量 X 赋一个概率值（或区间）X = x。从形式化的角度，标注解释 $I = (\Delta^I, \cdot^I)$ 在唯一命名假设前提下与传统一阶解释有着基本一致的含义，唯一不同的是 $\cdot^I$ 将随机变量集合 V 中的变量 v 映射到一个概率值 $v \in D(V)$。标注解释 I 满足概率公理 $\phi: X = x$，当 $I \models \phi: X = x$, iff $V^I | X = x$ is equivalent to $I \models \phi$。

定义 4.27 概率解释（Probabilistic Interpretations）。在标注解释上的有限概率分布。从形式化的角度，一个概率解释 Pr 是定义在所有标注解释集合上的概率函数，将有限数量的标注解释关联一个正的概率值。在 Pr 中一个概率公理 $\phi: X = x$ 的概率表示为 $Pr(\phi: X = x) = \sum Pr(I)$，其中 I 是一个满足公理 $\phi: X = x$ 的标注解释。当 $Pr(\phi: X = x) = 1$ 时，则称 Pr 满足概率公理 $\phi: X = x$；当 Pr 满足一组概率公理集中的每个概率公理时，则称 Pr 满足该公理集；当在一个概率知识库 PKB=(PT, PP, PA, BN)中 Pr 满足 PT∪PP∪PA 且对每一个概率值 $v \in D(V)$ 有 $Pr(V = v) = Pr_{BN}(V = v)$，则称 Pr 满足 PKB，此时 PKB 是可满足的。

4.4.4 决策任务本体的概率扩展[93]

1．对 OWL2 的扩展

在对描述逻辑 SROIQ 进行基于贝叶斯网的概率扩展的基础上，可以对本体描述语言 OWL2 通过自定义一些新的标签或者定义一些结构转换规则，根据本体定义的概念类及其之间的语义关系，将本体与贝叶斯网相结合，使其可以支持对不确定（随机性）知识的表示和推理。

P-CLASSIC[94]于 1997 年由科勒（Koller）等提出，是对描述逻辑语言 CLASSIC

的一种概率扩展。P-CLASSIC 的知识库中定义了一系列的 p-classes，每一个 p-class 是一个定义在基本属性上的贝叶斯网，并以此来表示本体中的不确定性。同时，P-CLASSIC 提供了一种有效的推理程序来计算本体中的概率包含关系。

PR-OWL[95,96]是一种基于多实体贝叶斯网（Multi-Entity Bayesian Network，MEBN）[97]的描述逻辑概率扩展。MEBN 基于贝叶斯逻辑，结合了一阶逻辑和贝叶斯网。PR-OWL 在贝叶斯网中用参数化的标志（MFlags）来表达不确定知识，从而实现了将不确定性知识在一阶逻辑解释中的表示。

OntoBayes[98]也是一种将 OWL 和贝叶斯网结合起来的方法，通过增加对 OWL 本体语言类型的定义，利用概率和对 OWL 的依赖关系注释来表示贝叶斯网中的不确定信息。OntoBayes 支持多值随机变量及定义在随机变量上的联合概率分布。

BayesOWL 是文献[99,100]提出的一种概率本体理论框架，基于贝叶斯网络对语义网络本体语言 OWL 进行扩展以对不确定性知识进行表示和推理。BayesOWL 定义了一系列结构转换规则，根据本体定义的概念类及其之间的语义关系，将本体转化为贝叶斯网。BayesOWL 还提供一种将已知的不确定性知识合成到转换后的贝叶斯网中的方法。作为结果的贝叶斯网构成了一个综合本体知识和概率知识的知识库。BayesOWL 通过定义转换规则，将本体推理问题直接转换为贝叶斯网推理问题，既未改变本体语言的底层逻辑又利用了贝叶斯网的推理能力，解决了分类学本体的不确定性问题。

综合上述各类方法的优点，考虑实际应用的可能性，下面以现有本体理论和方法以及本体描述语言 OWL2 为基础，在不改变现有结构和标签的前提下，对 OWL2 的概念、关系和知识库进行扩展，具体步骤如下：

（1）对 OWL2 中的概念类（Class）进行概率扩展，这可通过引入表示概率相关的 Variable 类、State 类、Proposition 类和 Probability 类来实现；

（2）利用上述概率扩展类定义关系、属性和个体等其他元素；

（3）利用将扩展后的 OWL2 基本元素映射成贝叶斯网络上的节点构建若干贝叶斯网，存入知识库；

（4）在已有知识的基础上，结合加入的贝叶斯网规则进行推理。

2. 本体中概率知识的表示

对于一个本体，概率知识可以视为对概念类和类之间关系的概率约束，并通过概率分布来表示，获得概率知识的方法通常是由领域专家提供或者从历史数据中学习。本书选用本体描述语言 OWL2 来描述复杂决策任务相关知识中的本体，因此在表示本体中的概率知识时，应尽可能地遵循 OWL2 语言的格式，充分利用 OWL2 中已定义的标签进行组织和扩展。从概率的视角来看，如果用一个类 A 表示某个概念，我们将其视为具有二元变量状态 a 和 $\bar{a}$，$P(A = a)$是先验概率，或认为任意一个个体属于类 A 的主观概率，$P(a|b)$表示类 B 的一个个体同时也是 A 的

一个个体的条件概率，同理可以定义 $P(\overline{a})$、$P(\overline{a}|b)$、$P(a|\overline{b})$ 和 $P(\overline{a}|\overline{b})$。对于概率 $P(v) = 0.7$，包含了 3 个元素：变量概念类 V，表示变量特定状态的命题 v（概念类 V 中任意选取的个体）和概率值 0.7。因此可以通过定义 3 个 OWL2 类标签来表示上述示例所体现的概率知识。

定义 4.28 类 Variable。表示随机变量，利用 Variable 类的定义可以将一个概念类 Class 扩展为一个随机变量类。Variable 类具有属性 hasClass，指向这个 Variable 类所对应的本体中的概念类。

定义 4.29 类 Proposition。描述 Variable 特定状态的命题，具有两个属性：hasVariable 和 hasState，分别表示该命题所刻画的变量以及对应的状态。

定义 4.30 类 Probability。描述概率值，具有 3 个属性：hasProposition、hasCondition 和 hasValue，分别表示结果命题、条件命题和概率值。其中 hasProposition 的属性数量约束为 ≥ 1，hasCondition 的属性数量约束为 ≥ 0，hasValue 的属性数量约束为 $= 0$。

一般情况下，Probability 表示的是条件概率，当 hasCondition 的数量为 0 时，Probability 表示先验概率。

在实际使用中，还可以定义 CondCollection 和 PropConllection，分别具有 ≥ 1 个 hasProposition 属性和 ≥ 1 个 hasCondition 属性，表示 hasProposition 和 hasCondition 的集合，并代替 Probability 类中的 hasProposition 和 hasCondition 属性。

3．本体—贝叶斯网映射

在本体中加入对概率知识的支持的目的是利用在决策任务求解中被证明为有效的概率推理，贝叶斯网是一项优秀的概率知识表示和概率推理的技术，通过建立本体与贝叶斯网之间的映射可以有效地利用贝叶斯网技术的先进成果实现本体的概率推理。本体—贝叶斯网映射工作由 3 个子任务组成，即本体概念类映射、本体关系映射和条件概率表构建。

1）本体概念类映射

在前文中通过对概念类 Class 的扩展定义得到随机变量类 Variable，并通过命题类 Proposition 和概率类 Probability 的定义将 Variable 关联到一个概率分布。此时的 Variable 类具有二元变量状态：True 和 False，分别表示任意一个个体属于和不属于该类。这样的变量类（本质上仍为概念类）可以映射为贝叶斯网中的二元变量节点。具体来说，可以通过以下几个步骤完成概念类到贝叶斯网节点的映射。

（1）把本体中每个原子概念类 Class 扩展为随机变量类 Variable 后，映射到贝叶斯网的二元变量节点 L_c。

（2）通过域 D 和范围 R 定义的对象属性 P，映射到贝叶斯网的二元变量节点 L_p，表明拥有属性 P 的域中所有个体集合都是域 D 的子类。

（3）每个 L_p 节点都有自己的子节点 GR_L_p。如果该子节点通过属性 P 与其他节点相关，那么它就继承了 L_p 和 R 的部分特性，因此也具有两个状态：R 和不相关。

（4）对于本体中的匿名类，其定义是通过属性约束来实现的，并可能在本体中其他概念类之间构成隐含逻辑关系，这种隐含的逻辑关系可以借助本体推理工具显现出来并保证正确性。然而由此获得逻辑关系存在大量冗余，造成贝叶斯网规模大大增加。因此在匿名类没有与之相对应的贝叶斯网节点，但是构成了一些逻辑关系，这些逻辑关系需要利用一些冗余移出手段使其更为精练和合理。

2）本体关系映射

在 OWL2 中，本体中概念类之间的基本关系由类公理和类表达式构成，另外还有属性公理、个体公理和数据类型定义等。其中类公理（ClassAxiom）包括 SubClassOf、EquivalentClasses 和 DisjointClasses，分别表示包含（子类）关系、相等（等价类）关系和不相交关系，类表达式由概念类和逻辑算子构成，逻辑算子包括 ObjectIntersectionOf、ObjectUnionOf、ObjectComplementOf 和 ObjectOneOf，分别表示交集、并集、补集和限定个体集关系。这里只考虑这两类基本关系中的 7 种构造子。注意本体中的关系向贝叶斯网元素映射时并不全是转换为贝叶斯网中的有向边，只有当两个类之间通过在 OWL2 文件中定义的谓词（predicate）关联时才会在两个概念节点之间产生一条有向边，上述 7 种构造子中只有子类关系和限定个体集满足这个条件，其他 5 种构造子各定义了一种逻辑关系，这些逻辑关系映射到贝叶斯网上一类新定义的节点——逻辑节点（Logic Nodes，L-Nodes）。本体关系的映射规则归纳如下。

（1）子类关系构造子 SubClassOf。子类关系在贝叶斯网中映射为从父类节点到子类节点的一条有向边。图 4-7 给出了子类关系的子网表示，其中节点 $C, C_1, C_2, \cdots, C_n$ 是概率扩展后的本体中的概念类，$C_i(i=1,\cdots,n)$ 指向 C 的有向边标识了 C 与 C_i 之间的子类关系，意味着 C 继承自 C_i，由 C_i 定义，是 C_i 的子类。

（2）交集关系构造子 ObjectIntersectionOf。交集关系映射为贝叶斯网中的一个逻辑节点 LNodeIntersection，图 4-8 所示子网表明了这种关系，意味着概念类 C 是用概念类 $C_i(i=1,\cdots,n)$ 通过构造子 ObjectIntersectionOf 定义，是 C_i 的交集。

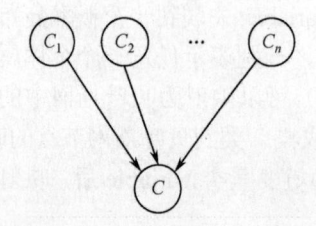

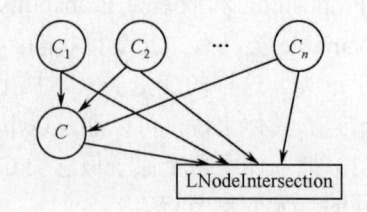

图 4-7 子类关系 SubClassOf 子网

图 4-8 交集关系 ObjectIntersectionOf 子网

（3）并集关系构造子 ObjectUnionOf。并集关系映射为贝叶斯网中的一个逻辑节点 LNodeUnion，图 4-9 所示子网表明了这种关系，意味着概念类 C 是用概念类

$C_i(i=1,\cdots,n)$ 通过构造子 ObjectUnionOf 定义，是 C_i 的并集。

（4）限定个体集关系构造子 ObjectOneOf。ObjectOneOf 是 OWL2 中新加入的类表达式，表示某个概念类的取值是限定个体枚举集 $\{a_1, a_2,\cdots, a_n\}$ 中的单个个体（OWL2 EL）或多个个体（OWL2 RL）。限定个体集关系映射为贝叶斯网中的子网如图 4-10 所示，意味着概念类 $C_i(i=1,\cdots,n)$ 由个体枚举集 $a=\{a_1, a_2,\cdots, a_n\}$ 定义，是 a 的限定个体集。

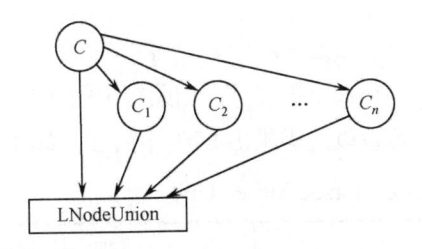

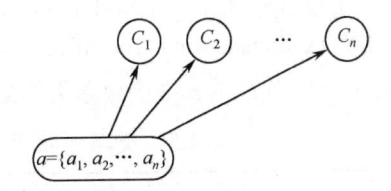

图 4-9 并集关系 ObjectUnionOf 子网

图 4-10 限定个体集关系 ObjectOneOf 子网

（5）补集关系 ObjectComplementOf、等价类关系 EquivalentClasses 和不相交关系 DisjointClasses。可以分别在转换后的贝叶斯网中定义逻辑节点 LNodeComplement、LNodeEquivalent 和 LNodeDisjoint 来表示两个概念类 C_1 和 C_2 之间的补集关系、等价关系和不相交关系，如图 4-11 所示。

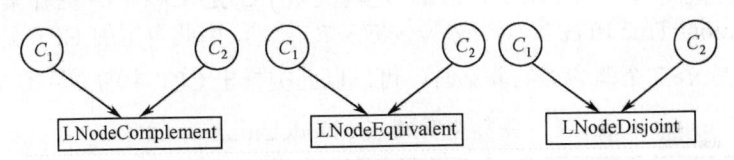

图 4-11 补集、等价和不相交关系子网

经过上面 5 个映射规则的实施，转换后得到的贝叶斯网包含两类节点（即表示本体中一般概念类的概念节点和表示概念节点间逻辑关系的逻辑节点）及表示节点之间所属关系的有向边。所有的逻辑节点都是叶节点，只有进向边（In-arcs）。约定在所有的逻辑关系（在贝叶斯网中定义为逻辑节点，除了用有向边表示的子类关系）表示中，一个概念节点的进向边只能来自其直接父类节点（即双亲节点，Parent Superclass Nodes），这样使得构造某个概念类的条件概率表（将在下节中介绍）更加容易，规模也更小。由于逻辑节点都是叶节点，因此避免了在被引入后产生环路。

在转换后的贝叶斯网中，所有的边都是由 OWL2 中的命题产生并设置方向，两个没有直接定义或者继承关系的概念节点之间是 d-分离的，而两个具有隐含从属关系的概念节点之间是 d-连接的，但两点之间没有边。

3）条件概率表构建

贝叶斯网的推理是基于每个节点的条件概率表（Conditional Probability Table,

CPT)，用 $P(C|\pi_C)$ 表示贝叶斯网上概念节点（变量节点）C 的 CPT，其中 π_C 表示 C 的所有父节点集合。CPT 可以通过领域专家赋值或者从历史数据中统计产生，由概念的先验概率和条件概率组成。从上一节的讨论中可以知道，本体转换后的贝叶斯网包含两类节点：概念节点和逻辑节点。下面先给出逻辑节点的 CPT 的形式，然后探讨概念节点 $C \in X_C$ 的先验概率 $P(C)$ 和条件概率 $P(C|O_C \subseteq \pi_C)$，$O_C \neq \emptyset$。

逻辑节点的 CPT 可以由转换前的概念及概念之间的逻辑关系推导得出，上一小节给出的 5 类逻辑节点所关联的条件概率表示如下：

（1）交集逻辑节点 LNodeIntersection。逻辑关系"C 是 C_1 和 C_2 的交集"等价于"LNodeIntersection=True iff $cc_1c_2 \vee \bar{c}\,\bar{c}_1c_2 \vee \bar{c}c_1\bar{c}_2 \vee \bar{c}\,\bar{c}_1\bar{c}_2$"，由此得出的 CPT 见表 4.5 所列。当 C 是 $n>2$ 个概念类的交集时，可以以此类推出 CPT 中的 2^{n+1} 条规则。

表 4.5　交集逻辑节点 LNodeIntersection 的 CPT

c_1	c_2	c	True	False	c_1	c_2	c	True	False
True	True	True	1.0	0.0	False	True	True	0.0	1.0
True	True	False	0.0	1.0	False	True	False	1.0	0.0
True	False	True	0.0	1.0	False	False	True	0.0	1.0
True	False	False	1.0	0.0	False	False	False	1.0	0.0

（2）并集逻辑节点 LNodeUnion。逻辑关系"C 是 C_1 和 C_2 的并集"等价于"LNodeUnion=True iff $cc_1c_2 \vee c\,\bar{c}_1c_2 \vee cc_1\bar{c}_2 \vee \bar{c}\,\bar{c}_1\bar{c}_2$"，由此得出的 CPT 见表 4.6 所列。当 C 是 $n>2$ 个概念类的并集时，可以以此类推出 CPT 中的 2^{n+1} 条规则。

表 4.6　并集逻辑节点 LNodeUnion 的 CPT

c_1	c_2	c	True	False	c_1	c_2	c	True	False
True	True	True	1.0	0.0	False	True	True	1.0	0.0
True	True	False	0.0	1.0	False	True	False	0.0	1.0
True	False	True	1.0	0.0	False	False	True	0.0	1.0
True	False	False	0.0	1.0	False	False	False	1.0	0.0

（3）补集逻辑节点 LNodeComplement。逻辑关系"C_1 和 C_2 互为补集"等价于"LNodeComplement=True iff $c_1\bar{c}_2 \vee \bar{c}_1c_2$"，由此得出的 CPT 见表 4.7 所列。

表 4.7　补集逻辑节点 LNodeComplement 的 CPT

c_1	c_2	True	False	c_1	c_2	True	False
True	True	0.0	1.0	False	True	1.0	0.0
True	False	1.0	0.0	False	False	0.0	1.0

（4）等价类逻辑节点 LNodeEquivalent。逻辑关系"C_1 和 C_2 相等"等价于

"LNodeEquivalent=True iff $c_1c_2 \vee \overline{c_1}\overline{c_2}$",由此得出的 CPT 见表 4.8 所列。

表 4.8 等价类逻辑节点 LNodeEquivalent 的 CPT

c_1	c_2	True	False	c_1	c_2	True	False
True	True	1.0	0.0	False	True	0.0	1.0
True	False	0.0	1.0	False	False	1.0	0.0

（5）不相交逻辑节点 LNodeDisjoint。逻辑关系"C_1 和 C_2 不相交"等价于"LNodeDisjoint=True iff $c_1\overline{c_2} \vee \overline{c_1}c_2 \vee \overline{c_1}\overline{c_2}$",由此得出的 CPT 见表 4.9 所列。

表 4.9 不相交逻辑节点 LNodeDisjoint 的 CPT

c_1	c_2	True	False	c_1	c_2	True	False
True	True	0.0	1.0	False	True	1.0	0.0
True	False	1.0	0.0	False	False	1.0	0.0

当从本体往贝叶斯网转换时，只有当上述逻辑关系存在时才会在贝叶斯网中形成相应的逻辑节点，换句话说，转换后的贝叶斯网中的逻辑节点状态都是 True，将这种状态表示为 r，那么 X_C 中的概念节点的 CPTs 可以表示为 $Q(X_C|r)$，即在子空间 r 中的所有概念节点的联合概率分布，要求满足该本体中的所有先验和条件概率约束。事实上，本体中已有的概率约束不一定都是按照概念节点 CPT 的形式给出的，同时，CPTs 是在空间 $X = X_C \cup X_L$ 上定义的，其中 X_C 是概念节点集，X_L 为逻辑节点集，而概率约束只定义在子空间 r 上，因此需要在已有概率约束的基础上推导出单个概率节点在子空间 r 上的条件概率。这里在文献[100]中 SD-IPFP 算法的基础上给出一种近似计算 X_C 的 CPTs 的算法以解决上述矛盾。

在转换后的贝叶斯网中，令 $X = \{X_1, X_2, \cdots, X_n\} = X_C \cup X_L$ 是节点集合，并有 $X_C \cap X_L = \varnothing$。对于 X_C 中的节点 C_i，所有的父节点也都是概念节点，当 C_i 的一个描述 c_i 的父节点中任意一个的状态为 False 时，有 $P(c_i | \pi_{C_i}) = 0$。只有当 c_i 所有的父节点的状态都为 True 时，c_i 对应的类 C_i 才需要体现在 CPT 中，此时 c_i 的概率分布体现了 C_i 包含于其所有父概念交集的程度，同时应该满足与 C_i 相关的概率约束。因此，构建概念节点的 CPTs 的工作就转化为了概率约束满足问题，可以通过改进的 SD-IPFP 算法的解决。

SD-IPFP 算法是在 IPFP（Iterative Proportional Fitting Procedure）算法的基础上扩展得到的，核心是通过一个迭代过程，每一步使用约束集中的一个约束条件，寻找一个满足当前约束条件的联合概率分布，通过循环使用约束集中的所有约束条件直至算法收敛。

SD-IPFP 算法是工作在整个领域知识空间的，需要对其进行修改以使其工作在子空间 r 中。令第 k 步迭代的联合概率分布为 $Q_{(k)}(X_C|r)$，表示 $Q_{(k)}(X_C, X_L)$ 在 $X_L = r$

（即所有的逻辑节点状态均为 True）的概率分布，利用链式规则可以得到：

$$Q_{(k)}(X_C|r) = \frac{Q_{(k)}(X_C,r)}{Q_{(k)}(r)} = \frac{Q_{(k)}(C_i|\pi_{C_i}) \times \prod_{B_j \in X_L} Q_{(k)}(b_j|\pi_{B_j}) \times \prod_{V_j \in X_C, j \neq i} Q_{(k)}(V_j|\pi_{V_j})}{Q_{(k)}(r)}$$
(4.18)

式中：$B_j \in X_L$ 是逻辑节点，b_j 表示 B_j 为 True 的状态，V_j 是 X_C 中除 C_i 以外的概念节点。

SD-IPFP 算法中利用概率约束确定条件概率分布的步骤为

$$Q_{(k)}(X) = \begin{cases} 0 & \text{当 } Q_{(k-1)}(Y^i|Z^i) = 0 \\ Q_{(k-1)}(X) \times \dfrac{R_i(Y^i|Z^i)}{Q_{(k-1)}(Y^i|Z^i)} & \text{当 } Q_{(k-1)}(Y^i|Z^i) > 0 \end{cases}$$
(4.19)

式中：$R_i(Y^i|Z^i)$ 为条件概率约束。考虑到在子空间 r 中，条件概率约束只在局部产生作用，表示为 $R(C_i|O_{C_i} \subseteq \pi_{C_i})$，此时式（4.19）转化为

$$Q_{(k)}(X_C|r) = Q_{(k-1)}(X_C|r) \times \frac{R(C_i|O_{C_i})}{Q_{(k-1)}(C_i|O_{C_i},r)}$$
(4.20)

由式（4.18）和式（4.20）可以得到：

$$Q_{(k)}(C_i|\pi_{C_i}) = Q_{(k-1)}(C_i|\pi_{C_i}) \times \frac{R(C_i|O_{C_i})}{Q_{(k-1)}(C_i|O_{C_i},r)} \times \alpha_{(k-1)}(\pi_{C_i})$$
(4.21)

式中：$\alpha_{(k-1)}(\pi_{C_i}) = Q_{(k)}(r)/Q_{(k-1)}(r)$ 为标准化因子。

确定概念节点 CPTs 的过程为：首先为每一个节点赋一个初始的概率值，$Q_{(0)} = P_{init}(X)$，其中逻辑节点的初始 CPTs 按照表 4.5～表 4.9 的规则设定，概念节点的初始 CPTs 可以根据经验赋值以及根据概念间的父子关系和与逻辑节点的关系进行设定。在每一步迭代中，r 被具体化为一组直接证据，每次只更新一个 CPT，即 $Q_{(k)}(C_i|\pi_{C_i})$。由于式（4.19）已在文献[101]中被证明是收敛的，因此式（4.21）也是收敛的。

4. 基于贝叶斯网的本体推理

在对本体描述语言 OWL2 进行概率扩展后，其语法和语义可以通过"描述逻辑的概率扩展"一节中的内容进行解释。由于引入了不确定性，因此加入了概率性知识表示的本体推理与传统的推理算法和过程是有区别的，是一种不确定性的推理。前文通过一系列的映射规则将本体转换为贝叶斯网表示，因此可以利用贝叶斯网推理技术来解决本体的不确定性推理问题，主要包括以下几点。

（1）概念可满足性。通过计算某个概念节点在所有逻辑节点均为真的情况下的概率来判定该节点所对应的概率是否可满足。如果 $P(c|r)=0$，则节点 c 所对应的

概念 C 不可满足。

（2）概念重叠性。通过计算某个概念的条件概率来表示概念间的重叠程度。比如 P(e|c, r) 表示描述 e 与概念 C 的重叠程度，可以利用上一小节中的 CPT 的构建算法求得。如果 P(e|c, r)=0，则 e 与 C 不相交；如果 P(e|c, r)=1，则 e 包含于 C；当 0<P(e|c, r)<1，则表示 e 与 C 是重叠概念。

（3）概念相似性。利用概念相似性度量方法来计算概念间的相似程度。即对于一个描述 e，找出与其相似度最高的概念 C。比如可以通过下面的 MSC(e, C) 方法计算概念相似度[102]：

$$MSC(e,C) = P(e \cap C | r) / P(e \cup C | r)$$
$$= P(e \cap C | r) / (P(e | r) + P(C | r) - P(e \cap C | r))$$

4.5 基于模糊理论的复杂决策问题建模方法

为了在信息系统中更加真实地表达人类的思维和表达方式，使得描述的知识和决策任务的求解过程更加符合复杂的实际情况，可以在领域知识表示、决策模型描述和决策任务求解中加入对模糊性知识的支持。模糊理论可以在两个层面应用于复杂决策任务建模。一个层面是在诸如多属性、多目标等决策模型中针对参数或者权重等存在的模糊性对模型进行适应性改造，使其可以适应决策过程中出现的不明确性；另一个层面是在 4.3 节给出的基于本体的复杂决策问题形式化描述方法的基础上加入对模糊性的支持以增强解决不确定性复杂决策问题的能力。针对第一个层面所作的研究较多，本书则着重从第二个层面来进行复杂决策任务的模糊建模。

4.5.1 理论基础

1. 模糊集

与传统的二值逻辑相比，模糊逻辑更加接近于人类的思维模式和自然语言。原理上，模糊逻辑提供了一种有效的方式来获取现实世界中近似的和不明确的特性。模糊逻辑的基础是模糊集。模糊集的概念一经提出，便在理论和应用两个方面得到迅速发展。模糊集理论已应用到系统科学、自动控制、信息处理、人工智能、模式识别、医疗诊断、天气预报、地震研究、农作物选种、体育训练、化合物分类以及经济学、心理学、社会学、语言学、生态学、管理学、法学和哲学等广泛领域。

模糊集理论是传统集合论在"模糊"意义上的扩展。首先需要说明的是，"模糊"并不是指所描述的对象是模棱两可的、不清晰的、甚至是不可理解的，而是指客观事物的本质属性在人们头脑中的反映，是普遍存在的一种不确定性，模糊性存在的根源就是客观事物之间的差异往往存在中间过渡，而人们对于客观事物的认识与客观事物本质之间也存在差异。模糊通过一个数值（即下文将提到的隶属度）刻画某个元素属于某个集合的程度，该理论的应用过程和结果都是明确的，并且能比传统的集合论更准确地描述真实世界。模糊集并不是代替传统集合论，而是传统集合的扩展，传统集合可以视为模糊集在一些特定情况下的特例。下面先对模糊集和模糊逻辑的一些相关概念做必要说明。

模糊集是一类具有隶属程度连续统的对象。这样的对象用隶属（特征）函数来阐述，该函数对每一个对象分配一个 0，1 之间的数值为隶属度。包含、并、交、补、关系、凸度等等集合论中的概念以及这些概念的性质和计算被扩展到模糊集上。

在解释上述关于模糊集的说明之前，首先来看几个例子。

（1）狗、马、鸟是否属于动物？石头、液体、水杯是否属于动物？细菌、水母、珊瑚是否属于动物？

（2）一个人的身高多少才算高？那很高呢？同样，一个人年龄多大才算老？很老呢？

（3）比 1 大得多的实数是一个怎样的集合？

（4）对于"打击某个目标"的任务，完成到什么程度才算成功？

对于第一个例子，狗、马、鸟显然属于动物，可以说这些元素属于动物集合的程度为 1；石头、液体、水杯显然不属于动物，可以说这些元素属于动物集合的程度为 0；而细菌、水母、珊瑚这些元素相对于动物集合而言是"模糊的"。

第二个例子中，如果说一个人身高 180cm 算高，那么 179cm 是不是就不算高了呢？179.9cm 呢？身高 180cm 算不算很高呢？如果说 60 岁以上是老人，那 59 岁是不是就不算老了呢？60 岁又算不算很老呢？通过思考这些问题可以发现，高、老这些概念是"模糊的"。

第三个例子，100 算不算比 1 大得多？如果算，那 10 呢？可能有些人觉得 10 算比 1 大很多的实数，有些人觉得不算，所以 10 算不算比 1 大得多的实数是"模糊的"。

第四个例子中，打击目标的任务要达到的作战要求有部分压制、完全压制、破坏、歼灭等，如果作战要求为完全压制，而事实上的作战任务达到了很大程度的部分压制，是否算成功完成了完全压制的作战要求？

类似的例子还有很多，显然，在传统的集合论的范畴里，无法去构造一个令人信服的集合来表示高、老、比 1 大得多的实数等概念，模糊集的出现有效地解决了这个问题。在几个概念的定义以后，我们再次尝试用模糊集来表示上述例子中给出的概念。

定义 4.31 集合 X（参照集合）的一个模糊集 A 是以取值范围在 0 到 1 之间的隶属度函数 μ 为特征的，X 中的每一个元素 x 分别以 $\mu_A(x)$ 的程度隶属于 A。$\mu_A(x)$ 的值越接近于 1，x 属于 A 内的程度就越大，反之 $\mu_A(x)$ 的值越接近于 0，x 属于 A 内的程度就越小。当 $\mu_A(x)$ 的取值只有 0 和 1 两个值时，集合 A 就成为了传统集合，$\mu_A(x)=1$ 或者 $\mu_A(x)=0$ 表示 x 属于 A 或者 x 不属于 A。

可以看出，模糊集和传统集合之间的关键区别就是隶属度函数，通常可以用以下的符号方式表示：

$$\text{传统集合 } \chi_A: \quad X \to \{0,1\}$$
$$\text{模糊集 } \mu_A: \quad X \to [0,1]$$

定义 4.32 空集 $\varnothing$。一个模糊集是空的当且仅当它的隶属度函数 $\mu_A(x)$ 在 X 上恒等于零。

定义 4.33 相等=。两个模糊集 A 和 B 相等（$A=B$），当且仅当对所有的 x 属于 X 有 $\mu_A(x) = \mu_B(x)$（下文将简写为 $\mu_A = \mu_B$）。

定义 4.34 补集 A'。A' 表示模糊集 A 的补集，定义为 $\mu_{A'} = 1 - \mu_A$。

定义 4.35 包含。模糊集 B 包含模糊集 A（等价于 A 是 B 的子集，或者 A 小于等于 B）当且仅当 $\mu_A \leq \mu_B$

定义 4.36 并 $\cup$。具有隶属度函数 $\mu_A(x)$ 和 $\mu_B(x)$ 的模糊集 A 和 B 的并是模糊集 C，记作 $A \cup B$。模糊集 C 的隶属度函数 $\mu_C(x)$ 定义为

$$\mu_C(x) = \max[\mu_A(x), \mu_B(x)], \quad x \in X$$

定义 4.37 交 $\cap$。具有隶属度函数 $\mu_A(x)$ 和 $\mu_B(x)$ 的模糊集 A 和 B 的交是模糊集 C，记作 $A \cap B$。模糊集 C 的隶属度函数 $\mu_C(x)$ 定义为

$$\mu_C(x) = \min[\mu_A(x), \mu_B(x)], \quad x \in X$$

这些定义显然是传统集合上相应定义的扩展。

回到定义前的 4 个例子，可以发现在模糊集理论的框架内能够很好地进行某些集合的定义。比如令 X 为所有物体种类集合，令 A 是动物模糊集，那么有

$\mu_A(\text{石头}) = 0$；$\mu_A(\text{细菌}) = 0.2$；$\mu_A(\text{珊瑚}) = 0.5$；$\mu_A(\text{水母}) = 0.8$；$\mu_A(\text{狗}) = 1$

又比如令 X 为 140cm 到 200cm 之间的高度集合，令 A 是概念"高"的模糊集，那么有

$\mu_A(140\text{cm}) = 0$；$\mu_A(150\text{cm}) = 0.1$；$\mu_A(160\text{cm}) = 0.3$；$\mu_A(170\text{cm}) = 0.6$；
$\mu_A(180\text{cm}) = 0.8$；$\mu_A(190\text{cm}) = 1$；$\mu_A(200\text{cm}) = 1$

再比如令 X 为所有实数，令 A 是"比 1 大得多的"数的模糊集，那么有

$\mu_A(0) = 0$；$\mu_A(1) = 0$；$\mu_A(5) = 0.01$；$\mu_A(10) = 0.2$；$\mu_A(100) = 0.95$；$\mu_A(500) = 1$

对于目标打击的例子，令 X 为毁伤效果的有效范围，令 A 是概念"压制成功"的模糊集，那么有

$\mu_A(0) = 0$；$\mu_A(0.1) = 0.05$；$\mu_A(0.3) = 0.1$；$\mu_A(0.5) = 0.6$；$\mu_A(0.8) = 0.9$；$\mu_A(1) = 1$

上面给出的隶属度函数 $\mu_A(x)$ 的值是主观指定的，在实际的应用中，可以通过让领域专家赋值，或者通过调查问卷计算比率来确定隶属度函数。理论上隶属度函数可以是任意形状的曲线，取什么形状取决于是否符合人类思维以及使用起来简单、方便，唯一的约束条件是隶属度函数的值域为[0, 1]。在实践中总结出来的常用的隶属度函数有 11 种，应用最广泛的是其中的三角形函数和梯形函数，它们的定义如下。

定义 4.38 三角形隶属度函数

$$\mu_A(x) = \begin{cases} 0, & x \leq a \\ \dfrac{x-a}{b-a}, & a < x \leq b \\ \dfrac{c-x}{c-b}, & b < x \leq c \\ 0, & x > c \end{cases}$$

式中：a 和 c 分别为模糊集 A 的上限和下限，b 为当隶属度函数 $\mu_A(x)$ 最大时 x 的取值。三角形函数如图 4-12（a）所示。

定义 4.39 梯形隶属度函数

$$\mu_A(x) = \begin{cases} 0, & x \leq a \\ \dfrac{x-a}{b-a}, & a < x \leq b \\ 1, & b < x \leq c \\ \dfrac{d-x}{d-c}, & c < x \leq d \\ 0 & x > d \end{cases}$$

梯形函数曲线如图 4-12（b）所示。

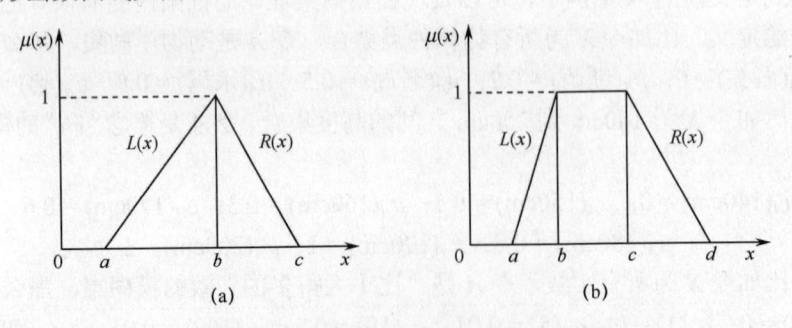

图 4-12 三角形函数曲线和梯形函数曲线

另外的 9 种常用隶属度函数分别是高斯型函数、双侧高斯型函数、钟形函数、sigmoid 函数型函数、差型 sigmoid 函数、积型 sigmoid 函数、Z 形函数、Π 形函数和 S 形函数。

除了集合相关的并运算和交运算外，还可以定义一些方法来形成模糊集的组合以及使他们彼此之间建立联系。

定义 4.40 代数积。用 AB 表示 A 和 B 的代数积，依据 A 和 B 的隶属度函数通过关系式 $\mu_{AB} = \mu_A \mu_B$ 来定义。显然，$AB \subset A \cap B$。

定义 4.41 代数和。用 $A+B$ 表示 A 和 B 的代数和，当且仅当 $\mu_A + \mu_B \leq 1$ 时，$\mu_{A+B} = \mu_A + \mu_B$。因此，当且仅当对于所有 x，$\mu_A(x) + \mu_B(x) \leq 1$ 都满足时，代数和才有意义。

定义 4.42 概率或。用 $\text{probor}(A, B)$ 表示 A 和 B 的概率或，依据 A 和 B 的隶属度函数通过关系式 $\text{probor}(A, B) = \mu_A + \mu_B - \mu_A \mu_B$ 定义。

定义 4.43 绝对差。用 $|A-B|$ 表示 A 和 B 的绝对差，通过 $\mu_{|A-B|} = |\mu_A - \mu_B|$ 来定义。

定义 4.44 模糊关系。积空间 $X \times Y = \{(x,y)\}, x \in X, y \in Y$ 中的模糊关系 R 是 $X \times Y$ 中的由隶属度函数 μ_R 表示其特征的模糊集合，μ_R 将每一个有序对 (x, y) 与 R 中的隶属度等级 $\mu_R(x, y)$ 相联系。更一般的，对 $I = 1, \cdots, n$，积空间 $X = X^1 \times X^2 \times \cdots \times X^n$ 中的 n 元模糊关系是用 n 元变量隶属度函数 $\mu_R(x_1, \cdots, x_n)$，$x_i \in X^i$ 表示的 X 中的一个模糊集。

有了模糊集及其运算的定义，就可以在此基础上进行语言变量的定义[103]。

回顾本小节一开始关于"模糊"的例子，其中一个是"一个人的年龄多大才算老"，通过前文的论述已经知道，"老"是一个模糊的概念，可以用一个模糊集来定义它。

2. 模糊规则

模糊规则定义为以下形式的条件语句：

  IF x is A
  THEN y is B

其中，x 和 y 是语言变量，A 和 B 分别为在论域 X 和 Y 上的模糊集定义的语言值。

通过一个与经典规则相比较的例子，可以理解模糊规则与经典规则的区别，进而理解模糊规则的特点和优势。

经典 IF-THEN 规则使用的是二值逻辑，变量值是精确定义的，例如：

  规则 1：
  IF   使用时间 > 150(min)
  THEN 笔记本电量低
  规则 2：
  IF   使用时间 < 40(min)
  THEN 笔记本电量高

在上面给出的两条经典规则中，变量"使用时间"可以取 0～180(min) 之间的任何数值（其中180min为该款笔记本在不插电源情况下笔记本电池可以坚持的最长时间），语言变量"笔记本电量"可取的值为"低"或"高"（通常会被定义为布尔变量0或1）。很明显，经典规则可以用布尔逻辑的语言来描述。这两条规则相应的模糊规则可以这样描述：

  规则1：
  IF 使用时间长
  THEN 笔记本电量低
  规则2：
  IF 使用时间短
  THEN 笔记本电量高

  可以很明显看出的区别是经典规则是用具体的数字关系（>150，<40）描述一个变量值，而模糊规则是用语言值（长，短）来描述变量值。事实上，两者的区别还不仅如此，首先，在模糊逻辑中，"使用时间"是一个语言变量，它的论域（范围）是0~180(min)，这个论域中包含一组模糊集如短、较短、长、很长等；其次，"笔记本电量"也是一个语言变量，它的论域是0~100%，这个论域中包含低、中等、高这样的模糊集。通过这种方式，在经典规则中引入模糊集，构成了模糊规则。

  通过上面的例子可以看出，模糊规则引入了语言变量和包含以模糊集形式存在的语言值集合的论域，这些模糊数是对描述对象的一种近似，而在求解复杂决策问题时，近似的刻画已经足够，因为人脑（包括专家的大脑）在进行思考时，无需高精确度的数据，通常使用的是带有"模糊"特点的语言值，比如若我方弹药量足够，则尽量歼灭敌方，这条语句中的"足够"、"尽量"就可以用模糊集来定义。人类的思考就是将通过视觉、听觉、触觉获得并传至大脑的信息进行一种模糊的综合，辅以已经掌握的知识，最终以最低精度完成特定的任务。因此，模糊规则更为接近人类思考问题的方式。另外，模糊规则可以完成对若干条经典规则的合并，这是因为模糊语言值可以比数字或者布尔值含义更广泛，表达力也更强，据调查，在基于经典规则的专家系统中引入模糊规则，结果减少了至少90%的规则数量。

  无论是经典规则还是模糊规则，我们将规则的IF部分称为前提，规则的THEN部分称为结论。在经典规则中，如果前提为真，则结论也为真，而在模糊系统中，前提可以是模糊语句，表示的是前提满足的程度，结论也可以是模糊语句，表示的是如果前提在某种程度上为真，则结论也在该程度上为真。例如存在两个模糊集跑步速度快和心跳速度快，它们的隶属度函数分别如图4-13所示。

  定义下列模糊规则：
  IF 跑步速度快
  THEN 心跳速度快

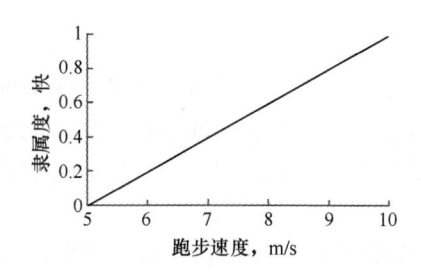

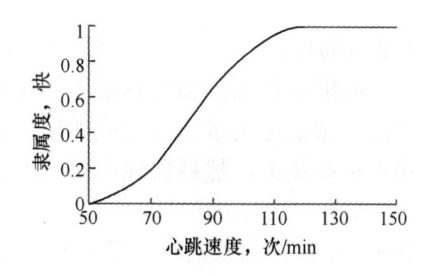

图 4-13 跑步速度快和心跳速度快的模糊集

从前提为真的程度估计结论为真的程度，即根据跑步速度为快的程度可以估计出心跳速度为快的程度。

图 4-14 演示了如何通过模糊规则根据跑步速度推导出心跳速度。

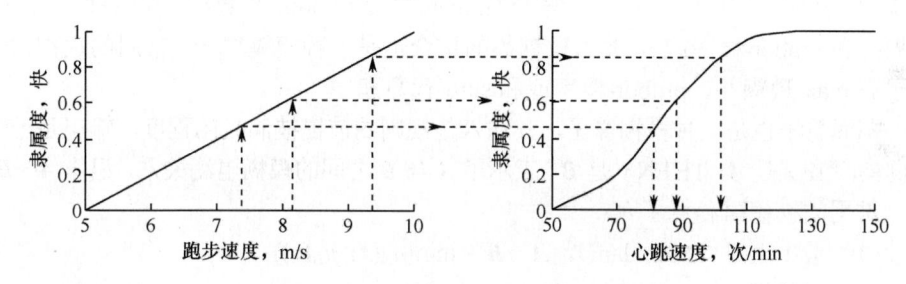

图 4-14 跑步时心跳速度的单调推导法

模糊规则是产生式规则，因此前提和结论都可以包含多个部分。例如在上个例子中加入一些语言变量构成下列规则：

IF　　　跑步速度快
AND　　跑步距离远
THEN　 心跳速度快；
　　　　出汗量多

对于包含多个部分的前提，可以用模糊集的操作计算各个部分的值并得到单一的数值，表示整个前提满足的程度，对于包含多个部分的结论，所有部分可以是受到前提的影响相同（即隶属度相同），也可以不同，这时就要在结论中为各个部分指定一个相对隶属度。

解释 IF…THEN 模糊规则包括以下 4 个过程。

（1）输入模糊化。即确定模糊规则的前提中每个命题或断言为真的程度，即隶属度，得到输入变量的模糊集。

（2）应用模糊算子。如果规则的前提有几个部分，那么利用模糊算子可以计算出整个前提为真的程度，即整个前提的隶属度。

（3）应用蕴涵算子。由前提的隶属度和蕴涵算子，推导出结论为真的程度，即结论的隶属度。

（4）输出清晰化。如果规则的结论由多个部分组成，或者是由多个规则推导出的结论，需要对这多个结论或者结论的部分（表现为多个输出模糊集）汇集到一个输出模糊集中，然后将模糊集的结果进行逆模糊化，得到一个单独的数值作为输出变量单一清晰的结果。

上述的解释模糊规则的过程其实就是模糊推理过程，下面将详细讨论这个过程。

3. 模糊推理

模糊推理的定义是：使用模糊集理论，将给定输入映射到输出的过程。

在上述模糊推理的过程中，输入变量的模糊化、应用模糊算子和输出模糊集的聚合可以用模糊集及其运算予以解决，其中输入变量的模糊化可以用隶属度函数求得，模糊算子中常用的有与算子（min-模糊交和 prod-代数积）和或算子（max-模糊并和 probor-概率或），输出模糊集的聚合也是一种模糊算子，常用的模糊聚合算子有 max-模糊并、probor-概率或和 sum-代数和。

蕴涵算子也是一种模糊算子，其输入是规则的前提被满足的程度，输出是一个模糊集，"IF x 是 A, THEN y 是 B"表示了 A 与 B 之间的模糊蕴涵关系，记作 $A \to B$。常用的模糊蕴涵算子有：

（1）最小运算（Mamdani），$A \to B = \min(\mu_A(x), \mu_B(y))$；

（2）代数积（Larsen），$A \to B = \mu_A(x)\mu_B(y)$；

（3）算术运算（Zadeh），$A \to B = \min(1, 1-\mu_A(x)+\mu_B(y))$；

（4）最大最小运算，$A \to B = \max(\min(\mu_A(x), \mu_B(y)), 1-\mu_A(x))$；

（5）布尔运算，$A \to B = \max(1-\mu_A(x), \mu_B(y))$；

（6）标准法运算(1)，$A \to B = \begin{cases} 1 & \mu_A(x) \leqslant \mu_B(y) \\ 0 & \mu_A(x) > \mu_B(y) \end{cases}$；

（7）标准法运算(2)，$A \to B = \begin{cases} 1 & \mu_A(x) \leqslant \mu_B(y) \\ \dfrac{\mu_B(y)}{\mu_A(x)} & \mu_A(x) > \mu_B(y) \end{cases}$。

逆模糊化即把输出的模糊集输出为单一的数值，常用的逆模糊化方法有以下几种[104]。

（1）质心法。取输出模糊集的隶属度函数曲线与横坐标合成区域的质心对应的论域元素值为输出值，即寻找一个点，这个点所在的垂直线能够将聚合集分割成两个相等的部分。这个质心（COG）的数学表示为

$$COG = \frac{\int_a^b \mu_A(x) x \, dx}{\int_a^b \mu_A(x) \, dx}$$

质心法是一种最常用的逆模糊化方法。

（2）二分法。取输出模糊集的隶属度函数曲线与横坐标合成区域的面积均分点对应的论域元素值为输出值。

（3）输出模糊集极大值的平均值。隶属度函数曲线中每个波峰所对应的论域元素值称为极大值。

（4）输出模糊集极大值的最大值。

（5）输出模糊集极大值的最小值。

模糊推理技术中最常用的方法是 Mamdani 方法和 Sugeno 方法。Mamdani 方法是在 1975 年由伦敦大学的易卜拉欣（Ebrahim Mamdani）教授在其建立的用来控制蒸汽机和锅炉的模糊系统中提出并应用，该模糊系统中应用了一套由经验丰富的人类操作员提供的模糊规则，格式如下：

IF x is A_1	IF x is A_2	IF x is A_3
	AND y is B_2	OR y is B_3
THEN z is C_1	THEN z is C_2	THEN z is C_3

其中，x、y 和 z 为语言变量，A_i、B_j 和 C_k 分别为在不同论域上模糊集定义的语言值。

Mamdani 模糊推理过程由 4 个步骤组成。

（1）输入变量的模糊化。取得清晰的输入 x_1 和 y_1，并依据相关的隶属度函数确定每个输入属于每个合适模糊集的程度。

（2）规则评估。取得模糊化后的输入，并应用到模糊规则的前项。如果给定的模糊规则有多个前项，则使用模糊操作（and 或 or）来得到表示前项评估结果的一个数值，并将这个数值应用到后项的隶属度函数中，即将后项的隶属度函数剪切或缩放到规则前项的数值的水平。

（3）聚合规则的输出。聚合是所有规则输出进行归一化的过程。将上一步骤中经过剪切或缩放的所有规则后项的隶属度函数合并到一个模糊集中。

（4）最终结果的逆模糊化。利用前文介绍的逆模糊化方法（如质心法）将聚合后的模糊集转化为单一的清晰化的数值。

由于 Mamdani 方法中模糊规则的后项是语言值，具有各种形状的隶属度函数，因此需要通过整合连续变化的函数找到二维形状的质心，通常这个过程计算的效率不太高。因此日本的菅野（Sugeno）在 1985 年首次提出使用只有一个尖峰的单态函数作为规则后项的隶属度函数以缩短模糊推理的时间。这里的单态函数是带有某种特定隶属度函数的模糊集，这种隶属度函数在论域的某个点上为 1，在其他点上为 0。Sugeno 模糊推理与 Mamdani 方法很类似，仅仅是改变了模糊规则的后项，将 Mamdani 方法中规则后项的语言值替换为输入变量（不是模糊集）的数学函数，得到如下格式的规则：

IF x is A AND y is B THEN z is $f(x, y)$

其中，x、y 和 z 为语言变量，A 和 B 分别为在不同论域上的模糊集，$f(x, y)$ 是数学函数。

Mamdani 方法和 Sugeno 方法具有不同特点，因此适用的地方也有所不同。一般来说，在获取专家知识时常使用 Mamdani 方法，因为 Mamdani 方法比较方便用更接近人类思考和专家表述的方式来描述专家的知识。而在利用已有知识进行决策问题的求解时，由于 Mamdani 模糊推理的计算量较大，而 Sugeno 方法的计算效率高，并且能够很方便得与优化和自适应技术协同工作，因此多选用 Sugeno 方法。

4. 模糊逻辑

将具有模糊概念的命题称为模糊命题（Fuzzy Statement），将研究模糊命题的逻辑称为模糊逻辑（Fuzzy Logic）。上文提及的模糊集、模糊规则、模糊推理等都属于模糊逻辑的范畴。模糊逻辑是一种可以有效处理不精确知识的形式化描述和推理方法。狭义的模糊逻辑主要关注两个模糊元素之间的模糊操作数，交、并、补、蕴含操作分别用 t-norm 算子 $\otimes$、t-conorm 联合算子 $\oplus$、取补函数 $\ominus$ 和蕴含函数 $\Rightarrow$ 表示，分别是传统集合中布尔合取、析取、取补和蕴含操作的扩展。模糊解释 I 将每个基本命题 p_i 映射到区间 $[0, 1]$，并可归纳扩展到如下组合的命题表达式：

$$I(\phi \wedge \psi) = I(\phi) \otimes I(\psi)$$
$$I(\phi \vee \psi) = I(\phi) \oplus I(\psi)$$
$$I(\phi \rightarrow \psi) = I(\phi) \Rightarrow I(\psi)$$
$$I(\neg \phi) = \ominus I(\phi)$$
$$I(\exists x.\phi(x)) = \sup_{a \in \Delta^I} I(\phi(a))$$
$$I(\forall x.\phi(x)) = \inf_{a \in \Delta^I} I(\phi(a)),$$

式中：Δ^I 表示 I 的值域。

根据对模糊操作数定义的不同，现有主流的模糊逻辑包括下面 4 种：Lukasiewicz logic、Gödel logic、Product logic 和 Zadeh logic，其中 Zadeh logic 是 Lukasiewicz logic 的一个子集。表 4.10 和表 4.11 列出了 4 种模糊逻辑的连接函数和一些显著的属性，其中 Lukasiewicz logic 被证明是最通用并且表现最佳[105]。

表 4.10　4 种主流模糊逻辑的连接函数语义

	Lukasiewicz logic	Gödel logic	Product logic	Zadeh logic
$\alpha \otimes \beta$	$\max(\alpha + \beta - 1, 0)$	$\min(\alpha, \beta)$	$\alpha \cdot \beta$	$\min(\alpha, \beta)$
$\alpha \oplus \beta$	$\min(\alpha + \beta, 1)$	$\max(\alpha, \beta)$	$\alpha + \beta - \alpha \cdot \beta$	$\max(\alpha, \beta)$
$\alpha \Rightarrow \beta$	$\min(1 - \alpha + \beta, 1)$	$\begin{cases} 1 & 当 \alpha \leq \beta \\ \beta & 其他 \end{cases}$	$\min(1, \beta/\alpha)$	$\max(1 - \alpha, \beta)$
$\ominus \alpha$	$1 - \alpha$	$\begin{cases} 1 & 当 \alpha = 0 \\ 0 & 其他 \end{cases}$	$\begin{cases} 1 & 当 \alpha = 0 \\ 0 & 其他 \end{cases}$	$1 - \alpha$

表 4.11　4 种主流模糊逻辑连接函数的额外属性

Property	Lukasiewicz logic	Gödel logic	Product logic	Zadeh logic
$\alpha \otimes \ominus \alpha = 0$	+	+	+	−
$\alpha \oplus \ominus \alpha = 1$	+	−	−	−
$\alpha \otimes \alpha = \alpha$	−	+	−	+
$\alpha \oplus \alpha = \alpha$	−	+	−	+
$\ominus \ominus \alpha = \alpha$	+	−	−	+
$\alpha \Rightarrow \beta = \ominus \alpha \oplus \beta$	+	−	−	+
$\ominus(\alpha \Rightarrow \beta) = \alpha \otimes \ominus \beta$	+	−	−	−
$\ominus(\alpha \otimes \beta) = \ominus \alpha \oplus \ominus \beta$	+	+	+	+
$\ominus(\alpha \oplus \beta) = \ominus \alpha \otimes \ominus \beta$	+	+	+	+

蕴含函数和 t-norm 函数还可以被用来定义模糊集和两个组合的模糊关系的包含程度和重叠程度。比如一个可数经典集合 X 上定义的模糊集 R 表示为 $R: X \rightarrow [0, 1]$，那么两个模糊集 A 和 B 之间的包含程度表示为 $A \sqsubseteq B$，用 $\inf_{x \in X}\{A(x) \Rightarrow B(x)\}$ 定义；两个模糊集 A 和 B 之间的重叠程度表示为 $A \circ B$，用 $\sup_{x \in X}\{A(x) \otimes B(x)\}$ 定义。

4.5.2　描述逻辑的模糊扩展

上一节介绍了描述逻辑的一种概率扩展方法，不过概率逻辑适合解决随机性的问题，即问题的发生与否存在不确定性或者服从某种概率分布，但不擅长处理不精确或者不明确的"模糊"信息，于是便有学者尝试用模糊集理论扩展描述逻辑。

斯特拉恰（Straccia）首先将模糊集理论引入描述逻辑，随后扩展描述逻辑 *ALC* 得到了相对完整的逻辑体系 Fuzzy *ALC*(F-*ALC*)[106]，定义了模糊描述逻辑的语法和语义以及约束推演的推理计算，在语法结构上，F-*ALC* 的模糊概念用布尔连接符、存在和全称量词构造，模糊描述逻辑为新一代的描述逻辑提供了处理模糊概念的应用基础。F-*ALC* 的语法与描述逻辑的语法相同，F-*ALC* 的语义是根据扎德对模糊集的语义解释方法和 *ALC* 的语义解释方法给出的，将概念解释为一定论域上的模糊子集，关系是该论域上的二元关系。类似于传统描述逻辑的扩展，不少科研人员在 F-*ALC* 基础上进行扩展以增强其表达能力。霍耳多布勒（Hölldobler）等人引入模糊隶属度操纵算子给出 F-*ALC*$_{FH}$[107]；桑切斯（Sanchez）等人扩展了模糊关系的数量约束给出 F-*ALCQ*$_F^+$[108]；斯图劳斯（Stoilos）等人提出 f-*SHIN*[109] 并进一步提出 f-*SHOIN*[110]，在 F-*ALC* 的基础上添加了关系分层、传递关系、逆关系、枚举个体和不带资格限定的数量约束等模糊构造算子，并且给出了 f-*SHIN* 和 f-*SHOIN* 的 ABox 约束下的可满足性推理算法；斯特拉恰随后在 f-*SHIN* 的基础上增加了具体数据类型构造算子，提出 f-SHOIN(**D**)[111]并进一步提出 f-SHOIQ(**D**)[112]，f-SHOIN(**D**)的不带资格限定的数量约束构造算子扩展为带资格限定的数量约束构造算子，给出了 f-SHOIQ(**D**)的语法和语义，但没有给出相关的推理算法，而且对于修饰词的表示仅限于程度修饰词。

针对模糊逻辑本身所具有的语义解释能力不足、模糊描述逻辑表达不够灵活等问题，文献[113]将模糊概念和模糊关系的截集引入到描述逻辑中，提出了支持数量约束和术语公理约束的扩展模糊描述逻辑 EF-ALCN 及其推理算法；文献[114]将连续 t-norm 的概念引入到模糊描述逻辑中，提出一种基于模糊谓词逻辑 BL 的模糊描述逻辑 FDL_{BL}；文献[115]提出基于区间模糊理论的描述逻辑系统；文献[116]提出了一种新的面向语义 Web 表示的模糊描述逻辑 F-SHOIQ，给出了 F-SHOIQ 的语法和语义，并给出了一种基于模糊 Tableaux 的 F-SHOIQ 的 ABox 约束下的可满足性推理算法，提出了 F-SHOIQ 的 TBox 扩展和去除方法。

本节将在前文介绍的描述逻辑 SROIQ(**D**)的基础上，利用模糊逻辑对其进行模糊扩展得到 F-SROIQ(**D**)，定义其语法和语义，并给出 F-SROIQ(**D**)的一种推理算法[93]。

1. F-SROIQ(**D**)的语法

从前文的介绍中可以得知，SROIQ(**D**)是 OWL2 的逻辑基础，而 F-SROIQ(**D**)是 SROIQ(**D**)的模糊化扩展，即 F-SROIQ(**D**)的概念和关系是模糊和不明确的概念和关系，其概念的构造算子与 SROIQ(**D**)相同，因而 F-SROIQ(**D**)的语法与 SROIQ(**D**)的语法基本相同。F-SROIQ(**D**)有 3 个基本元素：概念（Concepts）、关系（Roles，亦称角色）和个体（Individuals）。除了原子概念和原子关系外，还存在递归构建的复合概念和复合关系。

F-SROIQ(**D**)包含具体数据类型构造算子，因此可以使用具体数据类型（如 String，Integer 等）进行推理。为了便于对后续概念的理解，首先进行几个基本概念的定义：模糊具体域、模糊修饰词和逆关系。

定义 4.45 模糊具体域（Fuzzy Concrete Domain）。模糊具体域 **D** 是一个序对 $\langle \Delta_D, \Phi_D \rangle$，其中 Δ_D 代表具体解释域（Concrete Interpretation Domain），Φ_D 由一组模糊具体断言 **d** 组成，每个断言 **d** 映射为 Δ_D 上的 n 元模糊关系 $d_D : \Delta_D^n \to [0,1]$。

对于模糊具体断言，可以使用的隶属度函数有梯形函数、三角形函数、L-函数和 R-函数，分别如图 4-15（a）～图 4-15（d）所示。

例如：通过在整型域（Integer）定义一元谓词 $\geqslant_{180}$ 表示大于等于 180 的整型数，那么 Person⊓∃height.$\geqslant_{180}$ 表示一个身高大于等于 180(cm)的人。

定义 4.46 模糊修饰词（Fuzzy Modifier）。一个模糊修饰词 mod 是一个函数 $f_{mod} : [0,1] \to [0,1]$，被应用在一个模糊集上以改变其隶属度函数。模糊修饰词一般可以被定义为三角形函数或者线性函数，如图 4-15（b）和图 4-15（e）所示。

例如：修饰词"非常"可以被定义为 *linear*(0.8)，其中的 *linear*(*)为线性隶属度函数，即图 4-15（e）所示。

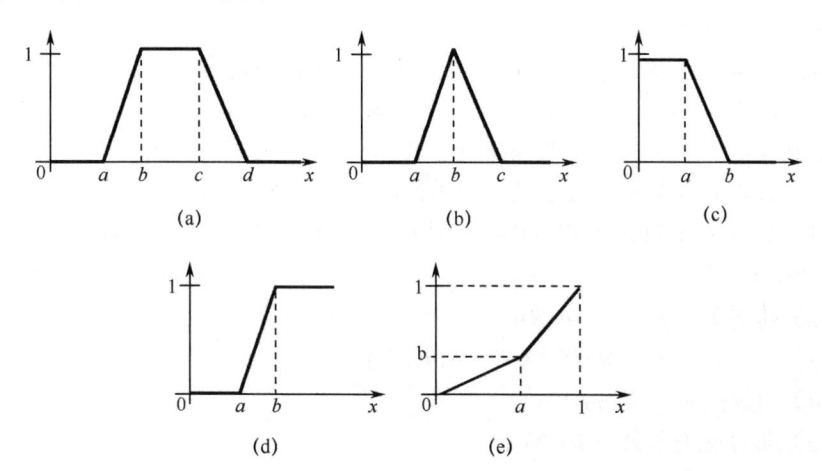

图 4-15 （a）梯形函数；（b）三角形函数；（c）L-函数；（d）R-函数；（e）线性函数。

定义 4.47 逆关系。对于关系 R，定义其逆关系为 R^-。其中对于个体 x 和 y，$\langle x, y \rangle \in R$，当且仅当 $\langle y, x \rangle \in R^-$；并且逆关系是对称的，为了避免出现 R^{--}，定义取逆函数 Inv，满足：如果 $R_n = R$，则 $\text{Inv}(R_n) := R^-$；如果 $R_n = S^-$，则 $\text{Inv}(R_n) := S$。

下面进行一些符号的说明。假设 $\bowtie \in \{\geq, >, \leq, <\}$，$\triangleright \in \{\geq, >\}$，$\triangleleft \in \{\leq, <\}$，$\otimes$、$\oplus$、$\Rightarrow$、$\ominus$ 分别为 t 算子（t-norm）、t 联合算子（t-conorm）、蕴涵（Implication）和模糊补（Negation）函数，$\alpha \in (0,1]$，$\beta \in [0,1)$，$\gamma \in [0,1]$。设 C，$\boldsymbol{R}_a$，$\boldsymbol{R}_c$，Δ^I 和 Δ_D 分别是 F-*SROIQ*(**D**) 的概念域、抽象角色域、具体角色域、抽象个体域和具体个体域的非空有限且成对不相交的集合，$\boldsymbol{R} = \boldsymbol{R}_a \cup \boldsymbol{R}_c$。设 $C, D \in \boldsymbol{C}$ 是概念（可能是复合概念），$A \in \boldsymbol{C}$ 是一个原子概念，$R \in \boldsymbol{R}_a$ 是一个抽象关系（可能是复合关系），$R_A \in \boldsymbol{R}_a$ 是一个原子关系，$S \in \boldsymbol{R}_a$ 是一个简单关系（没有可传递的子关系的关系），$T \in \boldsymbol{R}_c$ 是一个具体关系，$a, b \in \Delta^I$ 是抽象个体，$v \in \Delta_D$ 是具体个体，$\boldsymbol{d}$ 是一个模糊具体断言。F-*SROIQ*(**D**) 的概念语法字母表定义如下：

$$C, D \rightarrow \top | \bot | A | C \sqcap D | C \sqcup D | \neg C | \forall R.C | \exists R.C | \forall T.\boldsymbol{d} | \exists T.\boldsymbol{d} |$$
$$\{\alpha_1/o_1, \cdots, \alpha_n/o_n\} | \geq mS.C | \leq nS.C | \geq mT.\boldsymbol{d} | \leq nT.\boldsymbol{d} | \exists S.\text{Self} |$$
$$mod(C) | [C \geq \alpha] | [C \leq \alpha] | \alpha_1 C_1 + \cdots + \alpha_k C_k | C \rightarrow D$$

其中大部分概念与 *SROIQ*(**D**) 定义的概念相同或者是对等概念的模糊扩展，如模糊词汇 $\{\alpha_1/o_1, \cdots, \alpha_n/o_n\}$，模糊蕴涵概念 $C \rightarrow D$，模糊权重求和 $\alpha_1 C_1 + \cdots + \alpha_k C_k$，被修饰的概念 $mod(C)$，截集概念 $[C \triangleright \alpha]$ 等。此外，对于连接 $\sqcap, \sqcup, \rightarrow$，相应的可以定义连接 $\sqcap_X, \sqcup_X, \rightarrow_X$，其中 $x \in \{\text{Lukasiewicz, Gödel, Product, Zadeh}\}$。

F-*SROIQ*(**D**) 的关系语法定义如下：

121

$$R \to R_A \mid R^- \mid mod(R) \mid [R \geqslant \alpha] \mid T \mid U$$

其中，R_A 表示原子模糊关系，R^- 表示逆关系，$mod(R)$ 表示模糊修饰词，T 是具体模糊关系，U 是全体关系。

定义 4.48 模糊概念公理集 Fuzzy TBox。模糊概念公理集 FT 由模糊概念包含公理（GCI，形如 $C \sqsubseteq D \triangleright \alpha$）的非空有限集合构成。

定义 4.49 模糊关系公理集 Fuzzy RBox。模糊关系公理集 FR 由模糊关系公理的非空有限集合构成。其中模糊关系公理由下列公理组成：

（1）模糊关系包含公理（RIA）。形如 $w \sqsubseteq R \triangleright \alpha$（$w = R_1 R_2 \cdots R_m$ 为关系链），$T_1 \sqsubseteq T_2 \triangleright \beta$；

（2）传递关系公理 ***trans***(R)；

（3）分离关系公理 ***dis***(S_1, S_2)，***dis***(T_1, T_2)；

（4）自反关系公理 ***ref***(R)；

（5）非自反关系公理 ***irr***(S)；

（6）对称关系公理 ***sym***(R)；

（7）非对称关系公理 ***asy***(S)。

定义 4.50 模糊个体公理集 Fuzzy ABox。模糊个体公理集 FA 由形如 $\langle a{:}C \bowtie \alpha \rangle$，$\langle (a,b){:}R \bowtie \alpha \rangle$，$\langle (a,b){:}\neg R \bowtie \alpha \rangle$，$\langle (a,v){:}T \bowtie \beta \rangle$，$\langle (a,v){:}\neg T \bowtie \beta \rangle$，$a = b$ 和 $a \neq b$ 的模糊概念断言、模糊关系断言、个体相等断言和个体不等断言所组成的非空集合。

定义 4.51 模糊知识库（Fuzzy Knowledge Base，FKB）。定义 FKB = (FT, FR, FA)。

由于在 *SROIQ*(*D*) 中并不包含 GCI 和 RIA 的补，因此在 F-*SROIQ*(*D*) 中也不允许对含 GCIs 和 RIAs 做取补操作。

2．F-*SROIQ*(*D*) 的语义

F-*SROIQ*(*D*) 的语义是根据模糊集的语义解释方法和传统描述逻辑的语义解释方法相结合给出的。

F-*SROIQ*(*D*) 的语义将概念解释为一定论域的模糊子集，关系是该论域上的模糊关系。F-*SROIQ*(*D*) 的考虑模糊具体域 D 在内的模糊解释 I 是一个序对 $(\Delta^I, \cdot^I)$，其中 Δ^I 是解释域，为一个非空集合，且与具体域 D 的解释域 Δ_D 不相交；$\cdot^I$ 是模糊解释函数，并且满足：

（1）对每个抽象个体 a，$\cdot^I$ 将其映射为 Δ^I 的一个元素 $a^I \in \Delta^I$；

（2）对每个具体个体 v，$\cdot^I$ 将其映射为 Δ_D 的一个元素 $v_D \in \Delta_D$；

（3）对每个概念 C，$\cdot^I$ 将其映射为函数 $C^I : \Delta^I \to [0,1]$；

（4）对每个抽象关系 R，$\cdot^I$ 将其映射为函数 $R^I : \Delta^I \times \Delta^I \to [0,1]$；

（5）对每个具体关系 T，$\cdot^I$ 将其映射为函数 $T^I:\Delta^I\times\Delta_D\to[0,1]$；

（6）对每个 n 元模糊具体谓词 d，$\cdot^I$ 将其映射为模糊关系 $d_D:\Delta_D^n\to[0,1]$；

（7）对每个修饰词 mod，$\cdot^I$ 将其映射为函数 $f_{mod}:[0,1]\to[0,1]$

C^I 定义了模糊概念 C 关于模糊解释 I 的隶属度函数。$C^I(x)$ 给出了个体 x 在 I 的解释下属于一个模糊概念 C 的隶属度。同样，R^I 定义了模糊关系 R 关于模糊解释 I 的隶属度函数，$R^I(x,y)$ 给出了关系 (x,y) 在 I 的解释下属于一个模糊关系 R 的隶属度。使用 t-norm 算子 $\otimes$，t-conorm 联合算子 $\oplus$，取补函数 $\ominus$，和蕴含函数 $\Rightarrow$ 可以将模糊解释函数 $\cdot^I$ 扩展到复杂概念和关系，详见表 4.12 和表 4.13 所列，对模糊公理的扩展见表 4.14 所列。

表 4.12 F-*SROIQ*(**D**)中模糊概念的语义

构造算子	语 法	语 义
顶概念	⊤	1
底概念	⊥	0
原子概念	A	$A^I(x)$
概念交	$C\sqcap D$	$C^I(x)\otimes D^I(x)$
概念并	$C\sqcup D$	$C^I(x)\ominus D^I(x)$
概念否定	$\neg C$	$\ominus C^I(x)$
抽象全称量词	$\forall R.C$	$\inf_{y\in\Delta^I}\{R^I(x,y)\Rightarrow C^I(y)\}$
抽象存在量词	$\exists R.C$	$\sup_{y\in\Delta^I}\{R^I(x,y)\otimes C^I(y)\}$
具体全称量词	$\forall T.d$	$\inf_{v\in\Delta_D}\{T^I(x,v)\Rightarrow d_D(v)\}$
具体存在量词	$\exists T.d$	$\sup_{v\in\Delta_D}\{T^I(x,v)\otimes d_D(v)\}$
简单定性基数约束	$\geqslant m\,S.C$	$\sup_{y_1,\dots,y_m\in\Delta^I}[(\min_{i=1}^m\{S^I(x,y_i)\otimes C^I(y_i)\})\otimes(\otimes_{j<k}\{y_j\neq y_k\})]$
	$\leqslant n\,S.C$	$\inf_{y_1,\dots,y_{n+1}\in\Delta^I}[(\min_{i=1}^{n+1}\{S^I(x,y_i)\otimes C^I(y_i)\})\Rightarrow(\oplus_{j<k}\{y_j=y_k\})]$
具体定性基数约束	$\geqslant m\,T.d$	$\sup_{v_1,\dots,v_m\in\Delta_D}[(\otimes_{i=1}^m\{T^I(x,v_i)\otimes d_D(v_i)\})\otimes(\otimes_{j<k}\{v_j\neq v_k\})]$
	$\leqslant n\,T.d$	$\inf_{v_1,\dots,v_{n+1}\in\Delta_D}[(\otimes_{i=1}^{n+1}\{T^I(x,v_i)\otimes d_D(v_i)\})\Rightarrow(\oplus_{j<k}\{v_j=v_k\})]$
枚举对象	$\{\alpha_1/o_1,\dots,\alpha_n/o_n\}$	$\sup_{i\|x=o_i^I}\alpha_i$
自反概念	$\exists R.Self$	$S^I(x,x)$
概念修饰词	$mod(C)$	$f_{mod}(C^I(x))$
概念截集	$[C\geqslant\alpha]$	1 当 $C^I(x)\geqslant\alpha$；0 其他
	$[C\leqslant\alpha]$	1 当 $C^I(x)\leqslant\alpha$；0 其他
概念蕴含	$C\to D$	$C^I(x)\Rightarrow D^I(x)$
权重求和	$\alpha_1 C_1+\dots+\alpha_k C_k$	$\sum\alpha_i C_i^I(x)$

表 4.13 F-*SROIQ*(**D**)中模糊关系的语义

构造算子	语法	语义
原子关系	R_A	$R_A^I(x,y)$
关系逆	R^-	$(R^-)^I(x,y) = R^I(y,x)$
全集关系	U	1
关系修饰词	$mod(R)$	$f_{mod}(R^I(x,y))$
关系截集	$[R \geq \alpha]$	1当$R^I(x,y) \geq \alpha$；0其他
具体关系	T	$T^I(x,v)$

表 4.14 F-*SROIQ*(**D**)中模糊公理的语义及其可满足性

语法	语义及可满足性
$\langle a:C \bowtie \gamma \rangle$	$C^I(a^I) \bowtie \gamma$
$\langle (a,b):R \bowtie \gamma \rangle$	$R^I(a^I,b^I) \bowtie \gamma$
$\langle (a,b):\neg R \bowtie \gamma \rangle$	$\ominus R^I(a^I,b^I) \bowtie \gamma$
$\langle (a,v):T \bowtie \gamma \rangle$	$T^I(a^I,v_D) \bowtie \gamma$
$\langle (a,v):T \bowtie \gamma \rangle$	$\ominus T^I(a^I,v_D) \bowtie \gamma$
$\langle a \neq b \rangle$	$a^I \neq b^I$
$\langle a = b \rangle$	$a^I = b^I$
$\langle C \sqsubseteq D \triangleright \gamma \rangle$	$\inf_{x \in \Delta^I}\{C^I(x) \Rightarrow D^I(x)\} \triangleright \gamma$
$\langle R_1 \cdots R_n \sqsubseteq R \triangleright \gamma \rangle$	$\inf_{x_1,x_{n+1} \in \Delta^I}[\sup_{x_2 \cdots x_n \in \Delta^I}\{\otimes_{i=1}^n(R_i^I(x_i,x_{i+1})) \Rightarrow R^I(x_1,x_{n+1})\}] \triangleright \gamma$
$\langle T_1 \sqsubseteq T_2 \triangleright \gamma \rangle$	$\inf_{x \in \Delta^I, v \in \Delta_D}\{T_1^I(x,v) \Rightarrow T_2^I(x,v)\} \triangleright \gamma$
$trans(R)$	$\forall x,y,z \in \Delta^I, R^I(x,z) \otimes R^I(z,y) \leq R^I(x,y)$
$dis(R_1,R_2)$	$\forall x,y \in \Delta^I, S_1^I(x,y) \otimes S_2^I(x,y) = 0$
$dis(T_1,T_2)$	$\forall x \in \Delta^I, v \in \Delta_D, T_1^I(x,v) \otimes T_2^I(x,v) = 0$
$ref(R)$	$\forall x \in \Delta^I, R^I(x,x) = 1$
$irr(S)$	$\forall x \in \Delta^I, S^I(x,x) = 0$
$sym(R)$	$\forall x,y \in \Delta^I, R^I(x,y) = R^I(y,x)$
$asy(S)$	$\forall x,y \in \Delta^I,$ if $S^I(x,y) > 0$ then $S^I(y,x) = 0$

如果上表中的元素均为可满足的，则称模糊知识库FKB = (FT,FP,FA)是可满足的。

一般情况下，个体断言（如$\langle a \neq b \rangle$和$\langle a = b \rangle$）可以假设为是脆性的（Crisp），即取值为 true 或 false，这是因为人们对已知个体的判断往往是明确的，无需进行模糊化。

3. F-*SROIQ*(**D**)的推理

为了使 F-*SROIQ*(**D**)具备较好的实用性，同时可以充分利用现有的 *SROIQ*(**D**)

推理机，比较好的做法是根据 F-$SROIQ(D)$ 的语法和语义将其还原为脆性描述逻辑，即用脆性描述逻辑中的元素创建出一些新的非模糊（即脆性）的概念和关系来表示模糊概念和关系的截集，创建新的公理实现这些新定义的概念和关系的模糊语义，进而用来在模糊知识库表示所有公理。例如：

（1）概念的分离。概念 $C_1,\cdots,C_n$ 是分离的，可以表示为 $\langle C_1 \sqcap \cdots \sqcap C_n \sqcap \bot \geqslant 1\rangle$。

（2）概念定义域。概念 C 是一个关系 R 的定义域，表示为 $\langle \top \sqsubseteq \forall R^-.C \geqslant 1\rangle$ 或者 $\langle \exists R.\top \sqsubseteq C \geqslant 1\rangle$。

（3）概念值域。概念 C 是一个关系 R 的值域，表示为 $\langle \top \sqsubseteq \forall R.C \geqslant 1\rangle$。

由于不同的模糊逻辑的模糊算子不尽相同，因此扩展不同模糊逻辑的描述逻辑脆化表示也不同。F-$SROIQ(D)$ 脆化的一般过程可以归纳为

（1）定义一个隶属度集合 $N^K = X^K \cup \{1-\alpha | \alpha \in X^K\}$，其中 $X^K = \{0,0.5,1\} \cup \{\langle \gamma | \tau \bowtie \gamma \rangle \in K\}$，并证明 N^K 对于某种模糊逻辑的模糊操作是闭包的，即对于隶属度 $a,b \in N^K$，有 $\ominus a$、$a \otimes b$、$a \oplus b$、$a \Rightarrow b \in N^K$。不失一般性，可以假设 $N^K = \{\gamma_1,\cdots,\gamma_{|N^K|}\}$，其中 $\gamma_i < \gamma_{i+1}$，$1 \leqslant i \leqslant |N^K|-1$。很明显，有 $\gamma_1 = 0$ 和 $\gamma_{|N^K|} = 1$。

（2）增加若干新元素。设在模糊知识库 FKB = (FT,FR,FA) 中，A 为原子概念集合，R 为原子抽象关系集合，T 为具体关系集合。设 $\alpha,\beta \in N^K, \alpha \in (0,1], \beta \in [0,1)$，对每个 $A \in \mathbf{A}$，引入两个新的原子概念 $A_{\geqslant \alpha}$ 和 $A_{>\beta}$，分别表示 A 的脆化个体集隶属于 A 的程度大于等于 α 和大于 β，称为 A 的 α 截集和 β 截集。类似地可以对每个 $R_A \in \mathbf{R}$ 和 $T \in \mathbf{T}$ 引入新的原子抽象关系 $R_{A\geqslant\alpha},R_{A>\beta}$ 和新的具体关系 $T_{\geqslant\alpha},T_{>\beta}$。设 $1 \leqslant i \leqslant |N^K|-1$，$2 \leqslant j \leqslant |N^K|-1$，对每个 $A \in \mathbf{A}$，$A_{\geqslant\gamma_{i+1}} \sqsubseteq A_{>\gamma_i}$ 和 $A_{>\gamma_j} \sqsubseteq A_{\geqslant\gamma_j}$ 构成了最小的 TBox；对每个 $R_A \in \mathbf{R}$，$R_{A\geqslant\gamma_{i+1}} \sqsubseteq R_{A>\gamma_i}$ 和 $R_{A>\gamma_i} \sqsubseteq R_{A\geqslant\gamma_i}$ 构成了最小的抽象 RBox；对每个 $T \in \mathbf{T}$，$T_{\geqslant\gamma_{i+1}} \sqsubseteq T_{>\gamma_i}$ 和 $T_{>\gamma_i} \sqsubseteq T_{\geqslant\gamma_i}$ 构成了最小的具体 RBox。

（3）定义模糊概念、关系、公理、具体域谓词和修饰词的映射。利用在第二步中新加入的元素将模糊描述逻辑中的元素分别映射为对应的脆化元素，在映射过程中要保证 N^K 的闭包性。设映射规则集为 ρ，对于模糊概念 C，$\rho(C,\geqslant\alpha)$ 是 C 的 α 截集，为包含 C 中所有隶属度大于等于 α 的元素脆集，类似地可以定义 $\rho(C,\bowtie\gamma)$；对于模糊抽象关系 R，$\rho(R,\geqslant\alpha)$ 表示所有两两之间关系属于 R 的隶属度大于等于 α 的元素对脆集，类似地可以定义 $\rho(R,\bowtie\gamma)$ 和 $\rho(T,\bowtie\gamma)$。模糊公理的映射可以利用概念和关系的映射进行描述，具体域谓词和修饰词的映射主要通过选择合适的隶属度函数完成[112]。

脆化后的模糊描述逻辑的推理与传统描述逻辑的推理一样，也包括概念可满足性推理、概念包含推理、概念分类推理等，与传统描述逻辑不同的是在推理过

程中加入了模糊逻辑。大部分的推理问题都可以转化为模糊知识库 FKB 的可满足性问题[106]。

4.5.3 决策任务本体的模糊扩展

本节将首先在 OWL2 的基础上定义 OWL2 的模糊扩展版本 F-OWL2，然后用 F-OWL2 对决策任务本体进行描述[93]。图 4-16 给出了用 Protégé 编辑的 F-OWL2 本体的片断。

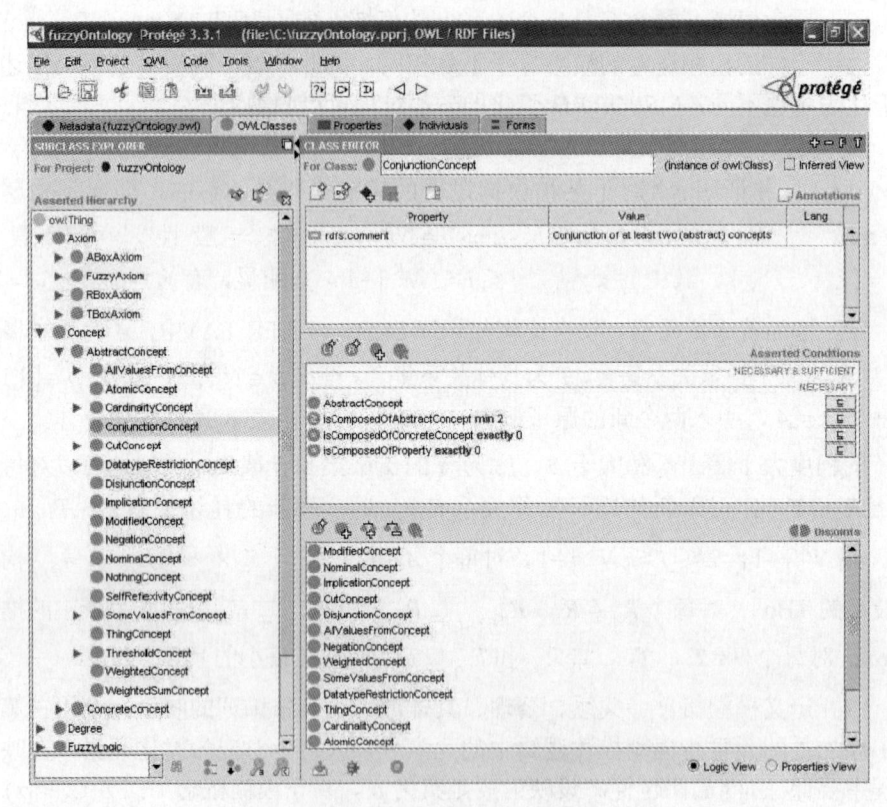

图 4-16　F-OWL2 本体片断

1. F-OWL2 的组成元素

F-OWL2 定义了 8 个基本类，分别表示模糊本体（模糊描述逻辑）中的 8 个基本元素，其中大部分元素为 OWL2 的扩展，并加入了表达模糊性的若干新元素。

（1）Individual。表示模糊本体中的个体，同 OWL2 个体定义，为某个类的具体实例。

（2）Concept。表示模糊概念，Concept 类有两个子类 AbstractConcept（抽象概念）和 ConcreteConcept（具体概念），分别有多个包含复杂概念构造子的子类。

（3）Property。属性，表示模糊关系，包含两个子类 ObjectProperty（抽象的对象属性）和 DatatypeProperty（具体的数值属性），分别具有多个包含复杂关系构造子的子类。

（4）Axiom。表示公理，可以分为 ABoxAxiom（个体公理）、TBoxAxiom（一般概念包含公理）和 RBoxAxiom（关系公理）3 类，其中一部分是 FuzzyAxiom（模糊公理）的子类，各自关联一个隶属度，表示在某种程度上为真。

（5）Degree。表示附加在 FuzzyAxiom 的实例上的隶属度，具有 Linguistic Degree（语言变量隶属度）、ModifierDegree（修饰词隶属度）、NumericDegree（数值隶属度）和 Variable（变量）这几个子类。

（6）Query。由一组特定的公理组成，表示提交给模糊描述逻辑推理机的查询类。常见的子类有 ConceptSatisfiabilityQuery（概念可满足查询类）、EntailmentQuery（继承查询类）、GreatestConceptSatisfiabilityQuery（最大概念可满足查询类）、GreatestLowerBoundQuery（最大下边界查询类）、LowestUpperBoundQuery（最小上边界查询类）、OntologyConsistencyQuery（本体一致性查询类）和 SubsumptionQuery（包含查询类）。

（7）FuzzyLogic。表示可以选用的不同模糊算子族，分别对应着的不同的逻辑语义解释。可用的子类有 ZadehLogic、GodelLogic、LukasiewiczLogic 和 ProductLogic，不同的子类间可以共享一些语义，通过属性 hasSemantics 关联。

（8）FuzzyModifier。表示可以用来对模糊概念或者模糊关系的隶属函数进行修饰的模糊修饰词。常用的子类有 LinearFuzzyModifier 和 TriangularFuzzyModifier。

这些基本类各自具有一些对象属性用以确定概念间的关系和数值属性用以定义概念的基本属性。比如说一个概念断言公理类 ConceptAssertion 具有 hasDegree、isComposedOfAbstractConcept 和 isComposedOfAbstractIndividual 这几个对象属性。

2. 模糊决策任务本体

利用上述定义的基本类及其子类、属性和相关公理对本书 4.3 节定义的领域知识本体进行改写，即可得到模糊领域本体。用模糊领域本体中的元素对决策模型和决策任务进行语义标注即得到模糊决策模型本体和模糊决策任务本体，此处对模糊决策任务本体做一个示例性介绍。

在一个复杂决策任务中，决策者对于决策目标和需求的描述往往不是精确的，因为在实际的决策过程中，有些概念不能定量表示，或者是精确地定量表示这些概念所花的代价太大，又或者是没有必要对其进行精确描述，在这些情况下，只需或者是只能对这些概念进行定性地描述以满足需求。例如在一次火力打击任务中，指挥官通常直接用自然语言词汇"摧毁"、"压制"、"干扰"等表达决策的目标，而且经常会加上一些表示程度的描述语言，如"完全"压制、"部分"压制、"稍作"干扰等。然而这种定性的语言描述却很难被计算机理解和使用，通过定义语言变量可以有效解决这个问题。

另外在很多决策方法中，都会用到"权重"这个概念，权重一方面可以体现所标识关键词的客观度量含义（如"出现频度"、"深度"、"广度"等），另一方面也可以体现决策者的主观偏好（如"重要性"、"影响程度"、"感性认识"等）。传统的决策方法多用数值权重，然而在实际问题中，人们大多习惯于用自然语言来表达这些度量，另外对于用户而言，一个关键词的权重是 0.5 还是 0.55 之间的区别很难分清，因此用语言变量代替数值权重可以更有效地描述实际的决策问题。前文提到的模糊数和模糊集可以支持语言变量的定义。

语言变量是一种特殊的变量，它的值是定义在自然语言或人工语言中的词或语句，可以进行如下形式化定义。

定义4.52 语言变量由一个五元组$(L,T(L),U_L,G_L,M_L)$表示。其中L是语言变量的名称；U_L是L的论域，U_L中的每个基础变量用u表示；$T(L)$是语言变量值的全体集合，称为辞集，辞集里面的每个语言变量值都是定义在U_L上的模糊变量，用X表示；G_L是句法规则，用于产生语言变量值的名称；M_L是语义规则，用于产生模糊语言值集合的隶属度函数，即在每个模糊变量上附上对它的限制，称为辞义；由G_L产生的一个名称叫做辞，一个辞由一个或几个文字组成；起个体作用的辞称为元辞；包含一个或多个元辞的辞是合成辞；一个合成辞的连续组成部分是子辞。

考虑一个名称为"射程"的语言变量，对应上述定义的五元组，即L=射程，假设所关注的论域U_L=[10, 100]，单位为km。"射程"的一个语言值可以称为"远"，"远"是一个元辞，另一个语言值"很远"是一个合成辞，它以"远"为元辞并且由"很"和"远"两个子辞组成；同样，语言值"较近"也是一个合成辞。那么"射程"的辞集可表达为：

T(射程)=非常远+很远+远+较远+不远+较近+很近+近+不很近也不很远+…

其中的+表示模糊集的并而不是算术和，每个辞是论域U_L=[10, 100]中的模糊变量的名称。语义规则M_L是由诸如以下公式所组成的集合：

$$M(远) = \int_{50}^{100} \left[1 + \left(\frac{u-50}{5}\right)^{-2}\right]^{-1} /u, \quad M(很远) = \int_{50}^{100} \left[1 + \left(\frac{u-50}{5}\right)^{-2}\right]^{-2} /u, \cdots$$

对于前文提到的"权重"概念可以定义语言变量L=射程，论域U_L=[0, 1]，并可以将"权重"的辞集定义为：

T(权重)={无，非常非常低，很低，低，中等，高，很高，非常非常高，完全}

句法规则G_L是将"很"、"非常"等表示程度的修饰词与模糊变量"低"、"高"连接起来的规则，语义规则M_L则是由各语言值所代表的模糊集的隶属度函数组成。

上述例子中的辞集只包含少数的辞，因此可以列出$T(L)$中的所有辞并建立每个辞及其辞义之间的联系。然而在更一般的情况下，$T(L)$ 中的元素数可能是无穷多，必须要依靠算法来生成 $T(L)$ 中的元素以及计算这些元素的辞义。如果辞集 $T(L)$ 和指派辞义的语义规则能够用算法进行表征的话，这个语言变量就称为构成式的语言变量。

可以用语言变量对定义 4.9 给出的决策问题的定义进行改写，为了以示区别，将定义 4.9 的对象称为经典本体决策问题描述。

定义 4.53 决策问题可以表示为一个六元组 $\tilde{M} = <ID, B, \tilde{D}, \tilde{I}, \tilde{O}, \tilde{F}>$，其中 ID 为决策问题模型的标识符，B 为模型的基本信息，包括名称、开发者、版本、创建时间等，$\tilde{D}$ 表示该模型所属的模糊领域本体，基于模糊描述逻辑构建，$\tilde{I}$ 表示模型的模糊输入序列，$\tilde{O}$ 表示模型的模糊输出序列，$\tilde{F}$ 表示模型的模糊功能描述。

定义中的 $\tilde{I}$，$\tilde{O}$，$\tilde{F}$ 分别将输入序列、输出序列和功能描述中的概念用语言变量表示，这样做的优点有：

(1) 尽可能真实的模拟现实决策问题的表达习惯；
(2) 减少了参数、准则和规则的个数，降低了求解的复杂度；
(3) 经典本体决策问题描述中的运算关系和模型运算性质得以保留。

下面通过一个简单实例来说明上述关于决策问题的模糊扩展定义。假设由于战事需要，某机动部队将进行一次从甲地到乙地的兵力机动，必须在 2012 年 1 月 1 日到达，机动成本不计，尽可能保证人员安全。这是一个兵力机动问题，可以采取的机动途径有空路、公路、铁路、水路，每一种机动途径都对应着若干机动方案，每个机动方案都对应着不同的机动路线、人员装备物资配载、时间安排等。对该决策问题可以用模糊描述逻辑描述如下：

$TransferDecision \sqsubseteq hasID.td001$
$\sqcap hasCategory.Maneuver$
$\sqcap hasArea.Inland$
$\sqcap \exists hasInput.(\exists leaveCity.Guangzhou$
$\sqcap \exists arrivalCity.Beijing$
$\sqcap \exists arrivalDate.2012-01-01)$
$\sqcap \exists hasOutput.(\exists path)$
$\sqcap hasPredicate.(\exists cost.veryLow$
$\sqcap \exists safe.veryHigh)$

在上面的描述中，决策问题的输入和输出是清晰的表示，而对于"不计成本"、"尽可能保证人员安全"等要求则是用语言变量来表示，用 $hasPredicate$ 作为决策模型的一个属性，其中 $cost$ 和 $safe$ 是语言变量，$veryLow$ 和 $veryHigh$ 是用语言值表示的权重。

模型库中的模型也是采用这样的描述方式，这样我们就可以利用服务类别的过滤、输入输出参数的匹配、模型功能的匹配等手段将决策问题请求与模型库中的模型进行对比，并选取综合匹配程度最高的方案作为该决策问题的解。

4.6 复杂决策问题的求解技术

4.6.1 复杂决策问题的解

复杂决策问题的解简单来说就是指决策问题的目标和方案，其中方案指的是决策问题所在决策系统的输出，目标大多是决策问题解决后的效果。决策问题之所以复杂，很大程度上是因为决策问题的解难以获得，这通常是由以下原因造成的[117]：

（1）搜索空间中可能解的数目太多以至于无法采用穷举搜索法去找到最优解；

（2）问题太过复杂以至于利用已有知识难以进行得到问题的解；

（3）由于第（2）点的存在，所以为了得到任何解答，不得不采用问题的简化模型，事实上，这种简化模型得到的结构是无用的；

（4）对获得的可能解的质量进行描述的评估函数会随时间和环境的变化而变化，某个时间点的最优解在另一个时间可能就不是最优解，因此可能需要寻找的不仅仅是一个解而是一系列解构成的解集；

（5）可能解都被严格约束以至于构造哪怕一个可行解都是困难的；

（6）求解问题的人不具备足够的知识或者性格上并不适合他们进行复杂决策。

上述原因中既包括决策对象本身的复杂性，也包括决策者认知上存在的复杂性，还包括这两种复杂性进行交互时所产生的更为错综复杂的关系。研究者和辅助决策系统用户已经对已有的复杂决策问题求解结果不满，因为这些结果要么是套用简单问题求解理论和方法造成结果的不实用，要么是干脆将求解过程用一个黑盒封装起来，用户完全不知道结果是如何求解出来的，造成对结果的信任度很低。复杂决策问题求解试图给出一种新的方法论，以有效地指导人们解决由上述原因导致的复杂决策问题。

通常当正式求解一个问题的时候，其实都是在找该问题的模型的解，而所有的模型其实都只是实际问题的一个简化，否则模型就会像问题本身一样复杂以至于无法求解，因此我们并不反对对实际问题的简化，只是简化应该适度，最基本的要求是简化后的模型的解要可以在实际环境中使用，哪怕效果并不是最优的情况。所以寻找决策问题解的过程其实包含两个独立的步骤：①抽象出问题的模型；②据这个模型选用适当的求解方法来找到解。对于第一个步骤，第 3 章（基本模型）和本章前几节（复杂模型）内容用了大量的篇幅进行阐述，下面对如何找到复杂决策问题模型的解进行简介。

4.6.2 复杂决策问题求解方法[70]

1. 传统求解方法

1）穷举搜索

穷举搜索法是编程中常用到的一种方法，通常在找不到解决问题的规律时对可能是解的众多候选解按某种顺序进行逐一枚举和检验，并从中找出那些符合要求的候选解作为问题的解。其执行时间与目标问题大小有关，很显然，当目标问题十分庞大时，使用这种算法将会耗费相当长的时间。

2）局部搜索

局部搜索算法基本思想是在搜索过程中，通过局部调整来达到某个极大值。其依赖于对解空间进行按邻域搜索。

局部搜索的一般算法如下：

（1）随机选择一个初始的可能解 $x_0 \in D$，$x_b = x_0$，$P = N(x_b)$；这里 D 是问题的可行解域，x_b 用于记录到目标位置的最优解，P 为 x_b 的邻域；

（2）如果不满足结束条件，则转（3）否则转（8），结束条件为循环次数或 P 为空等；

（3）Begin；

（4）选择 P 的一个子集 P'，x_n 为 P' 的最优解；

（5）如果 $f(x_n) < f(x_b)$，则 $x_b = x_n$，$P = N(x_b)$，转（2），这里 $f(x)$ 为指标函数；

（6）否则 $P = P - P'$，转（2）；

（7）End；

（8）输出计算结果。

使用局部算法需要注意的是算法是否能找到全局最优解，与初始点的位置有很大的依赖关系，并且一旦算法限于局部极值点，算法就截止了，这时候得到的结果往往是一个糟糕的结果，所以，在此基础上又产生了可变步长、多次起始点局部算法。此外，局部算法也经常和其他算法一起联合使用，如贪婪算法、梯度下降法等。

3）线性规划

线性规划是辅助人们进行科学管理的一种数学方法，研究线性约束条件下线性目标函数的极值问题的一种很好的数学理论和方法。但是其对于非线性问题，则没有很好的解决方案。

其算法一般形式为

（1）列出约束条件及目标函数；

(2）找出约束条件所表示的可行域；

(3）在可行域内求目标函数的最优解及最优值。

目前，线性规划的求解已经有许多具体方法，如单纯形法、椭球法、内点法等，具体方法的选择需视问题的特点而定。

4）贪婪算法

贪婪算法是指在对问题求解时，总是做出在当前看来是最好的选择。也就是说，不从整体最优上加以考虑，仅是在某种意义上的局部最优解。贪婪算法不是对所有问题都能得到整体最优解，但对范围相当广泛的许多问题它能产生整体最优解或者是整体最优解的近似解。

其基本思想是：

(1）建立数学模型来描述问题；

(2）把求解的问题分成若干个子问题；

(3）对每一子问题求解，得到子问题的局部最优解；

(4）把子问题的解(局部最优解)合成为原问题的一个解。

5）动态规划

动态规划是求解决策过程最优化的数学方法。其基本思想是将待求解问题分解成若干个子问题，先求解子问题，然后从这些子问题的解得到原问题的解。

动态规划的特点：

(1）最优化原理。最优化原理就是一个最优化策略，不论过去状态和决策如何，对前面的决策所形成的状态而言，余下的决策必须构成最优策略。

(2）无后效性。将各阶段按照一定的次序排列好之后，对于某个给定的阶段状态，它以前各阶段的状态无法直接影响它未来的决策，而只能通过当前的这个状态。

(3）子问题的重叠性。动态规划实质上是一种以空间换时间的技术，它在实现的过程中，不得不存储产生过程中的各种状态，所以它的空间复杂度要大于其他的算法。

2．人工神经网络

人工神经网络（Artificial Neural Networks，ANN），是一种模仿人的神经网络行为特征，进行分布式并行信息处理的算法数学模型。这种网络依靠系统的复杂程度，通过调整内部大量节点之间相互连接的关系，从而达到处理信息的目的。人工神经网络最具有吸引力的特点就是它的学习能力，可以通过预先提供的一批相互对应的输入-输出数据，分析掌握两者之间潜在的规律，最终根据这些规律，用新的输入数据来推算输出结果。这种学习分析的过程也被称为"训练"。

人工神经网络最基本的构成单元为神经元，其基本构成如图4-17所示。

这里，人工神经元模拟生物神经元的一阶特性。

图中：X 为输入：$X=(X_1, X_2, \cdots, X_n)$

W 为联接权：$W=(W_1, W_2, \cdots, W_n)^T$

Y 为网络输出，它是激励函数 $f(\cdot)$ 的值。

目前，人工神经网络已经发展出了许多具体网络，如 BP 网、Hopfield 网、ART 网等。

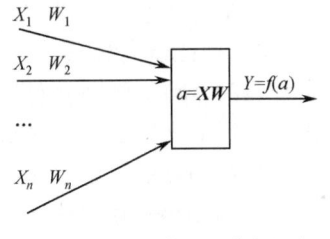

图 4-17　人工神经元基本构成

3．进化算法（遗传算法）

进化算法最初由遗传算法（GA）、进化规划（EP）和进化策略（ES）3 个分支组成，后来在遗传算法的基础上又发展了遗传规划（GP）。这些方法各有侧重点、不同的生物进化背景和不同特性，但都是借助生物进化的思想和原理来解决实际问题的。

进化算法提供了一种求解复杂系统优化的通用框架，基本着眼点是基于对生物进化过程的模拟，是一种具有较强鲁棒性的通用计算模型。

进化算法的基本框架：

（1）进化代数计数器初始化：$t=0$；

（2）随机产生初始群体 $P(t)$；

（3）评价群体 $P(t)$ 的适应度值；

（4）个体重组操作：$P'(t) = Recombination[P(t)]$；

（5）个体变异操作：$P''(t) = Mutation[P'(t)]$；

（6）评价群体 $P''(t)$ 的适应度值；

（7）个体复制操作：$P(t+1) = Reproduction[P(t) \bigcup P''(t)]$；

（8）终止条件判断：若不满足终止条件，则 $t=t+1$，转移到第（4）步，继续进行进化操作过程；若满足，则输出当前最优个体，算法结束。

GA 的基本思想来源于达尔文（Darwin）的进化论和孟德尔（Mendel）的遗传学说。GA 将问题的求解表示成染色体，从而构成一群染色体，将它们置于问题的环境中，根据适者生存的原则，从中选择出适应环境的染色体进行复制即再生（Reproduction）、再通过交叉（Crossover）、变异（Mutation）两种基因操作产生出更能适应环境的新一代染色体群，这样的过程一代代不断进化，最后收敛到一个最适应环境的个体上，求得问题的最优解。图 4-18 给

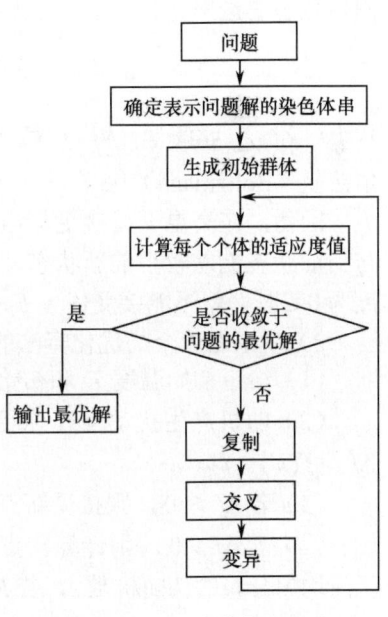

图 4-18　GA 的基本流程图

出了 GA 的基本流程图。

4．模拟退火算法

1983 年，柯特帕特里克（Krikpatrick）等将退火思想引入组合优化领域，提出了模拟退火算法。该算法采用 Metropolis 接收准则，并用一组称为冷却进度表的参数控制算法进程，使算法求出问题的近似最优解。

1）Metropolis 准则

1953 年，Metropolis 等提出了重要性采样法，它们用下述方法产生固体的状态序列。

先给定以微粒相对位置表征的初始状态 i，作为固体的当前状态，该状态的能量为 E_i，然后用摄动装置使随机选取的某个微粒的位移随机地产生一微小变化，得到一个新的状态 j，新状态的能量为 E_j，若 $E_i > E_j$，则该新状态就作为重要状态；若 $E_i < E_j$，则考虑热运动的影响，该新状态是否为重要状态 i，要依据固体处于该状态的概率 P_r 来判断。

$$P_r = \exp\left(\frac{E_i - E_j}{kT}\right)$$

在区间 [0, 1] 产生一个随机数 s，若 $s < P_r$，则新状态 j 作为重要状态，否则，舍去；T 是绝对温度，k 为玻尔兹曼（Boltzmann）常数。

若新状态 j 是重要状态，则以状态 j 代替状态 i 成为当前状态；否则，仍以状态 i 为当前状态，在大量迁移即固体的状态变化后，系统趋于能量较低的平衡状态，固体状态的概率分布趋于吉布斯（Gibbs）分布，即

$$P_i = \frac{1}{Z}\exp\left(-\frac{E_i}{kT}\right)$$

式中：$Z = \sum_i \exp(-E_i / kT)$；$P_i$ 为系统处于微观状态 i 的概率，$\exp(-E_i / kT)$ 为玻尔兹曼（Boltzmann）因子。

因而，在高温下可接受与当前状态能差较大的新状态，而在低温时只能接受与当前状态能差较小的新状态，这与不同温度下的热运动的影响完全一致，在温度为 0℃时，就不能接受任一 $E_i < E_j$ 的新状态 j 了。

2）模拟退火全局优化算法的基本原理

（1）给定初始温度 T_0 和初始点 x_0，计算该点的函数值 $f(x_0)$；

（2）随机产生扰动 Δx，得到新点 $x' = x + \Delta x$，计算新点的函数值 $f(x')$ 和差 $\Delta f = f(x') - f(x)$；

（3）若 $\Delta f \leqslant 0$，则接受新点作为下一次退火的初始点；

（4）若 $\Delta f > 0$，则计算新点的接受概率：$P(\Delta f) = \exp(-\Delta f / kT)$，产生[0, 1]区间均匀分布的伪随机数 s，若 $P(\Delta f) > s$，则接受新点作为下一次退火的初始点；否则，仍取原来的点。

以上步骤称为 Metropolis 过程，按照一定的退火方案逐渐降低控制温度，重复 Metropolis 过程，直到达到结束准则，就构成了模拟退火算法。该算法能收敛到全局最优点或近似全局最优点。

5. 禁忌搜索算法

禁忌搜索（Tabu Search 或 Taboo Search，TS）最早由格洛夫（Glover）于 1986 年提出，它是局部邻域搜索的一种扩展，是一种全局逐步寻优算法，是对人类智力过程的一个模拟。TS 算法通过引入一种灵活的存储结构和相应的禁忌准则来避免迂回搜索，并通过藐视准则来赦免一些被禁忌的优良状态，进而保证多样化的有效搜索以最终实现全局优化。

简单 TS 的基本思想是给定一个当前解和一种邻域结构，然后在当前解的邻域中确定若干候选解；若其最佳候选解对应的目标函数优于已保留的最好解，则忽视其禁忌特性，用其代替当前解和最好解，并将相应的特性加入到禁忌表中，同时对禁忌表进行修改；若不存在上述候选解，则在候选解中选择非禁忌的最好解作为新的当前解，而无视它与其他当前解的优劣，同时将解的相应特性加入禁忌表，同时修改禁忌表，反复进行，直到满足停止准则。

下面以组合优化问题为例，说明 TS 的关键步骤。

1）初始解

TS 的初始解可以随机产生，也可以基于问题特性借助启发式方法来获得较好的初始解。例如，对于置换流水车间调度，NEH 方法[118]就是一种性能较好的快速构造性方法。

2）邻域结构

邻域结构的设计通常与问题有关。以置换流水车间调度为例，互换、插入和逆序等操作常用来产生新的邻域解。

3）候选解的选择

原则上应对当前解的所有邻域解进行遍历，但当问题规模较大时，考虑到邻域搜索的效率，仅选取邻域解集的子集。至于最佳候选解的选取，一般选择选解集中满足藐视原则或非禁忌的最好解。

4）禁忌表及其长度

该表是一种先进先出队列，用以存放刚刚进行过的领域移动，移动的次数即长度可以固定或自适应改变。

5）藐视原则

通常采用简单的藐视原则，即若有候选解优于最好解，则无视其禁忌特性，直接选取它为当前解。

6）终止条件

一般可用最大函数估计次数或最好解持续保持不变的最大持续迭代步数来描述。

6. 蚁群算法

蚁群算法是受自然界中真实蚁群的集体觅食行为的启发而发展起来的模拟进化算法，属于随机搜索算法。该算法利用蚂蚁觅食过程与旅行商问题（Traveling Salesman Problem，TSP）之间的相似性，通过人工模拟蚁群觅食行为来求解 TSP。

设有 n 个城市和距离矩阵 $D = [d_{ij}]$，其中 $[d_{ij}]$ 表示城市 i 到城市 j 的距离（i, j=1, 2, 3, $\cdots$, n），则问题的目的就是找出遍访每个城市刚好一次的最短路径。

1）蚂蚁系统(Ant System，AS)

设 $b_i(t)$(i=1, 2, $\cdots$, n)表示 t 时刻城市 i 的蚂蚁数。

AS 的具体算法如下：

（1）在算法的初始时刻，将 m 只蚂蚁随机地放到 n 个城市，同时将每只蚂蚁的禁忌表的第一个元素设置为它当前所在的城市。

（2）每只蚂蚁根据路径上残留的信息素量和启发式信息，即两城市间的距离独立地选择下一个城市，更新禁忌表，直到所有蚂蚁完成一次周游。

在时刻 t，蚂蚁 k 从城市 i 转移到城市 j 的概率为

$$p_{ij}^k(t) = \begin{cases} \dfrac{[\tau_{ij}(t)]^\alpha [\eta_{ij}(t)]^\beta}{\sum_{k=1}^m \Delta \tau_{ij}^k}, & j \in J_k(i) \\ 0, & 其他 \end{cases}$$

式中：$J_k(i) = \{1,2,3,\cdots,n\} - tabu_k$ 表示蚂蚁 k 下一步允许选择的城市的集合；$tabu_k$ 记录了蚂蚁 k 当前走过的城市；$\tau_{ij}(t)$ 表示在 ij 连线上残留的信息素量；$\eta_{ij}(t)$ 是一个启发式因子，表示蚂蚁从城市 i 到城市 j 的期望程度，在 AS 中，$\eta_{ij}(t)$ 通常取城市 i 到城市 j 之间距离的倒数；α、β 分别表示信息素和启发式因子的相对重要程度。

（3）当所有蚂蚁完成一次周游后，各路径上的信息素根据下式进行更新：

$$\tau_{ij}(t+n) = (1-\rho)\tau_{ij}(t) + \rho \Delta \tau_{ij}, \quad \Delta \tau_{ij} = \sum_{k=1}^m \Delta \tau_{ij}^k$$

式中：$\rho(0 < \rho < 1)$ 表示路径上信息素的蒸发系数；$1-\rho$ 表示信息素的持久性系数；$\Delta \tau_{ij}$ 表示本次迭代在边（i, j）信息素的增量；$\Delta \tau_{ij}^k$ 表示第 k 只蚂蚁在本次迭代中留在边（i, j）上的信息素量。

（4）若满足终止条件（如已达到固定循环次数），则计算结束；否则，清空所有禁忌表并对每条边（i, j）设置 $\Delta \tau_{ij} = 0$，然后转至步骤（2）。

2）蚁群系统（Ant Colony System，ACS）

蚁群系统是蚂蚁系统的改进，主要区别在于以下几个方面。

（1）状态转移规则。在 AS 中，蚂蚁完全依概率进行路径选择，使用随机比例规则，有倾向性地对新路径进行探索；而在 ACS 中，蚂蚁使用伪随机比例规则，

即对位于城市 i 的蚂蚁 k，以概率 q_0 转移到城市 j，其中，j 是使 $[\tau_{ij}(t)]^\alpha[\eta_{ij}(t)]^\beta$ 达到最大的城市。该选择方式意味着蚂蚁将以概率 q_0 直接选择最可能的城市，以概率 $1-q_0$ 按上述随机比例规则选择，具体描述如下：

$$j = \begin{cases} \arg\max\limits_{\mu \in J_k(i)} \ [\tau_{i\mu}(t)]^\alpha[\eta_{i\mu}(t)]^\beta, & q \leq q_0 \\ S, & \text{其他} \end{cases}$$

式中：$q_0 \in (0,1)$ 为常数，$q \in (0,1)$ 为随机数；S 表示按随机比例规则选择。

（2）局部信息素更新。局部信息素更新的作用是使已选的边对后来的蚂蚁有较小的影响力，从而使蚂蚁对没有被选中的边具有更强的探索能力。在 ACS 中，当蚂蚁从城市 i 转移到城市 j 后，边 (i,j) 上的信息素根据下式进行更新：

$$\tau_{ij} = (1-\xi)\tau_{ij} + \xi\tau_0$$

式中：τ_0 为常数；$\xi \in (0,1)$ 为可调参数。

（3）全局信息素更新。在蚂蚁系统中，全局更新规则对系统中的所有蚂蚁进行更新，这样降低了搜索最优路径的效率，蚂蚁的搜索行为不能很好地集中在最优路径的区域内。而在蚁群系统中，每次循环只对最优路径进行信息素增强，其他路径由于挥发机制信息素会逐渐减少，这就增大了最优路径和最差路径在信息素的差异，从而使蚂蚁搜索行为能很快地集中到最优路径附近，提高算法的搜索效率。更新公式如下：

$$\tau_{ij}(t+1) = (1-\rho)\tau_{ij}(t) + \rho\Delta\tau_{ij}^{gb}(t), \quad \rho \in (0,1)$$

$$\Delta\tau_{ij}^{gb} = \begin{cases} \dfrac{1}{L^{gb}}, & \text{如果边}(i,j)\text{包含在最短路径} \\ 0, & \text{其他} \end{cases}$$

式中：L^{gb} 为当前最优解的长度；ρ 为信息素蒸发系数。

3）最大—最小蚂蚁系统（Max-Min Ant System，MMAS）

这是目前为止解决 TSP 和二次指派问题（QAP）等问题最好的蚁群优化算法，MMAS 直接来源于 AS，主要做了如下修改：

（1）每次迭代结束后，只有最优解所属路径上的信息被更新，从而更好地利用了历史信息。

（2）为了避免算法过早收敛于局部最优解，将各条路径可能的信息素浓度限制于 $[\tau_{\min}, \tau_{\max}]$，超出这个范围的值被强制设为 $\tau_{\min}$ 或 $\tau_{\max}$，这可以有效地避免某条路径上的信息量远远大于其余路径，使得所有的蚂蚁都集中在同一条路径上，从而使算法不再扩散。

（3）初始时刻，各条路径上信息素的起始浓度设为 $\tau_{\max}$，在算法的初始时刻，ρ 取较小的值，算法有更好的发现较好解的能力。所有蚂蚁完成一次迭代后，按下面的公式对路径上的信息作全局更新：

$$\tau_{ij}(t+1) = (1-\rho)\tau_{ij}(t) + \rho\Delta\tau_{ij}^{best}(t), \quad \rho \in (0,1)$$

$$\Delta\tau_{ij}^{best} = \begin{cases} \dfrac{1}{L^{best}}, & \text{如果边}(i,j)\text{包含在最短路径} \\ 0, & \text{否则} \end{cases}$$

允许更新的路径可以是全局最优解或本次迭代的最优解。实践证明：逐渐增加全局最优解的使用频率，会使该算法获得较好的性能。

4.6.3 多目标粒子群算法

粒子群优化算法（Particle Swarm Optimization, PSO）是肯尼迪（Kennedy）和埃哈特（Eberhart）于1995年提出的一种进化算法，该算法模仿鸟类飞行的原理，每只小鸟在飞行过程中通过学习自身最优与全局最优的方法来修正其飞行路线，从而达到全局最优。PSO算法易于理解和实现，因此受到了学术界的广泛关注。PSO是进化算法的一个重要分支，是近十年来进化算法方面发展最快的算法，已被"国际进化计算会议（CEC）"列为讨论专题之一。

相比于传统算法，PSO算法的如下特征非常适合多目标问题求解：一是同其他进化算法一样，PSO通过整个种群并行搜索，容易搜索到多个Pareto最优解；二是PSO算法适合处理不同类型的目标函数和约束；三是PSO算法很容易与其他算法结合以提高算法的精度和效率。

针对PSO算法的改进的研究主要集中在：一是对解空间的扩展，即把PSO算法解空间的适应范围从连续空间拓展到离散空间，从求解单目标问题逐步转换到求解多目标问题，从没有约束条件的优化问题逐步过渡到包括约束条件的优化问题等；二是对PSO操作算子改进以提高算法效率和求解效果等。

同样的，将PSO算法引入到求解多目标问题领域中，即被称为多目标粒子群算法（Multi-objective PSO, MOPSO）。近十几年来，国内外学者对MOPSO进行了许多探索，取得了不少研究成果。

1. 多目标粒子群算法基本原理

1）基本粒子群算法

在详细阐述PSO算法前必须明确几个基本概念：

粒子群（Swarm）：算法中的进化群体；

粒子（Particle）：群中的成员（个体），每个粒子代表了一个待解决问题的潜在解，粒子的位置是由它现在代表的解决定的；

个体最优（Personal Best, pbest）：到现在为止个体的最好位置；

局部最优（Local Best, lbest）：一个给定粒子邻域内的最好位置；

全局最优（Global Best, gbest）：整个群中粒子的最好位置；

领导（Leader）：引导其他粒子向更好搜索空间前进的粒子；

速度（Velocity）：它影响优化进程，决定了粒子为了优化它的位置而需要移动的方向；

惯性权重（Inertia Weight）：以 ω 表示，决定了粒子以往速度对现在速度的影响程度；

学习因子（Learning Factor）：两个学习因子是 C_1 和 C_2，通常被定义成一个常数，代表了粒子受其自身最好位置及邻域最好位置的影响程度；其中 C_1 代表对自身最优位置学习的认知程度，而 C_2 代表对整个粒子群体或其邻域学习的认知程度；

邻域拓扑：决定了某个粒子集合对给定粒子 lbest 的贡献程度。

PSO 算法中的每个个体是没有体积的粒子，分布在搜索空间中的不同位置，并以一定的速度飞行；每个粒子都是同时根据自己和同伴的飞行经验来调整自己的速度和方向。

设群体规模为 N，并设在 t 时刻第 $i(i=1,\cdots N)$ 个粒子 p_i 在搜索空间中的位置以 $x_i(t)$ 表示，飞行速度以 $v_i(t)$ 表示，其在飞行过程所经历过的最好位置，就是粒子本身找到的最优解记为 x_{besti}，引导其他粒子向更好搜索空间前进的粒子记为 $x_{leaderi}$。在第 $t+1$ 代，第 i 个粒子将根据下面的公式来更新自己的速度和位置：

$$v_i(t+1) = \omega v_i(t) + C_1 r_1 (x_{besti} - x_i(t)) + C_2 r_2 (x_{leaderi} - x_i(t)) \qquad (4.22)$$

$$x_i(t+1) = x_i(t) + v_i(t) \qquad (4.23)$$

式（4.22）中，r_1 和 r_2 是 $(0, 1)$ 上的随机数。由此可知，PSO 算法的速度更新公式主要由 3 部分组成，其组成及作用如图 4-19 所示。

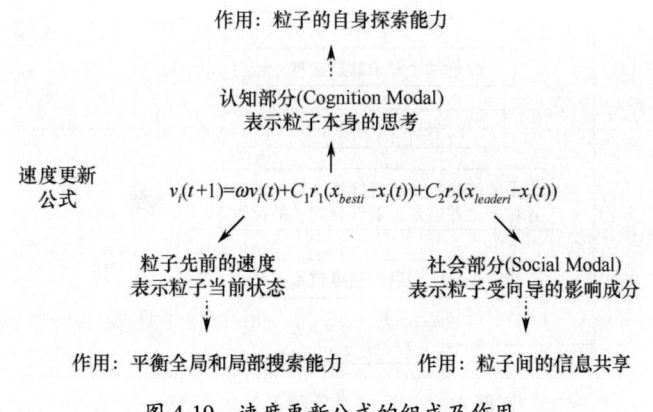

图 4-19 速度更新公式的组成及作用

为了解释方便，只关注二维空间中的一个粒子的速度位置更新，如图 4-20 所示。

由图 4-20 可知，若 $C_1r_1>C_2r_2$，粒子受自身最优位置影响更大，反之受向导粒子位置的影响更大。惯性权重 ω 起到平衡全局和局部搜索能力的作用，若 ω 很小，速度惯性小，粒子速度会很快改变；反之，粒子惯性大，很难向个体自身最优或领导粒子的最优方向快速收敛。

基本粒子群算法在每一代的进化主要是完成如下工作：

（1）评价每个粒子的适应度；

（2）更新每个粒子的个体最优；

（3）选择领导粒子，确定其最优位置；

（4）粒子进化，即根据速度位置更新公式完成每个粒子的位置更新。一般来说，设群体规模为 N，最大进化代数为 g_max，则基本粒子群算法的主要流程如图 4-21 所示。

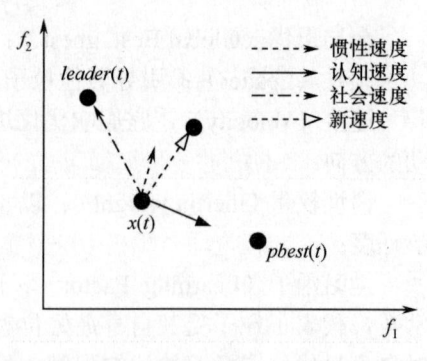

图 4-20　单一粒子速度、位置更新的图示

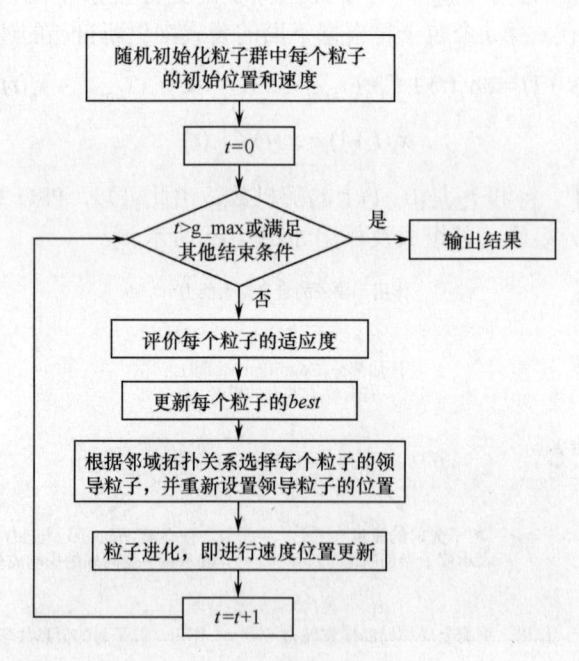

图 4-21　基本粒子群算法流程图

2）多目标粒子群算法

为了满足多目标优化的3个通用目标：发现最多的Pareto解、使求得的Pareto解集尽可能地靠近真实Pareto前端以及最大化Pareto解的分布范围，在将PSO算法扩展到求MOP时要考虑如下3个主要问题：

（1）如何保存搜索过程中发现的非支配解，同时考虑Pareto前端的分布情况；

（2）个体极值和全局极值的选取；

（3）如何保证种群的多样性。

科埃洛（Coello）提出的MOPSO中，外部粒子群用来指导该群体外其他粒子的飞行，Pareto档案进化策略（PAES）中的自适应网格法用于外部粒子群的维护，其基本过程如下：

（1）初始化粒子群P，确定每个粒子的初始位置和初始速度；

（2）计算粒子群P中每个粒子的目标向量，根据Pareto支配关系更新外部档案NP；

（3）确定每个粒子的best（自身最好位置，预设为每个粒子的初始位置）；

（4）将目标空间分割成若干个超立方体，根据各粒子的目标向量确定其所在的格子；

（5）为每个至少包含一个NP中个体的格子定义适应度值，对每个粒子，根据轮盘赌方法选择一个格子，并从中随机选择一个NP中的个体作为该粒子的best；

（6）根据PSO速度位置更新公式进行进化；

（7）对越界的粒子进行如下处理：使粒子停在边界上，同时改变飞行方向；

（8）计算P中每个粒子的目标向量，利用自适应网格法对NP进行更新和维护；

（9）将粒子进化所得新解与其best进行比较，更新粒子的best：若新解支配了best，则取新解为其best；反之，若新解被其best支配，则best保持不变；若两者互不支配，则随机选取一个作为其best；

（10）满足迭代终止条件，则算法结束；否则，转步骤（4）。

2．改进的约束多目标粒子群算法

用PSO算法求解约束多目标优化问题，关键是如何处理约束条件，文献[119]在对约束优化问题搜索空间分析的基础上，指出了约束多目标优化问题求解的难点，提出了一种约束多目标粒子群算法的总体处理流程，并对约束处理方法、外部档案维护、距离度量、全局和局部向导选取等关键算子进行了分析，使算法既能快速靠近可行空间，又能在可行空间中找到分布良好的Pareto前端。限于篇幅，这里不做介绍，感兴趣的读者可自行参阅。

第5章 指挥自动化系统辅助决策系统总体设计技术

5.1 辅助决策系统的基本组成及相关技术

纵观辅助决策系统的发展，随着科学技术的进步和决策需求的不断变化，辅助决策的方式越来越多，辅助决策的实现技术也越来越多、越来越先进，各种新型辅助决策系统争奇斗艳，都在为提高辅助决策水平而积极努力，例如基于多智能体的辅助决策系统、基于服务的辅助决策系统等。目前开发和研究的各种辅助决策系统形态各异，或者是提供的辅助决策方式不同，或者是基本部分的实现技术不同，但从最本质最核心的角度来看，辅助决策系统仍然主要是由5个基本部分组成的：数据库、模型库、方法库、知识库和人机接口。

5.1.1 数据库系统

1. 传统数据库系统与数据仓库系统

数据库系统是辅助决策系统的一个最基本的组成部分，它主要有两个功能，第一个是为辅助决策系统其他部分的功能实现提供基础数据，第二个是可以从数据中挖掘出有用的信息与知识，基于数据辅助决策者做出正确决策。要实现这两个功能，涉及到数据的存储、查询、更新、增加、删除、分析处理、信息和知识挖掘等问题，随着数据库系统理论和技术的发展，较好地解决了这些问题。此处的数据库系统是个广义概念，包括传统数据库系统和新兴的数据仓库系统。

20世纪60年代提出了数据库概念后，经过几十年的发展，由数据库和数据库管理系统（DBMS）组成的传统数据库系统已经形成了一套比较完善的理论和技术，也出现了众多的应用产品。这类数据库系统高效地实现了数据的存储查询、更新、增加、删除、统计等功能，主要是通过各类数据统计报表提供决策支持。尽管传统数据库系统有广泛的应用，但是存在两个问题：①数据库中的数据越来越多，传统数据库系统缺乏挖掘数据背后隐藏的信息和知识的手段，导致了"数据爆炸但信息和知识贫乏"的现象，而人们却是非常希望能对数据进行更高层次的分析，以便更好地利用这些数据；②组织中往往存在多个业务数据库，而传统数据库系统一般只能管理自身数据库，这就导致各业务数据库分散、独立，较难形成共享机制，缺乏对数据的综合和集成分析。这两个问题也就造成了数据的利用率很低，辅助决策的能力不强。

面对这两个挑战，数据仓库系统（Data Warehouse System，DWS）应运而生。它将分布在组织的网络中不同站点的大量数据集成到一起，提供各种有效的数据分析和信息处理手段，为决策者提供有力的决策支持。数据仓库系统由数据仓库、仓库管理系统和分析工具 3 部分组成，主要涉及到数据仓库技术、联机分析处理技术（On-Line Analytical Processing，OLAP）和数据挖掘技术等。系统结构图如图 5-1 所示。

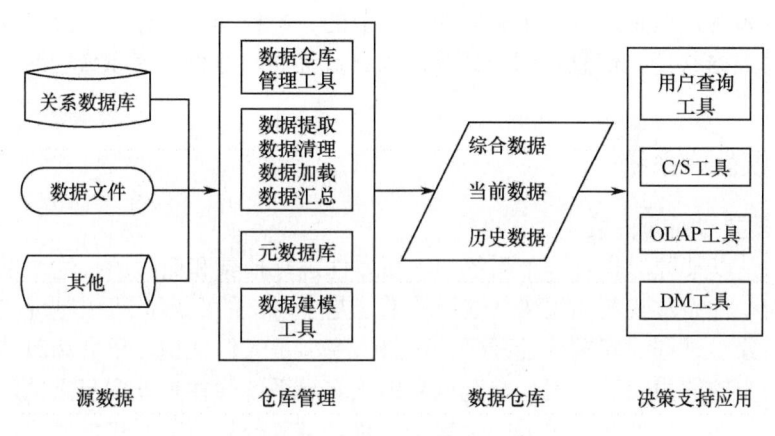

图 5-1 数据仓库系统结构

（1）源数据。源数据是数据仓库系统的基础，它来源于组织内部的关系数据库、数据文件以及其他各种类型的数据集合。

（2）仓库管理。在确定数据仓库信息需求后，首先进行数据建模，然后确定从源数据到数据仓库的数据提取、清理和转换、加载、汇总过程，最后划分维数及确定数据仓库的物理存储结构。元数据是数据仓库的核心，它用于存储数据模型和定义数据结构、转换规则、仓库结构、控制信息等。仓库管理包括对数据的安全、归档、备份、维护和恢复等工作。

（3）决策支持与应用。由于数据仓库的数据量大，必须有一套功能强大的分析工具从数据仓库中获取辅助决策的信息，完成决策支持的各种要求。包括各种查询检索工具、多维数据的 OLAP 分析工具、数据开采 DM 工具等。

2. 数据库系统的选择

尽管数据仓库系统在数据分析、信息和知识挖掘方面有着巨大的优势，但是并不是说数据仓库系统就能完全取代数据库系统。对于一个辅助决策系统而言，数据库系统必不可少，但是选择何种数据库系统应该根据实际的需求来选择。可

143

以看出传统数据库系统侧重于实现数据库系统的第一个功能，数据仓库系统侧重于实现第二个功能。如果辅助决策系统对数据的需求主要是从数据库系统中获取数据用于其他功能的实现，基于非数据方式辅助决策，那么倾向于选择传统数据库系统；如果辅助决策系统主要是基于数据来辅助决策，那么倾向于选择数据仓库系统。

在指挥自动化系统辅助决策系统中，军事数据库系统也是一个重要基础，它存储和管理着大量各类军事数据，为作战模拟、情报搜集与处理、战场环境与支持、作战指挥、后勤管理、军事规划、武器论证、军事科研、教学训练等等众多军事应用提供服务。就目前的实际应用而言，军事数据库系统主要还是采用传统的数据库系统，但是随着各个独立的、分散的、异构的数据库系统逐步完善，异构数据库数据共享、信息知识挖掘等需求日益强烈，数据仓库系统也将会有其用武之地。

5.1.2 模型库系统

1. 模型与辅助决策

模型是以某种形式对一个系统的本质属性进行抽象和简化的描述，以揭示系统的功能、行为及其变化规律。这里的系统是个广义的概念，可以是现实世界的事物、现象、过程、问题等各种研究对象。模型是人们认识、研究和改造客观世界必不可少的得力助手。因为客观世界中的实际系统往往是非常复杂的，它内部属性可能很多，属性间的关系交错繁杂，可能与外部环境有紧密的联系，其行为和变化也可能异常缓慢。各种各样的复杂性导致人们在研究实际系统的时候会遇到很多棘手的困难。而根据实际的需求，合理地抓住系统的本质属性和基本特征，剔除非本质因素，也需要一定的创造性、技巧性和想象力，将现实系统简单化、抽象化从而可以建立一个合适的模型。通过对模型的研究来代替对现实系统的研究会更加方便有效。

辅助决策的整个过程，实际上是一个系统地分析问题、解决问题的过程，如果实际问题比较复杂，那么在这个过程中一般来说模型是必不可少的。有了模型，人们可以简单高效而又深入地分析问题，寻找解决方案。对于简单决策问题，可能单模型辅助决策就已经足够。而对于一个复杂决策问题，往往需要多模型组合以实现辅助决策。多模型辅助决策采取的方法是将大的决策问题分解成多个子问题，对每个子问题选择或建立一个模型，通过模型求解得到该子问题的解决方案，再通过对各子问题的决策意见的综合，形成总问题的解决方案。

2. 模型库系统

由于模型的重要性，模型库系统成为辅助决策系统的核心组成部分之一，模型库系统的结构如图 5-2 所示。模型库系统一般由模型库和模型库管理系统组成，其中模型库负责模型存储和模式表示，模型库管理系统负责模型的生成、查询、维护、组合、使用管理和运行控制等管理工作。

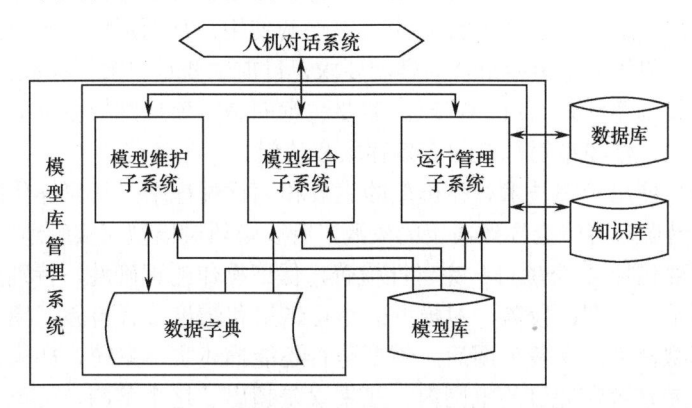

图 5-2　模型库系统结构

尽管模型库系统是辅助决策系统的重要组成部分，但也不能说它是辅助决策系统必需的，例如有些基于数据的辅助决策系统可能只需要直接的数据展现，就可以没有模型库系统。当然大多数情况下，模型库系统是发挥很大作用的，特别是基于模型的辅助决策系统中，模型库系统更是重中之重。

军事模型库中主要存储与军事有关的敌我双方各种武器系统模型、线性和非线性规划模型、推理分析模型、预测模型、模拟试验模型、优化模型、评估模型、综合运筹模型、数据处理模型、图形图像报表模型、智能模型等。

3．模型库系统关键技术

模型库系统主要涉及到以下几方面的技术。

（1）模型表示技术。此处的表示是指模型在计算机中的表示方法和存储形式。为了增强管理的灵活性和减少存储的冗余，目前采用的模型表示技术趋向于将模型分解成基本单元，再由基本单元组合成模型。目前主要的模型表示技术有程序表示、数据表示、逻辑表示或知识表示、面向对象表示、面向本体表示等。

（2）模型生成技术。在辅助决策系统中，计算机既发挥快速运算的作用，又具有一定的思维和推理能力。人和计算机协作，可共同完成把定性分析和定量计算紧密结合在一起的建模工作，而传统的建模过程中主要是人完成定性分析，计算机完成定量计算。模型生成一般有以下几个步骤：系统分析、确定模型的描述方式、参数设定、模型评价和结果检验、模型求解和报告输出。

（3）模型查询和维护。模型库中存放着大量模型，辅助决策系统要对模型进行各项操作前，首先要查找到该模型。模型的维护类似于数据的维护，根据需求，需要对模型进行生成、插入、删除、修改等工作。无论是查询还是维护，都要按照模型的存储组织结构形式进行。

（4）模型组合技术。主要涉及两个问题：模型的组合、模型间数据的共享和传递。模型的组合主要是使用类似于程序设计中的 3 种组织结构，即顺序结构、选择结构和循环结构。这 3 种结构也可以嵌套使用，从而形成任意复杂的系统结构。数据共享和传递是模型组合的客观要求，目前主要是将数据存放在数据库中，依靠数据库管理系统进行统一管理。需要注意的是要处理好模型存取数据库的接口等问题，以方便模型对数据的有效存取和访问。

（5）模型使用管理技术。在模型的生成和运行过程中，任何操作的失误或运算、推理的错误都可能会导致决策的失败，所以必须对模型库实时地监控和管理。使用管理主要包括 4 个项目：完善性检查，保证操作的正确性，特别是检查整个运行的逻辑是否合理；校验，对模型的运行结果和结论进行检验；模型的健壮性分析，当模型被多次重复使用后，模型是否还能描述实际系统，如果出现差异，需要检查误差是否在允许的范围内，如果误差超出了这个范围，应该如何纠正；一致性，生成模型的误差应该随数据量的增加而减小。

（6）模型运行控制技术。在模型的运行过程中，控制模型的运行状态，使之准确地按照规定工作，主要包括 4 个方面：进行权的设定，包括模型的调用权和调用优先级；模型选择，针对一个决策问题，如何选择最合适的模型，一般把模型的选择权留给用户；检索，系统根据用户的要求检索指定的数据、知识和模型为用户服务；联合访问，通过人机交互，用户和系统协作共同寻找错误产生的原因和解决的办法。

5.1.3 知识库系统

1. 数据、信息和知识

数据是对事实的陈述，常以数字、符号、文字和图形等多种形式表示。信息是从数据中提炼出来的有用成分，是对数据的"解释"。数据是信息的载体，数据分析则是从大量数据中提取有用信息的一种手段。日常生活中经常提到的知识的概念指的是人类的认识成果或者人类在改造现实世界中认识和经验的总和。比如"39"是一条数据，而某人"体温 39 度"是一条信息，"人的体温达 39 度就意味着发烧必须看医生"则是一种知识。

迄今为止还没有对知识的统一定义。菲施勒（Fischler）认为"知识是关于模型的存储信息，被人们用于解释、预测，并对外部世界做出适当的响应"。纽厄尔把知识定义为由智能的代理者（人或机器）为做出合理判断而使用的信息，他认为"知识不只是一个符号表示集加上静态的组织构成，它既需要处理过程又需数据结构"。

一般地，知识可以分为两种类型：陈述型知识和过程型知识。所谓陈述型知识，就是将知识以陈述性的方式表达出来。例如：狗有 4 条腿。这类知识又分为事实知识和判断知识。所谓过程型知识，则是指关于怎样做某件事的程序的知识，比如如何装配一台计算机就属于这个类型的知识。

2．知识表示

我们日常生活中的知识是以人所熟悉和习惯的方式表达的，且常以语言为媒介传递。但是人类的自然语言无法作为知识库系统的知识表示方式。其中的原因大致有 3 个：自然语言的二义性、自然语言缺乏一致性结构和自然语言的语法语义未能全知。

知识表示则是要将这些知识转化成计算机所能存储和处理的形式。知识表示是将知识形式化符号化的过程，不仅关系到如何将现实世界不规则的知识以机器处理的形式进行存储，还影响到它们的运用方式和知识系统的结构。知识表示包括一个系统，该系统提供到知识体的通路和对知识访问的手段，知识体是存放在存储器中的数据结构。

经过众多学者多年的努力，目前已经开发出了多种知识表示技术。比较常用的有谓词逻辑、产生式规则、框架、语义网络等。

3．知识库和知识库系统

什么是知识库（Knowledge Base，KB）？目前仍没有一个统一的定义。从贮存知识的角度来考虑，以描述型方法来存储和管理知识的机构叫做知识库。知识库是事实、规则和概念的集合。也有人认为，知识库是合理组织了关于某一特定领域的过程型知识和陈述型知识的集合[120]。知识库和传统数据库的区别在于知识库不仅包含了大量简单事实，而且包含了规则和过程型知识。从使用知识的角度来看，知识库由知识和知识处理机构组成。知识库形成一个知识域，该知识域中除了事实、概念和规则之外还包括推理、归纳、演绎等知识处理方法，逻辑查询语言、语义查询优化和人机交互界面等。

而知识库管理系统（Knowledge Base Management System，KBMS）则是对知识库进行管理、控制，完成对知识库的各类操作，并向用户提供检索、查询服务的系统。前面我们做过对知识库和数据库的类比，这里同样可以将知识库管理系统和数据库管理系统做相似的类比。

知识库和知识库管理系统综合起来可以实现如下功能：知识表示、知识的系统化组织管理、知识的获取和学习、知识的编辑、向用户提供查询与检索服务、知识的维护和诊断以及知识库的安全控制和用户的权限控制等。

知识库系统（Knowledge Base System）是以知识库为核心的，包含硬件和软件的各种资源，用以实现知识共享的系统。从功能上看，知识库系统提供存储知识，保持知识的完整性和安全性，为用户提供输入输出路径，并具有演绎检索功能。

知识库系统的结构如图5-3。其中知识库是系统的核心，是存放知识的实体。推理机则是决定知识库性能好坏的关键部件。很重要的一点是，推理机和知识库是相互独立的。这样不仅有利于知识的修改和管理，也便于建立通用的系统。

指挥自动化系统辅助决策系统首先是根据军事条例和历史资料建立起军事知识库，然后基于此建立起一套推理规则，在得到新的知识之后，将它及时地加到知识库中去，并及时修改推理规则，这样就能保证所建知识库是实时的，以利于应对不断变化着的战场形势[121]。

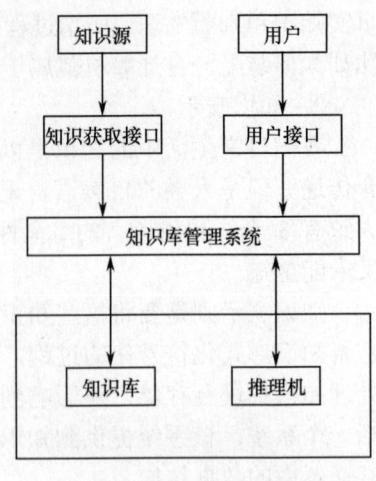

图 5-3　知识库系统结构

为了有效地利用知识库，首先对其中的信息进行分类，在此基础上利用推理规则建立推理图。对其中的每一类信息根据其影响战场情况的重要程度，将知识分为全局知识和局部知识。在每一类中需要许多的局部知识，以便判断在给定的观察集下它是否仍然合理，这可作为下一步修改知识库的依据。

专家系统是以知识库为核心的一种计算机程序，用于完成某种特定的、有一定规律可循的专业工作。设计良好的专家系统的能力可以达到、甚至超过人类专家的水平。专家系统早已在军事上得到应用。20世纪90年代的沙漠风暴行动是专家系统在军事中应用的一个成功典范。从最简单的货物空运，到复杂的行动协调，都可由军事专家系统来协助完成。

5.1.4　方法库系统

模型的运行求解离不开各种计算方法。模型与方法一般是多对多的关系，一个模型可以有多种方法求解，一种方法也可以求解多个模型。在计算机中，方法一般用软件表示，如果在每个模型中都设计计算程序，必然会产生很大的冗余，也极大地降低了计算程序的可重用性和灵活性。因此理论上，在辅助决策系统中，可以将方法从模型中独立出来，构建方法库系统，对方法进行统一的存储和管理。

方法库系统有众多的优点：为模型运行提供强大的通用计算、分析和数据处理能力；可实现方法的资源共享，减少冗余；可根据需要方便地进行方法的查询、增加、删除、修改；基本方法可以快速灵活地组合成复杂方法，以支持组合模型的运行求解；可根据实际情况选择最合适的模型求解方法等。

方法库系统一般由方法库和方法库管理系统组成，如图5-4所示。

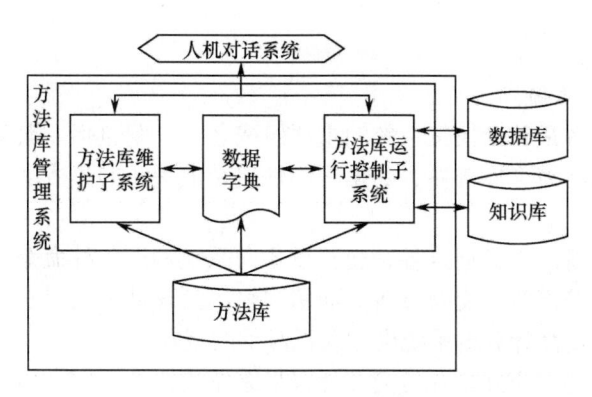

图 5-4 方法库系统结构

方法库是存储方法的软件系统，存储方式主要有层次结构型、关系型、语义网络型等，目前常用的是层次结构型。方法库管理系统中，数据字典负责对方法库结构、方法的功能和方法进行描述；方法库维护子系统实现对方法的查询、增加、删除、修改等操作；方法库运行控制子系统，连接模型库和数据库，进行完整性和安全性检查，实时监控方法的运行；数据库接口和模型库接口主要控制库之间的通信。

值得注意的是，从理论角度看，在辅助决策系统中构建方法库系统确实会带来很多优点，但从实现角度看，限于目前的技术水平，在计算机中建立一个库系统绝非易事，特别是库管理系统的功能实现相当困难，应该说目前比较成熟的也只有数据库系统。而模型和方法是紧密相连的，尽管为每个模型中都设计计算程序（方法）必然会产生冗余，但与建立库系统带来的困难相比，这么做也不失为一个权宜之计。因此在实际应用中，目前一般仍将模型库和方法库合并在一起，未来技术水平发展到能方便有效地实现库系统时，方法库系统便可以真正独立出来，更高效地发挥作用。

5.1.5 人机交互系统

1. 人机交互

人机交互（Human-Computer Interaction，HCI）是研究人、计算机及其之间的相互影响关系的技术。人机交互技术对计算机的发展产生了巨大的影响，并且还将继续影响着全人类的生活，如鼠标器、窗口系统、超文本、浏览器等。当前，人机交互技术已经成为了各个国家的重点研究技术，是信息产业竞争的焦点。

近年来迅速发展的多通道交互（Multi-Modal Interaction，MMI），既适应了"以人为中心"的自然交互准则，也推动了互联网时代信息产业的快速发展。在MMI的各类通道技术中，不少已经实用化、商品化，如手写汉字、语音识别、语音合成等，而一些研究开发也取得了明显的进展，如手势识别与合成、唇读、面部表情识别等。

2. 人机交互系统

人机交互系统是辅助决策系统的重要组成之一，既包括一般意义下的人机交互界面，还包括将模型库部件、数据库部件组合成系统的集成功能。它包含以下几个基本元素。

（1）交互设备。人们通过各种交互设备向系统输入各种命令、数据，以至图形、图像、声音信息等。交互设备又向用户输出处理结果及提示、出错信息等。交互设备构成了交互计算机系统进行人机对话的基础。

（2）交互软件。交互软件是交互计算机系统的核心，它向用户提供各种交互功能，以满足系统预定的要求。交互软件同样可分为系统软件和应用软件。在系统软件方面，许多分时操作系统均采用命令语言的对话方式向用户提供操作界面，如 UNIX 等；在应用软件方面，人机界面已成为其主要部分之一，并且成为衡量应用软件功能强弱的重要指标。

（3）人的因素。人的因素指的是用户操作模型与用户的各种特征有关。比如，人在进行操作时容易出错，则人机交互的设计就要考虑到对错误的处理；再者，不同层面上的用户对操作的使用也不同，因而也需要根据不同的人群去设计相应的人机交互系统。

3. 人机交互模型

模型在人机交互领域中十分重要，类型也很多。一类是从系统的结构出发，讨论界面在系统中的地位、作用、功能、组成及其关系等，如将界面分为 3 部分（表示部件、对话控制、应用接口）的赛海姆（Seeheim）模型；另一类是从系统设计的角度来了解用户的"用户特性模型"，分析不同用户的特点，以提高系统的针对性和适应性，如根据用户知识的不同，将用户分为偶然、生疏、熟练、专家型等用户[122]。

近年来，在人机交互模型的设计方面，国际上已广泛采用"以用户为中心的设计（User Centered Design，UCD）"方法[123]。UCD 方法的主要特征是用户的积极参与，对用户及其任务要求的清楚了解；在用户和技术之间适当分配功能；反复设计解决方案；多学科设计。其主要设计活动是了解并确定使用背景；确定用户和组织要求；提出设计解决方案；根据要求评价设计。

人机系统包括人、机两个组成部分，他们相互联系构成一个有机整体，可用图 5-5 来表示。

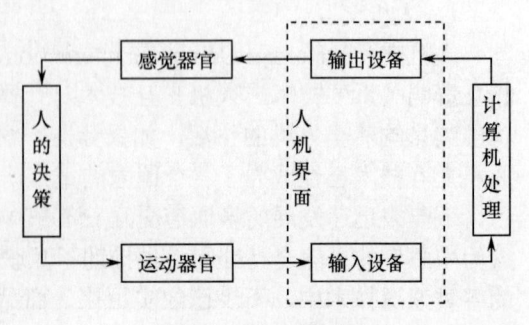

图 5-5 人机系统模型

5.1.6 对辅助决策系统提出的新要求

在当今信息化时代，新的技术不断涌现，新的需求也在不断产生。辅助决策系统正面临着新的挑战。

（1）决策问题和决策环境复杂多变，而决策要求却又不断提高，辅助决策系统如何根据决策环境和决策问题的变化快速的做出反应，为决策者提供高质量的帮助。

（2）决策资源更加丰富，海量的数据、模型和遗留系统普遍存在，如何界定各决策资源的适用范围，如何合理高效地获取和使用现有的资源。

（3）对于复杂多变的决策问题，如何设计或选择建模方法、模型集成方法及模型求解技术。

（4）计算机技术、管理科学和运筹学、信息经济学、行为科学、人工智能等理论或技术的发展与融合，使得辅助决策系统的构建方案和实现技术的可选择性大大增加，新型辅助决策系统如何按照需求，选择合适的理论和技术来构建。

（5）针对需求，如何进一步提高人机交互水平和辅助决策系统的智能化程度。
这些都对设计和实现辅助决策系统提出了新的要求。

（1）开放式系统。辅助决策系统要具有良好的开放性，不断搜索和集成有用的信息资源，及时扩展新的功能，为决策者提供更好的支持。辅助决策系统中的决策构件需要遵循开放标准，具有良好的可移植性和互操作性。

（2）决策资源高度共享。海量的决策资源主要是以各种形式存在于 Internet/Intranet 甚至各类云平台上，包括数据、文本、模型、知识、图表等。这些决策资源由独立的提供者发布，随时可能被添加、删除和修改。Internet/Intranet 上的决策资源具有的这种自治、异构、分布、动态的特点，使得对 Internet/Intranet 上的决策资源的管理和共享相当困难，但是为了能够充分利用和集成这些决策资源，必须建立标准实现这些资源的高度共享机制。

（3）高度的智能化。面对复杂多变的决策问题和浩如烟海的决策资源，辅助决策系统需要具有高度的智能化水平，要能够理解决策者的真实意图，帮助决策者快速准确地找到合适的决策资源，给出合理的建议，承担尽可能多的结构化问题处理任务，并逐步解决部分半结构化和非结构化问题，减轻决策者的负担。

（4）友善高效的人机交互。人机交互是辅助决策系统的重要组成部分，辅助决策系统强调决策过程中与人的交互性，对人机交互系统的要求也越来越高。除了传统的输入方式外，还需要语言、手势、视觉等多种交互方式，目前更要进一步加强基于知识的智能人机交互的研究。通过人机交互方式，要能深化用户对复杂系统运行机制、发展规律乃至趋势走向的认识，并为决策过程中超越其认知极限问题的处理要求提供技术手段。

(5) 注重各种相关方法和技术的集成应用。对于涉及复杂的半结构化或非结构化决策问题的高层次、综合性辅助决策系统来说，单一的系统方法和技术难以完成，这就需要采用定性到定量的综合集成方法，将各种相关方法和技术有机整合起来，构成一个高度智能化的人机系统，它具有综合集成各种知识，从感性上升到理性，实现从定性到定量的功能。

(6) 时空与多维决策过程。在决策过程中引入时间、空间等多维准则，可以突破时空限制，优化和改进决策过程，提高决策支持效果。目前，很多决策过程已经对时间和空间因素提出相当高的要求，这些因素反过来又对辅助决策系统的理论和方法提出了新的挑战。

5.2 基于 MAS 的辅助决策系统

20 世纪 60 年代，针对复杂决策问题求解的需要，美国圣菲研究所的研究者提出一种新思想，即系统复杂性特别是涌现性的出现是自下而上的，并取决于构成系统的部件及其他部件间的非线性作用。这种系统部件称为 Agent，后来被扩展为一种智能体（智能软件、智能设备、智能机器人或智能计算机等，甚至是人）。20 世纪 90 年代以来，计算机网络技术、分布式人工智能理论及计算机软硬件的发展，为 Agent 的发展提供了良好的理论与技术基础。目前，Agent 已成为人工智能、计算机等研究领域的重要主题，同时也在社会经济、大型工程管理、交通管制、军队指挥等应用领域取得重大成果。

作战系统是一个复杂系统，在作战指挥决策中，基于 Agent 的辅助决策系统能形式化描述作战系统中兵力实体在战场环境中的智能行为，反映实体之间、实体与环境之间的相互联系，以更有效地辅助决策。

5.2.1 Agent 概念

Agent 的概念原型是休伊特（Hewitt）于 1977 年提出的 Actor，最经典的是伍德里奇（Wooldridge）与詹宁斯（Jennings）在 1995 年提出的关于 Agent 的"弱定义"和"强定义"[124]。弱定义强调 Agent 最基本的行为特性，包括自主性、反应性、能动性和社会性等；强定义是在弱定义的基础上，加上 Agent 在具体应用环境中表现出来的特性，包括理性、移动性、面向目标性、推理能力和规划能力等。

Agent 是一个能够与外界自主交互并拥有一定知识和推理能力，能够独立完成一定任务的具有社会性的智能实体。在不同领域与学科中，Agent 具有不同的含义，所建立的 Agent 模型也不尽相同，但就其内部功能模块而言，大都包括环境感知模块、通信模块、推理模块、执行模块、知识库等部分,如图5-6所示[78]。

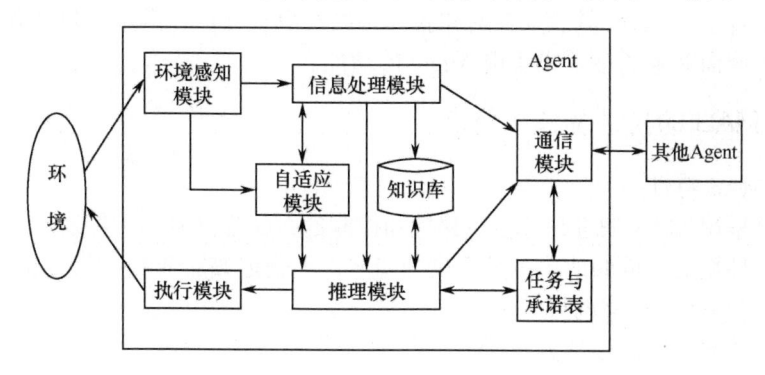

图 5-6　Agent 结构示意图

关于 Agent 的分类方法有很多,如根据 Agent 的结构模型,通常可分为慎思型 Agent(Deliberative Agent)、反应型 Agent(Reactive Agent)和混合型 Agent(Hybrid Agent)3 种。

(1)慎思型 Agent。将 Agent 作为一个基于知识的系统,即通过人工智能的符号机制来实现 Agent 的表示和推理。它包括环境和智能行为的逻辑推理能力,通过基于模式匹配和符号操作的逻辑推理进行决策。

(2)反应型 Agent。与慎思型 Agent 对应,是一种不使用符号知识的 Agent 结构,并且没有任何内部状态。其行为决策无需参考环境的历史信息,只是简单地对外部刺激产生反应,具有对环境的实时反应能力。Agent 通过一些描述 Agent 感知输入与响应动作之间的映射关系规则来实现对外界事件的响应。慎思型 Agent 智能性较高,但无法对外界进行快速响应;反应型虽能对外界做出快速反应,但因其结构简单而无法处理复杂问题。

(3)混合型 Agent。就是综合以上两种类型 Agent 的优点而形成的,从而具有较高的智能性和快速响应能力。它在一个 Agent 内部集成了多个不同类型的实体型体系结构,各个体系之间单独运作或相互作用,从而使 Agent 能够体现出多种特征。

目前在 Agent 研究领域主要有 Agent 基本理论、多智能体系统(Multi-Agent System,MAS)和面向 Agent(Agent-oriented)的程序设计 3 个方面。一般认为 Agent 应具有知识、目标和能力。知识就是 Agent 对它处的环境和决策问题的某种描述,目标就是 Agent 所要求解的决策问题,能力就是 Agent 求解该问题的方法与手段。可以将 Agent 形式化为

$$Agent = (M, K, A, I, L, S, F, G, R, C)$$

式中:M 为方法,K 为 Agent 的内部知识,A 为属性,I 为推理机制,L 为语言,S

为消息传递操作，R 为消息接受协议，G 为全局知识，F 为继承机制，C 为系统服务。可以看出，Agent 具有面向对象技术中的对象特征，如继承、封装等。因此，可以采用面向对象的技术来实现 Agent 的功能。

5.2.2 MAS 的特性及技术特点

1. MAS 特性

适合采用 MAS 来进行分析、建模和控制的系统都具有如下特征：

(1) 环境是开放的或至少是高度动态的、不确定或复杂的；

(2) Agent 是自然的模仿；

(3) 数据、控制等具分布性。

MAS 除具有个体 Agent 所具有的基本特征外，还具有社会性、分布性、并行性、自治性、鲁棒性、易扩展性、协作性、不可预测性和不确定性等特征。

在 MAS 中，Agent 的自治性、交互性和协作性都以主体的通信语言和通信机制为基础，通信机制设计的好坏、通信语言的完善程度和灵活性直接影响到 Agent 的智能程度和系统性能，所以 MAS 中通信语言和通信机制的设计和实现是 MAS 研发的核心内容之一。

MAS 的通信机制不仅要完成底层计算机间的通信，而且还实现对于运行在不同计算机上的 Agent 进行通信链接，Agent 应透明地建在网络平台上，不管位于网络环境的哪个位置都不会对 Agent 本身的功能和 Agent 间的交互造成影响。另外，通信机制的设计应该适应系统的可变性，可变性包括系统中 Agent 的加入和离开等[125]。

近年来，随着 KQML、FIPAACL 等 Agent 通信规范成为了标准，Agent 通信系统的研究已经逐步从通信语言方面转移到系统通信行为方面，对于实用的通信语言的研究也都基于以上一些通信语言规范。辅助决策系统中 Agent 通信技术的研究主要集中在 Agent 通信语言设计、语义理论及语言实现支撑系统 3 个方面，主要内容包括通信原语集的选取、每条原语的语义解释以及各种支撑系统的程序设计接口等，但是到目前为止，能实现方便、敏捷交互与普适性相结合的语言仍在研究之中。

Agent 间的协商与协调机制是 MAS 研究的另外一个关键问题。在 MAS 中，协商不仅能提高单个 Agent 以及由多个 Agent 所形成的系统整体行为的性能，增强 Agent 及 MAS 解决问题的能力，还能提升系统的灵活性。协商机制能使 MAS 解决更多的实际问题。

尽管对单个 Agent 来说，它只关注自身的需求和目标，其设计和实现可以独立于其他 Agent；但在 MAS 中，Agent 不是孤立存在的。即使在由遵循某些社会规则的 Agent 所构成的 MAS 中，Agent 的行为也必须满足某些预定的社会规范，而不能"为所欲为"。Agent 间的相互依赖使得 Agent 间的交互以及协商方式对 Agent 的研发和设计具有很大的制约性,其交互及协商机制不同,MAS 中 Agent 的实现方式也将各不相同。因此,Agent 间的协商机制研究是基于 Agent 的智能系统研发的必然要求。

2. MAS 技术特点

MAS 技术是分布式人工智能的重要分支,具有以下技术特点[78]。

(1) Agent 建模是一种基于智能技术的新方法,对复杂决策研究具重要作用。

(2) MAS 是多个 Agent 构成的自适应柔性动态系统与典型分布式计算机软件系统,通常由 3 种组织结构模式:完全集中式、完全分布式和混合式,可满足多种建模目标需求,有效地解决大规模复杂系统建模问题。

(3) Agent 技术是一种先进计算机技术,特别适合用来解决具有模块化、分散化、可变性、不良结构、复杂性等特征的应用问题。

(4) Agent 技术还具有以下几个优势:

① 与传统系统(如可用数学方程描述的系统,可求解的规范系统等)方法比较,Agent 技术不仅可提供建模方法,而且可以给出问题的解,还可用演示系统演化全部动力学特征,这是传统分析方法或数值方法所无法做到的;

② 对于无法求解,或当没有合适方法求解,或许多参数无法计算的系统问题,采用 Agent 技术可详尽地研究系统多种特征,并对问题求解;

③ 对于无法采用形式描述和数学计算的问题,仍然可以通过 Agent 交互来解决,而这类问题恰恰广泛存在于经济系统、社会系统、生物系统、军队指挥自动化系统等复杂系统;

④ 已有基于 Agent 的建模和开发工具(软件)被成功应用于解决复杂决策问题;

⑤ MAS 已成为计算机及自动化领域一项关键性主流技术和研究分布式智能控制的主要工具。MAS 形式化建模方法对于 MAS 进行描述和研究以及对系统模型分析与验证是至关重要的,也是 MAS 理论的一个重要研究方向。

5.2.3 基于 MAS 的指挥自动化系统辅助决策系统架构

近几年的国际指挥控制技术年会上,每年都有数篇 MAS 技术在指挥控制辅助决策系统中应用的论文发表;此外许多国家还开发了一些基于 MAS 技术的指控辅助决策原型系统。实验数据表明 MAS 技术在网络赋能的指挥控制系统辅助决策领域具有良好的应用前景。

Agent 是一个具备通信能力、感知能力和问题求解能力的实体,可以用 Agent 去代替辅助决策系统中的各个功能单元,通过系统中各个 Agent 的协调合作去完成复杂决策问题的求解,以实现智能化辅助决策的功能。Agent 之间的合作求解主要采用以下两种方式。

（1）任务分担。它是指将一个复杂决策问题分解成几个子问题，每个子问题对应一个子问题求解 Agent 模块，并由管理 Agent 负责管理每个子任务的执行及结果处理；

（2）结果共享。它是指每个独立的 Agent 合作解决一个复杂决策问题，各 Agent 彼此共享结果，并由协调 Agent 负责对结果进行集成，形成一个完整的方案排序。

基于 Agent 的辅助决策系统的体系结构是一个分层次的动态结构，根据问题合作求解方式的不同，可以形成面向任务分担的任务结构模型和面向结果共享的多库结构模型[126]。

1）任务结构模型

基于 MAS 的辅助决策系统任务结构模型是在问题求解层采取子问题 Agent 协同求解，每个子问题 Agent 自身具有问题求解能力，即子问题 Agent 拥有数据、模型、知识等资源，每个子问题 Agent 在协调 Agent 统一管理控制下通过信息中心相互交流和协作，其结构模型如图 5-7 所示。

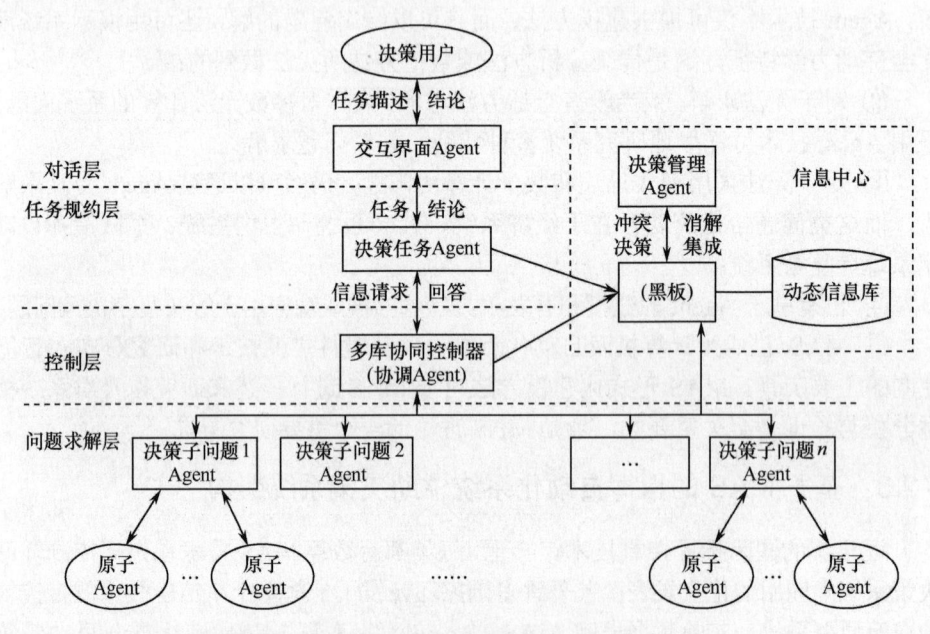

图 5-7 基于 MAS 的辅助决策系统任务结构模型

2）多库结构模型

多库结构模型定义了 5 类 Agent：交互界面 Agent、决策任务 Agent、决策管理 Agent、协调 Agent 和决策问题管理 Agent，模型库管理 Agent 等，还包含任务协调策略，其结构模型如图 5-8 所示。

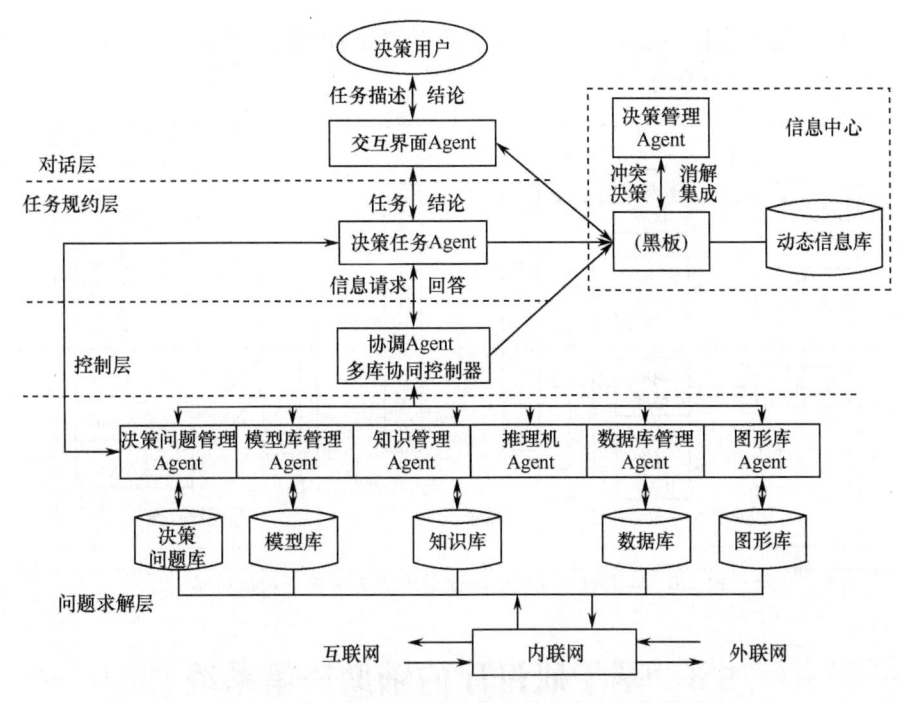

图 5-8 基于 MAS 的辅助决策系统多库结构模型

上述两种结构模型都将基于 Agent 的辅助决策系统分为 4 个层次。

（1）对话层。由多个交互界面 Agent 组成，是用户与计算机的交互接口。

（2）任务规约层。由决策任务 Agent 组成，它将决策任务形成的复杂问题分解为各个 Agent 所能求解的子问题。

（3）控制层。由协调 Agent 和决策管理 Agent 共同组成。决策管理 Agent 负责将问题求解资源层所产生的决策结果进行综合和评价，以求出问题的解；黑板用于存放各 Agent 本身信息、Agent 所需的信息和产生的相关结果信息，各 Agent 的信息都传递到黑板中，黑板可以提供给所有 Agent 共享；协调 Agent 通过黑板和控制模块来负责各 Agent 之间的信息交换和通信，控制和监督各 Agent 执行任务的情况以及进行任务分配。

（4）问题求解层。两种结构模型中的多 Agent 协作求解方式是不同的。任务结构模型问题求解层是由各子问题求解 Agent 和各个原子 Agent 组成，其主要任务是子问题求解 Agent 针对需解决的子问题根据其内部知识选择相应的原子 Agent 进行求解；多库结构模型由知识库管理 Agent、数据库管理 Agent、模型库管理 Agent 等决策资源库组成，是将问题通过多库协同求解出问题的解。

根据实际需要，可针对作战中各个角色如武器装备、支援装备、保障装备、备战人员、指挥机构、作战原则、态势评估、战场环境等实体，通过 Agent 通信

157

语言与相关服务达到 Agent 间对交互，从而按计划实现多兵种的协同作战，其体系结构框架如图 5-9 所示[78]。

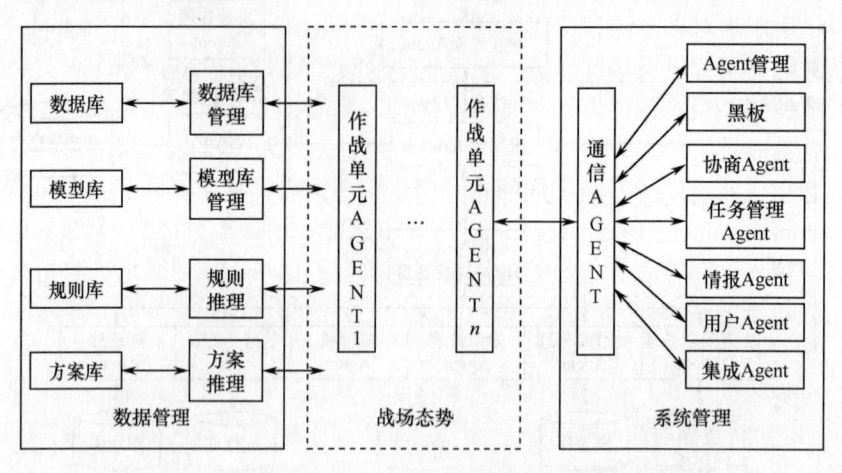

图 5-9　一种基于 MAS 的辅助决策系统体系结构框架

5.3　基于研讨厅的辅助决策系统

5.3.1　综合集成研讨厅体系原理

综合（Synthesis）与集成（Integration）这两种术语密切相关，在决策科学中经常出现。它们在其他学科中出现也很频繁，例如系统综合、集成电路。

综合集成（Meta-synthesis）的重点是综合，综合高于集成。集成比较注重物理意义上的集中和小型化、微型化，主要反映量变；综合的含义更广、更深，反映质变。

综合集成是在各种集成（观念的集成、人员的集成、技术的集成、管理方法的集成等）之上的高度综合（Super-synthesis），又是在各种综合（复合、覆盖、组合、联合、合成、合并、兼并、包容、结合、融合等）之上的高度集成（Super-integration）。因此，综合集成考虑问题的视野是系统之上的系统，它是包含本系统又比本系统更大的系统。

综合集成在方法论上与还原论相对应又相互补充。综合集成并不否定还原论，还原论仍然有它的作用，它会继续长期存在。综合集成也需要还原论的研究成果，两者相互结合，取长补短。离开了还原论的系统论，就可能退化为古代的整体论。

钱学森在 20 世纪 80 年代初提出，将科学理论、经验知识、专家判断力相结合，用半理论半经验的方法来处理具有复杂行为的系统。20 世纪 80 年代中期，在钱学森指导下，系统学讨论班进行了方法论的探讨，考察了各类复杂巨系统的新进展，特别是社会系统、地理系统、人体系统和军事系统等 4 大类。在军事系统中，可运用军事对阵方法和现代作战模拟综合开展研究。

在对这些研究进展进行提炼、概括和抽象的基础上，1990 年钱学森明确提出处理开放的复杂巨系统的方法论是从定性到定量的综合集成，作为一门技术，又称为综合集成技术，作为一门工程，亦可称集成工程。1992 年又发展为从定性到定量综合集成研讨厅体系的实践形式（简称综合集成研讨厅体系，Hall for Work Shop of Meta-synthetic Engineering，HWSME）。综合集成研讨厅体系是综合集成法的具体应用。这套方法和方法论是从整体上研究和解决问题，采取人机结合，以人为主的思维方法和研究方式，对不同层次，不同领域的信息和知识进行综合集成，达到对整体的定量认识。

综合集成的实质是把专家体系、数据和信息体系以及计算机体系结合起来，构成一个高度智能化的人机结合系统，它可应用于决策，就在于充分发挥了这个系统的综合优势、整体优势和智能优势。它能把人的思维、思维的成果、人的经验、知识、智慧以及各种情报、资料和信息等集成起来，从多方面的定性认识上升到定量认识，从而帮助决策者做出正确的决策。

在运用综合集成法辅助决策时，可以对问题进行系统分解，在分解后研究的基础上，再综合集成到整体，实现 1+1>2 的涌现，达到从整体上严密解决问题的目的。从这个意义上说，综合集成法吸收了还原论和整体论的长处，同时也弥补了各自的局限性。

5.3.2 综合集成研讨厅系统的设计思想

研讨厅是用于解决复杂系统决策问题的、供专家群体（领域专家及决策者）使用的人—机结合的综合集成决策支持环境。根据研讨厅体系的理论框架，一个综合集成研讨厅的主要体系是专家体系、知识/信息体系和机器体系[127]，它们之间的关系（结构）如图 5-10 所示。

由参与研讨的专家组成的专家体系是研讨厅的主体，是决策咨询求解任务的主要承担者。专家体系作用的发挥主要体现在各个专家"心智"的运用上，尤其是其中的"性智"，是计算机所不具备的，

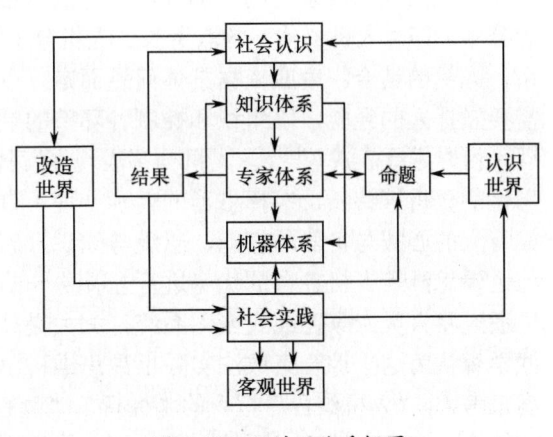

图 5-10 研讨厅体系框图

是问题求解的关键所在。研讨厅通过把领域专家群体引入系统中，利用专家的经验知识和判断对系统进行整体把握，并把各种定性和定量分析模型的分析结果与专家的经验判断结果有机融合在一起，真正实现定性定量相结合，从而大大扩展了解决实际问题的能力。从定性到定量综合集成方法的核心思想之一就是尽可能地运用人类拥有的全部知识去解决客观问题。专家体系的建设涉及到专家群体的角色划分问题、专家群体不良思维模式的预防及纠正、专家个体之间的有效交互方式、研讨过程的组织形式问题等。

由专家所使用的计算机软件、硬件、以及研讨厅提供各种服务的服务器所组成的机器体系具有高性能的计算能力、数据运算和逻辑运算能力，为定量分析发挥重要作用。机器体系的建设涉及到基本系统（包括软、硬件）框架的设计、功能模块和软件模块的分析与综合、软件系统开发方法的选择等问题。

知识/信息体系则由各种形式的信息和知识组成，包括与问题相关的领域知识/信息、问题求解知识/信息等，专家体系和机器体系是这些信息和知识的载体。知识/信息体系的建设涉及到知识（尤其是定性知识和非结构化知识）的表达与抽取问题，知识的共享、重用和管理问题，信息的获取和推荐问题等。

综合集成法把这 3 个部分连接成为一个整体，形成一个统一的、人机结合的巨型智能系统和问题求解系统。综合集成研讨厅的成功应用就是要发挥这个系统的整体优势和综合优势。

5.3.3 综合集成研讨厅中的关键问题

随着计算机和信息技术的发展，综合集成研讨厅的应用越来越广泛，要想将这种方法有效地应用在实际工程中，首先要解决以下几个问题。

（1）人机结合。与以往的计算机决策支持系统相比，人机结合的特点是具有专业知识的人构成系统的一部分，人与机器根据各自特长与优势进行功能与过程的分工，即"人机一体、各取所长、人机分工"。系统中人机之间是双向的交互关系，人机的结合程度应依据具体问题而定，以人为主主要体现在复杂问题的求解需要发挥人的经验，以组织和控制各环节的顺利推进，如研讨中方案的归纳、整理，何时进行表决等[128]。人机分工表现在发挥人的感受与认知、定性处理、非结构化的分析等特长，发挥机器的精确处理、数学计算与数据处理的能力，从而形成将人的心智与机器的智能、感受与知识、感性与理性、定性与定量、形象思维与逻辑思维等人机各自的优势进行互补协作的新体系，构成人机智能系统。研讨厅通过将人类专家在线式嵌入系统，大大提高了系统的灵活性和问题解决能力。钱学森认为这个综合集成法实际上是思维科学的一项应用技术。从信息处理的角度来考虑，"人机结合"把人的"性智"、"量智"与计算机的"高性能"信息处理相结合，实现定性的（不精确的）与定量的（精确的）处理互相补充，达到从定性到定量的认识。在解决复杂问题的过程中，能够形式化的工作尽量让计算机去完成，一些关键的、无法形式化的工作，则靠人的直接参与或间接作用，这样构成"人机结合"的系统。这种系统既体现了"心智"的关键作用，也体现了计算机的特长。

（2）从定性到定量。对于一个给定的问题，专家在其获得综合知识的基础上，形成一些直观的感受，这种感受是定性的、非精确的，属于非理性范畴，具有经验性与不精确性；解决这一问题的标志是形成可定量、可用清晰的定义与指令进行描述的知识，从而迈向理性的范畴，具有逻辑思维的特征。可见，处理问题的步骤就是一个从定性到定量的过程。从定性到定量首先要用结构化的方法逼近非结构化问题。接着在模型的使用过程中，专家的判断综合了计算机的模型结果及数据信息，计算机中的模型及数据也融入了大量的专家经验和知识。对于专家分歧较大或认识不清的问题，通过研讨可以将该问题按专家的不同意见进一步细分为子问题，并可以返回前面的任一步骤，从而将大家的注意力集中在新的问题层次，这些作法非常有益于问题的进一步结构化处理。最后，综合专家的意见，形成最终的综合结论[129]。

（3）研讨方式。综合集成研讨厅支持在线研讨与离线研讨。在线研讨即所有参加研讨人利用网络进行研讨，实时获得研讨数据与信息支持、在线建模计算、研讨意见与结果等；离线研讨指所有参加研讨人利用网络进行分散或集中研讨，实时获得研讨数据与信息支持、在线建模计算，但研讨意见与结果需经过专门处理在研讨之后与研讨人见面。按是否有人干预可支持自由式研讨、引导式研讨、协同式研讨。按研讨规模与专业可支持点对点研讨、分组研讨、同方协同研讨、多方对抗研讨。实际应用综合集成研讨厅解决具体问题时，应根据问题的需求与特点，选择上述一种或几种研讨方式构建研讨厅。

（4）研讨流程。研讨流程是指研讨进行的步骤和方式。为了提高研讨效率、有效控制研讨进程、优化研讨结果，有必要在研讨过程中对研讨人行为、研讨方式进行一定的规范，同时调用其他一切可以利用的资源辅助专家对所讨论问题进行分析、研究、论证。研讨流程与所采用的研讨方式密切相关，研讨方式不同，研讨流程可能差别较大。体现综合集成思想的研讨流程主要包括确定各位参与研讨者的身份及其权限；统一管理研讨状态；确定研讨方法和模型；主持人参与其中；发言权的获取和释放；研讨接单的控制与过渡；归纳研讨意见；形成决策方案。考虑到所研究对象的复杂性，流程不仅可以顺序执行，还可以根据需要跳转到任意议程上。

（5）需求分析与总体设计。军事决策的信息化是一项系统工程，需求分析与总体设计是其中的重要环节。对于要采用综合集成研讨厅体系处理的实际作战问题，需要在深入领会人机结合从定性到定量的综合集成研讨厅体系的精神实质的基础上，对问题的提出，问题的描述，问题背景，追求的目标，涉及的人员、设备、数据、信息、知识、技术等进行细致、透彻、流程式的分析，编写需求分析说明书，按照软件工程、系统工程与工程设计规范等的要求整理出任务模块，制定体现人机结合、从定性到定量的体系规范、研讨方式、研讨流程，充分利用现有的技术成果制定综合集成技术设计方案，从而形成系统的总体需求与设计方案。

（6）作战模拟。因为战争的不可重复性，所以需要通过作战模拟来研究战争、验证综合集成研讨厅的结论和进行训练与指挥。作战模拟的概念是使用一种或同时使用多种手段，对包括两支对抗力量的军事冲突，按照事先给定的规则或程序进行的演练。这种手段可以是图表、沙盘、模拟装备、传感设备、通信设备、计算机、作战演习、实际操练、室内图上作业、数学或逻辑等。作战模拟的功能有军事训练与指挥、战争研究、武器装备发展规划和论证、战略分析与规划和对抗模拟。其中军事训练与指挥功能包括人员训练与环境模拟和作战计划评估。战争研究功能包括战法研究、军事理论研究和军事学术研究。武器装备发展规划论证功能包括武器装备研发中的虚拟原型技术、武器装备的技术评价、武器装备的成本与效率分析和武器装备的作战效能评价。战略分析与规划功能包括兵力结构评价、作战条令评价和国家发展战略与规划。对抗模拟功能包括技术对抗模拟与政治—军事对抗模拟。作战仿真的全过程如图 5-11 所示，其过程首先是根据人类思维和现有的知识建立系统的模型，然后进行仿真实验、求解模型，最后得出模型结论。左侧实物实验虚线框表示的意义是通过已有的或可以进行的实物实验建立模型库，以便于更准确地建立仿真模型，得出接近实际的结论。

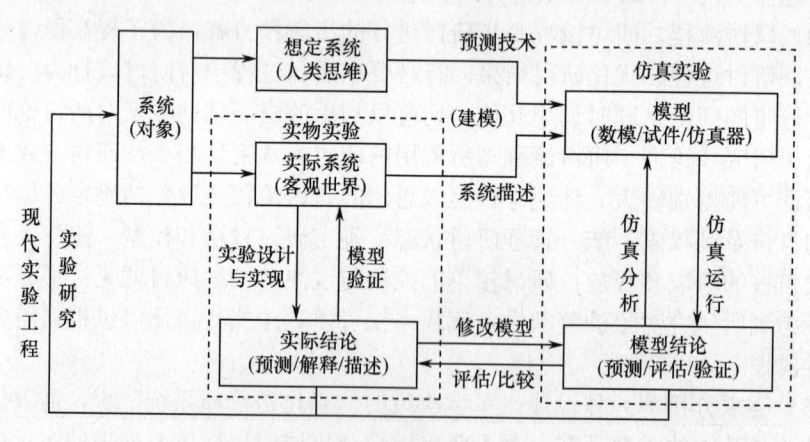

图 5-11 系统、模型及仿真的相互关系

5.3.4 基于研讨厅的辅助决策系统架构

综合集成研讨厅代表了集成技术的发展方向。综合集成研讨厅实现了古人所说的"集大成，得智慧"的梦想，它构成了一个统一的、人机结合的巨型智能系统和问题求解系统。

能运用到军事上的指挥自动化辅助决策综合集成研讨厅体系分为 3 个层次：高层次研讨厅（军事系统综合集成研讨厅）、低层次的专家研讨厅（军事理论与军事技术研讨厅）和作战模拟仿真与训练演习系统[130]，其架构如图 5-12 所示。

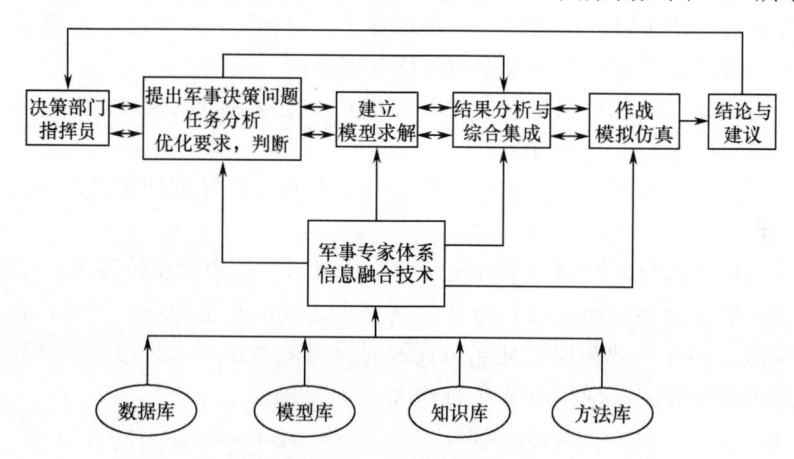

图 5-12 指挥自动化辅助决策综合集成研讨厅体系架构

高层次研讨厅的决策群体是由军事首长、顾问、军事理论专家和军事技术专家、高级作战参谋人员组成。高层次研讨厅是由国家军事决策部门组织，在战争时根据低层次研讨厅提供的理论、模型、方法及备选方案,决策群体在系统分析人员和决策分析者协助下，对战争相关的内容进行研讨，并在研讨厅软、硬系统的支持下，为首长最终下定决心以及具体计划和规划提供决策方案、措施和咨询。研讨的内容有：

（1）战争态势，有关的决策提案；
（2）作战任务及要求；
（3）武器的发展战略及规划；
（4）部队建设。

低层次的专家研讨厅系统中，主要是对作战理论、作战模型、武器与作战平台建设过程研究和研讨。具体有：

（1）作战理论研究；
（2）陆、海、空、天一体化作战样式研讨；

（3）建立层次作战模型、定量判定模型与解析模型，并建立模型库；

（4）建立作战武器的评估与规划体系，建设相应的数据库系统；

（5）建立战争理论（军事知识、规则）的军事知识库；

（6）建立战争方法库；

（7）研究现代信息技术的应用和开发（数据融合技术、信息高速公路），建设武器作战平台。

在以上各项成果基础上，由各有关专家组成的研讨集体在研讨厅（与高层次研讨厅共享的工作环境）内对下列内容进行研讨，形成共识方案和建议，在高层次研讨厅和有关决策管理部门的决策和指导下，对相应项目实施开发建设。

（1）作战理论论证及作战模型的评估与定型；

（2）对武器的评估体系进行研讨，并按要求提供武器的发展规划与备选方案供高层次研讨厅作进一步研讨；

（3）对武器作战平台系统的可行性、有效性和实用性进行研讨，形成共识决策方案。

作战模拟仿真与训练演习系统是综合集成研讨厅的重要支持环境，它对于高、低两个层次研讨厅各项研讨项目进行仿真分析、提供实验环境。同时，根据军事任务及要求，可在作战模拟、交互仿真演习及对武器使用人员和各层次指挥员进行有效的训练等方面形成相对独立的系统。

5.4 基于服务的辅助决策系统

辅助决策系统发展至今，经历了三部件结构、三库结构、四库结构、三系统结构等多种系统体系架构形态，其中三部件结构的结构清晰，强调模型部件的设计；三系统结构强调的是语言系统，四库系统是强调的各类库的设计和交互，这些结构由自身的特性适合某些领域的应用。但它们共同的不足一是缺乏可扩展性，一旦研制成系统，用户很难进行二次开发，往往因需求的变化而失去有效作用；二是兼容性差，不同的结构很难互相吸收长处，更不利于集成已有的成果，容易造成低水平的重复开发；三是应用领域窄，数据和模型局限于本应用领域，功能基本局限于系统开发团队的能力；四是几乎不具有操作灵活性，用户在使用过程中只能按照系统既定的功能和流程进行操作，不允许用户进行调整和自定义。

基于服务的辅助决策系统架构试图给出一种新的构建思路，以适应未来以网络信息为基础的分布式决策环境。这种架构是系统形式的一种创新，但本质上仍然包含人机界面、数据库、模型库、知识库等辅助决策系统基本组成部分。

5.4.1 Web 服务

"服务"是上述新型体系结构的关键概念。万维网联盟（W3C）将服务定义为[131]"服务提供者完成一组工作，为服务使用者交付所需的最终结果。最终结果通常会使使用者的状态发生变化，但也可能使提供者的状态改变，或者双方都产生变化"，这个概念可以用图 5-13 表示。

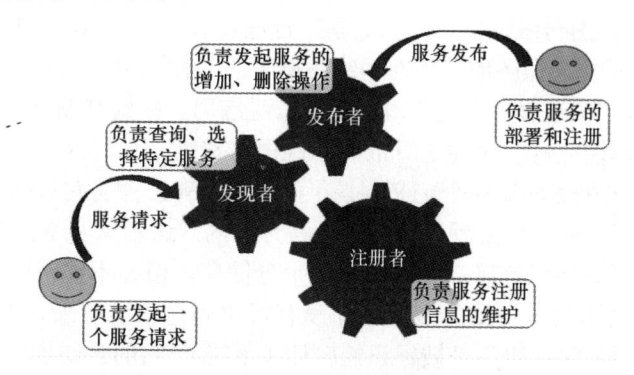

图 5-13 服务定义的图示

Web Services 是一种新兴的分布式技术，将软件模块看成一种 Internet/Intranet 上的服务单元，借助 XML 和广泛应用的 Web 协议，实现分布式的计算和异构平台的信息集成。传统 Web 应用技术解决的问题是如何让人来使用 Web 应用所提供的服务，Web Services 则要解决如何让计算机系统来使用 Web 应用所提供的服务，而在 Web Services 中加入语义的支持，使得计算机之间能够理解互相通信的内容，从而实现自动化。

基于服务的系统架构是一种可即需交互处理信息的软件架构体系，基本思想是采用若干个 Web 服务封装核心业务逻辑，基于公共的通信协议实现服务与服务之间的交互，通过服务的组合实现不同的业务流程。从实现角度来说，是由服务提供者将应用设计为 Web Services 的集合并发布服务注册代理，要求开发人员跳出应用本身进行思考，考虑现有服务的重用或思考他们的服务如何能够被其他服务重用。这些 Web Services 是独立的、封装完善的，可以独立完成某些功能，可以由各种不同的编程语言进行开发。同时，在涉及具体应用时，可以根据业务流程对 Web Services 进行编排，形成服务流以满足业务需求。服务请求者利用服务注册代理进行服务查找，并在客户端进行服务编排和服务执行。利用这种系统架构的应用程序具有以下优势。

① 可以由用户自由编排业务执行流程；
② 在执行过程中可以随时调整，迅速响应新的变化；

③ 在原有功能需求发生变化或者有更好的实现方法时，只需调整原有的服务编排模式或者仅仅替换某几个相关 Web Services 的实现代码，而不用进行大规模新的应用代码的开发；

④ 使用了标准的服务接口和松耦合的连接，从而掩盖了 IT 环境顶层技术的复杂性和繁琐性，实现了应用逻辑和过程逻辑的分离；

⑤ 具备良好的可重用性、可移植性和易重构性。由于面向服务架构的出现，当前的 Internet 正由传统的信息发布共享平台逐步演变为分布式信息处理设施。

Web 服务是面向服务的计算在网络环境下的一种应用。如今，不论在工业界还是在学术界，"Web 服务"这个术语正被广泛应用。根据 IBM 的定义，"Web 服务是自治的、模块化的、可通过开放的标准语言在网上访问的、给企业或个人提供一套功能的应用程序"。这个定义强调了两点：① Web 服务可以被看作在网上可被其他应用程序访问的应用程序；②服务是开放的，这意味着 Web 服务发布了可通过消息传递标准调用的接口。这个定义十分简单，但是不够精确。例如，在这个定义中，模块化的、自治的应用程序没有很明确地表达出来。W3C 进一步对 Web 服务进行了定义：服务是被标识的软件（系统），它的公共接口和绑定用定义来描述，它的定义可被其他的软件（系统）发现，这些软件（系统）可以按预先定义的方式用可通过网络传输协议传输的消息与服务交互。W3C 的定义强调了 Web 服务应该能被"定义、描述以及发现"，因此澄清了怎样来访问 Web 服务。应该强调一点，Web 服务不仅仅提供静态的信息，而且允许它来影响某项行为或改变世界，例如，产品的销售、物理设备的控制以及武器装备的动作等等。

Web 服务吸引人的地方是具有集成由不同组织开发的服务来满足用户需求的能力。这种集成是基于服务的通用标准的，而不管实现服务的语言和服务运行的平台。同时，它的系统架构、实现技术是完全全继承已有技术的，绝对不会使现有的应用推倒重来，而是现有应用的面向 Internet/Intranet 的延伸。

一般而言，服务在异构环境下进行集成具有如下特性。

（1）松散耦合。在软件开发中，耦合特指软件组件模块相互依靠的程度。跟紧密耦合的组件（如分布式组件对象模型 DCOM）或通用对象请求代理体系结构（CORBA）相比，Web 服务是自治的、可以独立进行操作的。松散耦合的特征使服务可以在运行时，动态地相互定位及通信。

（2）广泛的可访问性。Web 服务可以通过网络进行定义、描述和发现，因此比较容易进行访问。不但 Web 服务用户可以定位适当的服务，而且 Web 服务能对自己进行描述和发布，使它们可通过绑定来交互。

（3）标准语言。Web 服务是用被当作技术之一的标准 XML 语言进行描述。Web 服务标准是高度抽象的，虽然 Web 服务的核心部分可能用不同的编程语言实现，但 Web 服务接口可用统一的标准语言来描述。

（4）分布式并行化决策求解。决策环境的复杂性常常会超出人的求解能力，促使研究者抛开传统的模型求解方法，转而寻求新的技术。同时技术的不断进步，也为智能辅助决策系统的研究提供了更为有力的手段和工具。目前随着计算机网络的发展，决策环境出现了新的特点：分析、决策中使用的数据不再集中于一个物理位置，而是分散到不同的节点上，运行在网络环境里的分析、决策模型及知识处理方法也从集中式处理发展为在网络环境下的分布或分布再加上并行的处理方式。

Web 服务是一系列相关技术的总和，包括服务的描述、发现、匹配、组合等技术。现在的 Web Services 应用大多是硬编码，即将访问 Web Services 的 URL 直接写在代码中进行调用或者是依赖关键词进行搜索。如果要实现服务发现、调用和组装的自动化，有两个关键问题。首先，对于服务发现，需要按照服务所提供的功能搜索，这样才能找到确实需要的服务，服务的功能不可能依靠若干关键词完整表达。其次，对于服务调用和服务组装自动化，需要基于语义的互操作，也就是说，服务之间必须能够理解互相交换的信息。

目前语义 Web 服务的主要方法是利用 Ontology 来描述 Web 服务，然后通过这些带有语义信息的描述来实现 Web 服务的自动发现、调用和组装。Semantic Web 和 Web Services 是语义 Web 服务的两大支撑技术，OWL-S 是连接两大技术的桥梁。

将语义 Web 服务与未来辅助决策系统的设计与开发相结合，已引起国内一些科研院所的重视，并开展了一些基础性研究工作，取得了一些有益的成果，但总体来说尚处在起步阶段，仍有很多理论问题和技术实现难点有待深入研究。

5.4.2 SOA 架构

在未来的 IT 世界里，"面向服务的体系结构"的重要性可以从 2001 年 2 月 SIIA（软件和信息产业协会）发布的白皮书"战略背景：软件即服务"中得以体现。SOA 是一种 IT 系统架构，在这一架构里每一个应用都被当做一个服务来调用和管理，这里的服务被定义为一种可以被调用的模块，它被赋予特定的功能并且有一个定义良好的接口。SOA 起源于早期的基本构件的分布式计算方式，在 OMG（对象管理组织）的推动下，成为了一个大家所广泛认可的规范。20 世纪 90 年代，CORBA 和微软的 COM 编程模式促进了 SOA 的发展；随着 Java 编程语言、EJB 构件模式的发布以及 JavaEE 应用服务市场的成熟，SOA 得到了进一步发展。SOA 是包含运行环境、编程模型、架构风格和相关方法论等在内的一整套新的分布式软件系统构造方法和环境，涵盖服务的整个生命周期：建模—开发—整合—部署—运行—管理，也是分布式软件系统构造方法和环境的新发展阶段。

为什么要采用 SOA？传统的辅助决策系统一般有两种实现手段：由本组织的相关 IT 部门具体计划并实施或者外包给软件公司和解决方案提供商计划并实施。

这两种手段给出的实施计划都是在系统正式使用之前的。然而，对一个指挥自动化系统来说，一旦系统被部署以后，由于军事环境和军事需求的不断变化和改进，这些已定型的应用不可避免的需要修订、更新，以符合新的决策流程，进而，系统的拥有者甚至想为每一个指挥员以及友军分别定制具体应用，以获得最有效的决策方案并保持战斗力。

为了达到这一目的，大部分的军队组织和相关企业都投入了大量的资金和资源，目前主要的解决方案是进行复杂系统对接。由于在构建传统辅助决策系统时一般都是采用"独立解决方案"来实现，也就是说，对于每一个应用，程序员们都是为每个需要解决的决策问题编写代码，以使得应用得以运行。同时，他们还需要编写更多的代码，以使潜在的用户能够访问每个应用。这些应用都很难再定制，当需要融入新的决策流程、需要为额外的用户群提供访问界面、需要集成不同的决策任务来为用户提供更完整的辅助决策服务时，不得不从最初的系统设计开始做起，因为所有的应用都是从一次性开发的角度实施的，这样，通过跨应用集成的方式实现决策模型的重用变得异常困难。早期的应用集成技术如 EDI、Web EDI、内容服务器、应用服务器、EAI（Enterprise Application Integration，企业应用集成）等都无法解决上面提到的问题，因为它们无一例外的都是基于复杂应用连接的、不具备良好集成能力的应用开发模式，这样的方式既无法有效解决经常发生的决策流程的更改而产生的大额费用，也无法有效解决各类用户的定制需求。

对于辅助决策系统而言，传统的、由程序员主导的、由里向外的开发模式应当被由用户主导的、由外向里的开发模式取代；冗长的、串行的开发循环应当被即时的、快速的应用装配取代。基于 Web Services 技术的 SOA 架构正是目前解决这一问题的最佳手段。各种 Web Services 分别实现了一定的问题求解模型，通过将各种问题求解的 Web Service 进行组合和集成以创建动态决策流程。Web Service 能够统一的封装信息、行为、数据表现以及决策流程，而无需考虑应用所在的环境是使用何种设备、采用何种语言、运行在何种系统。SOA 这种支持高度灵活的业务战略的特性可以用图 5-14 表示。

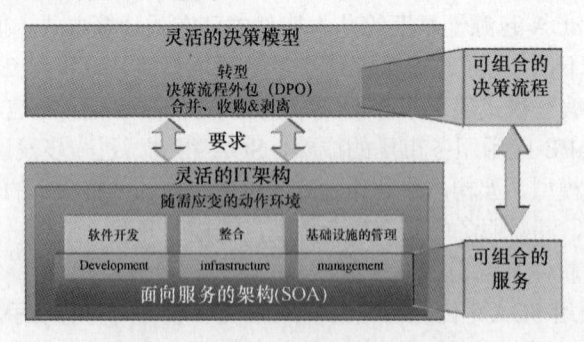

图 5-14 支持高度灵活的业务战略

SOA还具有许多其他非常优秀的特性，其中最为突出的有IT资产可重用性、松散耦合、业务相关性、快速应用集成、快速应变能力、自动化决策流程和支持多渠道服务的应用。"可重用性"设计原则使应用变得更为灵活，并且由于采用通用格式，能够为开发人员节省大量时间；"松散耦合"是SOA区别于大多数其他组件架构的特有属性，通过将分布环境中的参与者隔离开来，交互两边某一方的改动并不会影响到另一方；"业务相关性"是指SOA中的每一项服务都可以完成一项明确的任务，这能够避免系统开发人员与具体业务的脱节；"快速应用集成"指的是在产生多应用多系统集成的需求时，可根据共同的互操作协议快速集成，降低了不同语言不同技术应用集成的技术难度和实现成本；"快速应变"表现在当业务需求发生变化时，可快速重构服务流，单个服务也可在使用过程中逐步优化；"自动化决策流程"包括决策流程的自动组装和决策流程的自动执行，这些工作原来都是人工完成的。图5-15给出了"支持多渠道服务的应用"的一种描述，这同时也是SOA架构及技术的发展前景。

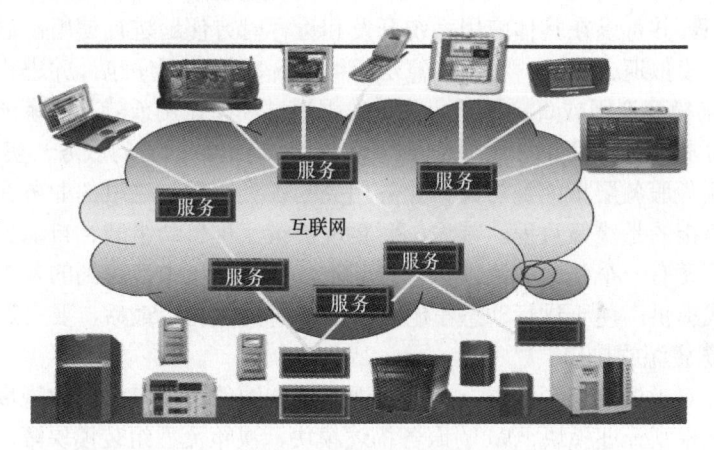

图 5-15 SOA 发展前景

SOA与"资源的共享和协同"的思想可谓一脉相承，SOA具有的灵活性、可重用性、松散耦合、开放性和互操作性等特性，正是"资源的共享和协同"所追求的目标。可以说，SOA是"资源的共享和协同"思想的具体实现，这一点在新一代的基于服务的网格体系结构OGSA中得到了最好的验证，也将在基于服务的辅助决策系统架构中得到很好的应用。

5.4.3 基于服务架构的辅助决策系统

针对传统辅助决策系统架构扩展性差、兼容性差和应用领域窄等不足，基于服务的架构试图用一种新方式进行各基本组成部分的实现。这种新型架构并不是完全抛弃传统架构的做法，一方面，传统架构里的各项基本组成部分在服务架构中都有相应实现，另一方面，某些在传统架构里的基本组成部分的具体实现在服务架构中也会保留。

1. 设计思想

基于服务架构的辅助决策系统的基本设计思想如下。

(1) 首先是对系统中用到的数据、模型和知识等资源按照应用范围进行分层，一般可分为领域/通用层、业务服务层和本地层。其中本地层主要包括与领域知识和具体决策流程无关的、使用单位所特有的、不方便或不需要进行共享的数据、模型和知识，比如本单位的编制信息、具体人员信息等，由于使用传统的系统架构设计方案实现相对容易，且这些资源的管理功能一旦合理地实现则基本不会变动，因此本地层资源的维护可以采用传统的辅助决策系统架构实现，具体实现方式可以参看文献[5]。

(2) 领域/通用层主要包含领域知识、通用算法、共享数据等各辅助决策应用软件均需要使用到的资源，其中领域知识通过构建领域本体和制定决策规则的方式进行组织，并可以在具体应用系统开发和运行时方便地进行使用；通用算法如蚁群算法、模拟退火算法、粒子群算法等可以开发算法程序包，并进一步封装成 Web 服务供模型调用或直接使用；共享数据通过模型调用或者有约束的直接开放的方式（通常也是以服务的方式提供数据，比如通用数据访问服务）实现。

(3) 业务服务层指的是与具体业务相关的各类资源，这里的业务在辅助决策系统中主要指的是决策流程。首先，要实现决策流程自动组装、自动执行和自动调整，必须要有一个强大的流程引擎；其次，决策流程中涉及到的各个环节要以服务的方式提供，便于进行动态重组和环节本身的优化；最后，要有通用的调用领域/通用层资源的接口。

(4) 针对上述的资源分层，分别实现各层资源的管理模块，如领域本体构建模块、决策规则管理模块、Web 服务描述模块、决策流程组装模块等，并分别实现各管理模块的人机界面，如本体编辑界面、规则录入界面、服务封装界面和决策流程定义界面等。

(5) 最后，开发面向最终用户的辅助决策应用软件，主要包括组装完成且可调整的决策流程定义文件、流程执行引擎、服务调用引擎和交互式用户界面。

上述设计思想可以用图 5-16 简要刻画。

可见，与其称为基于服务架构的辅助决策"系统"，不如称之为基于服务架构的辅助决策"平台"，因为采用这种设计思想构造的辅助决策"系统"与传统的辅助决策系统单纯解决一个或若干个具体决策问题的功能不同，是一种用于进行问题分析、模型设计、服务封装、流程规划、方案集成和问题求解的新型辅助决策系统平台。

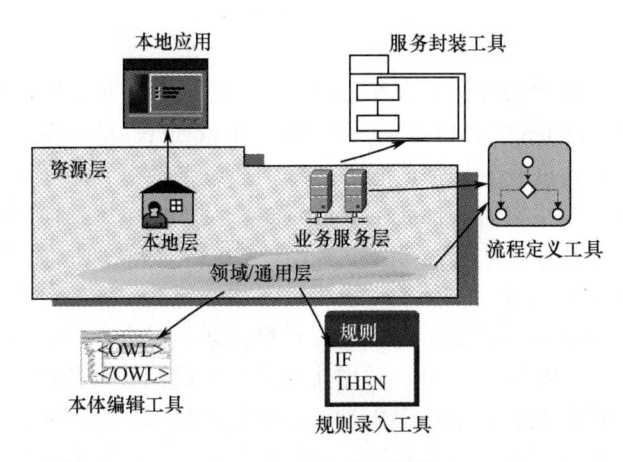

图 5-16 平台设计思想

2．平台结构和功能组成

从平台结构层次角度来看，基于服务架构的辅助决策平台分为资源层、服务层、应用支撑层和应用层，并通过消息总线进行信息互通互连，如图 5-17 所示。

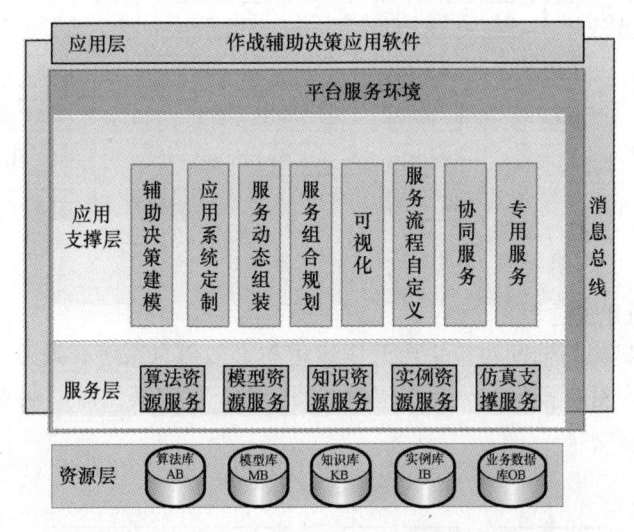

图 5-17 基于服务架构的辅助决策平台四层体系

其中资源层为平台提供数据存储、分析、整合、模型维护、知识管理与调用等基础性支撑；服务层建立在资源层之上，通过集成辅助决策所需的基础技术手段，针对数据、模型、算法、知识等资源形成相应的管理维护工具和访问接口组件；应用支撑层包括支持构造应用系统所需要的基本功能构件和模块，为应用层提供一致的访问接口，简化应用服务的开发；应用层是根据用户的具体应用需求，在应用支撑工具的基础上，开发应用系统的专用的资源和服务，生成实际的辅助决策模块。

本书作者通过长期的理论研究和工程实践，提出一种基于服务架构的一体化辅助决策平台（Integrated Aided Decision-making Platform based on Service，IADP-S）。从平台功能组成的角度来看，基于服务的辅助决策平台由资源平台、工具软件包和应用系统组成。其中资源平台包括算法资源库及管理系统、模型资源库及管理系统、知识资源库及管理系统、实例库及管理系统、业务数据资源库及管理系统、数据访问和转换工具集等；工具软件包提供了领域建模、业务分析、服务开发、服务维护、流程设计等功能支持用户进行模型描述与组合、服务实现与组装等自定义操作，并利用数据访问工具、数据集成框架等将相关资源放入相应的资源库中，利用模型组合框架、服务组装框架、知识集成框架、应用系统生成框架等产生各类辅助决策原型系统。其中基础平台的核心功能组成如图5-18所示。在本书第6章将详细阐述该平台的技术实现。

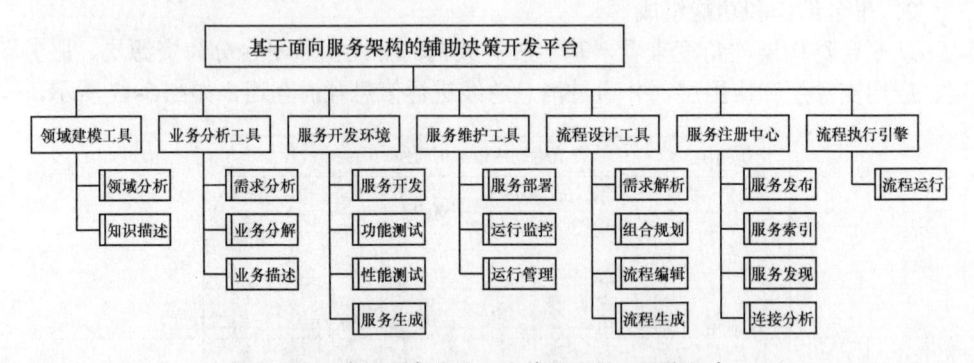

图 5-18 基于服务的辅助决策平台核心功能组成

3. 平台的开发过程

基于服务架构的辅助决策平台开发过程与一般信息系统开发过程类似。考虑到辅助决策平台对决策问题分析和建模的特殊性，可将其生命周期概括为 4 个阶段，如图 5-19 所示。

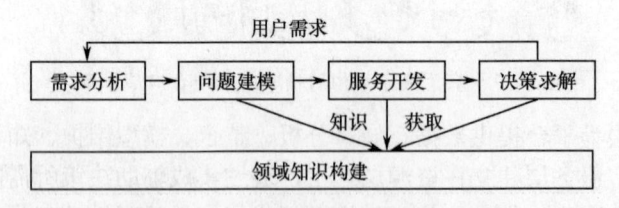

图 5-19 辅助决策平台的开发过程

在辅助决策平台设计、开发和运行的过程中，一般需要具备3个方面的知识：
（1）业务知识，即熟悉系统的功能和流程，并能够从这些业务中识别出决策需求；

（2）领域知识，即能够根据具体的决策需求，定义相应的描述模型和数学模型，并能选择合适的求解算法；

（3）软件开发知识，熟悉各类程序语言与软件开发方法，能够开发出具体的算法和应用软件。

对于一般的信息系统，其生命周期中的角色主要包括系统开发人员和系统用户两种。而对辅助决策平台而言，其生命周期中的角色除了系统开发人员和系统用户外，还应包括服务设计和提供者、领域建模者、流程设计者和系统维护者等。由于不同角色在知识构成上的差异，决定了他们在系统开发生命周期中承担着不同的任务，有必要针对这些角色提供专用工具辅助其完成任务。表5.1对这些角色的知识构成和任务做了一个简要的归纳。

表 5.1 不同角色在辅助决策平台开发过程中的知识构成和任务

角 色	知 识 构 成 业务需求	知 识 构 成 领域建模	知 识 构 成 软件开发	承担任务
决策用户	熟悉	一般	不具备	提出需求，并实施决策求解过程
总体设计人员	熟悉	一般	熟悉	归纳需求、指导领域建模和软件开发
领域建模人员	了解	熟悉	不具备	建立领域知识和决策问题模型
软件开发人员	不具备	不具备	熟悉	根据模型和总体设计开发软件
系统维护人员	了解	不具备	不具备	软件运行维护
流程设计人员	熟悉	一般	一般	选择并组装模型，构造问题求解流程

第 6 章　未来一体化辅助决策平台关键技术

本章主要介绍 5.4 节讨论过的"基于服务架构的辅助决策平台（IADP-S）"的实现技术。该平台基于作者的相关研究[1,59,60,132]，采用 Web 服务实现具体的决策模型，并利用服务组合实现决策求解过程[89,93]。基于本平台可以快速生成领域决策问题求解的服务组合方案，为未来信息系统提供即需即用的决策服务。

6.1　平台总体方案设计

6.1.1　基本设计思想

决策模型可以分解为描述其功能特性的概念和实现其具体算法的软件模块。为避免混淆，这里把决策问题的描述和数据说明称为模型体（Modelen），而模型求解方法的具体过程实现，即可运行的软件模块称为求解器（Solvare）。通过模型体的组合形成复杂决策问题的模型组装方案、模型体及其组装关系，用以说明决策问题和处理流程，求解器实现核心运算逻辑。模型体向求解器提出求解请求，求解器从模型体中获取数据，二者是多对多的关系。例如针对某个资源分配问题，该问题可以由单纯形法、整数规划法或其他算法求解。实现这个问题求解方案时，可以独立编写通用的算法求解器，再用模型体描述具体问题的目标、约束和输入输出参数等内容，并将这些数据映射到求解器的输入输出接口中。这样求解器便可以独立于具体问题，模型体也可以调用不同的求解器以适合不同的需求，还可以组合调用多个求解器完成对复杂问题的求解。

将决策模型分为模型体和求解器两个部分，是保证系统开发敏捷性的关键环节，其作用是多方面的：首先，问题流程与核心逻辑的分离，降低了对开发人员的知识要求，不必奢求既懂得专业知识又熟悉程序设计的综合人才；其次，领域专家可以比较容易地更改现有的模型描述，或引入新模型，不需要关心算法实现；第三，可以比较容易地更改现有流程，引入新流程，因为更改仅限于流程控制中，在更改一个流程时不会影响其他流程；最后，由于只需一次性实现核心逻辑，故可以减少冗余，避免出现不一致的情况。

6.1.2 平台总体结构

本平台分为应用层、管理服务层和资源库3个层次，总体结构如图6-1所示。图中每个组成部分在逻辑上是独立的，在物理上可以部署在同一个网络节点，也可以分别部署在不同的节点。

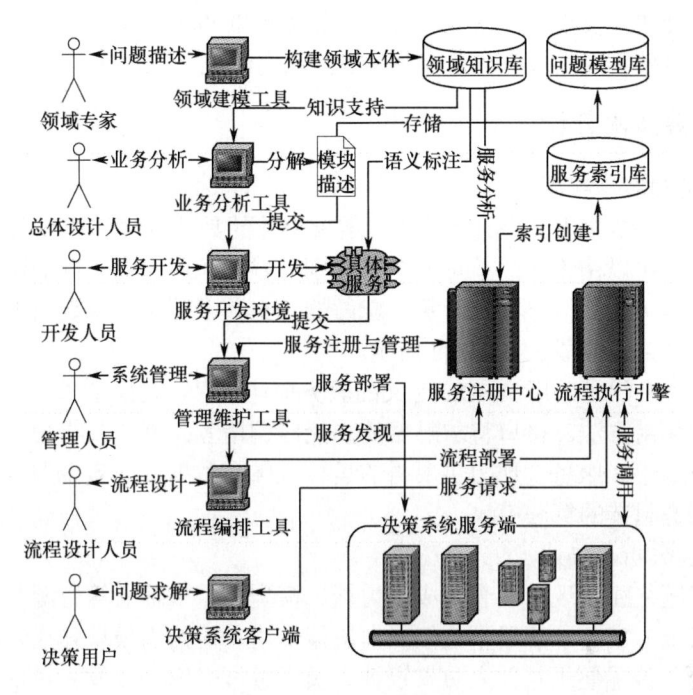

图 6-1 平台总体架构

针对不同角色在功能需求与知识构成上的差异，本平台提供领域建模工具、业务分析工具、服务开发环境、（服务）管理维护工具、流程编排工具5个应用层工具。总体设计人员根据当前待开发系统的业务，划分系统功能模块；领域建模人员根据面临的决策问题建立领域知识，支持问题概念模型和数学模型的建立；软件开发人员不必了解具体的指挥系统运行流程和数学模型，只需根据决策问题的模型描述以Web服务的方式实现求解算法；系统维护人员根据事先安排好的网络各节点用途将各个服务部署到相应的台位，并将服务描述信息发布至服务注册中心；流程设计人员根据当前可用服务，动态调整相互之间的调用关系，组装出满足需求的复合服务；最终决策用户根据当前情况请求流程执行引擎调用合适的服务完成作战指挥的辅助决策和流程处理。

（服务）管理服务层是本平台的核心模块，为应用层提供服务支撑。服务层由服务注册中心和流程执行引擎组成，其中服务注册中心负责响应服务提供者的服务发布和服务需求者的查询请求，并维护系统中所有可用服务的描述信息和索引信息；流程执行引擎部署复合服务，并响应用户的决策调用请求，调用其中的具体服务完成决策求解。

最底层由各种资源库构成，包括领域知识库、服务索引库和各种决策服务资源。其中领域知识库存放具体领域中的知识；服务索引库用于构造服务描述的索引信息，以便快速发现所需服务；决策服务资源以 Web 服务的形式分布在不同的服务器中，对外界提供服务，这些服务资源联合组成了算法库。

6.1.3 关键技术介绍

1. 服务封装与实现

这里的服务是指上文提到的决策问题模型体的具体求解算法实现，即求解器。这些服务程序可以由不同的单位或个人分别开发，还可以在不同的网络节点上分别提供求解服务，实现分布式计算。求解器是封装了特定运算逻辑的服务单元，它由以下几个部分构成，如图6-2 所示。

其中服务合约是采用 WSDL 定义的服务描述信息，说明了求解器的作用、功能、约束和使用方法。接口将求解器的功能向调用者公开，其物理实现部署在网络的某个节点中。服务实现提供所需的运算逻辑和数据，以实现服务合约。运算逻辑是被服务封装的算法模块。

2. 问题分析与描述

决策问题往往表现为一个集成了数据、模型体、求解器等资源的框架流程，称为模型组装方案。求解器不直接面向决策应用，而是由模型体描述具体的决策问题和数据。为了便于相关人员（设计人员、领域专家、开发人员、决策人员）之间的交流理解，便于方案的快速搭建和计算机的自动处理，本平台设计了一套图形化符号集、一个关联该图形化符号集与模型组装方案语义的语法映射模式，并开发了一个可视化用户操作环境供领域专家分析与设计模型，如图6-3 所示。

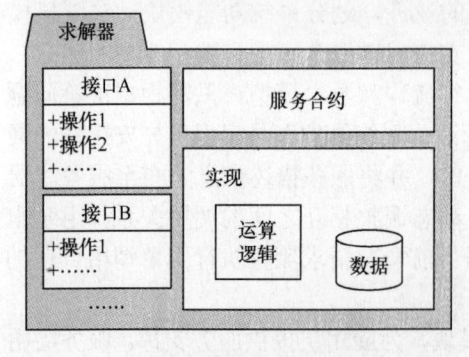

图 6-2 求解器的组成结构　　　　　　图 6-3 语义变换框架

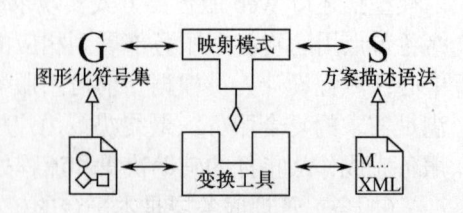

实现图形符号与文本语义的变换，并提供决策问题的可视化分析、建模与验证过程是分析设计工具的主要目标。模型体如何表示决策问题、如何描述基本模型体及其组装关系，这是本平台的形式化基础，该部分内容可以参考4.3节"基于本体的复杂决策问题形式化描述"。

对于一个复杂任务，往往采用任务分解的方式对其进行分析，将复杂任务分解成一系列子任务，进而对这些相对简单的子任务进行求解，并最终得到原复杂任务的解集。关于任务分解技术将在6.2节中介绍。

3．语义标注与匹配

为了使计算机能够理解平台中的模型体、求解器等各种资源的描述信息，提高其信息处理的自动化程度，本平台采用领域本体对各种资源进行语义标注，通过本体概念间的语义相似度分析各种资源之间的匹配关系。如何综合主观经验与客观事实，实现更合理的相似度计算，将在6.3节介绍。

4．服务共享与发现

各种求解单元都以 Web 服务的形式为决策应用系统提供服务，它们使用WSDL 描述服务合约的细节，包括服务函数、参数列表、数据格式等。服务注册中心负责维护现有可用服务列表，并响应各个客户端的查询请求并返回与之匹配的服务集。如何在开放、海量、动态的复杂网络环境下更准确高效地发现可用服务，这是本平台的关键技术，将在6.3节介绍。

5．模型管理与服务组合

实际的决策问题通常可以分解为若干个不同的子问题，相应地，描述问题的模型体也可以由多个子模型体组装起来，形成复杂决策问题的描述。模型组装方案对应了问题处理流程，在运行过程中逐步调用各个模型体对应的求解器（服务）完成求解，如图6-4所示。

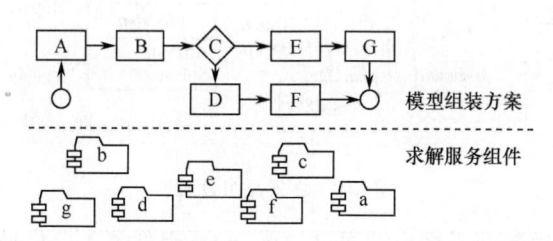

图6-4 模型组装方案与求解服务组件

只调用一个求解器的模型体称为基本模型体，基本模型体组装后的模型体称为复合模型体。如果复合模型体的功能、输入输出参数规范化的话，可以将其作为解决某类问题的模型体范例，存入模型库中，以便在别的决策问题中参考或直接复用。对于流程设计人员来说，他们不必关心求解器的部署与实现，仅需根据待决策问题和自身的专业知识，将模型库中适当的模型体组装起来，形成求解待决策问题的模型组装方案。模型管理人员还可根据需要，对模型注册服务器中的模型进行修改、删除等管理操作。

决策问题的模型组装方案，是与其他模块交流的语义媒介。如何根据模型描述信息，自动进行服务组合，将在6.4节介绍。

6．流程执行与维护

模型组装方案以服务组合流程的形式供流程执行引擎执行。流程执行引擎响应决策应用系统的决策请求，同时又向具体的服务提供端请求计算。它负责实例化决策用户提交的服务需求，形成各求解器的参数映射和调用关系，并将求解请求分发到对应的求解服务器中，从而将问题逐步求解。

从日常运行维护上考虑，流程执行引擎还涉及到同步/异步通信模式、并发控制、负载均衡、异常处理、日志记录、身份验证、安全防护等问题。流程执行引擎软件是本平台的核心部件，它的好坏直接影响整个系统的性能。

7．模型调用与执行

本平台为辅助决策系统提供可视化集成建模工具和求解运行服务环境。具体决策应用系统的客户端程序通过本平台的 Demander 组件，载入模型组装方案并与相关服务器交互数据，从而实现了决策模块的即需即用，决策应用过程如图 6-5 所示。

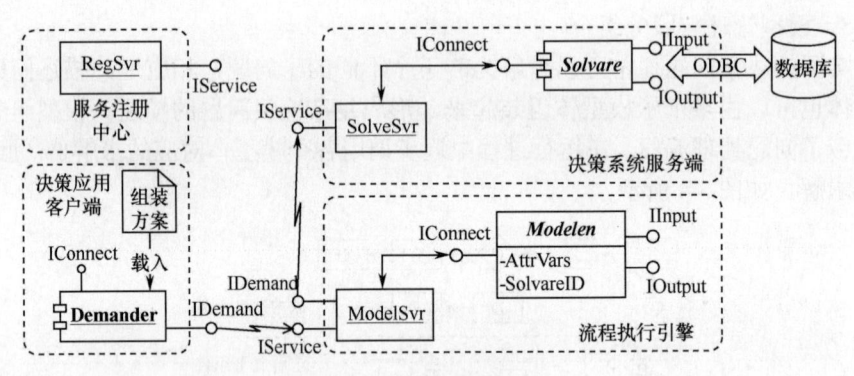

图 6-5　决策应用过程

决策求解时，决策应用客户端通过 Demander 组件载入流程设计人员已设计完成的模型组装方案文档，并向流程执行引擎提交求解请求。ModelSvr 组件解析该组装方案并根据其内容依次向决策系统服务端提出求解请求。SolveSvr 响应并调用求解器获取计算结果。求解完毕后，经由 ModelSvr 将结果返回至客户端。模型注册服务器 RegSvr 负责维护当前可用服务列表，如果某个服务异常，可以通过注册服务器查询其他可用服务。

8．资源库管理

本平台采用 OWL 语言描述的领域本体和文本形式的规则文件作为知识库存储决策问题的相关的领域知识，采用 OWL-S 语言描述的服务描述文件作为模型库存储决策问题的模型描述信息，采用服务索引库管理现有各种服务，采用主流的数据库及其管理系统如 ORACLE、SQL Server、mysql、PostgreSQL 等存储相关数据。

6.1.4　IADP-S 工作流程

本平台为辅助决策系统提供了开发和运行环境。在具体的辅助决策系统开发时，可辅助各类用户完成领域分析、服务开发、服务部署和流程设计；在系统运行时，可完成运行监控、模块管理和流程运行等工作。基于本平台的决策系统开发和应用过程交互序列图如图 6-6 所示，其中步骤 1～步骤 14 为系统开发过程，步骤 15～步骤 17 为决策应用过程。

基于本平台设计开发一个新决策系统的步骤如下。

步骤 1：领域专家根据业务需求和对领域知识的了解，进行领域分析。

步骤 2：领域专家构建领域本体库。

步骤 3：总体设计人员根据领域知识对业务需求进行分析，划分出若干具体的业务模块及其描述，其中有些模块可重用已有成果，另有些需要新开发。

步骤 4：总体设计人员将决策问题模型存储至模型库中。

步骤 5：服务开发人员根据需新开发的决策模型，实现具体的决策算法服务。

步骤 6：服务开发人员将已实现的决策算法服务提交给系统管理人员。

步骤 7：系统管理人员根据系统架构设计，将新开发的服务部署到相应网络节点。

步骤 8：系统管理人员发布服务描述信息，维护服务注册中心中的可用服务列表。

步骤 9：服务注册中心从领域本体库中获取领域知识，构建服务索引。

步骤 10：服务注册中心将服务索引存入索引库中，以便查询。

步骤 11：流程设计人员根据业务需求，向服务注册中心提交查询请求。

步骤 12：服务注册中心根据查询请求，从服务索引库中检索可用服务。

步骤 13：服务注册中心将可用服务集的描述信息返回给流程设计人员，供其选用。步骤 11～步骤 13 循环运行，直至流程设计人员将系统中的可用服务组装成符合需求的复合服务。

步骤 14：流程设计人员将满意的服务运行流程部署到流程执行引擎，以供最终用户使用。

图 6-6 系统开发和运行序列图

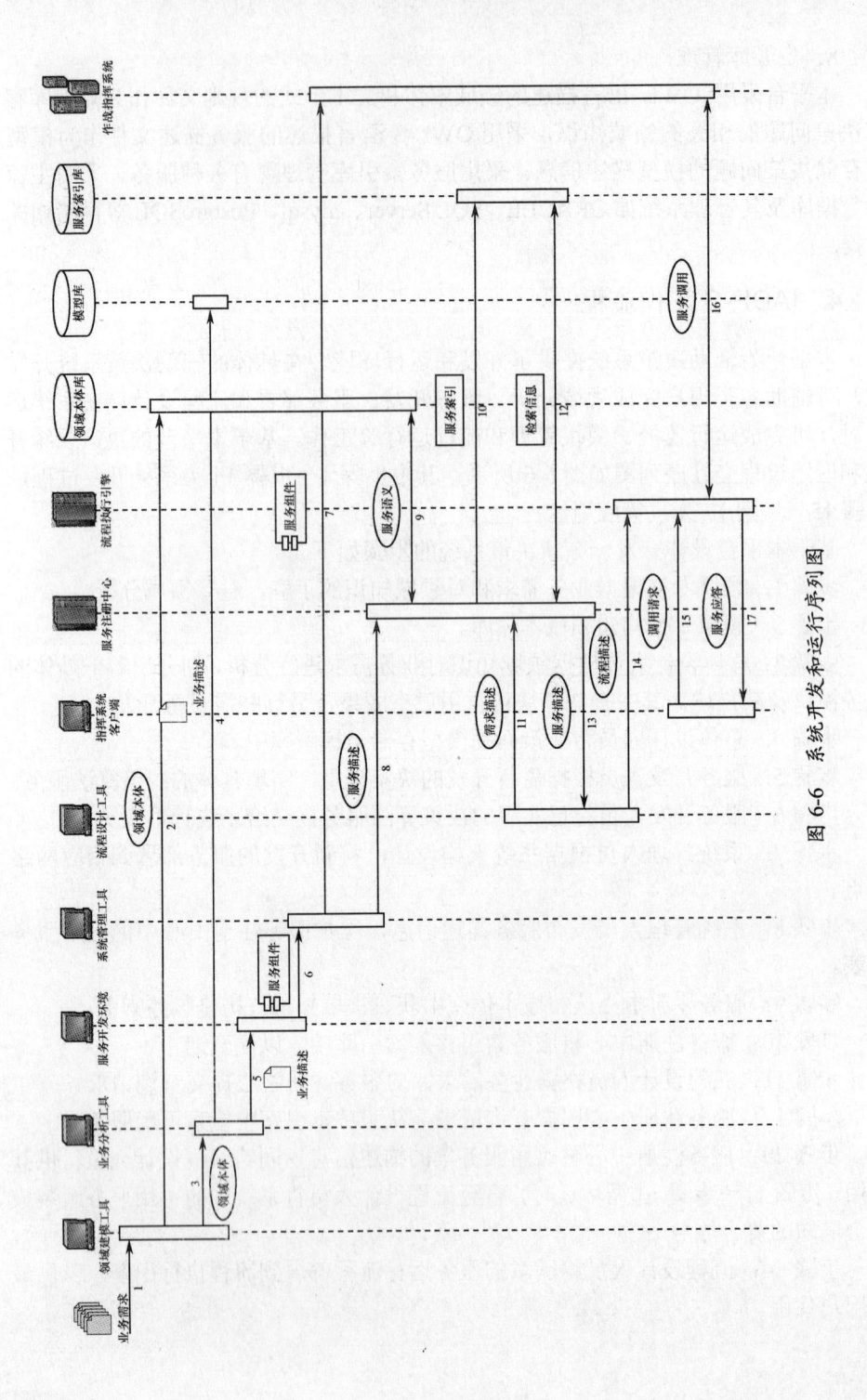

180

至此，一个具体的面向服务架构的辅助决策系统开发部署完毕。在实际使用中，其辅助指挥员完成指挥决策的应用流程如下：

步骤15：当指挥员有服务需求时，通过系统客户端向流程执行引擎提交服务请求。

步骤16：流程执行引擎解释其服务请求，并根据子服务的访问地址依次调用具体的服务提供者，完成服务求解。

步骤17：流程执行引擎将最终的求解结果返回给客户端。

在面向任务的决策系统开发运行全部过程中，决策问题描述、服务发现、服务组合是其中的关键技术。

6.1.5　IADP-S的特点

Web服务的引入给辅助决策系统带来了许多新的特性，极大地加强了决策模型和算法的可重用性、灵活性、扩展性。综合来说，本平台具有如下特点。

（1）开放标准：各个决策系统服务端将其提供的决策算法实现为决策服务，具有标准的接口，其他系统可以通过开放互操作的方式访问它。相对于传统的面向对象技术，服务屏蔽了更多的底层实现细节，开发人员可以更好地关注于如何更高效地实现具体的决策服务，并将各个决策服务组织成统一的整体。

（2）松散耦合：各个系统之间均为松耦合的关系。一方面，各个单元无需预先知道当前可用的决策服务有哪些，也无需关心所使用的服务是由谁提供的，只需通过与注册中心的交互即可动态获得当前可用服务信息。若某个服务不可用，也可以重新查找并选用由其他系统提供的功能相同的决策服务。另一方面，采用服务的方式实现决策模型有效屏蔽了各个系统之间的异构性。由于各个决策服务均具有标准的接口，各个决策应用客户端无需考虑服务提供的功能是采用何种技术、运行于何种平台的，也无需考虑所采用的实现技术和运行平台之间是否存在差异，它只需要使用标准的服务访问技术对管理服务进行访问即可。

（3）动态重组：能够根据应用需求动态调整指挥业务流程以及协作参与者的结构。由于采用服务组合流程实现具体业务，因此业务流程及其形式化描述（即流程定义）均可以被随时调整，以满足不断变化的作战应用需求；此外，如果某个协作参与者由于某种原因需要动态退出或加入，即该服务组合流程需要被动态调整时，系统可以把需要退出的服务在流程中去除，还可以把其他具有相同功能的服务动态加入到流程中来取代退出的服务。而在传统的应用系统中，协同工作的各个系统之间在规定好相应的业务流程后，对业务流程进行修改很可能需要调整多个系统之间的交互接口。

（4）随需扩展：本平台是一个开放的、可扩展的系统，任何采用Web服务技术实现的决策算法都可以向服务注册中心发布服务描述信息，加入系统，因此可以根据不断变化的决策需求进行扩展其决策服务。

6.2 任务分解技术

作战任务是指作战力量在作战中需要达到的目标和承担的责任，任何一个指挥自动化系统，都是以完成作战任务为最根本和最重要的目标。任务分解是作战部署的重要内容之一，指的是把上级赋予的相对总体的作战任务细化成若干具体的、明确的而且相互关联的子任务，从而使作战目标更为清晰明确，并使分解后的子任务的执行变得更为容易[133]。

在传统作战过程中，任务分解一般是由指挥员在接到作战任务后，根据敌情、作战企图等因素选择一种或几种作战模型，并遵循该模型的相关原则，对作战任务进行细化。然而随着信息化和网络化的高速发展，未来战场将是一个以数字化部队和网络中心战为主导，由指挥、武器、部队、后勤乃至单兵所构成的多维战场空间，对任务的执行效率要求越来越高，合理有效地进行任务分解的难度也越来越大，指挥员要想做出正确的决策，必须借助科学的方法和辅助手段。

目前有关任务分解方法的研究主要有：文献[133]借助项目工作分解结构技术从任务静态、动态结构两方面描述作战任务的分解概念，并举例建立了任务的分解结构和流程结构；文献[134]提出一种基于活动约束的任务粒度设计方法，以得出最佳的任务分解模型，文中的粒度是静态的，即最优设计；另外还有利用过程网[135]和时序逻辑公式[136]等有关任务分解及描述分解所得子任务之间关系的方法。这些研究从不同角度和层面给出了任务分解和描述的方法，大多是从理论上给出相关定义，进行定性的分析，或者较宏观地探讨任务分解的结构，而没有结合领域知识进行形式化的分解，较难直接应用于实际计算机辅助手段中。

本书采用层级任务网络（HTN）规划作为作战任务分解的指导方法和技术手段。HTN 规划是 20 世纪 70 年代中期出现的基于分层抽象和知识的分布式智能规划技术，在 AI 规划、项目管理、生产线调度等领域中得到广泛应用和迅速发展，填补了原有运筹研究技术的缺口。从 20 世纪 70 年代中后期开始，人工智能规划系统（规划器）的开发大多数是基于 HTN 的（例如：NOAH（萨切尔多蒂（Sacerdoti），1975），NONLIN（塔特（Tate），1977），SIPE（威尔金斯（Wilkins），1988），DEVISER（维尔（Vere），1983）等）。不过 HTN 理论的发展相对比较缓慢，直到 20 世纪 90 年代，埃罗尔（Erol）等学者才开始对 HTN 进行较全面的理论分析[137]。采用 HTN 规划作为任务分解的另一个原因是 HTN 可以是领域相关的，经过改进能够较好的利用领域知识，同时，HTN 规划与领域专家求解规划问题、进行任务分解的思考方式非常相似，并且本身就是基于形式化，易于被计算机理解。

6.2.1 任务的定义

为便于说明基于 HTN 的任务分解形式化描述和算法，先给出相关理论概念。

从一般意义上讲，任务就是主体对客体的一种作用。然而由于任务的主体可能不唯一，且思考问题的角度不同，客体也可能很复杂，很难对任务进行统一的描述和定义。本书从易于进行本体描述角度出发，更关注任务语义层次上的含义（即任务的本质、属性和特征），以增强任务描述的抽象性和客观性。

定义 6.1 任务。是为实现特定的目标所需完成的工作。

任务的定义里有两层含义：首先任务的本质是工作，即一组实际的行动，任务的施动者执行这些行动以完成任务；其次任务必须有特定的目标，没有目标的行为不能称为任务。

定义 6.2 原子任务。不可再分的任务，可以直接执行，在一个明确的主体集合的施动下，将拥有明确前提的特定类型输入转化为特定输出的一项工作，同时产生明确的效果。

定义 6.3 复合任务。由若干具有时间、空间、功能逻辑相关的原子任务按照特定结构组合而成的复杂工作。

定义 6.4 简单任务。简单任务是一个抽象的概念，指既具有明确内部细节，又在描述中包含整体的输入和输出等高层效果的工作。

定义 6.5 子任务。当对一个复合任务进行分解，得到的任务集合（含有原子任务和复合任务）称为子任务。

定义 6.6 任务粒度。任务分解程度的量度。在任务分解的过程中，越接近原子任务的子任务粒度越细，反之则粒度越粗。

以某地炮营火力分配任务为例，简要说明上述每个概念的含义。初始任务"对某目标进行火力打击"具有特定的目标——摧毁打击对象，所要进行的工作是进行火力打击，但该任务无法直接执行，是一个复合服务，需要对其进行分解。假设将其分解成确定射击单位、选择攻击方式、弹药配置 3 个子任务，这 3 个子任务均是复合任务。假设确定射击单位这个任务可以直接执行，具有明确的输入和输出，若需要了解内部细节，以便进行人为调整，也可以进一步细分，则该任务可定义为简单任务；弹药配置任务又可分解为装药号计算、弹种选择、引信选择、弹药消耗量计算等子任务，则装药号计算等任务相对弹药配置任务而言为粒度较细，同时装药号计算根据炮目距离（假定已知）和各装药号对应最佳射击范围（基本参数数据）可直接求得，可以视之为原子任务。

任务分解粒度的粗细对任务执行效果的影响比较大。如果粒度太粗，则子任务数较少，易于管理，但可能没有对应的可直接执行的行动，并且多个粗粒度的子任务间可能共享一些数据，不同子任务的内部任务间可能也存在一些协作关系，

183

过粗的粒度设计可能会由于忽略了任务的内部细节而引起数据的冲突或者降低子任务间的协作作用；如果粒度太细，则子任务数量过多，不便于管理且可能会降低执行的效率。因此合适的粒度在任务分解过程中扮演重要的角色。在实际的应用中（比如基于 Web 服务的分布式环境下），任务分解所需的粒度随着环境、资源的不同而改变，"合适的粒度"成为了一个动态的概念，本书称之为"变粒度"。

6.2.2 层级任务网络（HTN）规划

1. HTN 规划概述

HTN 规划语言主要由项、动作等经典规划共用定义以及任务网络、任务、方法和操作算子等组成，其中的任务分为 3 类：目标任务、原子任务和复合任务。HTN 规划的基本思想是寻找一种完成任务网络的规划方案，规划过程是通过任务分解和解决威胁（或冲突）来进行的。基本的规划步骤是递归地将任务网络中的复合任务分解成越来越小（即粒度越来越细）的子任务，并在分解过程进行威胁检查和解决，直到出现那些可以直接执行规划动作就能完成的原子任务为止。这些原子任务构成一个具有时序特性的任务网络，可以直接执行的规划动作就构成了问题的规划解。

将规划领域表示为 $\mathscr{D} = (\boldsymbol{Ops}, \boldsymbol{Mes})$，其中 $\boldsymbol{Ops}$ 是所有操作算子的集合，$\boldsymbol{Mes}$ 是所有方法的集合。HTN 规划问题是一个四元组 $\mathscr{P} = (s_0, w, \boldsymbol{Ops}, \boldsymbol{Mes})$，其中 s_0 是初始状态，w 是初始任务网络，$\boldsymbol{Ops}$ 和 $\boldsymbol{Mes}$ 构成规划领域。规划的目标是寻求规划问题 $\mathscr{P}$ 的解 $\pi = \langle a_1, \cdots, a_n \rangle$，即存在一种将任务网络 w 推演得出 π 的方法，按照此方法可实现 w 的顺利分解，并且分解得到的 π 是可执行的[138]。

抽象 HTN 规划程序如下：

```
Abstract-HTN(s, w, Ops, Mes)
{
  if (w 中存在无法解决的威胁)
    return failure
  else if (w 中所有任务都是原子任务)
    if (w 存在解决方案)
      选取一个解决方案作为规划解 π
      return π
    else
      return failure
  else    ;;w 中存在复合任务。
    选择一个复合任务节点 u
    将 {m ∈ Mes | m 为对应于 u 的复合任务 t_u 的分解方法} 赋值给集合 active
    if (active ≠ ∅)
```

选取一个方法 $m \in \textbf{active}$，利用 m 对 t_u 进行分解，得到 t_u 对应的子任务网络 d_u，在 w 中用 d_u 替换 u，得到新的任务网络 w'

return Abstract-HTN(s, w', Ops, Mes)

else

return failure

}

注：代码段中的;;为注释，下同。

2. 任务的形式化描述

对任务进行形式化描述，是为了准确地揭示任务的本质、属性和特征，并能够更容易地转化为计算机系统可以理解的形式语言。任务的形式化描述是任务分解的理论基础，也为构建辅助决策系统提供基本依据。

在 HTN 规划语言中，对任务、方法等概念进行了形式化描述，可以用来表示现实应用中的任务，下面选用经典规划表示[139]作为规划问题的表示方法。

一个 HTN 规划领域的词汇表是以下参数的集合：

$$\langle V, C, P, F, T, N \rangle$$

其中，V 是变量符号集；C 是常量符号集；P 是谓词符号集；F 是原子任务（也称原始任务，基本任务）符号集；T 是复合任务符号集；N 是任务标记符号集。

为了易于理解下文中涉及的形式化描述，借用马里兰大学的 planning 讲义中的"从家到公园"的例子，规划问题是"我在家，我有 20 元钱，我想去 8km 外的公园"。如图 6-7 所示。

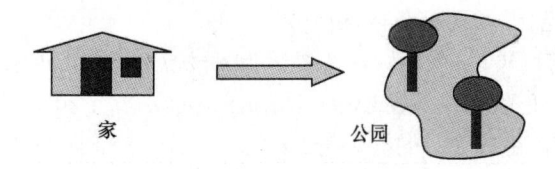

图 6-7 "从家到公园"示例

定义 6.7 操作算子。操作算子是一个基本的操作行为模式，一个原子任务只能包含一个操作算子。

$$Op = (f(x_1, \cdots x_n), pre(l_1, \cdots l_m), post(l'_1, \cdots l'_k))$$

其中，f 是原子任务谓词；$l_1, \cdots, l_m$ 是操作执行的前提条件；$l'_1, \cdots, l'_k$ 是操作执行后效果。

通常用以下的格式来定义操作算子：

walk(a, x, y)　;;a walk from x to y（a 从 x 点走到 y 点）。

pre: $location(a, x)$

post: $location(a, y)$

定义 6.8 动作。一个规划操作算子的任意一个基例。

与操作算子的例子相对应，下面的操作例 *walk*(me, home, park)是该操作算子的一个基例，即是一个动作。

  walk(me, home, park) ;; me walk from home to park（我从家走到公园）。
  pre: location(me, home)
  post: location(me, park)

定义 6.9 原子任务。$do[f(x_1, x_2, \cdots, x_n)]$，$f \in F$，$x_1, x_2, \cdots, x_n$ 是参数项，f 是原子任务谓词，且对应一操作算子。

例如，任务 $t_1 = walk$(me, home, park)，由于任务 t_1 可以通过操作算子 *walk*(*a*, *x*, *y*)的基例（即动作）*walk*(me, home, park)来完成，所以 t_1 是一个原子任务。

定义 6.10 复合任务。$perform[t(x_1, x_2, \cdots, x_n)]$，$t \in T$，$x_1, x_2, \cdots, x_n$ 是参数项，t 是复合任务谓词，没有操作算子与之对应，可以分解为任务网络。

例如，$t_2 = travel\text{-}by\text{-}taxi$(me, home, park)，由于 *travel-by-taxi* 是一个复合任务符号（规划领域中没有操作算子与之对应，由叫车、行驶、付钱等动作组成），所以 t_2 是一个复合任务。

定义 6.11 目标任务。*achieve*(*l*)，希望某些命题为真的任务。

目标任务不同于原子任务和复合任务，侧重的是完成任务所达到的结果，而原子任务和复合任务侧重的是完成任务所需的过程，例如"到达公园"是一个目标任务，要达成这个目标可以有"步行"和"打车"等完成方式，如前所述，"步行"是一个原子任务，而"打车"则是一个复合任务。在任务分解的过程中，产生的每个子任务都可以是一个目标任务。

图 6-7 所示例子的一个目标任务描述为 $t_3 = achieve(travel$(me, home, park))

定义 6.12 任务网络。$TaskNet = [(n_1:t_1), \cdots, (n_m:t_m), \varphi]$

其中，$n_i \in N$，是每个 t_i 的标记符；t_i 表示任务；φ 是任务网络中各种约束条件的布尔表达式，包括以下内容：

  变量赋值约束，如($v = v'$)或($v \neq v'$)，$v, v' \in V$；
  时序约束，如($n \prec n'$)；
  状态约束，如因果链(n, l, n')，n 是 l 的直接前驱，n' 是 l 的直接后驱。

例如在图 6-7 例子中的初始任务网络 $w_0 = [(n_1:achieve(travel$(me, home, park))), $location$(me, home) $\wedge$ $cash$(me, 20) $\wedge$ $distance$(home, park, 8)]

在 HTN 规划中，有时会将任务网络表示为 $w = (U, C)$ 的序对，其中，U 为任务节点集合，C 为约束集合，本书的实例采用的就是这种表示方式。

定义 6.13 方法。$Me = method(t, d)$ 是将非原子任务分解为子任务的规则。其中，*method* 是方法的唯一性名称；t 是一个非原子任务；d 是 t 分解得到的一个任务网络。

一般用下列格式来描述方法：

  travel-by-foot(*a*, *x*, *y*) ;; *a* travel-by-foot from *x* to *y*（*a* 从 *x* 步行到 *y*）。

  task: *travel*(*a*, *x*, *y*)

  subtasks: *walk*(*a*, *x*, *y*)

  constr: distance(*x*, *y*)≤2

定义 6.14 规划解。$\pi = \langle a_1, \cdots, a_n \rangle$，$a_1, \cdots, a_n$ 是动作。在文献[138]中，有对规划解的详细定义。直观的说，首先将分解方法作用于原始任务网络 *w* 以得到原子任务网络 *w*′，初始状态 s_0 同时转换为状态 *s*′，*w*′中的原子任务节点集构成一个全序关系 $\langle u_1, \cdots, u_n \rangle$，当由节点 $u_1, \cdots u_n$ 命名的动作序列 $a_1, \cdots a_n$ 组成的规划 π 在 *s*′下可执行，并且全序 $\langle u_1, \cdots, u_n \rangle$ 满足 *w*′的约束集合，则 $\pi = \langle a_1, \cdots, a_n \rangle$ 为规划问题的一个解。

3. 引入领域知识的 HTN 规划[93]

前两节中讨论的 HTN 程序和形式化描述都是领域无关的，为了在一个特定的领域利用 HTN 规划方法，需要引入相关的领域知识。领域知识的引入表现为由领域专家给出操作算子集合和方法集合。通过改写操作算子和方法的形式化描述，可以得到抽象的引入领域知识的 HTN 规划算法。

对于操作算子，在原有定义基础上加入一个元素 *external*，表示与该操作有关的外部前提条件，比如调用外部程序 *call*，为变量赋值 *assign* 等，为了以示区别，新定义的操作算子称为操作算子+，后文提及的操作算子均指操作算子+。

定义 6.15 操作算子+：

$$Op = (f(x_1, \cdots x_n), pre(l_1, \cdots l_m), external(e_1, \cdots e_q), post(l_1', \cdots l_k'))$$

其中，$e_1, \cdots, e_q$ 是在操作执行前必须执行的调用外部程序、为 x_i 赋值等领域相关动作。

通常用以下的格式来定义操作算子+：

  walk(*a*, *x*, *y*) ;; *a* walk from *x* to *y*（*a* 从 *x* 点走到 *y* 点）。

  pre: *location*(*a*, *x*)

  external: *assign x call getXY*(point.*x*, point.*y*) ;;根据鼠标点中的点计算得出该点对应经纬坐标并赋值给参数 *x*。

  post: *location*(*a*, *y*)

这样做的好处显而易见，除了可以在前提 *pre* 和效果 *post* 里加入对领域知识的描述，同时通过 *external* 完成领域知识相关操作的调用以及规划算法跟应用领域的交互，有效的将领域知识引入 HTN 规划中。

对于某个任务 *t* 可能有多个分解方法，每个分解方法可以得到一个不同的任务网络，因此，方法 *Me* 的形式化定义虽然是统一的，但 *Me* 的构建需要领域知识的支持，求解的成功率和效率与领域知识的完备情况、准确情况等有很大关系。同

187

时，Me 的表达也是 HTN 规划智能性的重要体现形式，使得 HTN 规划具备一般规划所不具有的利用领域知识的能力。将原来形式化定义中的 d（复合任务分解后得到的任务网络）改写为 $((pre_1d_1)\cdots(pre_nd_n))$ 的序对的形式，为了以示区别，新定义的方法称为方法+，后文提及的方法均为方法+。

定义 6.16 方法+。$Me = method(t,(pre_1d_1)\cdots(pre_nd_n))$，是将非原子任务分解为子任务的规则。其中，$pre_i$ 和 d_i 是一个序对，表示在前提条件 pre_i 下，通过方法 $method$ 将非原子任务 t 分解为 d_i，d_i 是 t 分解得到的一个任务网络，包括任务节点集合和约束集合，其中的任务节点集合统一用目标任务进行描述。

这样做的好处是，在具体应用领域中往往存在并行（Parallel）、选择（Choice）、循环（Repeat）等结构的复合任务，而不是像一般规划算法那样得到的规划解为类似于顺序（Sequence）的结构，通过在方法中引入 (pre_id_i) 序对，就可以进一步在约束中定义这些序对间的结构关系，以达到更准确的描述领域知识的目的。

变粒度是指在任务分解的过程中，可根据求解的目标和环境、资源的不同而选择合适的粒度，此处不给出量化指标，作用是通过使用高层效果（复合服务的整体对外输出和效果）来建立前提条件并用其进行剪枝，提高规划效率。比如在分解过程中产生的某个非原子任务的高层效果会威胁到某一前提条件的成立，则该部分规划即为被剪枝的对象；又比如某个复合任务的高层效果与初始任务的目标效果一致，未和任一前提条件产生冲突，且在规划领域描述中声明过，则对该复合任务可以不用继续分解。为了提供对变粒度的支持，需要对 HTN 规划做以下 3 点扩展，这 3 点扩展是领域相关的。

（1）允许用户在规划领域描述中声明多种非原子任务。

（2）并不是只有原子任务才可以直接执行的，有些复合任务在不需关心内部细节的情况下也是可以直接执行的，具有特定的输入和输出。将可以直接执行的原子任务和复合任务通称为简单任务，在分解过程中，可以借用目标任务的概念进行规划。

（3）规划解并不需要完全由动作（原子任务对应的操作算子的基例）组成，也可以包含能够直接执行的复合任务所对应的组合动作（指的是组合整体，而不是动作的组合，比如"打车"，而不是"叫车，行驶，付钱"），本书称之为宏动作。

与宏动作对应的抽象类称为宏操作，以对应于动作的抽象类操作算子，宏操作形式化描述类似于操作算子：

$$M\_Op = (t(x_1,\cdots x_n), pre(l_1,\cdots l_n), external(e_1,\cdots e_n), post(l_1',\cdots l_n'))$$

与操作算子相同，宏操作也具有前提条件、外部前提条件和效果等元素，区别是宏操作对应的是复合任务，其中的 t 即为复合任务谓词。

经过上述扩展的领域相关 HTN 规划方法如下：

Domain-HTN(*s, w, Ops, Mes*)
{
 if (*w* 中存在无法解决的威胁)
  return failure
 else if (*w* 中所有任务都是简单任务)
 if (*w* 存在解决方案)
  选取一个解决方案作为规划解 π
  return π
 else if (存在可转化为复合任务的简单任务)
  选取其中一个简单任务转化为复合任务 t_c，对应任务节点 c
   if (t_c 未对任一前提条件产生威胁)
    return Domain-HTN(*s, w, Ops, Mes*)
   else
    return Domain-HTN(*s, w-c, Ops, Mes*)
 else
  return failure
 else ;;w 中存在复合任务。
  选择一个复合任务节点 *u*
将 {*m* ∈ *Mes* | *m* 为对应于 *u* 的复合任务 t_u 的分解方法} 赋值给集合 active
 if (active ≠ ∅)
选取一个方法 *m* ∈ active
利用 *m* 对 t_u 进行分解，得到 t_u 对应的子任务网络 d_u，**在应用领域描述中搜索可以达成 d_u 中目标任务的简单任务并替换原目标任务**，在 *w* 中用 d_u 替换 *u*，得到新的任务网络 *w'*
  return Domain-HTN(*s, w', Ops, Mes*)
 else
  return failure
}

代码中粗体标识出了对抽象 HTN 规划过程的改进，其中①处保证了可以不用完全分解到原子任务而完成规划，减少了规划进行的深度；②处提供了剪枝的依据，减少了规划问题的广度；③处涉及到搜索算法及优化的知识，此处不深入讨论。

6.2.3 应用示例

  火力分配是指挥控制过程的重要环节，指的是针对多个敌方目标，合理分配武器单元，有效消除敌方威胁。这里不讨论火力分配的模型和算法，而是重点关注如何有效地对一个火力分配的作战任务进行分解。本节以"某地炮营对两个目标进行一般压制"为例，说明如何利用本书改进的利用领域知识的 HTN 规划进行变粒度作战任务分解。

初始任务网络 $w_0 = (\{u\}, C)$，u 为一任务节点，其对应的任务为 t_u = suppress(aim_1, aim_2, $battalion_1$, R_n)，其中 aim_i 为目标，$battalion_1$ 表示执行射击任务的营，R_n 为毁伤程度。C 为约束集合，包括兵力约束、弹种约束、弹药量约束、射击误差约束等。

假设领域描述中定义了下列非原子任务，为简明起见，省略了参数项：

  safe-limit-calc(…) ;;安全界计算任务

  fire-para-calc-good(…) ;;射击参数计算任务，假设使用后不会引入威胁

  fire-para-calc-bad(…) ;;射击参数计算任务，假设使用后会引入威胁

任务 t_u 的分解树如图 6-8 所示。

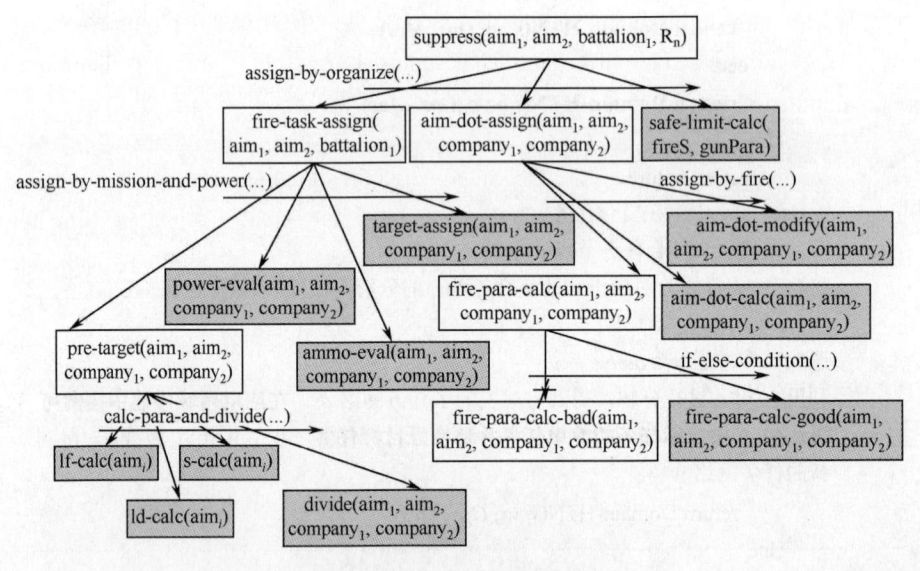

图 6-8 火力分配任务分解树

图中节点表示任务，每一个节点下面的由左向右的箭头表示子节点的顺序，箭头上的文字表示方法，带阴影的节点对应该火力分配任务的规划解（准确地说，是这些带阴影的节点对应的任务所执行的动作组成了规划解）。下面是该分解树产生的详细过程，为简明起见，省略了各方法和任务的参数。

（1）初始状态下已知射击目标和射击单位（营），可根据射击单位的编成调用方法 assign-by-organize，产生 3 个子任务：火力任务分配 fire-task-assign、瞄准点分配 aim-dot-assign 和安全界计算 safe-limit-calc，其中 safe-limit-calc 通过在领域描述中搜索找到相匹配的已定义的非原子任务，且替换后未引入新的威胁，于是将其纳入规划解，不再继续分解，但必须在前两个任务（fire-task-assign 和 aim-dot-assign）完成后才可以执行。

（2）方法 assign-by-mission-and-power（根据任务和兵力分配）可作用于 fire-task-assign 并产生如下 4 个子任务：目标预分段 pre-target、兵力估算 powereval、弹药量估算 ammo-eval 和目标分配 target-assign，其中除了 pre-target 任务外其他均为原子任务，可通过执行相应的动作来完成，但需要等 pre-target 完成后才可以执行。

（3）调用方法 calc-para-and-divide（计算参数并分段）对 pre-target 任务进行分解，产生如下 4 个子任务：目标正面计算 lf-calc、目标纵深计算 ld-calc、目标幅员计算 s-calc 和目标分段 divide，均为原子任务。

（4）一旦第（3）步骤产生的 4 个任务被完成，则可以执行第（2）步骤产生的其他任务，完成后，与第（2）步骤情况一样，方法 assign-by-fire（根据射击火力分配）可作用于 aim-dot-assign 并产生如下 3 个子任务：射击参数计算 fire-para-calc、瞄准点计算 aim-dot-calc 和瞄准点调整 aim-dot-modify，其中 aim-dot-calc 和 aim-dot-modify 是原子任务，但要等 fire-para-calc 完成后才可执行。

（5）通过搜索，在领域描述中找到 fire-para-calc-bad 和 fire-para-calc-good 两个跟 fire-para-calc 任务匹配的非原子任务，根据方法 if-else-condition 可作如图分解，其中 fire-para-calc-bad 被替换后会引入威胁，因此可进行剪枝，而 fire-para-calc-good 的情况跟步骤（1）中产生的 safe-limit-calc 的一样，纳入规划解，不再继续分解。

（6）最终得到的规划解 π = ⟨*lf-calc, ld-calc, s-calc, divide, power-eval, ammo-eval, target-assign, fire-para-calc-good, aim-dot-calc, aim-dot-modify, safe-limit-calc*⟩，为一组有序的动作集合，分别为同名任务所对应的可执行的动作（当任务是原子任务时）或宏动作（当任务是复合任务时）。

6.3　服务发现技术

Web 服务发现是指根据用户服务需求描述，通过服务匹配算法从服务注册中心查找到满足用户需求的服务集合的过程，它包括以下 3 个环节：

（1）服务提供者将描述服务功能与性能的广告发布到服务注册中心；
（2）注册中心以某种方式构造服务描述索引；
（3）当服务消费者向注册中心发出查找请求时，注册中心根据服务需求描述和服务广告进行匹配，并以一定的顺序将匹配集返回给消费者。

目前 Web 服务发现中面临的主要问题有两点，一是如何准确细致的描述服务功能与性能，从而支持用户需求与服务描述之间更精确的匹配操作；二是如何存储、索引服务信息，以便既能保证服务发现的搜索广度，又将搜索时间控制在用户可接受的范围。

本节侧重于第二个问题。首先介绍基于语义相似度计算的 Web 服务匹配技术，然后在现有服务描述方法基础上研究服务索引构造和服务的发布发现过程，给出一种基于形式概念分析的服务管理和搜索方法，该方法以服务作为形式背景中的对象，以描述服务语义的本体概念作为属性，利用形式概念格中的相关算法实现服务格的生成与查找。

6.3.1 Web 服务语义匹配

Web 服务的匹配针对来自服务提供者的服务描述文件和请求者的服务查询，通过某种方法判断供需双方相互满足的程度。Web 服务匹配与 Web 服务发现是紧密相关的，后者往往是建立在前者的基础上，即服务发现通过将用户需求与服务注册中心（或服务注册库）中的服务描述进行匹配，从而选出被匹配的服务。因此可以将服务匹配视为服务发现的一个重要环节。

以 UDDI 为代表的服务发现技术借鉴了传统信息检索的方法，通过基于关键字的精确匹配发现服务，但传统的信息检索技术不能完全适用并解决 Web 服务的匹配问题。因此引入语义技术，利用领域本体中的概念对服务属性进行语义标注，并利用语义推理来进行语义层次上的匹配。目前对语义 Web 服务匹配的研究主要是针对服务的输入、输出进行匹配，大致可以分为两种匹配方式：基于语义推理和基于相似度计算。

基于语义推理的服务匹配建立在领域本体概念间的层次关系之上。马西莫（Massimo）等人于 2002 年提出了一种基于 DAML-S 的服务匹配方法[140]，该方法根据本体概念间的父子关系定义了 4 种匹配程度：Exact、PlugIn、Subsume 和 Fail，随后 Li[141]又扩展了 Intersection 匹配。类似的还有文献[142]等所提出的方法，区别仅在于所使用的推理逻辑和推理工具不同。然而这几个离散的级别不能很好地量化服务匹配程度，也不能评价多输入多输出的服务之间的匹配度。作为基于推理服务匹配方法的改进，基于相似度计算的服务匹配[143]通过计算两个本体概念之间的相似度来得到更精确的匹配结果，然而概念 A 和 B 相似并不能表明可以将 A 的个体作为 B 在服务运行数据流中传递，同时该方法也没有考虑到多输入多输出的情况。

领域本体可看作一个 IS-A 类型的层次概念树，即只存在父子关系，其他的反义关系、功能关系等暂不考虑。拉达（Rada）等[144]认为对领域本体中概念相似度的评估实际上应该只限于 IS-A 型的层次分类结构，而排除其他的连接类型。本节以 Lin[145]的概念相似度算法为基础，给出一种基于贝叶斯估计的领域本体概念相似度计算方法[89]（Bayesian Estimation Similarity，BES），通过综合考虑主观先验因素和客观统计样本，以求能更好地体现领域本体中两个概念之间的语义接近程度。这种方法综合考虑了人为主观经验和客观统计样本，融合了基于距离和基于信息量的算法，有效避免了各自方法的不足，通过对概念树的一次遍历采用实数四则运算即可获得，不需要复杂的计算，具有较好的实用性。

1. 基本假定

已有的各种概念语义相似度计算模型，都是为了刻画两个概念之间的语义相近程度，其数值大小应尽可能地接近主观意识和客观因素。主观上，由于人们对事物认识的差异，并不能给出两个概念的相似度具体数值，但在父子概念层次结构中，某个概念与它的子概念之间的相似度必然大于其父概念与其子概念的相似度。如"哺乳动物"和"男人"之间的语义相似度应大于"动物"和"男人"之间的相似度，小于"哺乳动物"和"人"之间的相似度。客观上，任何一个概念都是对其祖先概念信息的细化。因此从信息论角度，两个概念之间的相似度与二者共享的信息有关，它们从相同祖先概念中共享的信息量越多，则二者越相似。在下文展开之前，首先给出如下两个基本假设：

（1）领域知识库中，"个体 a 是概念 C 中的个体"这一命题的取值只有 True 和 False 两种可能，即随机变量 $x := a \in C$ 服从 0-1 分布；

（2）若个体 a 是概念 C 中的个体，则它必然是 C 的父概念的个体，因此某概念的出现概率必然大于其子概念的出现概率，小于其父概念的出现概率。

显然，这两个基本假定是可以接受的。概念语义相似度具有如下性质[146]：

（1）当两个概念相同时，相似度最大，规定为 1；当两个概念没有共性时相似度最小，规定为 0，即 $0 \leq Sim(C_1, C_2) \leq 1$，且 $Sim(C, C) = 1$。

（2）概念间相似度与二者所处层次有关，概念层次越深，对事物刻画越细，父子概念之间的差异越小，语义越接近。

（3）某个概念的直接子概念越多，则分类越细，某个子概念对父概念的修饰越少，父子概念之间相似度越大。

2. 术语定义

定义 6.17 如果概念 A 具有概念 B 的特性，称概念 A 是概念 B 的子概念，记为 $A \sqsubseteq B$。如果 $A \sqsubseteq B$ 且 A、B 之间不存在满足继承关系的其他概念，则称概念 A 是概念 B 的直接子概念，记为 $A = B^{\sqsupset}$。概念 B 的子概念集合记为 $ch(B)$，概念 B 的直接子概念数称为该概念的出度 $\deg^{\sqsupset}(B)$。相应地，也有直接父概念 $B^{\sqsubset}$，父概念集合 $an(B)$。

定义 6.18 领域本体中的概念集在继承关系上构成了概念格。格的顶节点称为顶概念 $\top$，概念 C 与顶概念之间最短路径上的边数称为该概念的深度 $dep(C)$。

定义 6.19 在领域本体中，概念的出现概率记为 $P(C) = P(a \in C)$，它表示从所有个体中随机抽取某个个体是概念 C 个体的可能性。

定义 6.20 在领域本体中,概念 C_1 和 C_2 之间的相似度定义为[146]

$$Sim(C_1,C_2) = \frac{2\log P(LSO(C_1,C_2))}{\log P(C_1)+\log P(C_2)} \quad (6.1)$$

式中：$LSO(C_1,C_2)$ 表示概念 C_1 和 C_2 的最小公共父概念。

3．算法推导

根据基本假定,从领域本体中任意选取某个个体 a_i,事件 $x_i := a_i \in C$ 是独立同分布的,且服从概率为 P 的 0-1 分布,可以利用基于语义距离的算法构造概率 P 的先验分布。概念之间的语义距离是指概念层次结构中节点之间最短路径的加权和,路径的权值可按公式（6.2）计算：

$$w_c = \frac{1}{\rho^{dep(C)}} \cdot \frac{1}{\deg^\top(C^\top)} \quad (6.2)$$

式中：经验参数 $\rho > 1$ 反映了概念层次结构中语义距离随着深度变化的减小程度。两个概念之间的语义距离为

$$D|_{C_1}^{C_2} = Distance(C_1,C_2) = \sum_{min\{C_1;C_2\}} w_{c_i} \quad (6.3)$$

式中：$min\{C_1,C_2\}$ 是概念 C_1 和 C_2 之间的最短路径。因此 C_1 和 C_2 的语义相似度 S 为

$$S|_{C_1}^{C_2} = Sim(C_1,C_2) = \frac{\mu}{D+\mu} \quad (6.4)$$

经验参数 μ 为调节参数。根据式（6.4）容易验证对于任意概念 C 均有

$$0 < Sim(\top,ch(C)) < Sim(\top,C) < Sim(\top,an(C)) \leqslant 1$$

现设有单调递增函数 $\overline{SP}(\cdot)$,将基于主观经验的相似度 $S|_C^\top$ 映射到概念出现概率空间中,令 $\tilde{P} = \overline{SP}(S|_C^\top)$,$\tilde{P}_M = max\{\overline{SP}(S|_{C^\top}^\top)\}$,$\tilde{P}_N = min\{\overline{SP}(S|_{C^\sqsubset}^\top)\}$,假设概念出现概率的先验分布为以 $\tilde{P}$ 为众数,取值范围为 $[\tilde{P}_M,\tilde{P}_N]$ 的 Beta 分布。

考虑到标准 Beta 分布变量范围在[0, 1]之间,做线性变换将上述 Beta 分布化为标准形式：

$$Beta(\theta;\alpha,\beta) = \begin{cases} \dfrac{\theta^{\alpha-1} \times (1-\theta)^{\beta-1}}{B(\alpha,\beta)} & 0 \leqslant \theta \leqslant 1 \\ 0 & Other \end{cases} \quad (6.5)$$

式中

$$\theta = (\tilde{P} - \tilde{P}_M)/(\tilde{P}_N - \tilde{P}_M) \tag{6.6}$$

根据 Beta 分布形状参数计算公式有：

$$\alpha = \left(\frac{E - \tilde{P}_M}{\tilde{P}_N - \tilde{P}_M}\right)\left[\frac{(E - \tilde{P}_M)(\tilde{P}_N - E)}{De} - 1\right] \tag{6.7}$$

$$\beta = \left(\frac{\tilde{P}_N - E}{E - \tilde{P}_M}\right)\alpha \tag{6.8}$$

式中：期望 $E = (\tilde{P}_M + 4\tilde{P} + \tilde{P}_N)/6$，方差 $De = (\tilde{P}_N - \tilde{P}_M)^2/36$。

根据统计样本在 n 个个体中有 k 个个体属于概念 C，下面根据最小贝叶斯风险估计计算 θ 的估计值。

设损失函数为 $L(\theta,\delta)$，则统计判决 $\delta(X)$ 的贝叶斯风险函数为

$$R_\pi(\delta) = \int_\Theta R(\theta,\delta)\pi(\theta)\mathrm{d}\theta = \int_\Theta \int_X L(\theta,\delta(X))\pi(\theta)f(X,\theta)\mathrm{d}\mu(x)\mathrm{d}\theta \tag{6.9}$$

式中：$f(X,\theta)$ 为 X 在 θ 估计下的联合分布。根据贝叶斯定理，可得：

$$\pi(\theta|x) = \frac{\pi(\theta)f(X,\theta)}{\int \pi(\theta)f(X,\theta)\mathrm{d}\theta} = c(X)\pi(\theta)f(X,\theta) \tag{6.10}$$

式中：$c(X)$ 是归一化常数保证该分布是一个概率分布。将式（6.10）代入式（6.9）并交换积分次序后可得：

$$R_\pi(\delta) = \int_x \left[\int_\Theta L(\theta,\delta(X))\pi(\theta|x)\mathrm{d}\theta\right]c(X)\mathrm{d}\mu(x)$$

把损失函数 $L(\theta,\delta(X))$ 关于后验分布 $\pi(\theta|x)$ 的加权平均称为后验风险，即

$$R_\pi(\delta|x) = \int_\Theta L(\theta,\delta(X))\pi(\theta|x)\mathrm{d}\theta \tag{6.11}$$

可以看出若某个 $\delta(X)$ 使得后验风险 $R_\pi(\delta|x)$ 达到最小，则它也使贝叶斯风险 $R_\pi(\delta)$ 达到最小。取损失函数 $L(\theta,\delta(X)) = (\delta(X) - \theta)^2$ 代入式（6.11）后得

$$R_\pi(\delta|x) = \int_\Theta (\delta(X) - \theta)^2 \pi(\theta|x)\mathrm{d}\theta = a\delta^2(X) + b\delta(X) + c \tag{6.12}$$

式中

$$a = \int_\Theta \pi(\theta|x)\mathrm{d}\theta, \quad b = -2\int_\Theta \theta\pi(\theta|x)\mathrm{d}\theta, \quad c = \int_\Theta \theta^2 \pi(\theta|x)\mathrm{d}\theta$$

因此当 $\delta = -b/2a$ 时，$R_\pi(\delta|x)$ 取得最小值。根据式（6.10），有：

$$\pi(\theta|x) = \frac{c(x)}{B(\alpha,\beta)} \cdot \theta^{k+\alpha-1} \times (1-\theta)^{n-k+\beta-1} \tag{6.13}$$

可以看出 $\pi(\theta|x)$ 也服从 Beta 分布，其超参数为 $k+\alpha$ 和 $n-k+\beta$，即

$$\pi(\theta|x) = \frac{t^{k+\alpha-1} \times (1-t)^{n-k+\beta-1}}{B(k+\alpha, n-k+\beta)} \tag{6.14}$$

因此使得 $R_\pi(\delta|x)$ 取得最小值的 δ 为

$$\delta = -\frac{b}{2a} = \frac{\int_0^1 \theta \pi(\theta|x) \mathrm{d}\theta}{\int_0^1 \pi(\theta|x) \mathrm{d}\theta} = \frac{\alpha+k}{\alpha+\beta+n} \tag{6.15}$$

最后根据式（6.6），有

$$P = \tilde{P}_M + \delta(\tilde{P}_N - \tilde{P}_M) \tag{6.16}$$

这样，便通过贝叶斯估计计算出概念出现概率 P 的后验估计值。从式(6.16)看出 P 为概念出现概率的主观经验值根据统计特性的修正，当有大样本时 δ 趋向于 k/n 体现了统计特性。当样本很少，特别是 $k=0$ 时并不能说某概念不可能出现，仍然具有一定的出现可能，可通过主观经验算法计算获得。

4．算法实现

基于上面介绍的概念相似度 BES 算法原理，本算法只要根据已建立的概念层次结构，遍历各个节点，依次计算各节点的出现概率先验分布参数和后验估计值，从而求出节点的后验出现概率。由于这些数据的计算为有限次实数四则运算，故算法复杂度取决于所采用的遍历策略，可以证明为 $O(n)$。贝叶斯估计算法过程如下：

算法：BES

输入：概念层次结构 T

输出：各个概念的出现概率贝叶斯估计值

步骤1：令顶概念的 $S = P = \tilde{P} = \tilde{P}_M = \tilde{P}_N = 1$；

步骤2：取顶概念的下一个未计算子概念 C，调用算法 CalcAppearProb(C)，计算它的出现概率；

步骤3：如果顶概念的所有子概念的出现概率均计算完毕，则算法结束，否则转步骤2。

算法 CalcAppearProb(C)过程如下：

算法：CalcAppearProb

输入：概念 C

输出：C 的出现概率。

步骤1：根据式（6.2）、式（6.3）和式（6.4）计算概念 C 的 D 和 S；

步骤2：遍历 C 的每个子概念 N，递归执行算法 CalcAppearProb(N)；

步骤3：取 $\tilde{P}_M$ 为 C 的子概念中 $\tilde{P}$ 的最大值，$\tilde{P}_N$ 为 C 父概念中最小的 $\tilde{P}$ 值；

步骤4：根据式（6.7）、式（6.8）、式（6.15）和式（6.16）计算出现概率估计

值 P。

得到每个节点的出现概率之后，代入式（6.1）便可很容易计算出两概念间的相似度值。

算法流程图如图 6-9 所示。

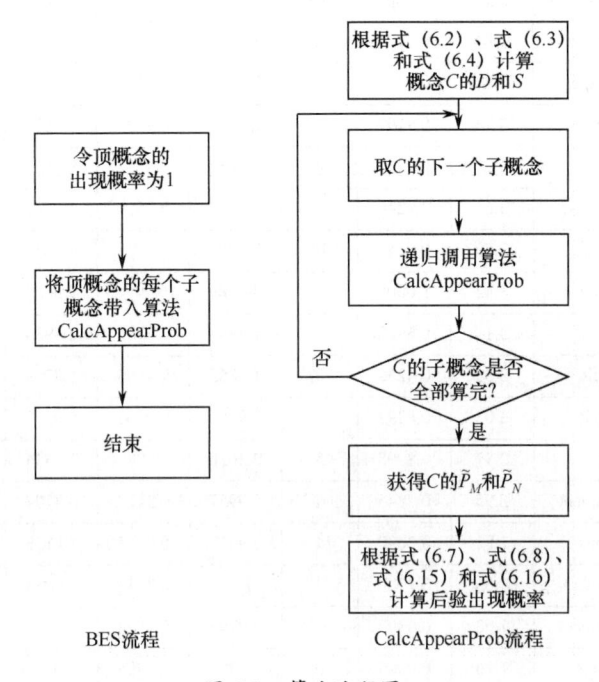

图 6-9　算法流程图

5．相关性对比实验

为了分析比较算法的性能，此处以 WordNet[147]为数据源进行实验分析，并与其他使用 WordNet 的方法进行比较。在算法数据准备时，基于 JAWS 开发包，以 entity 为根节点，通过函数 getSynsets 获得单词的义元，通过函数 getHyponyms 获得该义元的子概念，通过函数 getTagCount 获得该义元的出现次数。通过这些函数采用宽度优先的方式逐层访问各个概念节点信息，获得其出现次数统计值，并保存到自定义的数据库中。

由于不同算法的原理不同，计算结果也有较大差异，这里参考文献[146]的做法：以米勒（Miller）和查尔斯（Charles）统计的 30 对概念间的主观相似度数值作为参考标准，并与泰德（Ted）实现的 Wordnet::Similarity[148]中其他相似度算法结果对比。实验中取 $\rho=1.1$，$\mu=0.5$，$\overline{SP(x)}=x$，实验结果见表 6.1 所列。表中 HUM 表示主观经验值，BES 为本书算法结果，HSO、LCH、WUP、RES、JCN、LIN 分别表示 Hirst & St-Onge 方法、Leacock & Chodorow 方法、Wu & Palmer 方法、Resnik 方法、Jiang & Conrath 方法和 Lin 方法。

表 6.1 相似度数值计算结果

概念1	概念2	HUM	BES	HSO	LCH	WUP	RES	JCN	LIN
car	automobile	3.92	1.0000	16	3.6889	1	7.0036	∞	1
gem	jewel	3.84	0.9624	16	3.6889	1	9.8198	∞	1
journey	voyage	3.84	0.9351	4	2.9957	0.9565	7.4641	0.3534	0.8277
boy	lad	3.76	0.9197	5	2.9957	0.9333	6.7419	0.2929	0.7979
coast	shore	3.70	0.9365	4	2.9957	0.9231	8.1022	1.6154	0.9632
asylum	madhouse	3.61	0.9245	4	2.9957	0.9565	10.667	2.4663	0.9813
magician	wizard	3.50	0.8757	16	3.6889	1	11.073	∞	1
midday	noon	3.42	1.0000	16	3.6889	1	9.5685	∞	1
furnace	stove	3.11	0.6902	5	1.3863	0.5741	2.4934	0.5597	0.2294
food	fruit	3.08	0.4255	0	1.3863	0.4706	1.7789	0.0861	0.1559
bird	cock	3.05	0.8397	6	2.9957	0.9565	6.9347	0.2861	0.7881
bird	crane	2.97	0.8208	5	2.3026	0.88	6.9374	0	0
tool	implement	2.95	0.7845	4	2.9957	0.9412	6.3104	0.8484	0.9146
brother	monk	2.82	0.7690	4	2.9957	0.9565	10.156	0.0689	0.2079
lad	brother	1.66	0.7728	3	2.0794	0.7143	1.9033	0.083	0.24
crane	implement	1.68	0.8307	3	2.0794	0.7778	3.4451	0.0784	0.3327
journey	car	1.16	0.0000	0	0.7985	0.1905	0	0.0707	0
monk	oracle	1.10	0.6889	0	1.6094	0.5882	1.9033	0.0588	0.1828
cemetery	woodland	0.95	0.5138	0	1.4917	0.5	1.1692	0.0539	0.1119
food	rooster	0.89	0.4931	0	0.9163	0.2857	0.6144	0.0671	0.0762
coast	hill	0.87	0.7061	4	2.0794	0.7143	6.1381	0.2187	0.7286
forest	graveyard	0.84	0.4638	0	1.4917	0.5	1.1692	0.0587	0.1119
shore	woodland	0.63	0.5758	3	2.0794	0.6667	1.1692	0.0594	0.122
monk	slave	0.55	0.5732	3	2.0794	0.7143	1.9033	0.0661	0.2011
coast	forest	0.42	0.4104	2	1.8971	0.6154	1.1692	0.0628	0.1181
lad	wizard	0.42	0.3831	3	2.0794	0.7143	1.9033	0.0759	0.2241
chord	smile	0.13	0.2596	0	1.291	0.4444	3.0718	0.079	0.3269
glass	magician	0.11	0.1861	0	1.6094	0.5333	1.8747	0.0604	0.1421
rooster	voyage	0.08	0.0000	0	0.5108	0.1481	0	0.0501	0
noon	string	0.08	0.0000	0	1.204	0.3529	0.7794	0.0653	0.0923

为了比较不同相似度算法的差异,参照文献[146],计算各组数据与 Human 结果的相关系数,以此作为衡量各种算法优劣的指标,结果见表 6.2 所列,可以看出本书算法的相关系数高于其他算法。

表 6.2 相似度相关系数对比

	HUM	BES	HSO	LCH	WUP	RES	JCN	LIN
相关系数	1	0.8134	0.6668	0.7474	0.7645	0.4735	0.7792	0.8080

6. 参数变动实验

为了分析统计数据和算法参数对相似度计算结果的影响,采用同样的测试集做了对比实验,实验结果如表 6.3 所列。

表 6.3 参数变动实验结果

概念1	概念2	HUM	1	2	3	4	5	6
car	automobile	3.92	1.0000	1.0000	1.0000	1.0000	1.0000	1.0000
gem	jewel	3.84	0.9624	0.9786	0.9924	0.9668	0.9800	0.9920
journey	voyage	3.84	0.9351	0.9628	0.9818	0.9475	0.9476	0.9719
boy	lad	3.76	0.9197	0.9469	0.9736	0.9251	0.9646	0.9811
coast	shore	3.70	0.9365	0.9551	0.9714	0.9104	0.9325	0.9551
asylum	madhouse	3.61	0.9245	0.9514	0.9687	0.8978	0.9321	0.9474
magician	wizard	3.50	0.8757	0.8816	0.9024	0.8457	0.8911	0.9381
midday	noon	3.42	1.0000	1.0000	1.0000	1.0000	1.0000	1.0000
furnace	stove	3.11	0.6902	0.7743	0.8691	0.8085	0.8257	0.8710
food	fruit	3.08	0.4255	0.4695	0.5087	0.5719	0.6530	0.7426
bird	cock	3.05	0.8397	0.8644	0.8865	0.8496	0.8636	0.8835
bird	crane	2.97	0.8208	0.8704	0.8983	0.8257	0.8683	0.8861
tool	implement	2.95	0.7845	0.8095	0.8247	0.7925	0.8112	0.8396
brother	monk	2.82	0.7690	0.7857	0.8196	0.7716	0.8028	0.8179
lad	brother	1.66	0.7728	0.7818	0.8050	0.8355	0.8555	0.8768
crane	implement	1.68	0.8307	0.8740	0.9185	0.7945	0.8411	0.8996
journey	car	1.16	0.0000	0.0000	0.0000	0.0000	0.0000	0.0000
monk	oracle	1.10	0.6889	0.7057	0.7196	0.6916	0.7128	0.7379
cemetery	woodland	0.95	0.5138	0.5477	0.5588	0.5281	0.5501	0.5732
food	rooster	0.89	0.4931	0.5234	0.5494	0.5271	0.5511	0.5844
coast	hill	0.87	0.7061	0.7675	0.8055	0.7120	0.7535	0.8197
forest	graveyard	0.84	0.4638	0.4877	0.5088	0.5281	0.5301	0.5732
shore	woodland	0.63	0.5758	0.6117	0.6385	0.6194	0.6441	0.7015
monk	slave	0.55	0.5732	0.6018	0.6337	0.5800	0.6161	0.6526

(续)

概念1	概念2	HUM	1	2	3	4	5	6
coast	forest	0.42	0.4104	0.4795	0.5018	0.4302	0.4556	0.4664
lad	wizard	0.42	0.3831	0.4194	0.4582	0.3960	0.4268	0.4579
chord	smile	0.13	0.2596	0.3296	0.3605	0.3387	0.3876	0.4158
glass	magician	0.11	0.1861	0.2100	0.2374	0.2244	0.2767	0.3369
rooster	voyage	0.08	0.0000	0.0000	0.0000	0.0000	0.0000	0.0000
noon	string	0.08	0.0000	0.0000	0.0000	0.0000	0.0000	0.0000

实验中，前三组为带有统计数据的结果，其中第 1 组 $\rho=1.1$，$\mu=0.5$；第 2 组 $\rho=1.2$，$\mu=0.3$；第 3 组 $\rho=1.4$，$\mu=0.2$。后三组为概念出现次数均为 0 时的结果，其中第 4 组 $\rho=1.1$，$\mu=0.5$；第 5 组 $\rho=1.2$，$\mu=0.3$；第 6 组 $\rho=1.4$，$\mu=0.2$。计算各组数据与 Human 结果的相关系数，结果见表 6.4 所列

表 6.4 参数变动实验相关系数对比

	HUM	1	2	3	4	5	6
相关系数	1	0.8134	0.8009	0.7935	0.8178	0.8112	0.7939

从实验结果看出，尽管随着统计数据和参数的变化，相似度结果也有所不同，但与主观经验的相关系数变化很小，因此本算法对数据和参数的变动具较强的鲁棒性。

6.3.2 Web 服务聚类管理

随着 Web 服务数量的增加，当用户提交一个查询请求时，注册中心需要将该查询与注册库中的所有服务逐一匹配，这样随着 Web 服务越来越多，这种方式的效率将越来越低。虽然 UDDI 提供了一些服务分类法系统，如北美行业分类系统、通用标准产品和服务分类法等，但这些分类标准大都仅仅依靠服务的领域或地域进行划分，因此如何对 Web 服务进行聚类以提高检索效率也越来越成为关注的焦点。目前对 Web 服务分类管理的研究多数是从文本分类或语义分类两个角度进行的。然而，当面对海量数据时，这些方法的运行效率仍然是个问题。

6.3.3 基于形式概念分析的服务发现

1. 形式概念分析基础

形式概念分析是以数学化的概念和概念层次为基础的应用数学领域。在哲学中，概念被理解为由外延和内涵两个部分所组成的思想单元。基于概念的这一哲学理解，德国维勒（Wille）教授提出了形式概念分析[149]，用于概念的发现、排序

和显示。在形式概念分析中，概念的外延被理解为属于这个概念的所有对象的集合，而内涵则被认为是所有这些对象所共有的特征或属性集，这实现了对概念的哲学理解的形式化。所有的概念连同它们之间的泛化与例化关系构成一个概念格。概念格结构模型是形式概念分析理论中的核心数据结构，它本质上描述了对象和特征之间的联系，表明了概念之间的泛化与例化关系，其相应的 Hasse 图则直观而简洁地体现了这些关系。目前概念格在数据挖掘、信息检索、软件工程和知识发现等方面都得到了广泛的应用[150]。

这里仅简要地介绍形式概念分析中的一些基本概念，更详尽的描述可参考文献[151]。

定义 6.21 形式背景定义为一个三元组 $\mathbb{K}=(G,M,I)$，其中，G 是对象集合，M 是属性集合，$I \subseteq G \times M$ 是 G 与 M 之间的一个二元关系。若 $(g,m) \in I$，则称对象 g 具有属性 m。

形式背景通常用交叉表来表示，在交叉表中一行代表一个对象，一列代表一个属性，第 g 行和第 m 列的交叉点有一个"×"当且仅当 $(g,m) \in I$。表 6.5 给出了一个形式背景的交叉表例子。

表 6.5 一个形式背景例子

属性 M	I	a	b	c	d	e	f	g	h	I
对象 G	1	×		×			×		×	
	2	×		×				×		×
	3	×			×			×		×
	4		×	×				×		
	5		×			×		×		

定义 6.22 对对象集合的每个子集 $A \subseteq G$，定义导出算子 $\varphi(A)$ 表示集合 A 中所有对象的共有属性：

$$\varphi(A) = \{ m \in M \mid \forall g \in A, (g,m) \in I \}$$

对称地，对属性集合的每个子集 $B \subseteq M$，定义导出算子 $\psi(B)$ 表示具有集合 B 中所有属性的对象的集合：

$$\psi(B) = \{ g \in G \mid \forall m \in B, (g,m) \in I \}$$

通常，为书写方便，这两个导出算子不加区分地写为 A' 和 B'。如果 A 是一个对象子集，那么 A' 是一个属性子集，对它可以再应用第二个导出算子得到一个对象子集 A''（即：$\psi(\varphi(A))$）。对称地，对属性子集 B，可以得到一个属性子集 B''（即：$\varphi(\psi(B))$）。

定义 6.23 形式背景 $\mathbb{K}=(G,M,I)$ 上的一个形式概念（简称概念）C 定义为一个二元组 (A,B)，满足：$A \subseteq G, B \subseteq M, A' = B, B' = A$，其中 A 称为概念 (A,B)

的外延，B 称为概念 (A,B) 的内涵。概念 C 的内涵和外延也可以用 $Intent(C)$ 和 $Extent(C)$ 来表示。在本书下文中，如无特殊说明，所提到的"概念"即指形式概念分析理论中的"概念"，不是本体论中的"概念"。

一个形式背景可能有许多概念。事实上，形式概念的数目是形式背景大小的指数。形式背景 $\mathbb{K}=(G,M,I)$ 上的所有概念的集合记为 $\mathcal{B}(\mathbb{K})$。

定义 6.24 (A_1,B_1) 和 (A_2,B_2) 是形式背景 $\mathbb{K}=(G,M,I)$ 上的任意两个概念，称 (A_1,B_1) 是 (A_2,B_2) 的父概念（等价地，(A_2,B_2) 为 (A_1,B_1) 的子概念），当且仅当 $B_1 \subseteq B_2$（等价地，$A_2 \subseteq A_1$），记为 $(A_2,B_2) \leqslant (A_1,B_1)$，即：

$$(A_2,B_2) \leqslant (A_1,B_1) \Leftrightarrow B_1 \subseteq B_2 (\Leftrightarrow A_2 \subseteq A_1)$$

通过这种序关系，得到一个有序集 $\mathcal{B}(\mathbb{K})=(\mathcal{B}(\mathbb{K}),\leqslant)$，称为形式背景 $\mathbb{K}$ 的概念格。概念格是所有形式概念在父子关系下的序集。因此，概念格可以图形化表示为所对应的 Hasse 图。这使得给定数据背景的概念结构变得清晰和易于理解，从而实现了概念格的可视化显示。例子形式背景所对应概念格的 Hasse 图如图 6-10 所示。

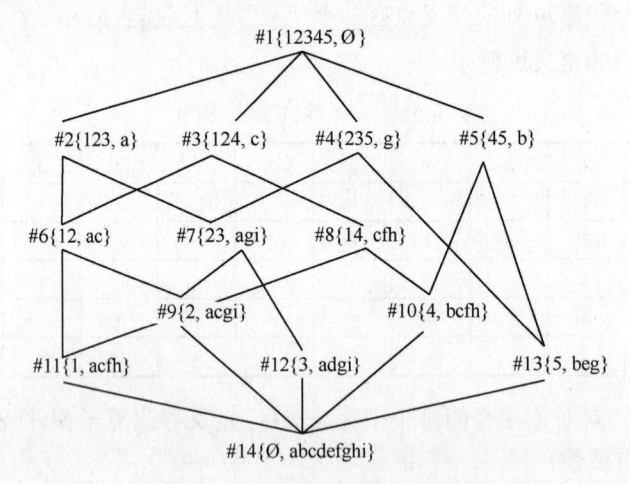

图 6-10 形式背景的 Hasse 图

图中每个节点表示一个概念，每个概念用其外延和内涵来标识，节点之间的边表示概念之间的序关系。

定义 6.25 对于某个形式背景的任何两个形式概念 (A_1,B_1) 和 (A_2,B_2)，它们的最大公共子概念定义为

$$(A_1,B_1) \wedge (A_2,B_2) := (A_1 \cap A_2, (B_1 \cup B_2)'')$$

最小公共父概念定义为

$$(A_1,B_1) \vee (A_2,B_2) := ((A_1 \cup A_2)'', B_1 \cap B_2)$$

通常将"最小公共父概念"称为上确界，"最大公共子概念"称为下确界。上

确界和下确界运算不但可以作用于两个概念,而且可以作用于对任意数目的概念。换句话,每个概念集合都有一个上确界和一个下确界。可以证明[151],概念格是一个完备格。

在形式概念分析的基础上,又产生了模糊形式概念分析,引入模糊逻辑的概念以表示现实中的模糊和不确定信息。在此基础上,定义模糊形式概念分析如下[152]。

定义 6.26 一个模糊形式背景表示为三元组 $\tilde{K}=(G,M,E)$,其中 G 是对象集,M 是属性集,E 是 $G \times M$ 上的一个模糊集,对于 $(g,m) \in E$ 具有隶属度值 $\mu(g,m)$,它满足 $\mu(g,m) \to [0,1]$ $(g \in G, m \in M)$。

对于属性 $m(m \in M)$ 定义阈值区间 $[\theta_m, \psi_m]$($0 \leq \theta_m \leq \psi_m \leq 1$),称为窗口。若隶属度值 $\mu(g,m)$ 包含于该阈值区间,则保留;否则不保留。

定义 6.27 模糊形式背景 $\tilde{K}=(G,M,E)$,其中 $O \in P(G)$,$D \in P(M)$(P 为幂集符号),$P(G)$ 和 $P(M)$ 上的映射为

$$f(O) = \{d \mid \forall o \in O, \theta_d \leq \mu(o,d) \leq \psi_d\}$$
$$g(D) = \{o \mid \forall d \in D, \theta_d \leq \mu(o,d) \leq \psi_d\}$$

定义 6.28 如果对象集 $O \in P(G)$ 和属性集 $D \in P(M)$ 满足 $O=g(D)$ 和 $D=f(O)$,则 $C=(O,D)$ 称为模糊形式背景 $\tilde{K}$ 的一个模糊形式概念,O 和 D 分别称为模糊形式概念 C 的外延和内涵。

定义 6.29 模糊形式背景 $\tilde{K}$ 的所有模糊形式概念记为 $\mathcal{B}(\tilde{K})$,$\mathcal{B}(\tilde{K})$ 上的结构式通过模糊形式概念之间的泛化和例化关系产生,其定义为:如果 $O_1 \subseteq O_2$,则 $C_1(O_1,D_1) \leq C_2(O_2,D_2)$。通过此关系得到 $\mathcal{B}(\tilde{K})$ 上的偏序集 $\underline{\mathcal{B}}(\tilde{K})=(\mathcal{B}(\tilde{K}), \leq)$ 称为模糊形式背景 $(\tilde{K})$ 的模糊概念格。

2. 服务形式概念格模型

从服务发现的研究现状中看出,Web 服务发现也是一种信息检索,它是在对 Web 服务描述信息进行合理组织的基础上,从服务集合中检索出满足用户需求的服务的过程,数学定义如下。

定义 6.30 服务发现模型是将服务表示、查询以及它们之间关系进行建模的框架,它由三元组 $F[S,Q,R(q_i,s_j)]$ 表示。其中,S 是服务集合中服务信息的逻辑表示,也称为服务广告;Q 是用户需求信息的逻辑表示,也称为服务查询;$R(q_i,s_j)$ 是一个排序函数,该函数输出一个与服务查询 $q_i \in Q$ 和服务广告 $s_j \in S$ 有关的实数,这样就根据查询 q_i 在服务集合中定义了一个顺序。

从上述定义可以看出,服务发现包含 3 方面内容:服务信息的逻辑表示、用户查询的逻辑表示、匹配程度计算及其排序。Web 服务检索的目标是在可用服务集合中检索出与用户查询相关的 Web 服务集,因此在检索过程中,需要计算每对

服务与查询间的相关系数。随着 Web 服务应用的不断普及，服务的数量和所支持业务类型也越来越多，在开放、动态、海量的复杂网络环境下实现服务发现，采用穷举的方式逐一计算服务描述与服务需求之间的匹配程度显然不能满足需求，因此选用某种合适的增量式 Web 服务分类索引方式成为提高服务发现效率的有效途径之一。

另外，由于用户对可用服务集和检索环境缺乏详细了解以及自然语言的模糊性和用户需求本身的随机性和动态性，因此在信息检索的研究和实践中，还存在检索的不确定性，即检索的试探性和模糊性。因而采用某种调节方法和反馈途径对检索策略进行修改、完善，以发现用户的信息需求，实现查询扩展和检索结果导航逐渐成为信息检索领域的研究热点。

形式概念分析能够增量式构造待检索信息索引，且能够将主题搜索与层次分类系统的导航浏览结合在一起，在信息检索领域具有很大的潜力。因此这里给出一种基于形式概念分析的语义 Web 服务的组织与检索方法。该方法以服务作为形式背景中的对象，以描述服务语义的本体概念作为属性，根据服务语义标注确定服务的属性集，从而生成 Web 服务的形式概念格，并利用该服务概念格实现服务的组织和检索。

在信息检索领域中，通常采用标引词来表示待检索对象和用户查询，因此在语义 Web 服务发现过程中，做如下定义。

定义 6.31 语义 Web 服务检索标引词为领域本体中的概念集 C，通过本体概念为服务描述和用户查询的各项信息添加语义标注，从而实现基于语义的服务检索。为了避免本体概念与服务格概念混淆，下文均以标引词表示领域中的本体概念。

定义 6.32 语义 Web 服务检索表示是对原始服务信息的语义注记，可以表示为如下三元组：

$$S = \langle Subject_s, Input_s, Output_s \rangle$$

其中 $Subject_s = \{c_s\}$ 表示与服务的主题信息相关的标引词集合；

$Input_s = \{c_i\}$ 表示与服务输入接口相关的标引词集合；

$Output_s = \{c_o\}$ 表示与服务输出接口相关的标引词集合。

用 $C_s = \{Subject_s \cup Input_s \cup Output_s\}$ 表示服务 S 相关的所有标引词集合。

定义 6.33 服务查询描述是用户服务需求的语义注记描述，与服务检索一样可表示为三元组：

$$Q = \langle Subject_q, Input_q, Output_q \rangle$$

其中 $Subject_q = \{q_s\}$ 表示与服务查询描述的主题信息相关的标引词集合；

$Input_q = \{q_i\}$ 表示与服务查询描述的输入接口相关的标引词集合；

$Output_q = \{q_o\}$ 表示与服务查询描述的输出接口相关的标引词集合。

定义 6.34 设现有服务 $S=\langle Subject_s, Input_s, Output_s \rangle$ 和用户查询 $Q=\langle Subject_q, Input_q, Output_q \rangle$，则二者的匹配程度为描述其语义的本体概念集之间的匹配关系，即

$$R(q,s) = \langle R(Subject_q, Subject_s), R(Input_q, Input_s), R(Output_q, Output_s) \rangle$$

其中标引词之间的匹配程度由 6.3.1 节中的概念语义相似度算法获得。

为了从海量的服务集中准确、快速、高效的获得所需的服务，本书在传统的语义 Web 服务检索方法基础上，给出一种基于形式概念分析的服务发现算法。相关定义如下。

定义 6.35 基本 Web 服务形式背景为三元组 $\mathbb{K}_R = (S, C, R)$，其中 S 为所有可用服务组成的集合，C 是领域本体中所有概念组成的集合，而服务 S_i 和概念 C_j 之间的关系 R 定义为服务 S_i 相关的领域标引词集合中是否包含标引词 C_j。如果包含，则关系 $R(S_i, C_j)$ 的取值为 1，否则为 0，即

$$r_{ij} = \begin{cases} 1 & if \ C_j \in C_{S_i} \\ 0 & other \end{cases}$$

为了提高服务发现的结构化处理能力，可以将 Web 服务形式背景分解为服务主题信息形式背景、服务输入接口形式背景和服务输出接口形式背景，在基于形式概念分析的服务格构造和检索过程中，这三者没有本质区别。

例 6.1 假设当前领域本体中的概念层次结构片段如图 6-11 所示，在该片段中存在 5 个 Web 服务标引词见表 6.6 所列。

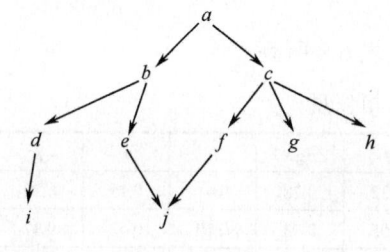

图 6-11 领域本体概念层次结构片段

表 6.6 领域服务集

服务	主题	输入	输出
S_1	c	…	…
S_2	c i	…	…
S_3	d g	…	…
S_4	b c	…	…
S_5	e g	…	…

为简化起见，此处只讨论基于主题的服务形式背景，且所用参数为假设值。在表 6.6 所列主题标引词下，得到的服务形式背景见表 6.7 所列，所对应的领域服务形式概念格如图 6-12 所示。

基本服务形式背景中采用服务描述中的标引词作为服务的属性，为了考虑标引词隐含的语义，对上述形式背景做模糊化扩展，从而得到 Web 服务模糊形式背景。

表 6.7 关于主题标引词的服务形式背景

	a	b	c	d	e	f	g	h	i	j
S_1			×							
S_2			×						×	
S_3				×	.		×			
S_4		×	×							
S_5				×		×				

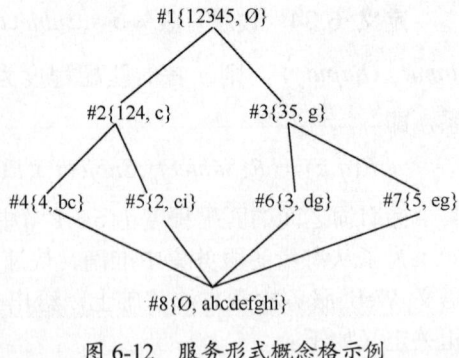

图 6-12 服务形式概念格示例

定义 6.36 语义 Web 服务的模糊形式背景是一个三元组 $\mathbb{K}_E = (S, C, E)$，其中 S 是服务集，C 是标引词集合，E 为 $S \times C$ 上的一个模糊集，对于 $(S_i, C_j) \in E$ 具有隶属度值 $\mu(S_i, C_j) = \max \mathrm{Sim}(C_i, C_j)$，其中 $C_i \in C_{S_i}$。定义概念相似度阈值 θ，如果隶属度值 $\mu(S_i, C_j) \geq \theta$，则认为 C_j 是 S_i 的属性。

定义 6.37 服务模糊形式背景 $\mathbb{K}_E = (S, C, E)$，如果 $O \in P(S)$，$D \in P(C)$（P 为幂集符号），设概念相似度阈值为 θ，$P(S)$ 和 $P(C)$ 上的映射为

$$f(O) = \{d \mid \forall o \in O, E(o, d) \geq \theta\}$$
$$g(D) = \{o \mid \forall d \in D, E(o, d) \geq \theta\}$$

定义 6.38 如果对象集 $O \in P(S)$ 和属性集 $D \in P(C)$ 满足 $O = g(D)$ 和 $D = f(O)$，则 $K = (O, D)$ 称为模糊形式背景 $\mathbb{K}_E$ 的一个模糊形式概念，O 和 D 分别称为模糊形式概念 K 的外延和内涵。

例 6.2 设图 6-11 中的标引词语义相似度见表 6.8 所列。

表 6.8 标引词间语义相似度

	a	b	c	d	e	f	g	h	i	j
a	1	0.85	0.74	0.46	0.39	0.32	0.28	0.41	0.18	0.22
b	0.85	1	0.12	0.87	0.79	0.05	0.03	0.10	0.42	0.37
c	0.74	0.12	1	0.06	0.09	0.57	0.62	0.49	0.01	0.23
d	0.46	0.87	0.06	1	0.32	0.01	0.01	0.01	0.78	0.22
e	0.39	0.79	0.09	0.32	1	0.01	0.01	0.01	0.19	0.83
f	0.32	0.05	0.57	0.01	0.01	1	0.65	0.59	0.01	0.78
g	0.28	0.03	0.62	0.01	0.01	0.65	1	0.66	0.01	0.09
h	0.41	0.10	0.49	0.01	0.01	0.59	0.66	1	0.01	0.04
i	0.18	0.42	0.01	0.78	0.19	0.01	0.01	0.01	1	0.02
j	0.22	0.37	0.23	0.22	0.83	0.78	0.09	0.04	0.02	1

表 6.8 中数值为假设值，用于解释相关概念。由此相似度可得模糊形式背景见表 6.9 所列。

表 6.9 关于主题标引词的服务模糊形式背景

	a	b	c	d	e	f	g	h	i	j
S_1	0.74	0.12	1.00	0.06	0.09	0.57	0.62	0.49	0.01	0.23
S_2	0.18	0.42	1.00	0.78	0.19	0.57	0.62	0.49	1.00	0.23
S_3	0.46	0.87	0.62	1.00	0.32	0.65	1.00	0.66	0.78	0.22
S_4	0.85	1.00	1.00	0.87	0.79	0.57	0.62	0.49	0.42	0.37
S_5	0.39	0.79	0.62	0.32	1.00	0.65	1.00	0.66	0.19	0.83
θ_m	0.7	0.8	0.7	0.8	0.8	0.6	0.7	0.5	0.8	0.4
ψ_m	1.0	1.0	1.0	1.0	1.0	1.0	1.0	1.0	1.0	1.0

取表中的阈值区间 $[\theta_m, \psi_m]$ 对其截断后，形成的形式概念格如图 6-13 所示。

在形式概念分析中，用概念格来表示形式概念分析的结构。同样在 Web 服务形式概念分析中，用来表达服务形式背景 $\mathbb{K}_R(S,C,R)$ 的概念格，简称服务格（Service Lattice）$L(\mathbb{K}_R)$ 或 L_S。其中每个结点都表示形式背景 $\mathbb{K}_R(S,C,R)$ 下的一个 Web 服务形式概念，所有概念按父子关系降序排列。在服务格中，具有最大外延（服务数最多）、最小内涵（包含本体概念数目最少）的节点，称为顶结点，对应于概念格的并；具有最小外延（服务对象数目最少）、最多内涵（方法数目最多）的节点，称为底节点，对应于概念格的交。

3. 服务格构造及检索算法设计[89]

基于形式概念分析的服务发现系统结构如图 6-14 所示。图中，数据接口负责接收语义 Web 服务描述文件，并抽取其中的本体语义标注作为服务描述的标引词。推理引擎负责根据数据接口提供的服务语义表示构造服务概念格，还负责响应查询请求返回匹配于查询的服务概念格。查询接口负责获取用户查询，并组织成标引词集合的形式，随后提交至推理引擎检索。

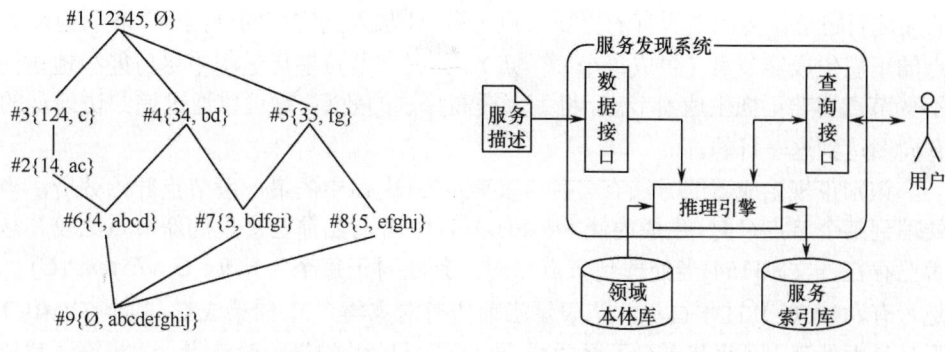

图 6-13 服务模糊形式概念格

图 6-14 服务发现系统结构

从上述流程看出，在利用形式概念分析实现 Web 服务发现时，其关键技术包括：

（1）根据服务语义标引词增量式构建服务概念格；

（2）利用服务概念格检索符合用户查询的服务。

此外，关于 Web 服务的语义标注信息可从 WSDL-S 或 OWL-S 等语言描述的服务描述文件中自动抽取，可基于现有开发包如 SAWSDL4J、Woden4SAWSDL、OWL-S API、Redland 等，此处不作详细描述。

1）服务格构造

由于在 Internet 环境下，Web 服务是动态变化的，因此不适合采用静态方法来建立服务格，需要采用增量式算法构造。戈丁（Godin）等在 1995 年提出的概念格渐进式生成算法是最经典的一个增量式生成算法，通常称为 Godin 算法[153]。该算法从空格开始，通过不断增加对象实现概念格的增量式构造。

定义 6.39 增量式构造概念格就是在给定原始形式背景 $\mathbb{K}_i(G,M,I)$ 所对应的原始概念格 L_i 和新增对象 x 的情况下，求解形式背景 $\mathbb{K}_{i+1}=(G\bigcup\{x\},M,I)$ 所对应的概念格 L_{i+1}。

定义 6.40 节点 $C\in L_{i+1}$ 是新节点，如果不存在 L_i 中的某个节点 D 满足 $Intent(C)=Intent(D)$；节点 $E\in L_i$ 是更新节点，如果 $Intent(E)\subseteq\{x\}'$，在新格 L_{i+1} 中 E 的外延将被扩展为 $Extent(E)\bigcup\{x\}$；否则必然在新格 L_{i+1} 中存在某个节点 F 满足 $Intent(E)\bigcap\{x\}'=Intent(F)\neq Intent(E)$，如果节点 F 为新节点则节点 E 称为生成器节点，否则称为不变节点。

Godin 算法中，对于 L_{i+1} 中的任意一个新节点 C_{new}，它的内涵 $Intent(C_{\text{new}})$ 必然是 $\{x\}'$ 和 L_i 中某个节点 C_{old} 的内涵 $Intent(C_{\text{old}})$ 的交集，也就是说，每个新节点 C_{new} 至少有一个生成器节点，但是它通常有多个，其中仅有一个最一般的生成器节点，称为 C_{new} 的正规生成器（Canonical Generator），其他的生成器节点称为非正规生成器。显然，在正规生成器与新节点之间存在一一对应的关系。增量式构造算法的关键问题是如何识别所有的更新节点（将 $\{x\}$ 加入到它们的外延中）和所有新节点的正规生成器节点（生成每个新节点）。如果在节点遍历过程中尽可能少地访问不变节点和非正规生成器节点，将大大提高算法的效率，这可以通过递归访问 L_i 的有向图达到这一目的。

识别正规生成器的方法有多种。文献[153]从 L_i 中的最一般节点开始分析，当处理到某个节点 C 时，生成内涵 $Intent(C)\bigcap\{x\}'$ 并与当前已产生的新节点比较其是否已存在；文献[154]当处理到节点 C 时，判断对于每个对象 $h\in G_i\setminus Extend(C)$，是否有 $Intent(C)\bigcap\{x\}'\subseteq h'$（$G_i$ 表示当前所有对象集合），如果成立，则 $Extend(C)$ 不是最大外延，因此节点 C 不是生成 $Intent(C)\bigcap\{x\}'$ 的最一般节点。这些算法都忽略了下面事实[155]：

命题6.1 如果节点C是新节点X的正规生成器，而D是X的非正规生成器（这种情况下$Intent(C) \subset Intent(D)$），那么对于节点$E$如果满足$Intent(E) \subset Intent(D)$且$Intent(E) \not\subset Intent(D)$，则它既不是更新节点，也不是正规生成器。

命题6.2 如果节点F是不变节点且$Intent(F) \cap \{x\}' = Intent(G)$（这种情况下节点$G \in L_i$是更新节点），那么对于节点$H$，如果满足$Intent(H) \subset Intent(F)$且$Intent(H) \not\subset Intent(G)$，则它既不是更新节点也不是正规生成器节点。

命题6.3 对于新节点X，如果在格L_i中它的正规生成器为节点C，那么在格L_{i+1}中它的父节点必然是集合

$$\{F \mid Intent(F) = Intent(X) \cap Intent(H), \forall H \in Parents(C)\}$$

中的最一般节点。

推论6.1 如果节点C是新节点X的正规生成器，那么格L_i中节点C的每个更新父节点都是格L_{i+1}中节点X的父节点。

这些命题和推论的证明参见文献[155]。由此可见，在正规生成器节点和更新节点搜索过程中，不需要处理E、H这样的节点。根据概念格层次结构，通过自下向上的遍历算法，即可排除这样的节点。一旦找到某个非正规生成器节点，可利用有向图找到该节点的正规生成器节点。然后只需要更新该正规生成器的所有父节点，忽略所有其他非正规生成器的父节点。算法伪代码如下：

算法：　AddService
输入：　Service x　　;;待加入的新个体。
　　　　ServiceLattice L_i　　;;当前服务概念格。
输出：　ServiceLattice L_{i+1}　　;;更新后的服务概念格。
　　　　BottomNode = ($\varnothing$, C)
　　　　ObjectNode = L_i.AddIntent(x', BottomNode)
　　　　ObjectNode.AddExtent(x)
　　　　Return

算法AddService以底节点BottomNode为起点，调用函数AddIntent在格L_i中找到内涵等于$\{x\}'$的节点ObjectNode，如果不存在创建相应新节点。最后将新个体x加入到节点ObjectNode的外延中。

算法AddIntent的伪代码如下：

算法：　AddIntent
输入：　ConceptList *intent*　　;;待加入新个体的内涵。
　　　　ServiceNode *generatorNode*　　;;某个生成器节点。
　　　　ServiceLattice L_i　　;;当前服务概念格。
输出：　ServiceNode *newNode*　　;;与新个体内涵等同的节点，如不存在则新建该节点

```
01:     generatorNode = L_i.GetMaximalNode(intent, generatorNode)
02:     If  genetatorNode.IsEqulity(intent)
03:         Return generatorNode
04:     End If
05:     generatorParents = generatorNode.GetParents()
06:     newParents = ∅
07:     For each candidate in generatorParents
08:         If !candidate.IsBelongto(intent)
09:             candidate = L_i.AddIntent(candidate.Intent ∩ initent, candidate)
10:         End If
11:         addParent = TRUE
12:         For each parent in newParents
13:             If candidate.IsBelongto(parent.Intent)
14:                 addParent = FALSE
15:                 Break
16:             Else If parent.IsBelongto(candidate.Intent)
17:                 Remove parent from newParents
18:             End If
19:         End For
20:         If addParent
21:             Add candidate to newParents
22:         End If
23:     End For
24:     newNode = L_i.CreateNode(generatorNode, intent)
25:     For each parent in newParents
26:         L_i.RemoveLink(parent, generatorNode)
27:         L_i.SetLink(parent, newNode)
28:     End For
29:     L_i.SetLink(newNode, generatorNode)
30:     Return newNode
```

算法 AddIntent 中，参数 intent 表示待加入格 L_i 的新节点的内涵，generatorNode 是预先计算出的生成节点，通常取格 L_i 的最小节点，这样 intent 便是节点 generatorNode 内涵的子集。AddIntent 返回与 intent 内涵相同的节点，如果不存在则创新相应的新节点。算法首先找到包含内涵 intent 的最一般节点（第 1 行），并将其赋给 generatorNode。如果这个节点的内涵等同于 intent，则返回期望的节点，算法终止（第 3 行）。否则 generatorNode 必然是新节点的正规生成器，然后在格中再寻找与新节点连接的其他节点。

为了找到新节点的父节点，需要分析 *generatorNode* 的所有父节点（第 7-23 行）。如果某个父节点（称为 *candidate*）的内涵是 *intent* 的子集，则 *candidate* 是更新节点。否则递归调用 *AddIntent* 函数以创建内涵等价于 *intent* 与 *candidate* 内涵交集的新节点，并将新创建的节点赋值为 *candidate*（第 9 行）。随后把 *candidate* 加入新节点的父节点列表 *newParents* 中，同时如果 *newParents* 中包含 *candidate* 的父节点，则将其从 *newParents* 中移除（第 17 行）。这样 *newParents* 中总是包含新节点的最小父节点。最后找到新节点的所有最小父节点。

分析完 *generatorNode* 的所有父节点后，便可创建新节点 *newNode* 使得其内涵为 *intent*（第 24 行），并将其连接到 *newParents* 列表中，同时移除 *newParents* 与 *generatorNode* 之间的父子关系（第 25-28 行）。最后连接 *newNode* 与节点 *generatorNode* 之间的父子关系（第 29 行），返回 *newNode*，算法结束。

算法 AddIntent 中调用的算法 GetMaximalNode 算法如下：

算法： GetMaximalNode
输入： ConceptList *intent*   ;;内涵。
         ServiceNode *generatorNode*   ;;某个生成器节点。
输出： ServiceNode *parent*   ;;包含 *intent* 的 *generatorNode* 最大父节点。
parentIsmaximal = TRUE
While *parentIsMaximal*
    parentIsMaximal = FALSE
    parents = *generatorNode*.GetParents
    for each *node* in parents
        If *node*.IsInclude(*intent*)
            generatorNode = *node*
            parentIsMaximal = TRUE
            Break
        End If
    End For
End While
Return *generatorNode*

在算法 GetMaximalNode 中，利用格的层次结构以 *generatorNode* 为起点采用深度优先遍历的方式分析其父节点，如果它的父节点包含内涵 *intent*，则继续深入分析更上一层的父节点，直至找到包含内涵 *intent* 的最一般节点。

算法 GetMaximalNode 中调用了 IsInclude 用以判断节点与内涵间的包含关系，其算法伪代码如下：

算法： IsInclude
输入： ConceptList *intent*   ;;待判定的内涵
         ConceptList *nodeIntent*   ;;某个节点的内涵

输出： BOOL bInclude ;;是否包含的标志。
　　For each *conceptI* in *intent*
　　　　bIn = FALSE
　　　　For each *conceptN* in *nodeIntent*
　　　　　　If *conceptI* == *conceptN*
　　　　　　　　bIn = TRUE
　　　　　　　　Break For
　　　　　　End If
　　　　End For
　　　　If *bIn*
　　　　　　Continue
　　　　Else
　　　　　　Return FALSE
　　　　End If
　　End For
　　Return TRUE

实际上，算法 IsInclude 还可以进一步优化。如可为每个标引词分配一固定的序号，用二进制数表示内涵，某个位置为 1 表示该节点具备相应序号的标引词，并用按位与的方式判断内涵间的包含关系。

例 6.3　在图 6-13 所示形式背景中，增加服务 $S_6 = \langle\{adfg\},\{\cdots\},\{\cdots\}\rangle$，更新概念格。

根据算法 AddService，首先从底节点#9 开始，调用函数 AddIntent。AddIntent 第一行调用 GetMaximalNode 时由于不存在包含内涵 *adfg* 的父节点，因此仍返回节点#9。在第 7 行处开始逐一递归分析#9 的父节点#6、#7、#8。

在分析节点#6 时，调用函数 AddIntent，传入内涵 *ad*，起始节点#6。由于#6 的父节点不属于内涵 *ad*，此时算法将再次向上一层递归分析#6 的父节点#2、#4。

以内涵 *a*，起始节点#2 调用 AddIntent。由于#2 的父节点#3 不属于内涵 *a*，算法以内涵∅，起始节点#3 调用 AddIntent。由于包含∅的最一般节点为节点#1，且内涵等同于∅，因此直接返回节点#1。令 *candidate* 等于#1，算法执行至第 11 行。此时链表 *newParents* 为空，则直接将节点#1 加入该链表中（第 21 行）。由于#2 节点只有一个父节点，因此算法执行至第 24 行创建内涵为 *a* 的新节点#10，其子节点为#2，父节点为#1，设置新节点#10 与其他节点间的连接关系，返回节点#10。

此时算法返回至节点#6 所调用的 AddIntent 第 9 行，继续执行，在第 21 行将节点#10 加入到 *newParents* 中。

随后算法再次以内涵 *d*，起始节点#4，调用 AddIntent。与上面节点#2 处类似，创建了内涵为 d 的新节点#11，父节点为#1，子节点为#4，并返回至节点#6 处加入到 newParents 中。再创建内涵为 ad 的新节点#12，其父节点为#10 和#11，子节点为#6。

依次进行下去，最终得更新服务概念格，如图 6-15 所示。

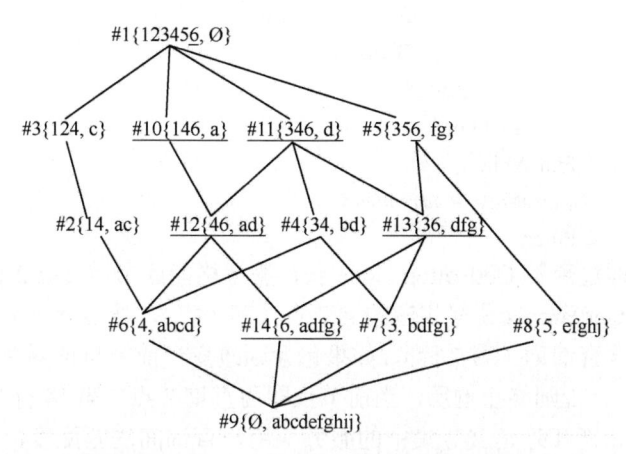

#1{123456, Ø}

#3{124, c} #10{146, a} #11{346, d} #5{356, fg}

#2{14, ac} #12{46, ad} #4{34, bd} #13{36, dfg}

#6{4, abcd} #14{6, adfg} #7{3, bdfgi} #8{5, efghj}

#9{Ø, abcdefghij}

图 6-15 增加服务 S_6 后的更新服务形式概念格

2）服务格检索

Web 服务检索的目标是从 Web 服务集中找到满足查询请求的 Web 服务，利用服务格进行 Web 服务检索，就是通过服务格的层次关系找到与查询相匹配的服务形式概念节点，然后再逐一计算该节点中的服务与查询之间的匹配程度，经排序后输出。在检索过程中，采用深度优先自底向上的策略对服务格遍历，分析服务格中每个节点内涵与查询概念集间的包含关系，直至找到满足查询的最大节点。

定义 6.41 基于服务格的服务检索。设用户查询为 $q = \{t_i\}$，则满足查询的服务概念格 L_S 为 $\{t_i\} \subseteq \text{Intent}(L_S)$，其中的最大节点称为查询结果节点，该节点中包含的服务即是待返回的服务集合。

为了在给定服务格中检索到满足检索要求的 Web 服务，本书给出如下算法 RetrieveNode，该算法流程与格构造过程中的 GetMaximalNode 算法类似，代码如下：

```
算法：     RetrieveNode
输入：     ServiceLattice serviceLattic   ;;服务概念格。
           ConceptList query   ;;以概念列表表示的用户查询。
输出：     ServiceNode queryNode   ;;与用户查询对应结果节点。
01:        bIsEnd = FALSE
02:        currentNode = serviceLattic.GetBottomNode
03:        While (! bIsEnd)
04:           bIsEnd = TRUE
```

05:	$currentParents = currentNode.GetParents$
06:	For each $parentNode$ in $currentParents$
07:	If $parentNode.IsInclude(query)$
08:	$currentNode = parentNode$
09:	$bIsEnd$ = FALSE
10:	Break For
11:	End If
12:	End For
13:	End While
14:	$queryNode = currentNode$
15:	Return

算法首先通过函数 GetBottomNode 获得服务格的底节点（第 2 行），并以此为起点通过函数 GetParents 获得相应的父节点（第 5 行），随后逐个分析各个父节点的内涵是否包含查询词（第 7 行），如果包含则改变当前节点位置并进入上一层分析（第 7-10 行），否则终止遍历，当前节点即为查询节点（第 14 行）。获得查询节点后便可依次计算其外延服务集中的服务与用户查询间的匹配度，并依序返回给用户。不难分析，算法 RetrieveNode 的主要时间消耗为位于第 7 行的 IsInclude 函数，最坏情况下调用次数为概念格中的节点数。

例 6.4 在例 6.3 所示的服务格中，现有一用户查询 $Q = \langle\{fg\}, \{\cdots\}, \{\cdots\}\rangle$，分析其查询过程。

根据算法 RetrieveNode，首先从底节点#9 开始，按深度优先策略进行遍历。在算法的第 5 行将#9 的父节点#6、#7、#8 和#14 加入到链表 $currentParents$ 中，随后依次对该链表中节点分析。节点#6 内涵不包含 $\{fg\}$，节点#7 内涵包含 $\{fg\}$，因此取出节点#7 的父节点列表继续向上分析。节点#7 的父节点#13 也包含内涵 $\{fg\}$，因此继续向上。节点#13 的父节点#5 同样也包含内涵 $\{fg\}$，而#5 的父节点不包含，因此算法到节点#5 终止，返回该节点的所有外延服务 $\{S_3, S_5, S_6\}$。此例中，针对该查询分析了 5 个节点即获得所需服务，而传统的方法则需要分析所有的服务。由于形式概念格的节点数只与属性数有关，不会随着个体的增多而增多，因此在具有海量服务个体的系统，该方法能够极大地提高服务发现效率。

6.3.4 实验分析

用 6.3.3 中提出的算法进行服务索引和服务检索。鉴于目前没有相关的标准平台、标准测试数据和标准评价指标，此处参照文献[156,157]的做法，以随机生成的数据为测试数据。实验计算机硬件环境：CPU 为 AMD TL-56 主频 1.8GHz，内存为 1GB，操作系统为 Windows XP，算法实现工具为 VC6.0。

1. 服务格构造时间性能分析

为了分析算法的时间消耗，此处在不同数量的概念集中，分别生成若干组服务集合，构造它们的服务概念格，记录构造服务格所用的总时间。实验中取服务数为 1000，实验结果如图 6-16 所示。

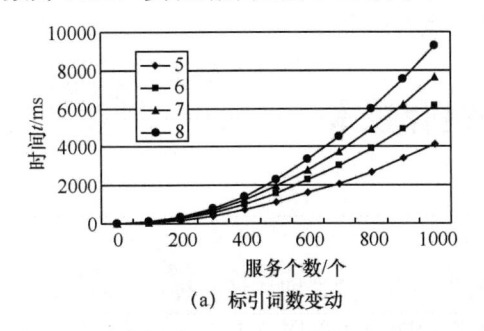

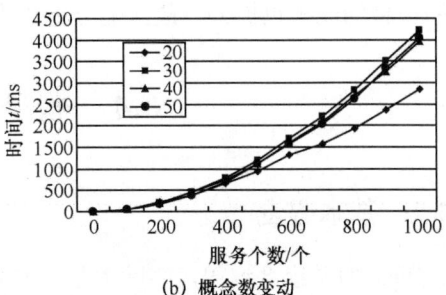

(a) 标引词数变动

(b) 概念数变动

图 6-16 服务格构造时间性能分析实验结果

其中，图 6-16（a）概念数为 60，服务主题的最大标引词数分别为 5、6、7、8 时构造服务格所需的时间。从中可以看出标引词数越多服务格构造所需时间越长，当服务数达到一定程度时，构造服务格所需时间与服务数大致成正比关系。这是由于服务格节点数与属性数有关，当服务数加入至一定程度时，已创建格中的所有节点，故后续服务的加入只需找到节点位置即可，不需再创建节点。图 6-16（b）为当服务主题的最大标引词数为 5，领域概念数分别为 20、30、40、50 时所需要的处理时间。从中可以看出概念数与服务格构造时间影响不大，这是由于在算法预处理时已经将每个概念的对象以指针的形式存放于服务对象中，故能较快判定标引词集合间的相容关系。

2. 服务格发现性能分析

传统的服务发现过程中，采用逐一穷举的方式计算用户查询与已有服务描述之间的匹配程度，故算法的匹配计算次数等于已有服务数。在基于形式概念分析的服务发现中，利用服务格检索服务，即利用格的网络层次结构逐层计算匹配的节点，故算法的匹配计算次数等同于在格中访问到的节点数，即算法 RetrieveNode 中第 7 行 IsInclude 函数调用次数，故只要记录本方法在服务发现时访问的节点数，即可间接获知本算法对服务发现效率的提高程度。此处在不同规模的服务集和不同规模的概念集中，采用格索引的方式进行检索，记录所需的平均访问节点数，即平均匹配次数，实验结果如图 6-17 所示。

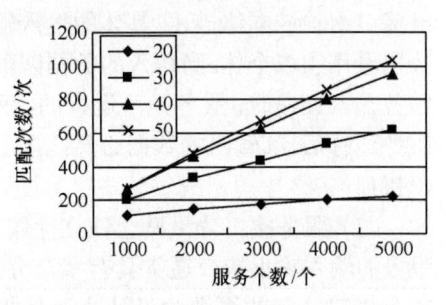

图 6-17 服务发现算法性能分析

从图 6-17 中可以看出，如果采用逐一匹配的方式进行检索，则需比较每个服务与查询间的匹配程度，匹配分析次数等于所有的服务数。采用本方法，当领域本体中有 20 个概念时，对于 5000 个服务所形成的概念格，每个检索平均只需进行 200 余次匹配分析计算，大大提高了服务发现的效率。而当概念数较大时，造成服务格的规模也扩大，故匹配分析的次数也有所上升。

6.4 服务组合技术

6.4.1 基本假设

Web 服务组合过程，实际上是一系列相关服务的选取和连接过程。假如在基于服务架构的某作战指挥系统中，各个业务功能模块以服务的形式部署在特定的席位上。若指挥员需要制定"防空阵地部署"这一作战计划，他将首先访问位于态势处理台位上的"敌情判断"和"我情报告"服务获取当前敌我态势，随后访问首长指挥台位获取防空任务，调用作战筹划台位上的"方案拟制"生成初始部署方案，再将生成的方案经过"方案审批"形成作战命令，而"方案拟制"服务本身又可能包含"目标分析"、"来袭方向估计"、"任务分配"、"防空能力评估"等若干个子服务，图6-18 显示了一种可能的防空阵地部署的服务组合流程。

为便于理解服务组合原理及算法，不失一般性，首先做如下假设。

（1）服务无状态假设。所涉及的服务都是状态无关的，即无论何时调用服务，服务输出结果只与当前输入数据有关。

（2）服务语义假设。服务的输入输出接口由领域本体描述，具体的输入输出数据看作领域个体。当传入的数据匹配于服务输入接口时，服务是可运行的；而当服务运行后，其输出的数据必然匹配于输出接口。

（3）服务接口分量概念独立性假设。服务的输入输出接口通常具有多个分量，每个接口分量的概念由设计人员根据领

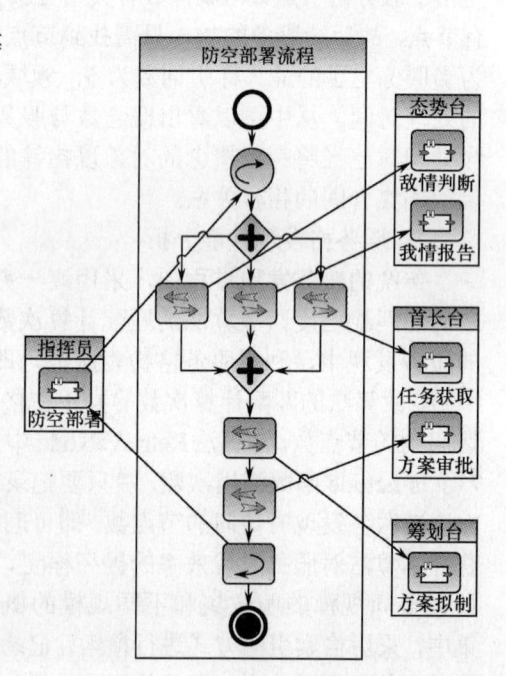

图 6-18 阵地部署服务组合图

域问题确定,外界不能通过其中某个分量的概念信息而获知其他分量的概念。

(4)服务非循环假设。服务组合结构是一个有向无环图,不会出现服务循环执行的现象,这样复合服务调用过程能够正常终止。

6.4.2 基于图搜索的 Web 服务组合问题描述

如果某个服务的输出接口与另一个服务的输入接口相匹配,则数据可在这两个服务的接口中传递,这个约束限制了服务之间可能的连接关系,也为服务自动组合提供了思路,如图 6-19 所示,图中服务 A 和服务 B 的输出作为服务 C 的输入,服务 B 的输出还同时提供给服务 C 和服务 D。因此这几个服务形成如图 6-20 所示的接口连接依赖关系。

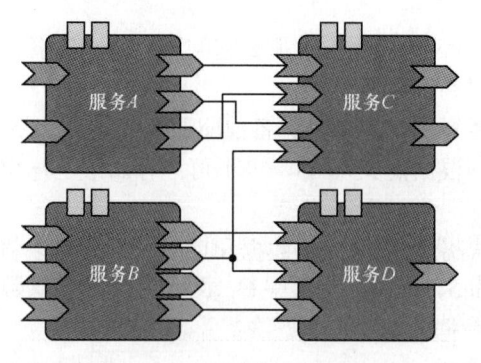

图 6-19 Web 服务的接口匹配

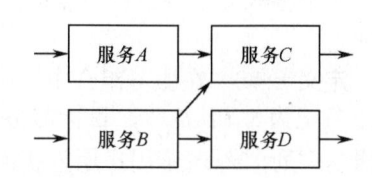

图 6-20 服务连接依赖

如果某个服务的输出可以作为另一个服务的输入,则这两个服务的接口数据之间存在着可连接关系。这种连接分为 3 种情况:源服务的输出与目的服务的输入具有完全匹配的语义,包括接口参数的类型、个数等,这是最理想的匹配方式,称为服务串联;通常情况下,一个源服务的输出参数不足以提供目的服务的输入,这时需要将多个源服务的输出合并提供给目的服务,这种方式称为服务并联,如图 6-20 中服务 A、B、C 间的连接。相应地,一个源服务的输出可能提供给多个目的服务,这种方式称为服务分联,如图 6-20 中服务 B、C、D 间的连接。在不知道服务执行逻辑的情况下,通过分析服务之间的可连接关系,可以实现初步的 Web 服务自动组合,由此得到如下定义。

定义 6.42 Web 服务可抽象表示为 $S(I, O)$,其中 S 表示服务名称,I 表示服务的输入接口,O 表示服务的输出接口,二者均由形为 $\langle C_1(I_1), C_2(I_2), \cdots, C_m(I_m) \rangle$ 的概念序列描述,I_i 为接口的引脚分量,C_i 为对应的领域本体中的概念。比如"防空方案拟制"服务,其输入接口概念为:敌我态势、防御要地和来袭方向,输出为:阵地位置和责任扇区等。

定义 6.43 在领域本体中，如果存在个体序列 $x=\langle x_1,x_2,\cdots,x_n\rangle$ 对于服务 $S(I,O)$ 中的每个输入分量均有 $x_i\in I_i$，那么在输入 x 下，S 是可以运行的，并且对于 S 的输出个体序列 $y=\langle y_1,y_2,\cdots,y_n\rangle$ 的每个分量也有 $y_j\in O_j$。

定义 6.44 如果服务 S_P 的输出接口与服务 S_Q 的输入接口之间至少存在一对分量使得 $O_{P_i}\sqcap I_{Q_j}\neq\varnothing$ 成立，则称服务 S_P 是服务 S_Q 的前驱，记为 $S_P\prec S_Q$，该连接对记为 $O_{P_i}\mapsto I_{Q_j}$。显然一个服务可以有多个前驱，也可以有多个后继。

定义 6.45 如果服务 S_Q 的前驱服务集合中存在某个子集 $S_\mapsto$，使得对于每个 I_{Q_j}，有且仅有一个 $O_{P_i}(P\in S_\mapsto)$，使得 $O_{P_i}\sqcap I_{Q_j}\neq\varnothing$ 成立，则称 $S_\mapsto$ 是 S_Q 的一个最小完备前驱服务集，简记为 $S_\mapsto\Vdash S_Q$。

定理 6.1 在复合服务中，如果服务 S 可以运行，那么它的所有最小完备前驱服务集中，至少有一个集合中的所有服务都可运行。

证明：如果不存在所有服务都可运行的 S 的最小完备前驱服务集，那么 S 至少有一个输入分量的数据不能提供，则根据定义 6.43，S 不可运行。故上述定理得证。

定义 6.46 在服务组合中，用户需求包括可提供数据和期望目标，可以将初始服务记为 $S_\bot(\varnothing,O_\bot)$，目标服务记为 $S_\top(I_\top,\varnothing)$，其中 $O_\bot$ 表示用户可提供数据的概念序列，$I_\top$ 表示用户期望获得的数据的概念序列。

根据上述定义可知，服务组合规划过程就是从目标服务开始，根据当前服务寻找最小完备前驱服务集的过程，直至规划出一条从目标服务到初始服务的服务连接结构。进而需要做如下两个工作：①如何根据当前服务库中的服务描述，构造出服务连接关系矩阵；②如何根据用户需求和服务连接关系矩阵，规划出满意的服务组合方案。

6.4.3 服务连接关系矩阵构造[89]

1．服务连接程度计算

如果服务 P 的输出 O_P 能够传递到服务 Q 的输入 I_Q 中，则概念 O_P 的某些个体属于 I_Q。同样，如果 Q 的输入 I_Q 可来自于 P 的输出 O_P，则概念 I_Q 的某些个体属于 O_P，因此有如下定义。

定义 6.47 在领域本体中，概念 X 对 Y 的替换支持度（Substitute Support）表示当个体 a 属于 X 时属于 Y 的概率，反映了概念 X 中的个体能够被解释为概念 Y 个体的可能性，即

$$S(X,Y)=P(a\in Y\,|\,a\in X)=\frac{P(a\in X\cap a\in Y)}{P(a\in X)} \tag{6.17}$$

概念 X 对 Y 的替换置信度（Substitute Confidence）为个体 a 属于 Y 时又属于 X 的概率，反映了概念 Y 的个体来自于 X 个体的可能性，即

$$C(X,Y) = P(a \in X | a \in Y) = \frac{P(a \in X \cap a \in Y)}{P(a \in Y)} \quad (6.18)$$

式中：$P(a \in X) \triangleq P(X)$ 表示概念 X 的出现概率。通常 Web 服务为多个输出到多个输入的联合连接，因此概念向量的联合替换支持度和置信度定义如下。

定义 6.48 设 X、Y 为两个维数相同的概念向量，X 对 Y 的替换支持度定义为：

$$S(X,Y) = P(a \in Y | a \in X) \quad (6.19)$$

相应地也有概念向量替换置信度的定义 $C(X,Y) = P(a \in X | a \in Y)$。

定理 6.2 概念向量 X 对 Y 的替换支持度为各对应分量的替换支持度之积，即

$$S(X,Y) = \Pi S(X_i, Y_i) \quad (6.20)$$

证明：

根据服务输入输出分量概念独立假设，服务 S 的任意一组输出 a，其中分量 a_i 与 a_j 属于哪个概念是独立的，即有 $I(a_1 \in Y_1, \{a_2 \in X_2, \cdots, a_n \in X_n\} | a_1 \in X_1)$ 和 $I(a_1 \in Y_1, a_2 \in Y_2 | a_1 \in X_1)$。

根据条件独立弱联合定理[158]，则有 $I(a_1 \in Y_1, a_2 \in Y_2 | \{a_1 \in X_1, \cdots, a_n \in X_n\})$，即所有的分量 $a_i \in Y_i$ 相互独立于条件 $\{a_1 \in X_1, \cdots, a_n \in X_n\}$。

同样根据独立条件，有：

$$P(a_i \in Y_i | a \in X) = P(a_i \in Y_i | a_1 \in X_1, \cdots, a_n \in X_n) = P(a_i \in Y_i | a_i \in X_i)$$

则：

$$P(a \in Y | a \in X) = P(a_1 \in Y_1, \cdots, a_n \in Y_n | a_1 \in X_1, \cdots, a_n \in X_n)$$
$$= \Pi_i P(a_i \in Y_i | a_1 \in X_1, \cdots, a_n \in X_n) = \Pi_i P(a_i \in Y_i | a_i \in X_i)$$

因此：$S(X,Y) = P(a \in Y | a \in X) = \Pi_i P(a_i \in Y_i | a_i \in X_i) = \Pi_i S(X_i, Y_i)$

同理，$C(X,Y) = \Pi_i C(X_i, Y_i)$ □

定义 6.49 服务连接支持度表示服务 P 的输出 O_P 与 Q 的输入 I_Q 之间的概念向量替换支持度，记为 $S(P,Q) = S(O_P, I_Q)$；同样，服务连接置信度表示服务 P 的输出 O_P 与 Q 的输入 I_Q 之间的概念向量替换置信度，记为 $C(P,Q) = C(O_P, I_Q)$。

2. 连接对应关系匹配

Web 服务的输入输出接口通常具有多个分量，两个可连接的服务接口之间分量个数和排列次序并非一一对应，如图 6-21 所示，图中服务 P 的输出接口有 m 个分量，服务 Q 的输入接口有 n 个分量，其中 O_{P_i} 可能与 I_Q 中多个分量的支持度不

为 0，根据分量概念独立假设，实际连接中只可能是一一连接的，故确定概念向量之间的连接对应关系后才能计算连接度大小。

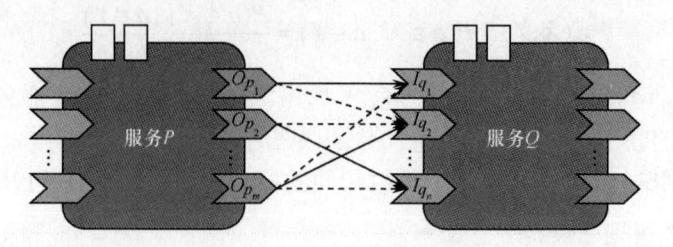

图 6-21 服务连接示意图

基于概念向量替换支持度和置信度的计算，某个服务的输出和另一服务的输入之间形成支持度矩阵和置信度矩阵，如下矩阵所示。

$$\begin{array}{c} \\ O_{P_1} \\ O_{P_2} \\ \vdots \\ O_{P_m} \end{array} \begin{pmatrix} I_{Q_1} & I_{Q_2} & \cdots & I_{Q_n} \\ s_{11} & s_{12} & \cdots & s_{1n} \\ s_{21} & s_{22} & \cdots & s_{2n} \\ \vdots & \vdots & \ddots & \vdots \\ s_{m1} & s_{m2} & & s_{mn} \end{pmatrix} \qquad \begin{array}{c} \\ I_{Q_1} \\ I_{Q_2} \\ \vdots \\ I_{Q_m} \end{array} \begin{pmatrix} O_{P_1} & O_{P_2} & \cdots & O_{P_m} \\ c_{11} & c_{12} & \cdots & c_{13} \\ c_{21} & c_{22} & & c_{23} \\ \vdots & \vdots & & \vdots \\ c_{n1} & c_{n2} & & c_{nm} \end{pmatrix}$$

从输出的角度看，输出分量 O_{P_i} 倾向于与使得 s_{ij} 最大的 I_{Q_j} 相连，从输入角度看，输入分量 I_{Q_j} 倾向于与使得 c_{ji} 最大的 O_{P_i} 相连。因而服务连接的接口对应关系判定可以转化为二部图稳定匹配问题，即以服务接口中的概念为节点，构造二部图 $G(O_P, I_Q, E)$，并以概念之间的支持度和置信度大小为优先选择顺序，寻找 G 中的一个匹配，使得连接最稳定。面向服务连接的二部图稳定匹配算法对传统稳定匹配算法做了如下改进。

（1）传统的稳定匹配问题必须是对等匹配，而服务连接的双方通常是数量不等的，也不一定能让某一方饱和，因此算法中只要某次迭代结果相对上次不变，则算法终止。

（2）如果某个概念替换支持度 s_{ij} 小于某个阈值 τ，则令 $s_{ij} = 0$，置信度也做同样处理。

（3）若存在某对 $s_{ij} = 0$ 或 $c_{ji} = 0$，则 O_{P_i} 不能与 I_{Q_j} 相连。

面向支持度的最优稳定匹配算法过程如下。

输入：服务 P 和服务 Q 相连时的概念替换支持度和置信度矩阵

输出：服务 P 的输出接口到服务 Q 输入接口之间的连接对应关系

步骤 1：每个 O_{P_i} 向与它的支持度最大的 I_{Q_j} 发出连接请求，每个 I_{Q_j} 在向它发出请求的 O_{P_i} 中选择置信度最大的分量连接。

步骤 2：所有剩余的自由的 O_{P_k} 向各自次优的 I_{Q_i} 发出请求，每个 I_{Q_j} 在它上次迭代的 O_{P_i} 和本次迭代的 O_{P_k} 中选择置信度最大的分量相连。

步骤 3：重复步骤 2 直至两次迭代的结果不变，此时获得了一个面向支持度的最优稳定匹配。

可以证明，本算法最大迭代次数为 mn。

6.4.4 服务组合规划

服务组合规划是根据服务之间连接依赖关系，在初始服务和目标服务之间寻找一个服务组装方式，使得目标服务是可运行的。当可用服务数量众多时，服务组合方式呈爆炸性增长，采用类似于深度优先或宽度优先的穷举搜索很难在有限时间内找到合适的解，因而选用启发式搜索，将是一种可行的实现方式。AO*算法是一种常见的与或图启发式搜索算法，该算法对目前找到的局部图进行评价，选择启发值最小的局部图进行优先搜索，直到找到一个解图为止。当启发函数 h 满足单调条件时，在问题有解的情况下，AO*算法一定能找到最佳解图。

定义 6.50 设 $\bar{S}=\{S_\perp,S_\top,S_1,\cdots,S_n\}$ 是业务需求初始服务、目标服务和 n 个已有服务组成的顶点集合，$E=\{e_{ij}(S_i,S_j)\,|\,S_i \prec S_j \wedge S_i,S_j \in \bar{S}\}$ 是服务间连接关系的集合。服务组合规划定义为寻找图 $G(\bar{S},E)$ 的最小子图 $H(W,F)$，其中 $W \subseteq \bar{S}$，$S_\perp,S_\top \in W$，$F=\{f_{ij}(w_i,w_j)\,|\,f_{ij} \in E \wedge w_i,w_j \in W\}$，使得 H 中的每个服务都是可运行的（规定初始服务是终止节点，必然是可运行的）。

参考经典的 AO*算法，首先引入隐节点将原始的服务连接关系图转化为每个节点只有单一连接方式的图。若服务 A 具有两个最小完备前驱服务集 $\{B,C,D\}$ 和 $\{E,F\}$，则引入隐节点 A_1 和 A_2，它们以"或"的方式连接到服务 A，服务 B,C,D 和服务 E,F 分别以"与"的方式连接到隐节点 A_1 和 A_2。

在启发式搜索中，对状态的评估是十分重要的，评估函数信息度越高启发能力越好，同时也需要平衡高信息度启发所需的计算量增长。本算法从目标服务出发，令评估函数：$f(s)=g(s)+h(s)$，取 $g(s)=n,n=|W|$，表示至节点 s 时已选用的服务集 W 中的服务数量，反映了节点 s 的代价；取 $h(s)=m/n,m=|\{S\,|\,S_\perp \not\Vdash W\}|$，表示服务集 W 中暂不可运行的服务所占比重，反映初始服务对当前状态的启发值，算法每次扩展总是倾向于寻找所用服务最少，并且尽可能多地获得被初始服务支持的前驱服务。在此基础上服务组合算法过程如下。

输入：服务连接关系矩阵，目标服务 $S_\top$，初始服务 $S_\perp$

输出：服务组合方式

步骤 1：调用最优稳定匹配算法，建立目标服务、初始服务各自与其他服务的

连接关系

步骤 2：将目标服务 S_T 放入 OPEN 表中，初始化潜在组合方案图 H（初始时只有目标服务）。

步骤 3：记录 H 的已标记连接，并列出图的端节点 H_0。

步骤 4：如果 OPEN$\cap H_0$ 为空，则算法成功退出，H 是符合需求的服务组合方案；否则，转步骤 5。

步骤 5：选择位于 OPEN$\cap H_0$ 中启发值最小的节点 s，并将 s 从 OPEN 表中移出，放入 CLOSE 表中。

步骤 6：扩展节点 s，将它的所有前驱服务 s' 放入 OPEN 表中，并且给每个服务 s' 置指向 s 的指针。

步骤 7：计算每个 s' 的启发值。

步骤 8：修改节点 s 及其先辈节点的启发值，并在或节点中标记最优连接，以标识 H。

步骤 9：修改算法扩展深度，如果扩展深度超过预设最大深度 ξ，则算法失败。

步骤 10：返回步骤 3。

6.4.5 实验分析

此处以随机生成的数据为测试数据来检验上面提出的用于服务连接接口匹配和自动组合方法的效果。实验计算机硬件环境：CPU 为 AMD TL-56，主频 1.8GHz，内存为 1GB，操作系统为 Windows XP，算法实现工具为 VC6.0。

1. 连接关系矩阵构造时间性能分析

针对连接度时间性能，在不同数量的概念集中，分别生成若干组服务，分析两两服务之间的连接程度，对算法的时间性能进行评估。实验结果如图 6-22 所示。

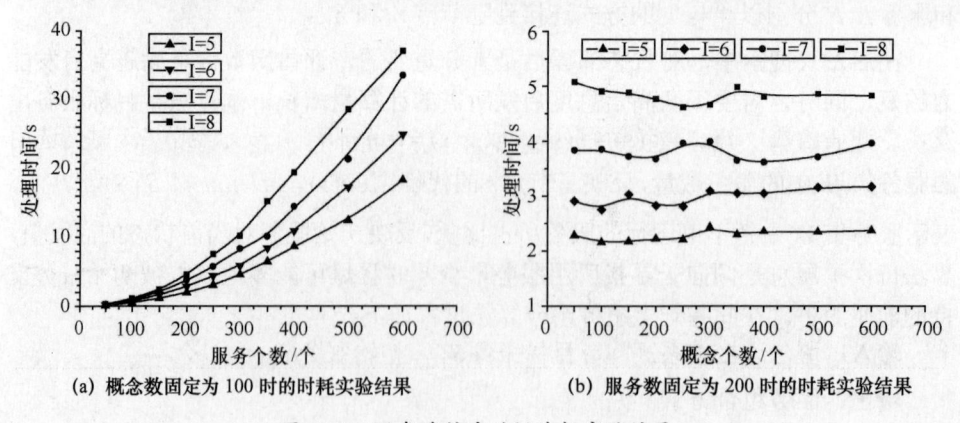

图 6-22 服务连接度时间消耗实验结果
(a) 概念数固定为 100 时的时耗实验结果
(b) 服务数固定为 200 时的时耗实验结果

其中，图 6-22（a）概念数为 100，服务接口数分别为 5、6、7、8 时，不同的服务数所需要的处理时间；图 6-22（b）服务数为 200，服务接口数分别为 5、6、7、8 时，不同的领域概念数所需要的处理时间。结合实验结果和程序分析发现，由于需要分析两两服务之间的连接关系，服务连接分析需要的时间与服务数、各个服务的接口数成非线性增长；而概念数影响了接口支持度和置信度的计算，程序实现中通过服务接口描述中的概念索引值直接获取相关概念及其公共子概念的出现概率，因而领域本体中的概念数对处理时间影响不大。由此可见，当服务数很多时，服务连接分析时间消耗很大，因此在服务组合前，可预先建立服务连接索引库，一旦新增加服务则立即更新与之相关的服务索引，这样可大大提高组合的响应时间。

2．服务组合规划时间性能分析

在已分析完连接关系矩阵的服务集中，随机产生初始服务和目标服务，调用服务组合算法。实验结果见表 6.10 所列，其时间消耗如图 6-23 所示。

表 6.10　在不同服务规模中服务组合的结果

服务数	成功次数	失败次数
50	13	87
100	27	73
200	44	56
500	68	32
1000	84	16
1500	94	6
2000	97	3

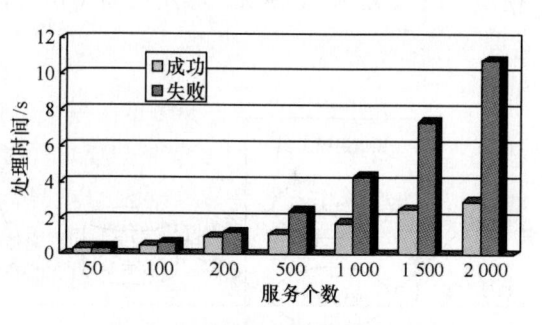

图 6-23　服务组合算法实验时间性能

图 6-23 表明，在同一个服务集中，由于需求的随机性，并非一定存在符合需求的复合服务。对于无法满足的用户需求，其处理时间比可满足需求的处理时间要长。这是因为必须为暂不可运行的服务分析其每个最小完备前驱集中的服务可运行性，以验证该服务确实不可运行。

6.5　原型系统主要模块设计

本章前面内容分别介绍了基于服务架构的未来一体化辅助决策开发平台的体系结构、决策任务分解、概念语义相似度计算和 Web 服务发现、组合等关键技术。本节则介绍原型系统中主要模块的设计与实现方法，参见图 5-18。

6.5.1 用例分析

1. 领域建模工具

领域建模工具供领域专家根据待决策问题领域的知识，构建领域知识本体。包括领域分析和知识描述两个模块。目前已有各种领域本体建模工具，如 Protégé、NeOnToolkit 等，因此本平台不另开发领域建模工具，而是领域专家利用现有本体建模工具创建领域 OWL 文件，并以此为其他模块提供知识基础，完成基于语义的标注、索引、匹配、查找等功能。领域建模工具的主要用例如图 6-24 所示。

2. 业务分析工具

业务分析是构建具体应用系统的首要工作，用于总体人员分析业务需求、设计系统架构、部署方式和各个节点的功能模块组成，为系统开发的后续过程提供基础。面向领域的需求分析是软件工程中的一个关键问题，但该问题不在本书的论述范围内，因此本原型系统暂不实现需求分析，而是为总体设计人员提供一个可视化的业务层次结构和业务逻辑描述界面。业务分析工具包括创建模型、修改模型、组织模型 3 个模块。其用例如图 6-25 所示。

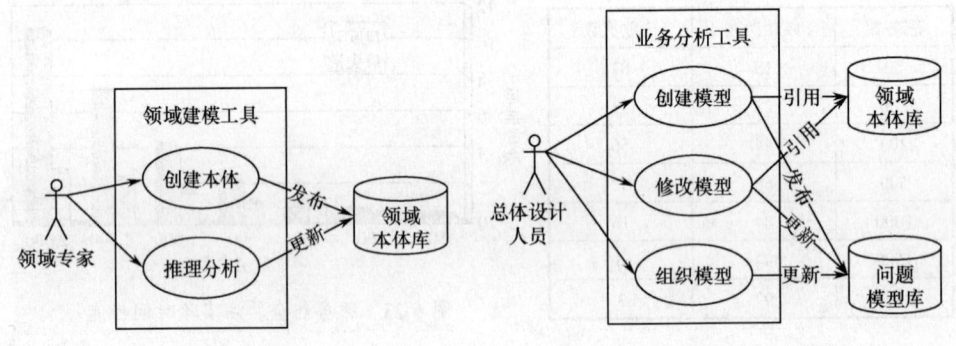

图 6-24　领域建模工具用例　　　　图 6-25　业务分析工具用例

3. 服务开发环境

面向服务架构系统的核心业务均以服务的形式实现，由于现有各大厂商和开源组织已提供各种 Web 服务的开发框架代码，如 Axis、CXF、gSOAP、SCA 等，因此本平台以功能整合的方式在现有工具基础上，根据 WSDL 文件生成 JAVA/C/C++框架代码。服务开发人员可在此框架代码基础上实现具体的业务逻辑，创建可部署运行的服务程序。服务开发环境用例如图 6-26 所示。

4.（服务）管理维护工具

管理维护工具通过一系列管理手段保证系统正常运行，主要包括部署服务、监控状态和调整维护 3 个模块。本工具所实现的是日常维护功能，属于应用型软件，不涉及关键技术，本原型系统仅给予简单实现。其用例如图 6-27 所示。

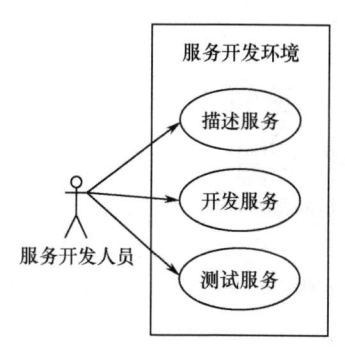

图 6-26　服务开发环境用例图　　　图 6-27　管理维护工具用例图

5．流程设计工具

流程设计人员利用本工具选取并组装合适服务，形成符合需求的复合服务，包括创建流程、修改流程、部署流程、测试流程 4 个模块。该工具是本平台的核心模块，其关键技术是基于语义的 Web 服务自动组合。用例如图 6-28 所示。

6．服务注册中心

服务注册中心存放了当前所有的可用服务，负责服务的发布、索引、发现和组合等操作，该模块中的关键技术是基于形式概念分析的服务发现。用例如图 6-29 所示。

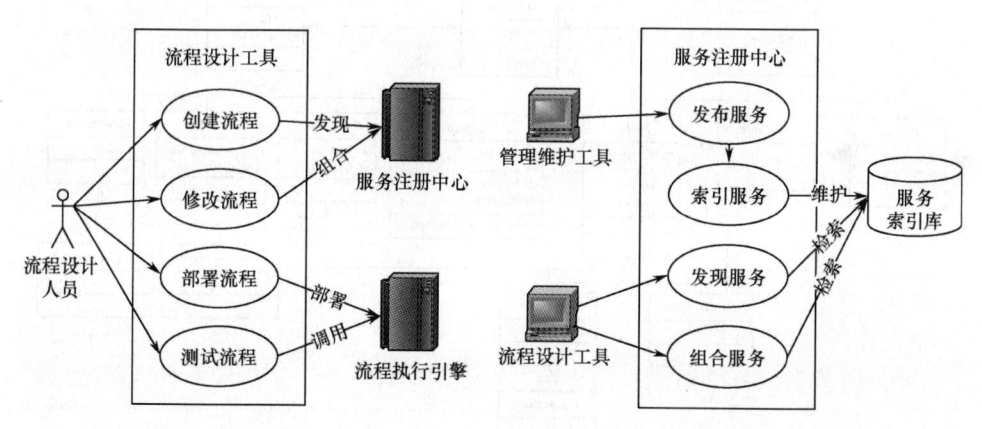

图 6-28　流程设计工具用例图　　　图 6-29　服务注册中心用例图

7．流程执行引擎

流程执行引擎用于解析并实现服务组合流程的调用。由于目前 WS-BPEL 已成为工业界标准，且已有成熟可用的软件，如 ODE、Bexee、ActiveBPEL、OraclBPEL 等，因此本平台选用其中的开源软件 Orchestra BPEL 作为流程执行引擎。用例如图 6-30 所示。

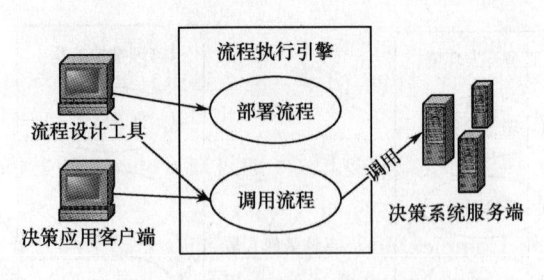

图 6-30 流程执行引擎用例图

6.5.2 模块设计

由于整个平台功能复杂、模块较多，且某些模块已有现成可用软件，故本原型系统没有重复实现已有软件，而是重点设计实现了业务分析、相似度计算、服务发布发现和服务组合这几个模块。

1. 业务分析模块

业务分析模块主要为决策领域模型的划分和描述提供支持，提供可视化的操作手段组织管理项目中的模块、模型，利用本体为各个决策模型进行语义标注，是本模块的核心工作。业务分析工具类结构图如图 6-31 所示。

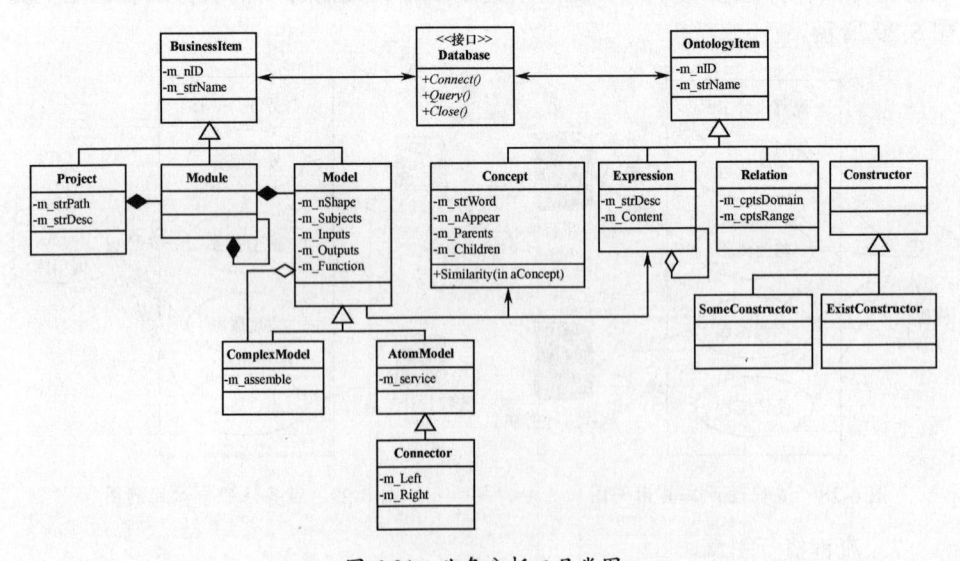

图 6-31 业务分析工具类图

图中：

BusinessItem 是各种业务项目类的基类，负责为外界提供统一的接口，便于图形操作和数据库访问。

Project 类负责维护整个项目相关的所有信息，如项目背景、描述性文件、开发计划等，同时 Project 类还负责管理项目中的各个模块。

Module 类负责维护项目模块信息，每个模块是若干个决策模型的集合，以类似于文件夹的方式组织模型。

Model 类表示具体的决策问题模型，通过对 Concept 和 Expression 的引用来表示它的输入、输出和功能。

AtomModel 和 ComplexModel 分别代表了原子模型和复合模型。原子模型引用服务来实现模型，这样便可将描述和求解分离；复合模型采用模型组合方案管理其内部组装方式，复合模型的内部模型既可能是原子模型，也可能是另一个复合模型。

Connector 表示模型之间的运算。实际上，Connector 是一种直接将输入数据传递给输出的原子模型，因此它继承自 AtomModel，把 m_Left 的输出传递给 m_Right。

OntologyItem 类是本体相关类的基类，功能与 BusinessItem 类似，为其子类向外界提供一致的访问接口。

Concept、Relation、Constructor 和 Expression 分别表示本体中的概念、关系、构造子和表达式，是采用面向对象的方式编码实现的 OWL 语法单元。

Database 接口为程序应用提供了数据库访问接口。

2．相似度计算模块

相似度计算模块为服务的发现和组合提供了语义基础，实现了基于贝叶斯估计的概念语义相似度算法，除相似度外还可计算概念间的置信度和支持度，其类结构图如图 6-32 所示。

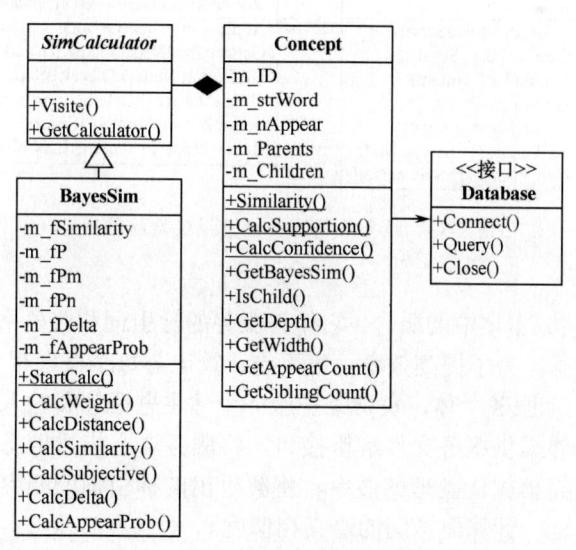

图 6-32 相似度计算模块类结构图

图中：

Concept 类与业务分析工具中的 Concept 是同一个类，表示了领域本体中的概念。为了保证各个类的单一职责，在算法设计上没有直接使用 Concept 实现计算，而是采用委托的方式交由 SimCalculator 处理。

SimCalculator 类为相似度计算提供抽象，并实现了对概念层次结构的访问。

BayesSim 实现了本书提出的相似度算法，包括先验概率、后验参数和相似度计算等具体成员变量和函数。为了便于扩展，BayesSim 作为 SimCalculator 的子类实现。

3. 服务注册发现模块

服务注册发现模块实现了基于形式概念分析的服务格构造和检索算法，其类结构图如图 6-33 所示。

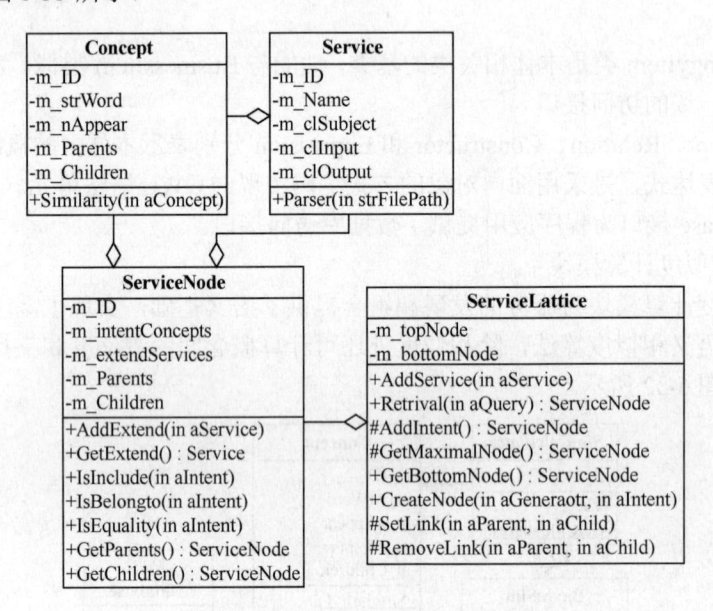

图 6-33 服务格构造和检索模块类结构图

图中：

Concept 为领域本体中的概念，它作为服务的标引词和服务格的内涵，为相关算法提供语义信息。为了提高效率，可事先计算出与每个概念相容的其他概念。

Service 类表示服务个体，负责维护服务个体主题概念和输入输出接口概念的标引词集合，对外提供服务文件解析接口，将服务语义描述信息转化为相应的概念列表。为了提高模糊化处理的效率，将解析出的标引词的相容概念也加入标引词集合中，不再逐一计算概念间的语义相似度。

ServiceNode 类表示服务格中的节点，负责维护节点的内涵、外延以及与之相关的父子节点，对外提供内涵判定、外延维护和层次导航接口。为了节省内存消耗，每个 node 对象只维护自身外延，不维护其子节点外延。

ServiceLattice 类表示服务形式概念格，维护了格的顶节点和底节点保证了整个格的可操作性，对外提供服务加入和服务查询两个接口，对内提供相关算法和节点关系维护函数。

4．服务组合模块

服务组合模块部实现了基于语义依赖性的服务组合算法，其类结构图如图 6-34 所示。

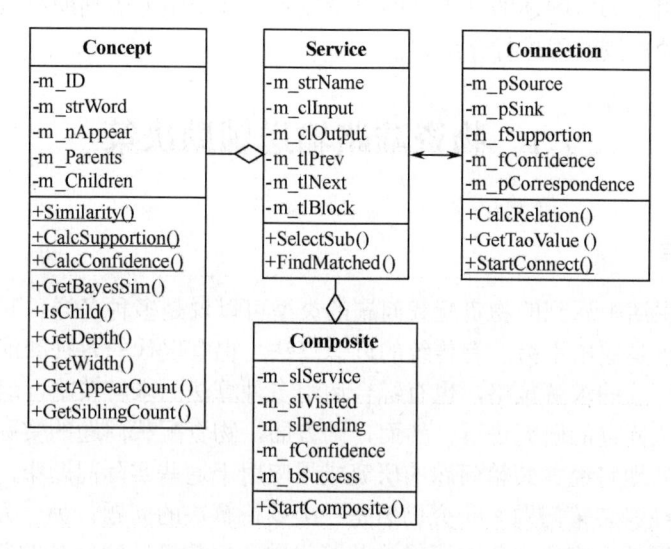

图 6-34　服务组合模块类结构图

图中：

Concept 表示领域本体中的概念，为相关模块提供语义信息。

Service 类表示服务，除了负责维护相关标引词集合外，还维护了前驱和后继连接列表，实现了服务连接匹配函数。

Connection 类表示服务连接，用 Source 和 Sink 表示其源服务和目的服务，并提供了连接支持度和置信度的计算。

Composite 类实现了服务组合的启发式算法。

第7章 应 用 案 例

本章以军队指挥决策中典型的物资陆路输送配载问题和炮兵火力分配问题为例，分别运用本书所阐述的基本辅助决策技术和基于服务的辅助决策技术，对相关模型和辅助决策过程进行介绍。

7.1 物资陆路输送辅助决策

7.1.1 引言

在现实生活中遇到的物资配载问题的类型可以说是多种多样，研究人员给出的求解方法也是层出不穷，有传统的近似算法，也有现代的各种智能优化算法，有运用单一算法的求解策略，也有综合运用多种算法的求解策略，这都极大地推进了物资配载问题的研究进展。然而，一方面，物资配载问题的实际应用千变万化，如何有效地将经典装箱问题的研究成果应用于这些实际问题中，或如何将实际问题化为经典装箱问题来研究仍然是一类亟待解决的问题；另一方面，目前对物资配载问题的研究主要集中于经典装箱问题和集装箱装载问题的研究，对于研究铁路平车装载问题的文献非常有限，而铁路平车装载在汽车的生产、销售、特种车辆的送修和兵力机动武器装备的输送过程中担当着重要的角色，加强铁路平车装载问题的研究对于现代物流和部队兵力机动都具有重要的应用价值。

在物流输送体系中，运输主要是指长距离两地点间的商品和服务移动，体现的是线性的机能；短距离少量的输送常称之为配送，体现的是面的机能。物流中的输送路径问题是指在完成输送任务的前提下，寻求一个使总费用最省的输送方案，这是一个最小费用问题（Minimum Cost Problem）。当车辆完成运送任务后必须返回原出发点时（即车辆的行驶路线是闭合式的），称之为车辆路径问题（Vehicle Routing Problem, VRP）或车辆调度问题（Vehicle Scheduling Problem, VSP）；当不要求车辆完成任务后返回原出发点或者是若要求返回原出发点，则沿原去程路线返回时（即车辆的行驶路线是开放式的），称之为开放式车辆路径问题（Open Vehicle Routing Problem, OVRP）；如果只考虑单位货物从出发点到目的地所用的运输费用时，称之为最短路问题（Shortest Path Problem, SPP）。在不需要严格区分的场合,也统称为车辆路径问题。

本节主要介绍用辅助决策的建模方法解决铁路平车物资装载问题。

7.1.2 平车装载问题[159]

1. 问题描述及数学建模

为了便于对平车装载优化问题进行描述,本书对其进行如下分类。

按照铁路运输中平车的使用情况来分:①单型号平车装载问题,就是使用同一种型号的多辆铁路平车对一批货物进行装运;②多型号平车装载问题,就是使用两种或两种型号以上的多辆铁路平车对货物进行装运。

按照铁路运输时货物的装载要求来分:①按平车优先,就是在装载时不考虑货物的装载顺序,主要考虑如何用最少的平车资源将所有的货物全部装载完毕;②按货物序列优先,就是在装载时,货物已经按照既定要求进行了编组和排序,装载到平车上后,要求保证货物既定的排列顺序不变,这种情况多见于执行军事任务时的铁路输送。

本小节以按平车优先单型号平车装载问题为例阐述相应辅助决策的模型与求解技术。

单型号平车的装载问题可以描述为:有 m 件货物 b_1、b_2、$\cdots$、b_m 需要装车运输,已知各种货物在平车上所占的长度(单位:mm)为 l_1、l_2、$\cdots$、l_m,其重心距货物前端的距离(单位:mm)为 d_1、d_2、$\cdots$、d_m,重量(单位:t)为 w_1、w_2、$\cdots$、w_m,设有一种类型的平车可供使用,可用数量为 num,平车的长度(单位:mm)为 L,定距(单位:mm)为 S,载重量(单位:t)为 Z,装车后相邻两货物之间所允许的最小间距为 D,采用顺装方式,列车长度要求不超过 Len,机车牵引力为 Tra,问如何装载使得所用平车总长度最短,并满足

$$\sum_{j=1}^{num}\sum_{i=1}^{m} x_i^j = m \tag{7.1}$$

$$\sum_{j=1}^{num} x_i^j = 1 \tag{7.2}$$

$$\sum_{i=1}^{m} x_i^j l_i + \left(\sum_{i=1}^{m} x_i^j - 1\right)D \leqslant L + 2\beta \tag{7.3}$$

$$\sum_{i=1}^{m} x_i^j w_i \leqslant Z \tag{7.4}$$

$$\sum_{j=1}^{num}\left[\sum_{i=1}^{m} x_i^j l_i + \left(\sum_{i=1}^{m} x_i^j - 1\right)D\right] \leqslant num(L + 2\beta) \tag{7.5}$$

$$\alpha_j = \left|\sum_{\tau=1}^{n^{(j)}} Y^{(j\tau)} w^{(j\tau)} \Big/ \sum_{\tau=1}^{n^{(j)}} w^{(j\tau)} - L/2\right| \tag{7.6}$$

$$n^{(j)} = \sum_{i=1}^{m} x_i^j \tag{7.7}$$

$$Y^{(j\tau)} = \sum_{r=1}^{\tau-1} l^{(jr)} + (\tau-1)D + d^{(j\tau)} + \varepsilon^{(j)} \tag{7.8}$$

$$-\beta \leqslant \varepsilon^{(j)} \leqslant L - \sum_{i=1}^{m} x_i^j l_i - (n^{(j)} - 1)D \tag{7.9}$$

$$\alpha_j^* = \left[5\sigma/W^{(j)} + (Z/2W^{(j)} - 0.5)(1-\sigma)\right]S \tag{7.10}$$

$$W^{(j)} = \sum_{i=1}^{m} x_i^j w_i \tag{7.11}$$

$$\sigma = \begin{cases} 0 & Z - W^{(j)} < 10 \\ 1 & Z - W^{(j)} \geqslant 10 \end{cases} \tag{7.12}$$

$$\alpha_j \leqslant \alpha_j^* \tag{7.13}$$

$$x_i^j = \begin{cases} 0 & 第i件货物不装到第j辆平车上 \\ 1 & 第i件货物装载到第j辆平车上 \end{cases} \tag{7.14}$$

$$\tau = 1, 2, \cdots, n^{(j)}; \quad i = 1, 2, \cdots, m; \quad j = 1, 2, \cdots, num \tag{7.15}$$

式中：α_j 为第 j 辆平车上货物总重心的纵向位移量，α_j^* 为第 j 辆平车上货物总重心的纵向允许位移量，$Y^{(j\tau)}$ 为第 j 辆平车上第 τ 件货物重心到平车前端的距离，$w^{(j\tau)}$ 为第 j 辆平车上第 τ 件货物的重量，$n^{(j)}$ 为第 j 辆平车上装载货物的数量，$l^{(jr)}$ 为第 j 辆平车上第 r 件货物在平车上所占的长度，$d^{(j\tau)}$ 为第 j 辆平车上第 τ 件货物的重心距其前端的距离，$\varepsilon^{(j)}$ 为第 j 辆平车上第 1 件货物的前端距平板车前端的距离，β 为允许货物突出平车端梁的长度，$W^{(j)}$ 为第 j 辆平车所装载货物的重量。

满足上述要求的可行装载方案有多种，优化的目标就是从所有可行方案中寻求一种所用平车总长度最短的方案，也就是要考虑怎样装载才能使所用平车的长度之和最小，对于单型号平车装载问题，也就是寻求所用平车数量最小的方案。设 $sumlen(F_j)$ 为第 j 辆平车上货物所占的长度之和，那么 $\left[L + 2\beta - sumlen(F_j)\right]$ 表示第 j 辆平车装完货物后的可用剩余长度，要使所用平车资源最省，可以取目标函数为

$$\min f(X) = num \cdot \sum_{j=1}^{num} \left[L + 2\beta - sumlen(F_j)\right] \tag{7.16}$$

该目标函数既考虑了使所用平车最少，又考虑了使每辆平车装完货物后所剩余的空间尽可能的小。

显然，这是一个整数规划问题，而式（7.1）、式（7.2）、式（7.5）和式（7.16）中的求和上标依赖于决策变量 num，因此该问题不是一个线性规划问题，也就无法使用传统的分枝定界法来对问题进行求解，必须另外寻找解决问题的办法，下面用遗传算法对该类问题进行求解。

2．模型求解

1）算法的基本思路

从前面的数学模型描述可以看出,平车装载问题属于组合优化问题,从计算复杂性理论上讲,它是一个 NP-Hard 问题。传统的求解方法如 NF 算法、FF 算法和 FFD 算法等近似算法受数据特点的限制,算法的求解与个体的参数数据有较大关系,有时在极端情况下的求解结果很不理想,其应用范围有很大的局限性。基本遗传算法在求解组合优化问题方面表现出较好的全局搜索能力,但是容易产生早熟现象,局部搜索能力较差。为此本书在基本遗传算法的基础上,针对按平车优先单型号平车装载问题的特点,通过引入无效染色体修正策略、条件变异策略来对基本遗传算法进行改进,提出求解平车装载问题的改进型遗传算法（Improved Genetic Algorithm, IGA）,算法的基本流程如图 7-1 所示。

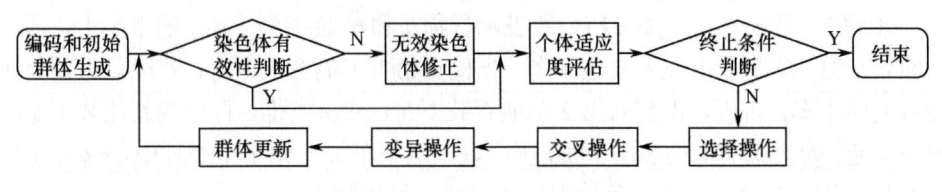

图 7-1　改进型遗传算法基本流程

2）染色体编码方法

染色体编码是将问题空间的参数转换为遗传空间参数的过程,针对按平车优先单型号平车装载问题的特点,这里使用的等长度的符号编码方法,即用各货物 $b_i(i=1,2,\cdots m)$ 所在的平车的编号顺序来表示该问题的染色体编码。例如

$$ch(k) = \underbrace{(2\ 6\ 1 \cdots 2\ 1)}_{m}$$

表示一个染色体编码,它表示一个装载方案,即将第 1、$m-1$ 件货物装载到第 2 辆平车上,第 2 件货物装载到第 6 辆平车上,第 3、m 件货物装载到第 1 辆平车上等。初始群体可以从 1 到 v（装载所用平车数的估计量）中间随机产生 m 个数排列组成。由个体的染色体编码串,可以统计出某一装载方案用了几辆平车,每辆平车上装载了哪些货物。

在该编码策略下,在初始群体以及在群体的进化过程中,有两种现象不容忽视：一是会出现一些无效的染色体,即其所表示的方案中,某一平车所装载的货物长度（重量）之和会超过平车的长度（载重量）或其货物总重心偏移量不符合平车装载的基本技术条件,从而使运算率降低,也会导致得不到好的运算结果；二是某些染色体所表示的装载方案中,平车序列中会出现某些平车为空的现象,这与使空平车出现在平车序列尾部的目标不符。为此,一方面引入无效染色体修正策略,对无效染色体进行修正,另一方面引入条件变异算子,将染色体表示的空平车换到平车序列的尾部，以提高算法的运算效率。

3）染色体修正策略

染色体修正的目的是消除群体中的无效染色体，以更好地为算法的运算效率服务。根据本问题的特点，本书借鉴 FF（First Fit）近似算法的思想来对无效染色体进行修正。

设 $ch(k) = (c_1, c_2, \cdots, c_m)$ 为群体的一个染色体，那么具有 FF 近似算法思想的染色体修正过程可描述如下：

步骤 1：计算染色体所表示的方案中每个平车上货物的数量 $n^{(j)}$、货物的长度之和 $sl^{(j)}$、货物的重量之和 $W^{(j)}$ 以及货物总重心位移量 α_j 和容许重心位移量 α_j^*；

步骤 2：若 $sl^{(j)} + (n^{(j)} - 1)D > L + 2\beta$ 或 $W^{(j)} > Z$，表示第 j 辆平车上的货物超出了平车所能装载量，转步骤 3，否则转步骤 4；

步骤 3：若 $c_i = c_k = j (i < k)$，即表示货物 b_i 和 b_k 装载到了第 j 辆平车上，那么先将 b_i 从第 j 车中取出放入其他平车，先检查第 1 车能否装下 b_i，若能装下则将 b_i 装载到第 1 车，否则，再判断第 2 车能否装下 b_i，依次类推，直到找到能装下 b_i 的平车为止，如果第 v 车仍装不下 b_i，则新取一辆平车加入到平车序列中，$v \leftarrow v + 1$，将 b_i 装入第 v 车中，这样染色体得到了更新，转步骤 1。

步骤 4：若 $\alpha_j > \alpha_j^*$，调整第 j 车上货物的顺序后重新计算 α_j，如果通过调整后仍然有 $\alpha_j > \alpha_j^*$，则转步骤 3，否则结束。

通过上述方法，就可把一个无效的染色体修正为合理的染色体。

4）适应度函数定义

在本模型中，优化的目标就是从所有可行方案中寻求一种使用所用平车资源最省的方案，属于求费用最小的一类优化问题。由于本算法中采用了无效染色体修正策略，所以在染色体所表示的方案中对应的 $\left[L + 2\beta - sunlen(F_j)\right] \geqslant 0$，目标函数式（7.16）中 $f(X)$ 值始终为非负。而且既考虑了使所有平车长度之和最小，又考虑了使每辆平车装完货物后所剩余的空间尽可能的小，因此这里直接将目标函数 $f(X)$ 映射为适应度函数 $E(X)$：

$$\begin{aligned} E(X) &= num \sum_{j=1}^{num} \left[L + 2\beta - sumlen(F_j)\right] \\ &= num \left[num(L + 2\beta) - \sum_{i=1}^{m} l_i \right] \end{aligned} \quad (7.17)$$

式（7.17）所表示适应度函数对应的个体适应度值越小，表示该个体的适应度越好，该个体遗传到下一代的概率也就越大；反之，则遗传到下一代的概率越小。

5）遗传算子的选用

（1）选择算子。基本遗传算法中采用的适应度比例法，其个体被选择的概率取决于个体的相对适应度,即根据个体适应度与平均适应度的比例来确定个体的复制比例,适应度越高的个体被选中的概率也越大;反之,被选中的概率越小。适应度比例法是目前遗传算法中最基本也是最常用的选择方法,其缺点是当群体进化到个体的适应度相差不大时,这种选择方式就会使每一个个体都获得复制的机会,体现不出好的个体的竞争力。为此,根据本算法适应度函数与基本遗传算法中适应度函数涵义的不同,设计基于排序的选择方法如下:首先将群体按个体按照适应度从小到大的顺序分成三部分,其中第一部分与第三部分数量相同,然后将第一部分个体复制两份,第二部分个体复制一份,第三部分个体不复制。这种方法保证了在进化过程中的每一代中都能使适应度好的个体被复制到新的种群中去,并保证了群体规模不变。

(2)交叉算子。在本算法中采用单点交叉的方法,首先对群体进行随机配对,其次按照均匀分布随机产生交叉点位置,最后根据交叉概率 P_c 交换配对染色体之间的部分基因,产生新的个体。

(3)变异算子。采用两次变异的方法,第一次以变异概率 P_m 进行随机变异点变异,第二次进行条件变异点变异。

随机变异点变异实行双点变异,其思路是:首先按照均匀分布对每一个个体随机产生两个变异点,然后再对变异点的基因值进行变异操作,产生新的群体。因为,装载时的目标是使空车出现在平车序列的尾部,充分利用平车序列前面的平车空间,所以为了提高进化运算的效率,需要对基因变异值进行控制,根据通常情况下货物与平车的尺寸关系,取变异值为 1 到 $m/2$(m 为货物的数量)之间的随机整数。

条件变异点变异主要是为了使染色体表示的空平车出现在平车序列的尾部,设 $ch(k)=(c_1,c_2,\cdots,c_m)$ 为群体的一个染色体,则条件变异的基本思路是:

步骤 1:统计出 $ch(k)$ 中的最大基因值,并记为 $c_{\max}$;

步骤 2:统计出 $ch(k)$ 所表示方案中每个平车上货物的长度和,记为 $sl^{(j)}$;

步骤 3:若 $sl^{(j)}=0(j<c_{\max})$,表示第 j 平车为空,转步骤 4,否则结束;

步骤 4:若 $c_i=c_{\max}$,则让 $c_i \leftarrow j$,这样染色体得到了更新,转步骤 1。

该条件变异的思想是,在染色体表示的方案中,如果在平车序列中的前 $c_{\max}$ 辆平车中没有空车,则不进行条件变异操作,如果前 $c_{\max}$ 辆平车中有空车,则将序列尾部非空车中的货物依次装入前面的空车中,使空车只出现在平车序列的尾部。

6)改进型遗传算法主要步骤

根据前面的分析,基于 FF 算法的改进型遗传算法的主要步骤如下:

步骤 1:初始化群体 $P(0)$,$t=0$(t 表示进化代数);

步骤 2:统计群体 $P(t)$ 中的无效染色体,并利用 FF 算法进行无效染色体修正;

步骤 3：如果 $t \leqslant T$（T 表示遗传运算终止条件），转步骤 4，否则转步骤 10；

步骤 4：对群体 $P(t)$ 进行个体适应度评价，并按照适应度值从小到大的顺序将群体分成三部分，其中第一部分与第三部分个体的数目相同；

步骤 5：对群体 $P(t)$ 进行选择操作，排在前面的第一部分个体的复制两份，中间的第二部分个体复制一份，第三部分不复制；

步骤 6：对个体进行随机配对，随机产生交叉点，对群体 $P(t)$ 进行交叉操作；

步骤 7：对每个个体产生随机变异点和随机变异值，对群体 $P(t)$ 进行随机变异点变异操作；

步骤 8：对群体进行条件变异点变异操作；

步骤 9：得到新一代群体 $P(t+1)$，$P(t) \leftarrow P(t+1)$，$t \leftarrow t+1$，转步骤 2；

步骤 10：结束遗传运算，根据列车长度和机车牵引力约束，判定是否要分为多列列车来运输。

3．应用示例

例 7.1 假设有 20 件待运轮式装备 $b_1, b_2, \cdots, b_{20}$，其在平车上所占的长度、重心距其前端距离和质量见表 7.1 所列。采用顺装方式，可提供的铁路平车长度为 12.5m，定距为 9.35m，载重量为 60t，列车总长要求不超过 400m，机车牵引力为 5350t，问如何装载所用平车总长最短？

表 7.1 例 7.1 装备参数表

装备序号	b_1	b_2	b_3	b_4	b_5	b_6	b_7	b_8	b_9	b_{10}	b_{11}	b_{12}	b_{13}	b_{14}	b_{15}	b_{16}	b_{17}	b_{18}	b_{19}	b_{20}
在平车上所占长度/m	\multicolumn{7}{c|}{5}	\multicolumn{6}{c|}{7}	\multicolumn{4}{c|}{6}	\multicolumn{3}{c|}{4}
重心距其前端距离/m	\multicolumn{7}{c|}{2.3}	\multicolumn{6}{c|}{3.45}	\multicolumn{4}{c|}{3}	\multicolumn{3}{c|}{1.89}
装备质量/t	\multicolumn{7}{c|}{4.8}	\multicolumn{6}{c|}{8.2}	\multicolumn{4}{c|}{6.7}	\multicolumn{3}{c|}{4.0}

取群体规模 $M=100$，交叉概率 $P_c=0.6$，变异概率 $P_m=0.01$，进化代数为 50，用开发的改进型遗传算法（IGA）程序对上述问题进行求解，当进化到第 6 代时，停止进化，得到问题最优解，其对应的适应度值为 160，适应度函数随进化代数的变化曲线如图 7-2 所示。从运算结果来看，最后符合条件的个体有多个，也就是说有多个最优方案，图 7-3 列出了其中的部分方案。此外，用 NF（Next Fit）算法、FF

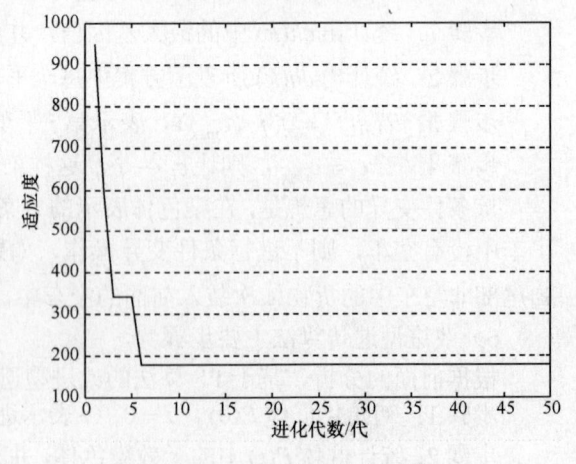

图 7-2 适应度变化曲线图

算法和 FFD（First Fit Decreasing）算法对上述问题求解得到的方案结果也都列在了图中。

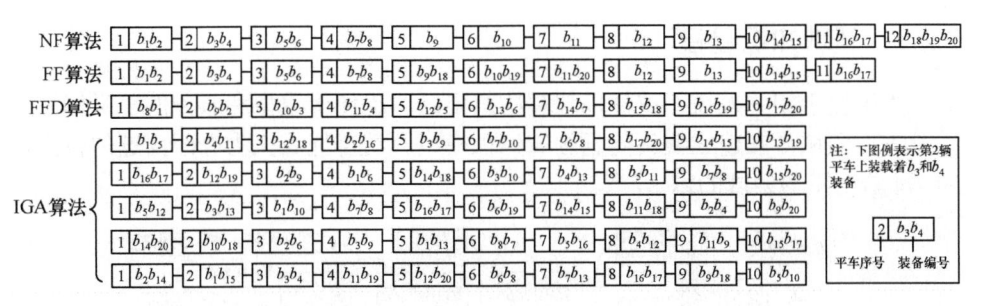

图 7-3　示例 7.1 装载结果图

该示例的最优方案为使用 10 辆平车进行装载，从图 7-3 中可以看出，在本例中 FFD 算法和我们的 IGA 算法都得到了最优装载方案，优于 NF 算法和 FF 算法。IGA 算法的优点是可以解决基本遗传算法中的无效染色体和早熟问题，通过进化运算能很快得到符合条件的装载方案。而且从进化运算的结果来看，可以同时得到多个符合条件的个体，也就是说可以得到多种装载方案，这样可以为决策人员提供选择的机会，可应用于辅助决策系统的多方案生成中。FFD 算法在本例中虽然也得到了最优方案，但是它受数据特点的限制，算法的求解与装备、平车的参数数据有较大关系，有时在极端情况下的求解结果很不理想，而且只能给出一种方案，供决策人员选择的机会少，因此其应用范围较 IGA 算法的应用范围要小。

7.2　炮兵火力分配辅助决策

7.2.1　问题描述

炮兵最优火力分配的主要目的是在战场上的各种约束（兵力、弹药等限制）下，形成所属各火力单位总的射击效果最好的火力分配方案，包括多个火力单位与多个目标之间的打击对应关系和各个火力单位的射击参数。

火力分配决策不是单方面的确定性静态决策，而是基于双方对抗的风险型动态决策，其最终目的是使武器系统攻击效能达到最大。在火力分配过程中应尽可能消灭敌人，保护自己。在此原则下，火力的最优分配应该考虑以下几方面内容。

（1）火力单位特点。包括武器系统类别（如导弹、线膛炮、滑膛炮、火箭炮等）、型号、数量、位置、对各种目标的毁伤效能以及弹药消耗等；

（2）目标特点。主要有目标的类型、位置、幅员特征、运动特征、价值、威胁程度、易损性等；

（3）最优准则。对目标的毁伤程度要大、所用的火力单元数目和弹药消耗要小等。

7.2.2 领域知识建模

为了便于相关人员一致性地理解决策问题，也便于模型和服务的语义标注，应首先由领域专家建立决策问题领域知识模型。结合炮兵火力分配问题的特点，图 7-4 给出了该领域的本体[160]。

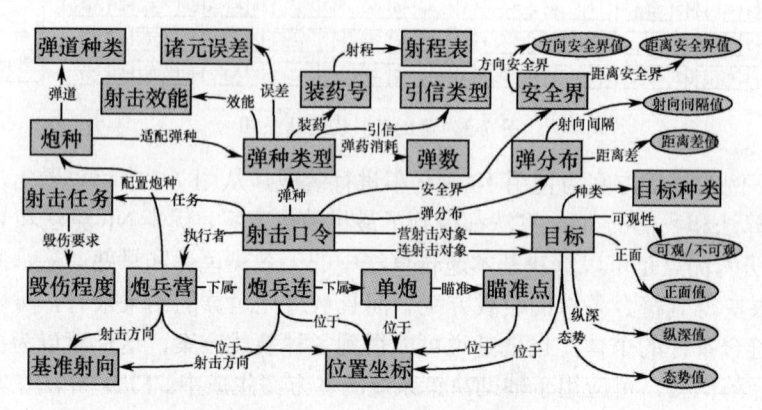

图 7-4 炮兵火力分配问题领域本体

该领域本体为领域专家采用 Protégé 构建，最终生成火力分配领域本体的 OWL 描述文件，如图 7-5 所示。

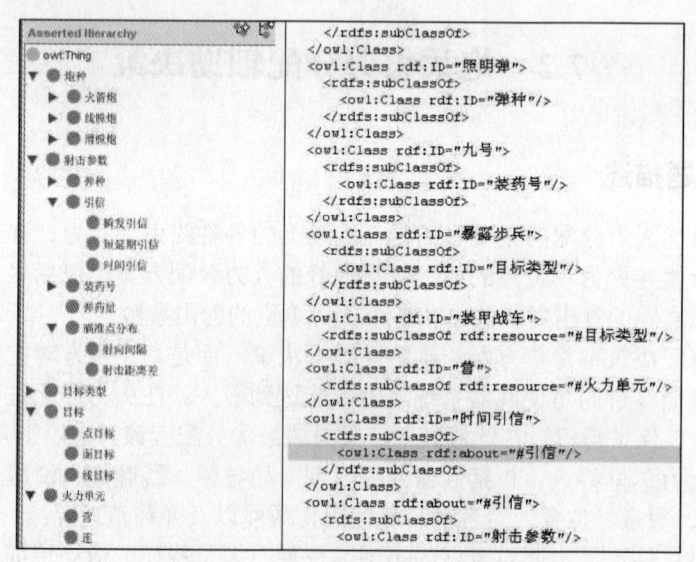

图 7-5 采用 Protégé 构建的火力分配领域本体片段

7.2.3 模型设计

在完成领域知识建模后,由总体设计人员在领域专家指导下,根据领域本体划分出决策问题的子问题,并定义各个问题的输入、输出等内容。火力分配问题涉及的主要模型见表 7.2 所列。

表 7.2 火力分配问题涉及的主要模型一览

名 称	输 入	输 出	说 明
GetTarget	火力单元	目标	返回该火力单元所打击的目标
EvalPower	目标	兵力需求	计算某个目标所需兵力
AmmoConsume	目标	弹种、弹药量	计算完成某个目标射击任务所需弹药类型和数量
TaskAssign	兵力、目标	打击关系	根据当前兵力和目标,确定最佳打击关系
EvalShell	目标、炮目距离	弹种	确定打击该目标的最合适弹种
EvalCharge	炮目距离、弹种	装药号	确定最佳装药号
EvalDistr	目标幅员、炮目距离	弹分布	确定最佳弹分布
EvalFuse	目标类型、弹种	引信	确定最佳引信
EvalNp	炮种、射击时间	发射弹数	计算最大发射弹数
CalcBestAmmo	目标、兵力	最佳弹药消耗	计算完成某个毁伤指标所需最佳弹药消耗
CalcBestRn	目标、兵力	最佳毁伤指标	计算某个兵力对某个目标所能达到的最佳毁伤程度
CalcSafeLimit	目标、兵力	安全界	计算安全界
CalcHI	目标、弹分布	射向间隔、射击距离差	计算弹分布

7.2.4 服务开发

根据原始问题特点,各个模型所需的算法和计算程序以服务的形式实现。因此在定义了各个模型描述信息后,本平台使用 Java、Axis 等开源软件开发相应的服务。由于现有的成熟服务开发包很多,选用其中任一种均可,此处不详细介绍。

在服务程序实现后,便可根据实际系统的部署设计,将各个服务程序分别运行在不同的节点中。本原型系统暂未实现服务部署维护工具,可手工完成服务程序的复制、安装和运行工作。

7.2.5 服务管理

应用本平台的管理工具对服务进行管理。服务注册与管理界面如图 7-6 和图 7-7 所示。

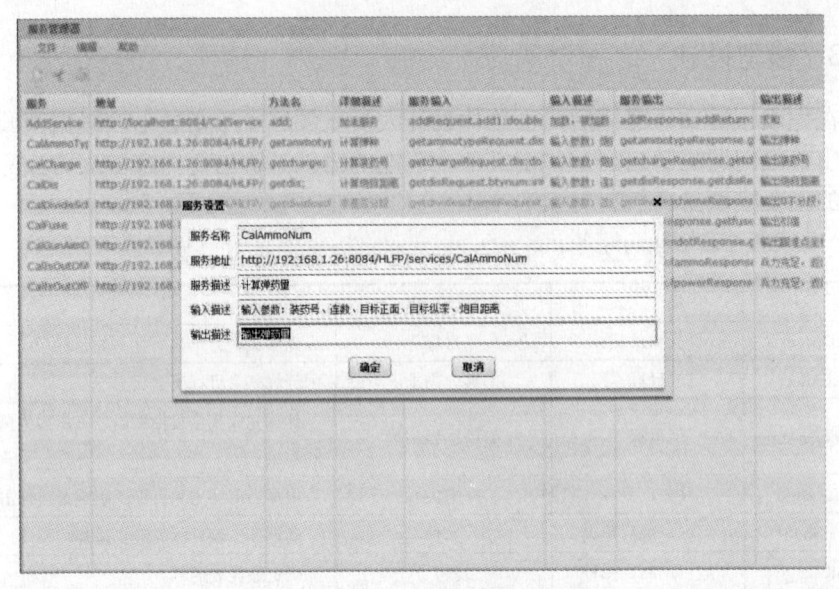

图 7-6 服务注册界面

图 7-7 服务管理界面

7.2.6 流程设计

原子模型只需单服务便可实现其功能，而更多的模型需要多个服务的组合运行，因此需要设计服务组合流程。另外，除了系统开发阶段，在系统运行阶段，服务组合流程往往随着不同的任务特点、不同的指挥编组关系而经常调整，此时便可利用本平台提供的流程设计工具完成这一任务。火力分配问题总的处理流程如图7-8所示。

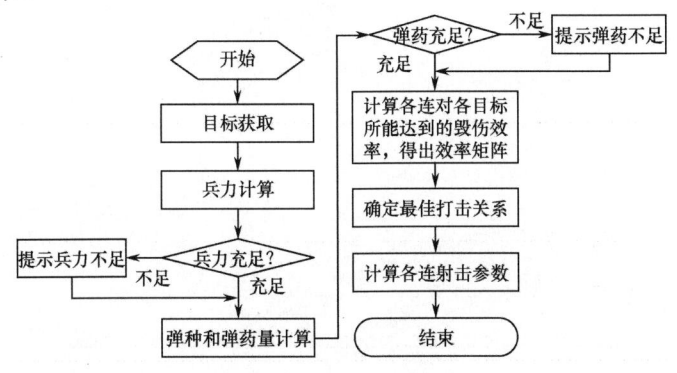

图7-8 火力分配问题流程图

在流程设计过程中，可先由系统自动生成服务组合结构，随后人工进行调整，具体过程如下。

（1）单击左上角的"新建"按钮，弹出"新建流程文件"对话框，如图7-9所示。

（2）填写流程名称后单击确定按钮，创建流程任务的初始状态，如图7-10所示。

（3）在流程设计界面中编辑流程逻辑结构图，首先从左侧服务列表中拖拉添加相应的服务，如图7-11所示。

图7-9 新建流程文件

图7-10 初始流程图

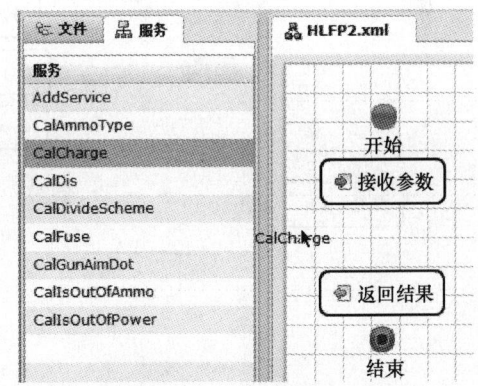

图7-11 为流程添加服务

（4）在所有服务添加完成之后，对变量的赋值进行配置。选中相应的赋值元素，在单击"配置变量"的弹出窗口中设置相应的映射关系。完成后单击确定关闭对话框。如图7-12所示。

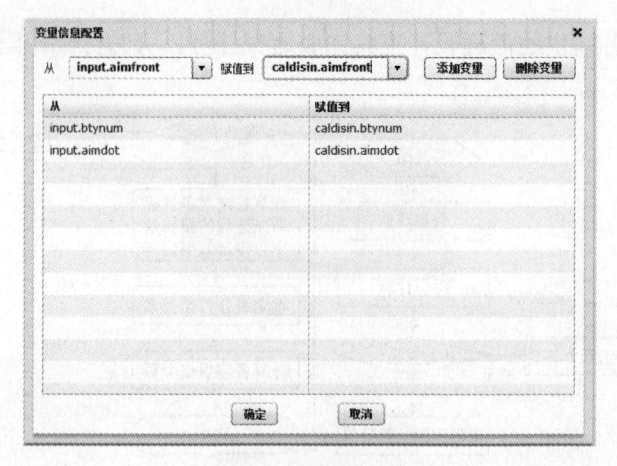

图 7-12 配置变量

（5）流程设计完成后如图 7-13 所示。

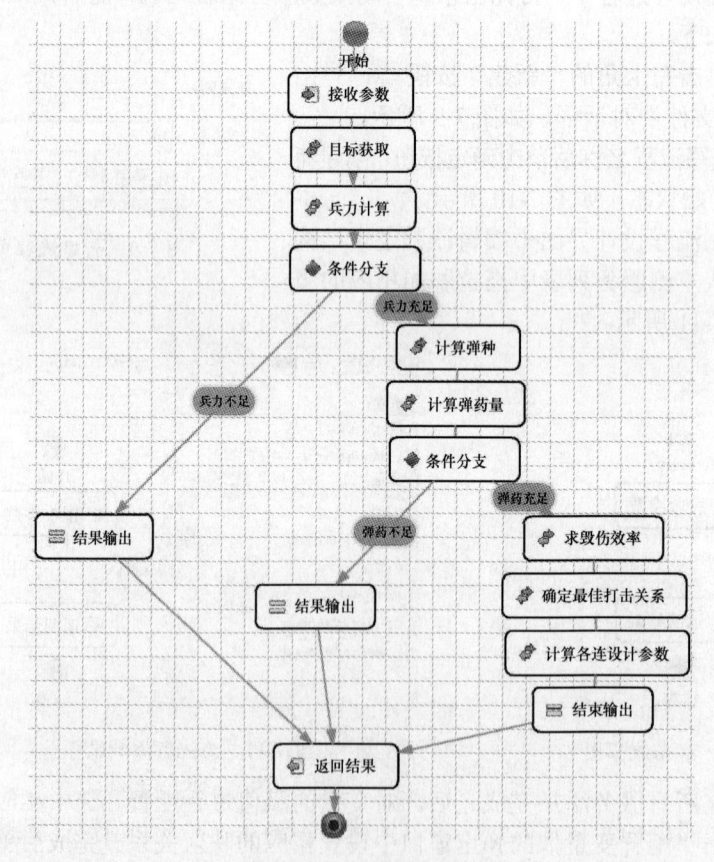

图 7-13 完整的流程图

（6）单击工具栏的"部署"按钮，流程被自动部署到引擎上，如图 7-14 和图 7-15 所示。

图 7-14 部署成功

图 7-15 流程管理界面

7.2.7 决策应用

此后，当有决策需求时，便可请求流程执行引擎逐个调用具体服务，实现决策求解过程。针对本案例，另行开发了火力分配决策应用测试客户端，执行结果如图 7-16 所示。

本节在前面章节所述方法基础上，设计实现了基于面向服务架构的辅助决策开发平台原型系统，包括决策模型开发环境、决策服务维护管理工具和服务注册中心。并结合具体案例使用本平台开发了相应的辅助决策系统，初步验证了本平台各个模块的合理性和有效性。考虑到辅助决策系统开发和应用过程的复杂性和多样性，在今后的研究中还需对其进行不断充实和完善。

243

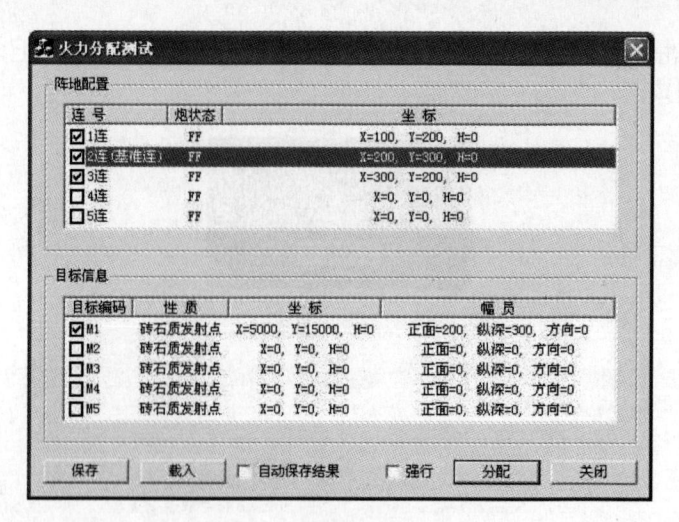

图 7-16 决策应用执行结果

参 考 文 献

[1] 魏世孝, 周献中. 多属性决策理论方法及其在 C^3I 系统中的应用[M]. 北京: 国防工业出版社, 1998.

[2] Sage A P, Armstrong Jr. J E. Introduction to Systems Engineering [M]. John Wiley & Sons. Inc. 2000.

[3] Robert P. Haffa, Jr. and Jasper Welch. Command and Control Arrangements for the Attack of Time-Sensitive Targets[M]. Northrop Grumman Inc, 2005.

[4] Simon A H. The New Science of Management Decision. Englewood Cliffs, NJ: Prentice Hall, 1977.

[5] Efraim T, Jay E A, Liang T T 著. 杨东涛, 钱峰译. 决策支持系统与智能系统（原书第七版）[M]. 北京: 机械工业出版社, 2009.

[6] 张彩江, 马庆国. 简单决策与复杂决策的比较分析及其启发意义[J]. 自然辩证法研究, 2005, 21(2): 101-104.

[7] Flood R L, Jackson M C. Creative Problem Solving: Total System Intervention[M]. U K: John Wiley & Sons Ltd. , Chichester, 1991, 1-18, 87, 119.

[8] 钱学森, 于景元, 戴汝为. 一个科学新领域: 开放的复杂巨系统及其方法论[J]. 自然, 1990, 1(13): 3-10.

[9] 岳超源. 决策理论与方法[M]. 北京: 科学出版社, 2008.

[10] Ramsey F P. Truth and Probability. Reprinted in H E Kyburg Jr and Smokler H E, ed. Study in Subjective Probability[M]. New York: wiley, 1964: 62-92.

[11] Von Neumann J, Morgenstern O. Theory of Games and Economic Behavior[M]. Princeton: Princeton University Press, 1944.

[12] Savage L J. The Foundations of Statistics[M]. New York: John Wiley&Sons, 1954.

[13] Edwards W. The theory of decision making[J]. Psychological Bulletin, 1954, 51(4): 380-417.

[14] Russo J E. 决策行为分析[M]. 安宝生, 徐联仓译. 北京: 北京师范大学出版社, 1998: 39-65.

[15] Raiffa H, Schlifer R. Applied Statistical Decision Theory. Boston: Division of Reseach, Graduate School of Business Adiministration[M]. New York: Harvard Univ Press, 1961.

[16] Howard R A. Decision analysis: Applied decision theory[C], Proc 4th Intern Conf Oper Res. New York: Wiley-Interscience, 1966.

[17] MacCrimmon K R. Decision making among multiple-attribute alternatives: A survey and consolidated approach[R]. RAND Memorandum RM-4823-ARPA. 1968.

[18] Bellman R, Zadeh L A. Decision making in a fuzzy environment[J]. Management Science, 1970, 7B(4): 141-164.

[19] Keeney R L , Raiffa H. Decision making with multiple objectives: preferences and value tradeoffs[M]. New York : John Wiley and Sons, 1976.

[20] Zadeh L A. Fuzzy sets as a basis for a theory of possibility[J]. Fuzzy sets and systems, 1978, 1(1): 3-28.

[21] Howard R A. Decision Analysis: Practice and promise[J]. Management Science, 1988, 34(6): 679-695.

[22] Pawlak Z. Rough Sets: Theoretical Aspects of Reasoning about Data[M]. Dordrecht: Kluwer Academic Publishers, 1991.

[23] 张文修, 仇国芳. 基于粗糙集的不确定决策[M]. 北京: 清华大学出版社, 2005.

[24] Fraser N M, Hipel K W. Conflict Analysis: Models and Resolutions[M]. New York: North-Halland, 1984.

[25] Von Winterfeldt D, Edwards W. Decision analysis and behavioral research[M]. Cambridge: Cambridge University Press, 1986.

[26] 周献中, 黄兵, 李华雄, 等. 不完备信息系统知识获取的粗糙集理论与方法[M]. 南京: 南京大学出版社, 2010.
[27] 陈珽. 决策分析[M]. 北京: 科学出版社, 1987.
[28] 张最良. 军事运筹学[M]. 北京: 军事科学出版社, 1993.
[29] 徐玖平, 等. 多目标决策的理论与方法[M]. 北京: 清华大学出版社, 2005.
[30] 杨善林, 胡小建. 复杂决策任务的建模与求解方法[M]. 北京: 科学出版社, 2007.
[31] 徐泽水. 基于语言信息的决策理论与方法[M]. 北京: 科学出版社, 2008.
[32] 谭跃进, 黄金才, 朱承. 决策支持系统[M]. 北京: 电子工业出版社, 2011.
[33] 刘思峰, 党耀国. 预测方法与技术[M]. 北京: 高等教育出版社, 2005.
[34] Scott M M S. Computer-Driven Visual Display Devices – Their Impact on the Management Decision-Making Process[D]. Harvard Business School, 1967.
[35] Gorry A, Scott M M S. A Framework for Information Systems[J]. Sloan management Review, 1971, 13(1): 56-79.
[36] Keen P G W, Scott M M S. Decision Support Systems: An Organizational Perspective [M]. Addison-Wesley, 1978.
[37] Power D. J. and Sharda R. Decision Support Systems[M]. Springer Handbook of Automation, Springer, 2009.
[38] Alter S. A Work System View of DSS in its Fourth Decade [J]. Decision Support System, 2004, 38(3): 319-327.
[39] 黄梯云, 李一军, 周宽久. 模型管理系统及其发展[J]. 管理科学学报, 1998, 1(1): 57-63.
[40] 向阳, 王征, 等. 复杂问题决策支持模式研究[M]. 北京: 科学出版社, 2008.
[41] 许国志, 顾基发, 车宏安. 系统科学（第一版）[M]. 上海: 上海科技出版社, 2000.
[42] Bonczek R H, et al. Foundations of Decision Support Systems [M]. New York: Academic Press, 1981.
[43] 肖人彬, 王雪, 罗云峰. 关于决策支持系统的结构与进化[J]. 计算机研究与发展, 1994, 31(4): 48-53.
[44] 邓江湖, 赵武奎, 卢诗骄. 中美军队辅助决策系统现状比较[J]. 兵工自动化, 2006, 25(10): 15-16.
[45] 王瑛, 侯朝祯, 冯天飞. 指挥自动化辅助决策系统的设计和实现[J]. 系统工程与电子技术, 2002, 24(9): 41-43.
[46] 张克, 刘永才, 关世义, 等. 作战指挥辅助决策系统探讨[J]. 战术导弹技术, 2002(3): 63-68.
[47] 李德毅. 人工智能研究与发展——兼谈计算机辅助决策系统的构造方法[J]. 科技进步与对策, 2001(10): 31-35.
[48] 李德毅, 杜鹢. 不确定性人工智能[M]. 北京: 国防工业出版社, 2005.
[49] 中国人民解放军军语[M]. 北京: 军事科学出版社, 1997: 146-147.
[50] 李德毅, 曾占平. 发展中的指挥自动化[M]. 北京: 解放军出版社, 2004.
[51] 李德毅. 指挥自动化总体研究及体系结构模型[J]. 军队指挥自动化, 1989, (2): 6-10.
[52] 罗雪山, 等. C^3I系统理论基础—C^3I系统建模方法与技术[M]. 长沙: 国防科技大学出版社, 2000.
[53] 戴浩. 应当重视信息处理平台的建设[J]. 军队指挥自动化, 2003, 3.
[54] 童志鹏, 刘兴. 综合电子信息系统(第2版)——信息化战争中的中流砥柱[M]. 北京: 国防工业出版社, 2010.
[55] 刘兴, 梁维泰, 赵敏著. 一体化空天防御系统[M]. 北京: 国防工业出版社, 2011.
[56] Boyd J R. A Discourse on winning and losing[Z]. Maxwell Air Force Base, AL: Air University Library Document No. M-u 43947(Briefing Slides), 1987.
[57] Edward A S. 复杂性、联网和基于效果的作战方法[M]. 王志成译. 北京: 国防工业出版社, 2010(10): 64-120.
[58] 李富元, 李华. 信息时代作战指挥控制的发展趋势[J]. 火力与指挥控制, 2008, 33(12): 1-4.
[59] 周献中. 多属性决策理论方法及在C^3I系统中的应用[D]. 南京: 南京理工大学博士学位论文, 1996.
[60] 周献中. 对C^3I系统中辅助决策问题的几点思考[J]. 系统工程与电子技术, 1997, 19(8): 17-22.
[61] 张最良. 当前军事运筹学研究的几个重要课题[J]. 军事系统工程, 1994(3): 10-15.
[62] 《运筹学》教材编写组. 运筹学[M]. 北京: 清华大学出版社, 2005.

[63] 张野鹏, 等. 军事运筹基础[M]. 北京: 高等教育出版社, 2006.

[64] 肖条军. 博弈论及其应用[M]. 上海: 上海三联书店, 2004.

[65] 程启月. 作战指挥决策运筹分析[M]. 北京: 军事科学出版社, 2004.

[66] 张最良. 冲突理论与战略问题研究[J]. 军事系统工程, 1991, (4): 2-6.

[67] 于长海. 军事系统决策研究[M]. 北京: 军事科学出版社, 1994.

[68] Shim J P, Merrill W, James F C, et al. Past, Present, and Future of Decision Support Technology [J]. Decision Support Systems. 2002, (33) : 111-126.

[69] Smith G F. Managerial Problem Identification[J]. Omega, 1989, 17(1): 27-36.

[70] 王可定, 周献中. 运筹决策理论方法新编[M]. 北京: 清华大学出版社, 2010.

[71] 沙基昌, 毛赤龙, 陈超. 战争设计工程[M]. 北京: 科学出版社, 2009.

[72] Alan B. Clausewitz, nonlinearity and the unpredictability of war[J]. Internatinal Security, 1992. 59-90.

[73] Ilachinski A. Land Warfare and Complexity. Part I: Mathematical Background and Technical Sourcebook[M]. virginia: center for Naval Analyses. 1996.

[74] Ilachinski A. Land Warfare and Complexity. Part II: an Assessment of the Applicability of Nonlinear Dynamics and Complex Systems Theory to the Study of Land Warfare[M]. 1996.

[75] Ilachinski A. Irreducible semi-autonomous adaptive combat(ISAAC): an aritificial-life approach to land warfare[EB/OL]. http: //www. cna. org [2007-6-20].

[76] Ilachinski A. Enhanced ISAAC Neural Simulation Toolkit(Einstein) an aritificial-life laboratory for exploring self-organized emergence in land combat[EB/OL]. http: //www. cna. org [2007-6-20].

[77] 胡晓峰, 罗批, 等. 战争复杂系统建模与仿真[M]. 北京: 国防大学出版社, 2005.

[78] 刘兴堂, 梁炳成, 刘力, 等. 复杂系统建模理论、方法与技术[M]. 北京: 科学出版社, 2008.

[79] 徐根初. 关于军事决策科学化的思考[C]. 香山科学会议第 262 次学术研讨会, 2005: 7-14.

[80] Tian J, Wang Y, Li H, et al. DSS Development and Applications in China[J]. Decision Support Systems, 2007, 42(4): 2060-2077.

[81] 李东. 关系模型库的理论及应用[J]. 系统工程理论与实践, 1998, 18(8): 39-43.

[82] 梁旭, 黄明. DSS 中模型的自动机表示方法[J]. 吉林化工学院学报, 2000, 17(4): 54-58.

[83] 于长锐, 徐福缘, 向阳. 复杂决策问题形式化方法研究[J]. 管理科学学报, 2002, 5(6): 9-16.

[84] Gruber T R. A Translation Approach to Portable Ontology Specifications[J]. Knowledge Acquisition, 1993, 5(2): 199-220.

[85] Franz B, Diego C et al. The Description Logic Handbook[M]. Cambridge University Press, 2003.

[86] Schmidt-Schauß M, Smolka G. Attributive Concept Descriptions with Complements[J]. Artificial Intelligence, 1991, 48(1): 1-26.

[87] Marek O. OWL DL Semantics[EB/OL]. http: //www. obitko. com/tutorials/ ontologies- semantic-web/owl-dl-semantics. html, 2007.

[88] Horrocks I, Kutz O, Sattler U, et al. The Even More Irresistible SROIQ[C]. In: Proceedings of the 10th International Conference of Knowledge Representation and Reasoning(KR 2006), 2006: 452-457.

[89] 吴奎. 基于面向服务架构的辅助决策开发平台若干关键技术研究[D]. 南京: 南京理工大学博士学位论文. 2010.

[90] 王飞. Bayesian 网学习算法的研究[D]. 吉林: 吉林大学数学系, 2001.

[91] Heckerman D. Bayesian Networks for Data Mining. Data Mining and knowledge Discovery, 1997, 1(1): 79-119.

[92] Lukasiewicz T. Expressive probabilistic description logics[J]. Artificial Intelligence, 2008, 172(6-7): 852-883.

[93] 萧毅鸿. 基于本体的复杂决策任务求解理论和关键技术研究[D]. 南京: 南京大学博士学位论文. 2011.

[94] Koller D, Levy A Y, Pfeffer A. P-CLASSIC: A Tractable Probabilistic Description Logic[C]. In: Proceedings of the 4th Conference on AAAI, 1997: 390-397.

[95] Costa P C G, Laskey K B, Laskey K J. PR-OWL: A Bayesian Ontology Language for the Semantic Web[J]. Lecture Notes in Computer Science, 2008, 5327: 88-107.

[96] The PR-OWL/MEBN/UnBBayes team. PR-OWL: A Bayesian Framework for Probabilistic Ontologies[DB/OL]. http://www. pr-owl. org/, 2010.

[97] Laskey K B. MEBN: A Language for First-Order Bayesian Knowledge Bases[J]. Artificial Intelligence, 2008, 172: 2-3.

[98] Yang Y, Calmet J. OntoBayes: An Ontology-driven Uncertainty Model[C]. In: Proceedings of IAWTIC, 2005: 457-463.

[99] Ding Z, Peng Y. A Probalilistic Extension to Ontology Language OWL[C]. In: Proceedings of the 37th Hawaii International Conference on System Science, 2004.

[100] Ding Z. BayesOWL: A Probabilistic Framework for Semantic Web[D]: [PhD thesis]. Maryland: Dept. of Computer Science and Electrical Engineering, University of Maryland Balfmore County, 2005.

[101] Cramer E. Probability measures with given marginal and conditionals: I-projections and conditional iterative proportional fitting[J]. Statistics and Decsions, 2000, 18: 311-329.

[102] Rijsbergen C J V. Information Retrieval[M]. 2nd ed. Lodon: Butterworths, 1979.

[103] Zadeh L A. The concept of a linguistic variable and its application to approximate reasoning II[J]. Information Sciences, 1975, 8(4): 301-359.

[104] Cox E. The Fuzzy Systems Handbook: A Practitioner's Guide to Building, Using, and Maintaining Fuzzy Systems[M], 2nd edn. San Diego, CA: Academic Press, 1999.

[105] Bobillo F, Straccia U. Reasoning with the finitely many-valued Lukasiewicz fuzzy Description Logic SROIQ[J]. Information Sciences, 2011, 181: 758-778.

[106] Straccia U. Reasoning within fuzzy description logics[J]. Journal of Artificial Intelligence Research, 2001, 14(1): 137-166.

[107] Hölldobler S, Störr HP, Khang TD. The fuzzy description logic ALCFH with hedge algebras as concept modifiers[J]. Int'l Journal of Advanced Computational Intelligence and Intelligent Informatics, 2003, 7(3): 294-305.

[108] Sanchez D, Tettamanzi G. Generalizing quantification in fuzzy description logic[C]. In: Proc. of the 8th Fuzzy Days. Dortmund, 2004.

[109] Stoilos G, Stamou G, Tzouvaras V, Pan J Z, Horrocks I. The fuzzy descriptionlogicf-SHIN[C]. In: Paulo-Cesar GDC, Kathryn BL, Kenneth JL, Michael P, eds. Proc. of the Int' l Workshop on Uncertainty Reasoning for the SemanticWeb. Aachen: CEUR-WS. Org Publishers, 2005: 67-76.

[110] Stoilos G, Stamou G, Tzouvaras V, Pan JZ, Horrocks I. Fuzzy OWL: Uncertainty and the semantic Web[C]. In: Cuenca-Grau B, Horrocks I, Parsia B, Patel-Schneider P, eds. Proc. ofthe Int' l Workshop on OWL: Experience and Directions. Aachen: CEUR-WS. org Publishers, 2005: 80-89.

[111] Straccia U. A fuzzy description logic for the semantic Web[C]. In: Sanchez E, ed. Proc. of the Capturing Intelligence: Fuzzy Logic and the Semantic Web. New York: Elsevier Science Publishers, 2006: 73-90.

[112] Bobillo F, Straccia U. An OWL Ontology for Fuzzy OWL 2[C]. In: Proc. of the 18th International Symposium on Methodologies for Intelligent Systems (ISMIS-09), 2009. 151-160.

[113] 李言辉, 徐宝文, 陆建江等. 支持数量约束的扩展模糊描述逻辑复杂性研究[J]. 软件学报, 2006, 17(5): 968-975.

[114] Hajek P. Making fuzzy description logic more general[J]. Fuzzy Sets and Systems, 2005, 154(1): 1-15.

[115] 胡鹤, 杜小勇. 一种基于区间模糊理论的描述逻辑系统[J]. 华中科技大学学报(自然科学版), 2005, 33(z1): 275-277.

[116] 蒋运承, 史忠植, 汤庸, 等. 面向语义 Web 语义表示的模糊描述逻辑[J]. 软件学报, 2007, 18(6): 1257-1269.

[117] Zbigniew M, David B F 著, 曹宏庆等译. 如何求解问题——现代启发式方法[M]. 北京: 中国水利水电出版社, 2003.

[118] Nawaz M, Enscore E E, Ham I. A heuristic algorithm for the m-machine n-job flow shop sequencing problem[J]. Omega, 1983, 11(1): 91-95.

[119] 凌海风. 多目标粒子群算法及其在装备保障决策中的应用研究. 南京: 南京大学博士学位论文. 2011.

[120] 孔繁胜. 知识库系统[M]. 浙江大学出版社, 2000.

[121] 李兵, 郁文贤, 胡卫东. C^3I 系统中的类特征模式[J]. 模糊系统与数学, 1999, 13(3): 57-63.

[122] 董士海. 人机交互的进展及面临的挑战[J]. 计算机辅助设计与图形学学报. 2004, 16(1): 1-13.

[123] Vredenburg K, Isensee S, Righi C. User-Centered Design: An Integrated [M]. New Jersey: Prentice Hall, 2001.

[124] Wooldridge M, Jennings N R. Agent theories, architectures and languages: a survey[M]. Berlin, Springer-Verlog, 1995.

[125] 史忠植. 智能主体及其应用[M]. 北京: 科学出版社, 2000.

[126] 邓苏, 张维明, 黄宏斌. 决策支持系统[M]. 北京: 电子工业出版社, 2009.

[127] 李耀东, 崔霞, 戴汝为. 综合集成研讨厅的理论框架、设计与实现[J]. 复杂系统与复杂性科学. 2004, 1(1): 27-32.

[128] 魏学成, 秦基胜. 综合集成研讨厅的理论框架与关键问题研究[J]. 科技咨询导报. 2007, (25): 199-200.

[129] 胡晓惠. 研讨厅系统实现方法及技术的研究[J]. 系统工程理论与实践, 2002, 22(6): 1-10.

[130] 李元左. 关于空间军事系统综合集成研讨厅体系的研究[J]. 中国软科学. 2000, (3).

[131] W3C. Web Services Description Language W SDL[EB/OL]. http://www.w3.org/TR/wsdl.

[132] 周献中, 魏世孝. 防空 C^3I 系统战前辅助决策的 MADM 模型及框架设计[J]. 火力与指挥控制. 1994, 19(3): 17-22.

[133] 曹裕华, 冯书兴, 徐雪峰. 作战任务分解的概念表示方法研究[J]计算机仿真, 2007, 24(8): 1-4.

[134] 庞辉, 方宗德. 网络化协作任务分解策略和粒度设计[J]. 计算机集成制造系统. 2008, 14(3): 425-430.

[135] 刘秀罗. 建模相关技术及其在指挥控制建模中的应用研究[D]. 长沙: 国防科技大学博士学位论文, 2001.

[136] 曹裕华. 面向实体的作战建模方法[D]. 北京: 军事科学院博士学位论文, 2004.

[137] Erol K, Hendler J, Nau D. HTN Planning: Complexity and Expressivity[C]. Proc. AAAI-94, 1994: 1123-1128.

[138] Malik G, Dana N, Paolo T 著. 自动规划: 理论与实践[M]. 姜云飞等译. 北京: 清华大学出版社, 2008.

[139] Dana N. Lecture slides for Automated Planning: Theory and Practice[R/OL]. University of Maryland. 2008, 3. http://www.cs.umd.edu/~nau/cmsc722/notes/chapter11.pdf.

[140] Massimo P, Takahiro K, Terry R. Payne, et al. Semantic Matching of Web Services Capabilities [C]. Proceedings of International Semantic Web Conference, Heidelberg, Berlin: Springer, LNCS 2342, 2002: 333-347.

[141] Li L Horrocks I. A Software Framework for Matchmaking Based on Semantic Web Technology [C]. Proceedings of the 12th international conference on World Wide Web. New York, USA: ACM, 2003: 331-339.

[142] Kifer M, Lara R, Polleres A, et al. A Logical Framework for Web Service Discovery [C]. Proceedings of 2004 Workshop on Semantic Web Services, 2004: 1-16.

[143] 胡建强, 邹鹏, 王怀民. Web 服务描述语言 QWSDL 和服务匹配模型研究[J]. 计算机学报, 2005, 28(4): 505-513.

[144] Rada R, Mili H et al. Development and application of a metric on semantic nets [J]. IEEE Transactions on Systems, Man, and Cybernetics, 1989, 19(1): 17-30.

[145] Lin D. An information-theoretic definition of similarity [C]. Proceedings of the 15th International Conference on Machine Learning. San Francisco: Morgan Kaufmann, 1998: 296-304.

[146] Alexander B, Graeme H. Evaluating WordNet-based Measures of Lexical Semantic Relatedness [J]. Computational Linguistics, 2006, 1(32): 13-49.

[147] Princeton University Cognitive Science Laboratory. WordNet-a lexical database for the English language [EB/OL]. http: //wordnet. princeton. edu.

[148] Ted P. Wordnet: : Similarity [EB/OL]. http: //wn-similarity. sourceforge. net, 2010.

[149] Wille R. Restructuring Mathematical Logic: An Approach based on Peirce's Pragmatism [M]. CRC Press, 1996.

[150] 许涛, 沈夏炯. 形式概念分析国内外研究现状综述[J]. 软件导刊, 2008, 7(2): 21-23.

[151] Ganter B, Wille R 著, 马垣, 等译. 形式概念分析[M]. 北京: 科学出版社, 2007.

[152] 刘宗田, 强宇, 周文. 一种模糊概念格模型及其渐进式构造算法[J]. 计算机学报. 2007, 30(2): 184-188.

[153] Godin R. Missaoui R, Hassan A. Incremental concept formation algorithms based on Galois (concept) lattices [J]. Computational Intelligence, 1995, 11(2): 246-267.

[154] Eugene M N. An Algorithm for Computing the Maximal Rectangles in a Binary Relation [C]. Heidelberg, Berlin: Springer, LNCS 1331, 1997: 285-298.

[155] Dean van der Merwe, Sergei O, Derrick K. AddIntent: A New Incremental Algorithm for Constructing Concept Lattices [C]. Heidelberg, Berlin: Springer, LNCS 2961, 2004: 372-385.

[156] 周傲英, 彭敦陆, 王晓玲. 基于概念格的 Web 服务管理技术[J]. 计算机应用, 2005, 25(9): 1970-1973.

[157] 应时, 肖波, 解丹, 等. 基于语义索引库的语义服务发现[J]. 武汉大学学报（理学版）, 2008, 54(1): 65-70.

[158] Judea P. Probabilistic Reasoning in Intelligent Systems: Networks of Plausible Inference[M]. San Mateo: Morgan Kaufmann, 1988.

[159] 井祥鹤. 陆路物流物资配载及输送路径优化问题的模型与算法[D]. 南京: 南京理工大学博士学位论文. 2007.

[160] 周献中, 施爱博, 吴奎. 基于本体的炮兵火力分配决策问题模型化方法探讨[J]. 火力与指挥控制, 2008, 33(11): 85-88.

内 容 简 介

本书以军队指挥自动化系统为背景，以解决存在于其中的不同决策问题需求为牵引，以先进的信息技术和智能技术为支撑，系统地介绍辅助决策的理论及技术。理论部分包括决策、辅助决策、指挥自动化系统辅助决策的概念、内涵和相互关系；技术部分包括基本决策问题和复杂决策问题的建模与求解技术，辅助决策系统的总体设计技术，基于服务的未来一体化辅助决策平台关键技术及其实现等。

本书充分考虑了辅助决策知识体系的完备性、可读性和可理解性，对帮助读者加深对辅助决策理论和技术的了解和掌握十分有益。本书适合军队指挥自动化系统辅助决策系统研究和开发的总体和专门技术人员阅读，对在交通、公共突发事件处置等领域从事管理、决策和相关技术开发的工作者也具有参考价值。

Taking command and control system as the background, aiming to solve different decision problems in the system, using advanced information technology and intelligence technology, this book systematically introduces the theory and technology of aided decision-making. The part of theory contains the concepts, intensions and relationships of decision-making, aided decision-making and aided decision-making in command and control system. The part of technology contains techniques of modeling and solving basic decision problems and complex decision problems, integrated design techniques of aided decision-making system and key techniques and realization of integrated aided decision-making platform based on service.

This book is distinctive and rich in its content, and takes completeness, readability and understandability of aided decision-making knowledge into full consideration. It is very useful to help readers understand and master aided decision-making theories and technologies. So, this book is very suitable for those who are engaged in researching and developing the aided decision-making systems of command and control system, and is very valuable for those who do the works in management, decision-making and development of related technologies in areas of transportation, disposal of public emergencies and so on.

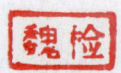